# Diesseits von Eden

RAINER HAGENCORD

# Diesseits von Eden

Verhaltensbiologische und theologische
Argumente für eine neue Sicht der Tiere

Mit einem Geleitwort von Jane Goodall

VERLAG FRIEDRICH PUSTET
REGENSBURG

Bibliografische Information der Deutschen Nationalbibliothek

Die Deutsche Nationalbibliothek verzeichnet diese Publikation in der
Deutschen Nationalbibliografie; detaillierte bibliografische Daten
sind im Internet über http://dnb.d-nb.de abrufbar.


4. Auflage 2009

**www.pustet.de**


ISBN 978-3-7917-1958-0
© 2005 by Verlag Friedrich Pustet, Regensburg
Umschlaggestaltung: Martin Veicht, Regensburg
Umschlagmotiv und Abb. S. 29: Jan Breughel d. J., Paradieslandschaft
    (Städelsches Kunstinstitut Frankfurt), Foto: Artothek, Weilheim
Druck und Bindung: Friedrich Pustet, Regensburg
Printed in Germany 2009

# Inhalt

# Geleitwort von Jane Goodall

Im Jahr 2000 war ich geladene Teilnehmerin am Jahrtausendgipfel religiöser und spiritueller Führer bei den Vereinten Nationen; es waren über 1000 Delegierte aus einhundert Ländern, die fast alle großen Religionen und spirituellen Traditionen vertraten. Ich durfte meine Stimme für die „Nationen der Tiere" erheben und hatte nur acht Minuten Zeit. Ich trug meine Überzeugungen vor, wonach viele Tiere über Persönlichkeit, Verstand und Gefühle verfügen und dass ihr individuelles Leben in der großen Weltordnung eine wichtige Rolle spielt.

Am folgenden Tag kamen zwei katholische afrikanische Bischöfe zu mir und erzählten mir, dass sie, wenn sie krank seien, manchmal ihre traditionellen Heiler aufsuchten. Ihnen wird dann oft geraten, sie sollten eine Ziege oder ein Huhn opfern. Aber jetzt, da sie meine Ausführungen gehört hätten, wollten sie mich fragen, ob ich glaube, dass das richtig sei. Zunächst dachte ich, diese Frage sollte zu der so oft geführten Diskussion darüber führen, dass Menschen eine Seele „haben" und deshalb etwas ganz anderes seien als die Tiere. Aber diese Männer hatten ein echtes Interesse an meiner Meinung. Ich sagte ihnen, meine Rolle sei hier, das mitzuteilen, was ich für das wahre Wesen der Tiere halte. So lud ich sie ein, die Antwort auf ihre Frage mit Gott selbst auszumachen. Sie nickten und gingen weg, anscheinend zufrieden.

Wie oft wird dieser Satz wie ein Totschlag-Argument in die Diskussion eingebracht: „Nur der Mensch 'hat' eine unsterbliche Seele". Und dies wird von Menschen vorgebracht, die fest in christlichen Traditionen verwurzelt sind. Doch dieses Denken führt nicht nur zu einer folgenschweren Anthropozentrik, sondern ist mit dem biblischen Bild, wonach die Seele die „Form des Leibes" ist, überhaupt nicht zu vereinbaren. Der Mensch *ist* – wie jedes Geschöpf – lebendige Seele!

Die Ausführungen von Rainer Hagencord beeindrucken mich. Er zeigt im philosophiegeschichtlichen Rückblick sehr klar auf, warum wir Menschen in den westlichen Industrienationen so denken wie wir denken und warum wir so gnadenlos mit der natürlichen Mitwelt und darin den Tieren umgehen. Der Rekurs auf die biblische Anthropologie und die darin enthaltene große Bedeutung der Tiere festigt meine Sichtweise: Dass die Tiere noch im Garten Eden sind, die Erzählung von Bileams Eselin, die Tiere im Buch Hiob – diese und andere Hinweise zeigen mir, wie wichtig die Heilige Schrift in Bezug auf alle Mitgeschöpfe ist und eben den Menschen nicht als die „Krone der Schöpfung" darstellt, vielmehr als einen Teil der Schöpfung. Und dass in der Theologie des Nikolaus von Kues ein alternatives Denkmodell zu Descartes Dualismus vorliegt, war neu für mich und erfüllt mich mit Hoffnung: Wir können anders denken, wenn wir wollen! Zudem überzeugt mich als Ethologin die fundierte Kenntnis des Autors über das Denken, Fühlen und Handeln unserer Mitgeschöpfe.

Es wird höchste Zeit, dass Naturwissenschaftler/innen und Theolog/innen ihre Erkenntnisse über die wahre Natur des Tieres und den Platz des Menschen in der natürlichen Welt zusammentragen. Gerade unsere christliche Religion, die christliche Lehre, kann wesentlich durch eine geläuterte und moderne Sichtweise dazu beitragen, alle Geschöpfe auf diesem Planeten zu schützen. Dies ist eine große und für das Leben auch des Menschen unverzichtbare Herausforderung jetzt und in Zukunft.

Gerade dies kann zur Rettung der noch verbleibenden intakten Lebensräume auf diesem Planeten, zu einer veränderten Haltung gegenüber den Tieren in menschlicher Obhut und zu einer vertieften Schöpfungsspiritualität führen, die letztendlich alle Religionen in wundersamer Weise verbindet.

Jane Goodall

# Vorwort

Je näher diese Arbeit ihrer Fertigstellung kam, um so mehr häuften sich die Veröffentlichungen, die sich des Mensch-Tier-Verhältnisses annehmen: „Das Offene. Der Mensch und das Tier" von G. Agamben; „Der Zugang zum artfremden Subjekt. Tiersubjektivität als philosophisches und ethologisches Problem" von E. Kaeser; „Tiere und Menschen. Die Geschichte einer besonderen Beziehung" hrsg. von B. Cyrulnik u.a.; und zuletzt von R. Gaita „Der Hund des Philosophen".[1] Was das Tier den Menschen lehrt, welche Fragen es an uns stellt, was uns die Natur bedeutet und in welcher Weise die Menschen diese Bedeutung artikulieren – darüber hat Gaita als Philosoph nachgedacht und als Erzähler geschrieben. Für Ulrich Raulff markiert dessen Buch Ansätze einer stillen Revolution des Denkens: „Robinson hat sich vierbeinige Gefährten zugelegt. Sie sagen ihm, wer er ist: Du, Mensch. Hunde sprechen."[2]

Und tatsächlich sind die Tiere wieder da – in der Philosophie – und nicht nur innerhalb des ethischen Diskurses oder als „das Tier in uns", sondern als leibhaftiges Gegenüber des Menschen. Und wie ist die Situation innerhalb der Theologie?

„Man darf Tiere gern haben, soll ihnen aber nicht die Liebe zuwenden, die einzig Menschen gebührt" so resümiert kurzerhand der Katechismus der Katholischen Kirche in seiner neuesten Auflage 2003.[3] Gilt etwa immer noch der Satz: „Roma locuta – causa finita!"? Der/die Theologietreibende könnte den Eindruck gewinnen; denn trotz ihrer Omnipräsenz innerhalb der biblischen Offenbarung tauchen die Mitgeschöpfe in kaum einer theologischen Disziplin auf.

Verschüttete und neue Ansätze für ihre Verortung aufzuzeigen, ist das Projekt dieser Arbeit; es gilt, den Rahmen für eine theologische Zoologie zu spannen

---

[1]  Vgl. Agamben, G., Das Offene. Der Mensch und das Tier, Frankfurt a.M., 2003; Kaeser, E., Der Zugang zum artfremden Subjekt. Tiersubjektivität als philosophisches und ethologisches Problem, in: Philosophia naturalis 1/2003; Cyrulnik, B., Matignon, K.L., Fougea, F., (Hgg.), Tiere und Menschen. Die Geschichte einer besonderen Beziehung, München 2003; Gaita, R., Der Hund des Philosophen, Hamburg 2003.

[2]  Vgl. Raulff, U., Weisheit kommt auf weichen Pfoten, in: Süddeutsche Zeitung Nr. 276, 1.12.03, Literaturbeilage Sachbuch, S. 3; Rezension zu: Gaita, R., Der Hund des Philosophen, Hamburg 2003.

[3]  Vgl. Katechismus der Katholischen Kirche, München 2003, S. 609.

– so wie es eine philosophische Zoologie, namentlich die des Aristoteles gibt[4]. Und so wie es inzwischen für die Moraltheologie selbstverständlich ist, einerseits die aus der theologischen Arbeit gewonnen Resultate unabhängig vom „Zeitgeist" in die interdisziplinäre Debatte einzubringen und andererseits die Befunde aus Medizin und Humanwissenschaften ernst zu nehmen; so verspricht sich diese Dissertation, in der Zusammenschau verhaltensbiologischer Daten über das rätselhafte Leben der Tiere auf der einen Seite und theologischer Erkenntnisse über die Geheimnishaftigkeit ihrer Existenz auf der anderen Seite, einen Beitrag zu leisten zur Wahrheitsfindung dessen, was das Tier sei.

Die riesige Kluft, die zwischen der tierlichen Präsenz innerhalb zentraler biblischer Fragestellungen nach Schöpfung, Anthropologie, Eschatologie, Christologie, Theodizee und ihrer peinlichen Abwesenheit in den entsprechenden Disziplinen herrscht, macht es unmöglich, ihren angestammten Platz jeweils genau zu beschreiben. Das ist die Grenze dieser Arbeit; sie erkennt aber die Möglichkeit, auf diese Orte zu verweisen und die entsprechenden Fachwissenschaftler/innen einzuladen, sich dem nicht nur notwendigen, sondern überaus lockenden Projekt einer umfassenden Theologie des Tieres anzuschließen.

Die vorliegende Studie wurde im Sommersemester 2004 vom Fachbereich Katholische Theologie der Westfälischen Wilhelms Universität in Münster als Dissertation mit dem Titel „Das Tier: Eine Herausforderung für die christliche Anthropologie. Theologische und verhaltensbiologische Argumente für einen Perspektivenwechsel" angenommen. Die Gutachten haben Prof. Klaus Müller und Prof. Norbert Sachser erstellt. Beiden gilt mein Dank für die intensive und ermutigende Begleitung.

Dezidierte Biologinnen und Biologen, Theologinnen und Theologen und solche, die fächerübergreifend interessiert und begabt sind, haben durch Korrekturlesen und engagierte Diskussionen dazu beigetragen, dass die Doktorarbeit fertig werden konnte. So möchte ich mich herzlich bedanken bei Frau Prof.Gerti Dücker, Christiane Junker, Prof. Herbert Vorgrimler, Pater Dr. Edilbert Schülli (verstorben im Frühjahr 2004), Dr. Manfred Freiburg, Dr. Karl-Heinz Brinker, Dr. Paul Deselaers, Kai Pika und Jürgen Lilienbecker. Mein besonderer Dank gilt Frau Dr. Dr. hc. mult. Jane Goodall und ihrem Mitarbeiter in Deutschland, Herrn Peter Christian Hammelsbeck, für die herzlichen und aufbauenden Begegnungen.

Außerdem sei Vera Pashmin für ihre Hilfe bei Übersetzungen gedankt und Andreas Bokelmann für alle Formatierungsarbeiten und Recherchen.

---

[4]   Vgl. Jäger, W., (Hg.), Aristotelis De animalium motione er de animalium incessu, Lipsiae: Teubner, 1913.

Nicht zuletzt bedanke ich mich bei meinem Bischof Dr. Reinhard Lettmann. Dass er mich zunächst zum Studium der Biologie und Philosophie und später zur Mitarbeit am Institut für Neuro- und Verhaltensbiologie im Münster freigestellt hat, ist in keiner Weise selbstverständlich.

Ich widme diese Arbeit Ludgera und Karl-Heinz Brinker mit Lukas, Martin und Christoph.

Rainer Hagencord

# Vorwort zur 4. Auflage

Wenn vom Projekt einer theologischen Zoologie die Rede ist, huscht doch vielen ein – manchmal mitleidiges – Lächeln über die Lippen, und hinter manch einer Mimik ist zu ahnen, wie es in einem oder einer von diesem Wort Getroffenen arbeitet:

„Wenn es doch eine theologische *Anthropologie* gibt …;"

„Wenn ich an die Ehrfurcht denke, die vor allem die östlichen Religionen dem Tier entgegebringen …;"

„Wenn ich daran denke, dass für Charles Darwin die Übergänge vom Tier- ins Menschenreich fließend sind und ihm auch die Theologie am Herzen lag …" Nicht selten wandelt sich das Lächeln in eine Ernsthaftigkeit und Aufmerksam- keit.

Und es ist das Jubiläumsjahr des Charles Darwin 2009, in dem das „Institut für theologische Zoologie"[1] in Münster eröffnet wird.

Mit diesem Projekt verbinde ich eine große Hoffnung, können doch in zentralen Fragen und Anliegen (nicht nur) der christlichen Theologie neue Zugänge ge- wonnen werden:
– im Dialog mit den Naturwissenschaften und vor allem dem Evolutions- paradigma die längst fällige Distanzierung von einem biblisch unhaltbaren

---

[1] Vgl. die Homepage: www.theologische-zoologie.de.

Anthropo-Zentrismus, d.h. einer Rede vom Menschen als der „Krone der
Schöpfung" und einzig beseeltem Lebewesen;

— im schöpfungstheologischen Diskurs hin zu einer Anthropologie, die den
Menschen nicht als „vom Himmel gefallen" sieht und somit einer vertieften
Reflexion der unleugbaren Verwandtschaft von Mensch und Tier;

— im Blick auf sensible ökologische und politische Fragen der Massentierhaltung, des überhöhten Fleischkonsums, der Vernichtung ganzer Ökosysteme
und der Verelendung der so genannten Dritten Welt;

— in eine lebendige Schöpfungsspiritualität, die das Animalische im Menschen
wert schätzt und sich von einer Frömmigkeit absetzt, die sich überwiegend als
ein Festhalten von Satzwahrheiten versteht;

— in eine Religionspädagogik und Katechese, die eine selbstverständliche Na-
turverbundenheit und das kindliche ursprüngliche Interesse am Tier aufnimmt und ihr Raum gibt in einer alltagstauglichen und persönlich bedeutsa-
men Spiritualität.

Seit dem Erscheinen von „Diesseits von Eden" hat es viele Begegnungen und
Gespräche gegeben, die mich ermutigt haben, das Institut zu gründen. So gilt
mein besonderer Dank Pater Dr. Anton Rotzetter, den Mitgliedern des Kuratori-
ums, der Philosophisch-Theologischen Hochschule Münster in Trägerschaft der
Rheinisch-Westfälischen Kapuzinerprovinz (PTH), an der das Institut den Status
des An-Institutes hat. Nicht zuletzt danke ich noch einmal Frau Dr. Dr. hc. mult
Jane Goodall, die es sich nicht nehmen ließ, die Schirmherrschaft des Projektes
zu übernehmen und an der Eröffnung des Institutes im Schloss zu Münster teil-
zunehmen.

Dass der Pustet-Verlag dieses Buch noch einmal auflegt, ist alles andere als
selbstveständlich; dem Verlag und besonders Herrn Dr. Rudolf Zwank gilt mein
Dank.

Köln, im Juni 2009                                          Rainer Hagencord

# Anmerkungen des Künstlers Patrick Schoden

Als mich Rainer Hagencord fragte, ob ich mir vorstellen könnte, Bilder zum Thema seiner Promotionsarbeit zu zeichnen, war ich zu Beginn begeistert.

Meine ersten Schritte zu der vorliegenden Bildserie führten mich in den Zoo. Ich habe mich vor die Tiere gesetzt und gezeichnet. Was am Anfang so einfach war, fiel mir im Laufe der Zeit immer schwerer. Denn zu Beginn, als ich nach spannenden Motiven suchte, war es immer der für mich erkennbare fast menschliche Gestus im Verhalten der Tiere, der meine Motivauswahl bestimmte. Gegen Ende fand ich kaum mehr ein Motiv, denn ich versuchte nur das Tier zu sehen ohne zu deuten. Letztlich habe ich fast aufgegeben. Mensch und Tier, ein Thema, das bildnerisch immer zum Scheitern verurteilt zu sein scheint.

So fremd mir der andere Mensch ist, wie fremd bleibt mir dann erst der Anblick und die Wahrnehmung eines Tieres?

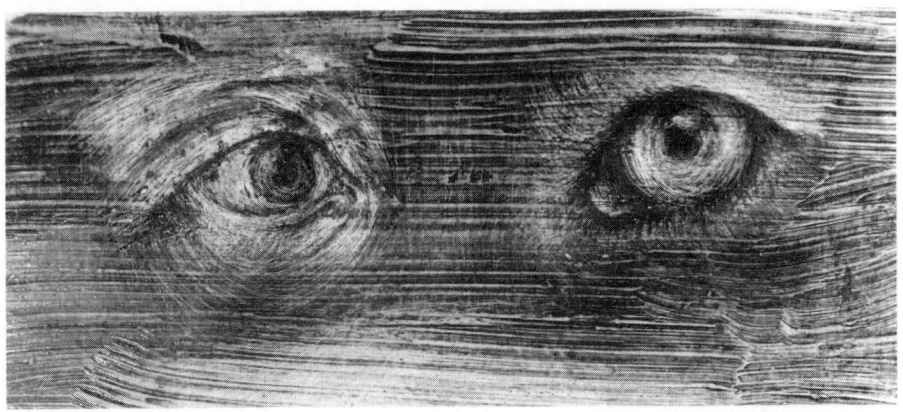

Der Blick auf ein Tier bleibt auch bei mir ein menschlicher Blick, ein unhintergehbares Deuten. Kann ich einem Tier in die Augen schauen, ohne an ihm menschliche Gefühle, menschliches Verhalten erkennen zu wollen, oder es auf seine Funktion in meinem erdachten Kreislauf des Lebens zu beschränken? Ist der andere Mensch mir schon Spiegelbild meiner eigenen Vorstellungen, jemand dem ich mich mit aller Vorsicht nähern muss, um mich nicht immer selbst zu sehen, wie vorsichtig muss ich da dem Tier begegnen?

Das Tier bleibt jenseits meiner Vorstellungen das absolut Fremde, dem ich zwar nachspüren, von dem ich mich und meine Sicht der Welt fortwährend in

Frage stellen lassen kann, aber es bleibt fremd. Seine Perspektive ist tierlich, was auch immer das heißen mag, meine bleibt menschlich. Deshalb bleibt jedes Darstellen zum Scheitern verurteilt. Ich komme dem Tier immer wieder nahe, so nahe, dass ich wenigstens das Unerreichte andeuten kann.

Patrick Schoden

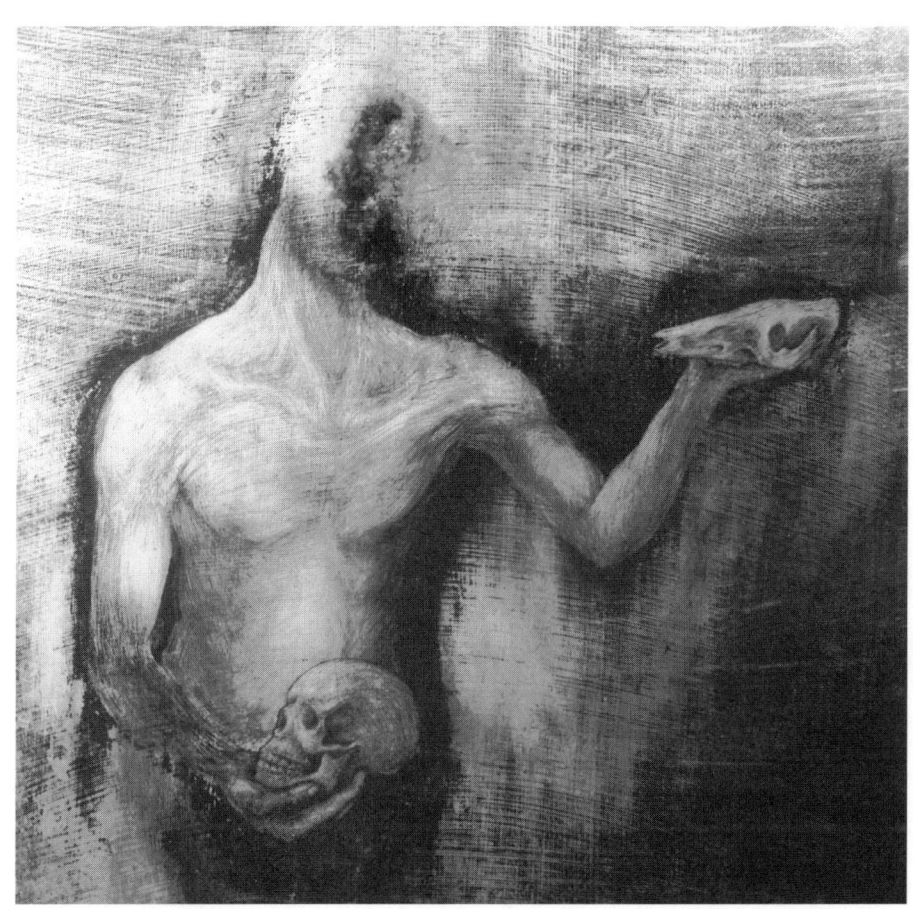

# I. Einführung

In seiner „Summa contra gentiles" schreibt Thomas von Aquin:

> „Ein Irrtum über die Geschöpfe mündet in ein falsches Wissen über Gott und führt den Geist des Menschen von Gott fort."[5]

Wenn der Kirchenlehrer recht hat, ist eine exakte Beschäftigung mit den Mitgeschöpfen des Menschen nicht nur nicht einfachhin luxuriös; die Ausblendung der Tiere aus der Theologie und die damit verbundene Attestierung ihrer Irrelevanz führt vielmehr in ein falsches Gottesbild, verfälscht den Schöpfungsbegriff und die Spiritualität.

Als irrig, wenn nicht gar pathologisch lässt sich das Verhältnis der Menschen zu den Tieren (und Pflanzen) und in Folge zur Natur als Ganzer in den westlichen Industrienationen bezeichnen, von der Horst Stern sagt, sie kennten den Preis von allem und den Wert von gar nichts mehr[6]. In der vermeintlich harmlosen Spielart äußert sich dieser Irrtum darin, dass – so das Ergebnis einer bundesweiten Befragung[7] – nur noch ein Drittel der Kinder und Jugendlichen fünf heimische Kräuter benennen kann, ein Siebtel fünf Zugvogelarten kennt und nur jedes achte Kind das Bild eines Lindenblattes zuordnen kann. Diese Unkenntnis paart sich zudem mit einer Verklärung: Laut Studie des Marburger Natursoziologen Reiner Brämer verstehen die Jüngeren unter der Natur „etwas Menschenfremdes, das durch Berührung mit dem Menschen denaturiert wird."[8] Sogar ihren eigenen Körper schließen sie dabei von der Natur aus; für Brämer „eine höhere verinnerlichte Stufe der Naturentfremdung."[9]

Außerdem meinen 91 Prozent der Bundesbürger, die „landschaftliche Schönheit und Eigenart unserer Heimat" solle erhalten bleiben und gar 89 Prozent alters- und weltanschauungsübergreifend sagen, das Lebensrecht von Pflanzen und Tieren sei achtenswert[10]; dass zugleich in der selben zweckrationalen Mentalität, mit der man Steinkohle abbaut, Tiere als Schlachtfleischlieferanten in der

---

5   Thomas von. Aquin, Summa contra gentiles II, c3., in: Lüke, U., Mensch – Natur – Gott: Naturwissenschaftliche Beiträge und theologische Erträge, Münster 2002, S. 156.

6   Horst Stern nennt dieses Phänomen ausdrücklich „geisteskrank" vgl. in: Lorenz, K., Denkwege. Ein Lesebuch . Herausgegeben von Beatrice Lorenz, München 1992, S. 146.

7   Vgl. Grefe, C., Wie man in Deutschland Natur erlebt, in: DIE ZEIT Nr.43, 16.10.03, S. 36ff.

8   Ebd., S. 36.

9   Ebd.

10  Ebd.

Massentierhaltung maschinell so lange konsumgerecht gezüchtet und gemästet werden, bis sie verkaufsrentabel den Weg in die Schlachthöfe antreten, wird in der gleichen Gesellschaft entweder kaum zur Kenntnis genommen oder vehement verdrängt.

Die Tatsache, dass bereits 1986 in der alten Bundesrepublik 36% aller Rinder (einschließlich Kälber) in Großbeständen von über 100 Tieren gehalten, über 66% der Mastschweine, 83% der Legehennen in Beständen von über 1000 Tieren gehalten wurden und in der Forschung jährlich etwa 300 Millionen Tiere ihr Leben lassen, wird achselzuckend und mit dem Hinweis auf Wirtschaftlichkeit und Notwendigkeit in Kauf genommen.[11]

Was der Biologe und Wissenschaftskritiker Rupert Sheldrake im Blick auf Tiere in Menschennähe konsequenterweise zynisch in die Formel bringt: „Die einen verzehren Haustierfutter, die anderen werden dazu verarbeitet"[12], veranlasst den Literaturnobelpreisträger J.M. Coetzee zu einer abgründigen Kulturkritik. In seinem 2001 erschienen Buch „Das Leben der Tiere" legt er der Figur Elisabeth Costello als seinem Pseudonym die unerhörtesten Sätze in den Mund. Damit vergleicht sie die Tötungsmaschinerie des Dritten Reichs mit der Grausamkeit des Menschen gegenüber den Tieren in den Schlachthöfen. Es ist die Rede von „Todesstätten um uns herum [...], vor denen wir in einer gewaltigen gemeinschaftlichen Anstrengung unsere Herzen verschließen. [...] Wir fühlen uns nicht beschmutzt. Offenbar können wir alles tun, und doch sauber bleiben."[13] Coetzee steht damit in einer Linie mit dem Historiker Charles Patterson, der in seinem Buch „Eternal Treblinka. Our Treatment of Animals and the Holocaust" die Geburt des Holocaust in die Schlachthöfe von Chicago verlegt; in seinem schlimmsten Kapitel („Killing Centers in America and Germany") schneidet er wie in einem Film die brutalsten Schlachthausbilder mit den grässlichsten Szenen des Judenmords gegeneinander.[14]

Der Frage, ob diese Parallelisierung legitim ist oder noch einmal eine Verharmlosung des Holocaust darstellt, und ob sie zudem den Tieren tatsächlich dient, kann hier nicht ausführlich nachgegangen werden. M.E. ist jeder Vergleich mit dem Leiden der Juden unzulässig, weil ihr Schicksal unvergleichlich bleibt; vergleichbar ist die Art und Weise, in der mit Lebendigem umgegangen wird, nämlich in rein technologischer und zweckrationaler Weise. Somit zeigt der Um-

---

[11]  Vgl. Drewermann, E., Über die Unsterblichkeit der Tiere, Olten 1992, S. 25.
[12]  Zitiert in: Lieckfeld, C.-P., Tierliebe – ein Menschending. Warum wir lieben, was sich nicht wehren kann. In: Mensch und Tier. Eine paradoxe Beziehung, Begleitbuch zur Ausstellung, hg. von der Stiftung Deutsches Hygiene-Museum, Hatje Cantz Verlag 2003, S. 28.
[13]  Coetzee, J.M., Das Leben der Tiere, Frankfurt a.M. 2000, S. 34.
[14]  Vgl. Raulff, U., Treblinka der Tiere. In: Süddeutsche Zeitung Nr.248, Oktober 02, S. 13.

gang mit den Tieren in den Industrienationen die tödliche Kehrseite eines rücksichtslosen Rationalismus. In der Äußerung Coetzees und der Wertschätzung durch das Nobelpreiskomitee deutet sich somit ein unüberhörbarer Bewusstseinswandel und eine erneute Einsicht in die Relevanz der Tiere für die Anthropologie an.

Dass die Frage nach dem Menschen aufs Engste mit der Frage nach dem Tier verbunden ist, steht auch für Coetzee fest:

> „In alten Zeiten wurde die Stimme des Menschen, die Stimme des Verstandes, mit dem Brüllen des Löwen und des Stiers konfrontiert. Der Mensch führte Krieg mit dem Löwen und dem Stier, und nach vielen Generationen hat er diesen Krieg endgültig gewonnen. Heute haben diese Kreaturen keine Macht mehr. Die Tiere können uns nur noch mit ihrem Schweigen konfrontieren. Heroisch weigert sich Generation um Generation unserer Gefangenen, zu uns zu sprechen."[15]

Der Nobelpreisträger schlägt damit den Bogen von den Anfängen der Menschheit und der offenbar inhärenten fundamentalen Rolle der Tiere bis in ihr heutiges Erscheinungsbild. „Angesichts des Tieres scheint sich erneut zu entscheiden, was der Mensch sein will, was er tun soll und welchen Gott er hat."[16] So mahnt auch – als eine der wenigen ihrer Zunft – die Theologin Heike Baranzke, für die sich das Tier deutlich als anthropologische Frage entpuppt.

Tatsächlich mutet es angesichts der Tatsache, dass sich das Leben auf diesem Planeten ca. drei Milliarden Jahre ohne den Menschen entwickelt hat und es keinen Platz auf der Erde gibt, an dem die Tiere nicht vor uns da waren, nicht nur grotesk an, daran zu glauben, es sei ausschließlich der Mensch, an dem Gott Gefallen gefunden habe; einen Schöpfergott anzunehmen, für den alle Mitgeschöpfe des Homo sapiens lediglich für Statistenrollen vorgesehen waren und das Gesamt des Ökosystems Erde die relativ bedeutungslose Kulisse für den Auftritt des „eigentlichen" göttlichen Partners, gerät in einen berechtigten Häresieverdacht.[17]

---

15 Cotzee, J.M., a.a.O., S. 21.

16 Baranzke, H., Das Tier – ohne Würde, Heil und Recht, in: Loth, W., (Hg.), Jahrbuch des Kulturwissenschaftlichen Instituts im Wissenschaftszentrum NRW, Essen 1996, S. 150.

17 Innerhalb der aktuellen Biodiversitätsdebatte wird die Frage diskutiert, wie viel Artenvielfalt nötig und wie wenig möglich ist, soll das Ökosystem Erde stabil bleiben. Es werden zwei Hypothesen diskutiert, die zwei extreme Standpunkte beziehen. Die eine, die sogenannte Nieten-Hypothese, vergleicht Arten mit jenen kleinen Teilen an einem Flugzeugrumpf, die ihn zusammenhalten; jede verlorenen Niete destabilisiere das Transportmittel ein wenig bis es schließlich flugunfähig werde. Die Passagier-Hypothese hingegen besagt, dass die meisten Arten für die Natur so überflüssig seien wie die Passagiere für die Flugfähigkeit einer Maschine. Letztlich komme es nur auf wenige Schlüsselarten – sprich die Crew – an. Vgl. dazu: Simon, K.P., Biodiversität. Die Rettung liegt in unserer Hand, in:

„... Und da kommt zuletzt der homo sapiens dazu und setzt sich den Wahn in den Kopf, diese ganze Lebensveranstaltung dreh' sich um ihn ..." so fasst der Alttestamentler Fridolin Stier die menschliche Hybris zusammen und schreibt zugleich den Theologietreibenden die Mahnung in ihr Stammbuch:

> „Lernt das Wundern wieder, merkt, daß eurem wissenschaftlichen und theologischen Denken jede Antwort auf die Frage nach dem Sinn dieses Seienden total versagt ist! Schenkt euch die vorgefertigten *admiratio admirandi creatoris*-Formeln, sagt euch lieber: Wenn das nicht zum Verrücktwerden ist!"[18]

Obwohl die Tiere innerhalb der biblischen Offenbarung ihren eigenen Platz in den großen Themen „Schöpfung", „Bund", „Erlösung", „Theodizee" und „Eschatologie" innehaben[19], stößt man auf der Suche nach ihrer angemessen Würdigung innerhalb der theologischen Weltkarte auf einen großen weißen Fleck. Die Welt der Tiere ist für die westliche, christliche Theologie „terra incognita"[20]. Im schöpfungstheologischen Teil des Erwachsenenkatechismus z.B. werden die Tiere nur am Rande erwähnt; im Zusammenhang mit der „Gottebenbildlichkeit" des Menschen heißt es lediglich: „Die Sonderstellung des Menschen ergibt sich

---

GEO Nr.7, Juli 1999, S. 16ff. Es steht dabei außer Frage, dass das Ökosystem Erde ohne die spezies Homo sapiens wesentlich höhere Überlebensaussichten hat als mit ihr.

[18] Stier, F., Vielleicht ist irgendwo Tag. Aufzeichnungen, Freiburg, Heidelberg 1981, S. 197.

[19] Vgl. dazu u. die Überlegungen zu Gen 1. 2.; 9, 1-17; Num 22,21-35; Jiob 38. 39; Jes 11, 1-11; Mk 1,13. 16, 15; vgl. o. Kap. IV, „Das Tier im Kontext der biblischen Anthropologie".

[20] Im Register, bzw. in den Kapitelüberschriften der folgenden Werke und Aufsatzsammlungen (mit teilweise vielversprechenden Titeln) sucht man vergebens das Stichwort „Tier": Altner, G., (Hg.), Ökologische Theologie. Perspektiven zur Orientierung, Stuttgart 1989; Courth, F., Gott Mensch Welt. Was sagt christlicher Schöpfungsglaube? Leitfaden zur Schöpfungslehre, St. Ottilien 1996; Feiner, J., Löhrer, M., (Hgg.), Mysterium Salutis. Grundriß heilsgeschichtlicher Dogmatik, Bd. II. Die Heilsgeschichte vor Christus, Einsiedeln, Zürich, Köln, 1967; Frettlöh, M.L., Döhling, J.D., (Hgg.), Die Welt als Ort Gottes – Gott als Ort der Welt, Gütersloh 2001; Ganoczy, A., Schöpfungslehre, Düsseldorf 1987; Gräb, W., (Hg.), Urknall oder Schöpfung? Zum Dialog von Naturwissenschaft und Theologie, Gütersloh 1995; Hattrup, D., Theologie der Erde, Paderborn 1994; Jüngel, E., Gott als Geheimnis der Welt, Tübingen 1977; Riedl, R., Kreuzer, F., (Hgg.), Evolution und Menschenbild, Hamburg 1983; Scheffczyk, L., (Hg.), Evolution, Probleme und neue Aspekte ihrer Theorie, München 1991; Steiner, G., Grammatik der Schöpfung, München 2001; auch bei U. Lüke sucht man zunächst vergeblich, doch immerhin bezieht er sich auf Arzt, V., Birmelin, I., Haben Tiere ein Bewußtsein? in: Lüke, U., „Als Anfang schuf Gott ..." Bio-Theologie, Paderborn 1997 und ders., Mensch – Natur – Gott, a.a.O.; Das LThk verhandelt das Tier unter den Kategorien I. Religionwissenschaftlich – II. Biblisch-theologisch – III. Theologisch-ethisch – IV. Ikonographisch und weist immerhin darauf hin, dass die Perspektive der Mitgeschöpflichkeit der Tiere noch wenig Konkretisierung in der praktisch-theologischen Reflexion gefunden habe; dass das Tier darüberhinaus einer theologischen Würdigung bedarf, kommt jedoch nicht in Betracht; vgl. LThk³, 10. Bd., hg. v. W. Kasper, Freiburg, Basel, Rom, Wien 2001, S. 30ff.

für die Bibel nicht aus dem Vergleich mit dem Unten, den Tieren, sondern mit dem Oben, aus dem Vergleich mit Gott".[21] Im zweiten Band kommen sie immerhin im ethischen Zusammenhang vor, unter den Stichworten Tierexperimente und Tierschutz.[22] Für die theologische Anthropologie gilt, wie Heike Baranzke postuliert, dass sich ihrer ein „Exklusivitätspathos und Heilsegoismus" bemächtigt hätten – dies habe zugleich zur „Aushungerung" der Schöpfungstheologie geführt.[23]

Eine Ausnahme bildet Karl Barth, der schon 1959 im Anschluss an Schweitzers Verantwortungsethik die Ehre der nichtmenschlichen Kreatur hellsichtig so gekennzeichnet hat:

> „Ihre Ehre ist die Verborgenheit ihres Seins mit Gott nicht weniger als unsere Ehre das Offenbarsein ist. Denn was wissen wir schließlich, welches die größere Ehre ist? Was wissen wir, ob es sich wirklich so verhält, daß der äußere Kreis der anderen Geschöpfe nur um des inneren, nur um des Menschen willen da ist? Was wissen wir, ob es sich nicht gerade umgekehrt verhält? Was wissen wir, ob nicht beide Kreise, der äußere und der innere, je ihre eigene Selbständigkeit und Würde, je ihre besondere Art des Seins mit Gott haben? Was besagt ihre Verschiedenheit gegenüber der Tatsache, daß der Mensch Jesus als geschöpfliches Wesen beider Kreise Mittelpunkt ist?"[24]

Dass das Tier nicht nur um des Menschen willen da ist und die Frage der Ethik berührt, sondern ihm, traut man seiner biblischen Verortung, ein eigenes theologisches Schwergewicht zukommt, bringt der Begründer der dialektischen Theologie in das Wort von der „Verborgenheit ihres Seins mit Gott". Diese Arbeit will dem in diesem Sinn geheimnisvollen Leben der Tiere nachgehen und ihren Platz innerhalb einer theologischen Anthropologie zu bestimmen versuchen. Dies geschieht in folgender Weise:

Im Anschluss an die Metaphorik der Ouvertüre wird im III. Kapitel der Versuch einer ideengeschichtlichen Rekonstruktion des Ausschlusses der Tiere aus

---

21  Katholischer Erwachsenen-Katechismus, Das Glaubensbekenntnis der Kirche, hg. von der Deutschen Bischofkonferenz, Bonn 1985, S. 116f. Die Ausführungen in der Auflage von 1995 sind identisch.

22  Vgl., Katholischer Erwachsenen-Katechismus, Zweiter Band, Leben aus dem Glauben, hg. von der Deutschen Bischofskonferenz, Bonn 1995; Dies ist auch das beherrschende Thema in der Arbeitshilfe 113, Die Verantwortung des Menschen für das Tier, Sekretariat der Deutschen Bischofskonferenz, Bonn, 1993.

23  Baranzke, H., Das Tier – ohne Würde, Heil und Recht?, in: Loth, W. (Hg.), Jahrbuch des Kulturwissenschaftlichen Institutes im Wissenschaftszentrum NRW 1995, Essen 1996, S. 155.

24  Barth, K., Kirchliche Dogmatik, Bd. III/ 2, Zollikon, Zürich 1959, S. 165; vgl. auch die Untersuchungen Baranzkes zur Bedeutung des Barthschen Ansatzes für die Tierethikdebatte. In: Baranzke, H., Würde der Kreatur. Die Idee der Würde im Horizont der Bioethik, Würzburg 2002, S. 287ff.

Philosophie und Theologie unternommen. Für den Naturphilosophen Klaus
Michael Meyer-Abich hat das neuzeitliche Denken zur „unvernünftigen Rationalität" des Menschen geführt; das anthropozentrische Kreisen um sich selbst hat
den Homo sapiens zu einem „Homo interplanetaris praedator" – einem „interplanetarischen Eroberer" – werden lassen, der seine Herkunft vergessen hat[25].
Diese Vergessenheit impliziert die absolute Reduzierung allen übrigen tierlichen
und auch pflanzlichen Lebens auf diesem Planeten zu Objekten menschlicher
Verfügbarkeit. Nur eine Rückbesinnung auf den Ursprung und eine neu zu ge-
winnende Beheimatung im „Mit-Sein mit Anderen und Anderem"[26] kann zu
Auswegen aus der globalen ökologischen Krise führen. Somit sind die Auftritte
eines „totalitären Ego-Subjektes"[27] zwar geschichtlich möglich und real, aber
deswegen noch nicht notwendige Repräsentationen menschlicher Selbstverständigung. Denn konstitutiv für den Menschen sind zugleich seine „vergessenen
Träume", die ihn an die ehemalige Beheimatung erinnern. Hierhin gehören die
biblisch Überlieferten. Gewinnt der neuzeitliche Mensch eben dieses Selbstverständnis in der Ab-Wendung von der Natur, so versteht sich der biblische
Mensch auch und gerade in der Hin-Wendung zur geschaffenen Wirklichkeit.

In Kapitel IV „Das Tier im Kontext der biblischen Anthropologie" soll aufgezeigt werden, welche Rolle den Tieren innerhalb dieses Entwurfes zukommt.
Nach jüdisch-christlicher Tradition wird das Wesen des Menschen zwar nicht in
bezug auf das Tier bestimmt und hat sich Gott auch nicht wie z.B. in Ägypten in
der Gestalt eines Tieres offenbart. Dennoch lassen sich innerhalb der biblischen
Überlieferung zwei Stränge erkennen:

1. Mensch und Tier sind radikal aufeinander bezogene und voneinander
abhängige Geschöpfe und somit Partner des einen göttlichen Bundes.
2. hat das Tier seinen eigenen Ort in der Schöpfung und zudem ein Verhältnis zum Schöpfer, das die Signatur der Unmittelbarkeit trägt und sich dadurch
vom Menschen wesentlich unterscheidet.

Im Anschluss erfolgt ein Perspektivwechsel: Vom biblischen Tierbild zu dem der
modernen Naturwissenschaft: Innerhalb der Biologie ist es vor allem die moderne Verhaltensbiologie, die sich ausführlich mit dem je Eigenen des Tieres und
des Menschen und ihrer (biologischen) Differenz beschäftigt und somit den
immer stärker eingeforderten Diskurs zwischen Bio- und Geisteswissenschaften
führen kann. In ihrer aktuellen Ausprägung hat sie einerseits einen starken Bezug

---

[25] Vgl. Meyer-Abich, K.M., Praktische Naturphilosophie. Erinnerung an einen vergessenen
Traum, München 1997, S. 11.
[26] Vgl. ebd. S. 12.
[27] Vgl. Müller, K., Das etwas andere Subjekt, in: Zeitschrift für katholische Theologie,
Theologische Fakultät Innsbruck, 120. Band/1998/Heft 2, S. 147.

zu Ökologie und Evolutionsforschung, andererseits zur Neurobiologie, Endokrinologie und Molekulargenetik. Ihre Erkenntnisse haben in den letzten Jahren zu einem differenzierteren Tierbild geführt. Sie gesteht den höher entwickelten Tieren bezüglich kognitiver Fähigkeiten, emotionaler Reaktionen und Ansätzen einer Kulturfähigkeit eine wesentlich größere Ähnlichkeit mit dem Menschen zu als noch vor wenigen Jahren – und befindet sich damit in überraschender Nähe zur biblischen Überzeugung. Denn die Nachdenklichkeit in bezug auf den Wesensunterschied zwischen Mensch und Tier, die sich vor allem noch im Ersten Testament findet („Wer weiß, ob der Lebensgeist des Menschen emporsteigt, der Lebensgeist des Viehs aber hinabfährt zur Erde?" vgl. Koh 3,19-21), wird durch die Erkenntnisse der Verhaltensbiologie erneut geschärft. In seinem biologischen und somit ersten Schwerpunkt wird die Arbeit in Kapitel V einen Überblick darüber verschaffen, welche Aussagen die Ethologie zum Denken, Fühlen und Handeln der Tiere macht. Damit liefert sie einen bisher nicht gesichteten Beitrag für die Bewusstseinsdebatte und rührt somit an die Grundfeste der Sonderstellung des Menschen.

„Das Tierbild innerhalb der Theologie des Nikolaus von Kues" ist das VI. Kapitel überschrieben, das somit den zweiten, nämlich philosophisch-theologischen Schwerpunkt der Dissertation einleitet. Die Schöpfungslehre ist das immer wiederkehrende Thema in den Schriften des Cusaners, und sie entfaltet sich in zwei Grundgedanken:

1. Alle Dinge sind kraft Gottes Sicht, dass und was sie sind.
2. Gott verwirklicht sich selbst in der Schöpfung.

Ein stärkerer Kontrast als zwischen dem cusanischen: „Ego sum, quia tu me respicis" („Ich bin , weil Gott mich anschaut"), das alle Geschöpfe mit einbezieht, und dem cartesischen Selbst-Bewusstsein: „Cogito, ergo sum" ist kaum denkbar. Der Cusaner versteht sich selbst als „Jäger der Weisheit" (VS I) und schließt mit seinen Funden unmittelbar an die biblischen Ressourcen an, worin Mensch und Tier ihre je eigene Wahrheit vor und von Gott haben. Mit einem klaren Festhalten an ihrer wesentlichen Differenz einerseits und ihrer ebenso existentiellen Bezogenheit aufeinander andererseits befindet sich der Cusaner in überraschender Nähe zu den ethologischen Funden; ihre fruchtbare Allianz vermag dem „Irrtum über die Geschöpfe", wonach der Mensch aufgrund seines Vernunftbesitzes gottähnlich, die Tiere aber den Dingen zugeordnet werden, weil sie keine Einsicht in die Gesetzte des Universums haben, überzeugend zu begegnen.

„Wie die Hausfrau, die die Stube gescheuert hat, Sorge trägt, daß die Tür zu ist, damit ja nicht der Hund hereinkomme und das getane Werk durch die Spuren seiner Pfoten entstelle, also wachen die europäischen Denker darüber, daß ihnen keine Tiere in der Ethik herumlaufen."[28] So markiert Albert Schweizer die Situation in der Mitte des vergangenen Jahrhunderts, die sich nicht nur durch Peter Singers extreme Positionen seit den 90 er Jahren grundsätzlich verändert hat. In der Verhältnisbestimmung zwischen Mensch und Tier, die im VII. Kapitel bearbeitet wird, ist daher dem tierethischen Diskurs in seiner Plausibilität, aber auch in seiner Begrenztheit der erste Abschnitt gewidmet. Dieser Diskurs hat die Relevanz einer neuen Bewertung der Verantwortung des Menschen für das Tier betont und somit die notwendige Debatte um die Wahrheit des Tieres in Bewegung gebracht.

Doch laut biblischer Auskunft begegnet das Tier dem Menschen nicht nur mit der bedrängenden Frage, die Num 22,28 der geschlagenen Eselin in den Mund gelegt hat: „Was habe ich dir getan, dass du mich jetzt schon zum drittenmal schlägst?" D.h., den biblischen Autoren geht es nicht nur um den verantwortungsvollen Umgang des Menschen mit den Tieren. Im Tier schaut den Menschen das ganz Andere und das ganz Vertraute an und verlangt nach einer Antwort. Diese kann die Weise des Mitleidens annehmen, von der Schopenhauers Ethik und Anthropologie geprägt ist und die womöglich Bestandteil eines von Johann Baptist Metz formulierten „emphatischen Monotheismus"[29] sein kann („Der Gerechte weiß, was sein Vieh braucht, doch das Herz der Frevler ist hart" Spr 12,10).[30]

Der fragende Blick des Tieres konfrontiert den Menschen darüber hinaus mit der Frage nach dem Eigenen. In Martin Bubers Konzept, wonach das Ich nur durch das Du zum Ich wird und jedes echte Leben Begegnung ist, gehören die Tiere konstitutionell in die „Du-Welt", innerhalb derer der Mensch – anders als in der „Es-Welt" – menschlich bleibt.[31] Der jüdische Religionsphilosoph knüpft mit seinen Reflexionen (und Erzählungen) zwar nicht ausdrücklich, wohl aber inhaltlich an die erkenntnistheoretischen des Nikolaus von Kues an.

---

[28]  Zitiert in: Precht, R.D., Haben Tiere Rechte? Über die Ordnung der Schöpfung und die Unordnung der Moral, in: DIE ZEIT Nr. 18, 26.4.96, S. 44.

[29]  Vgl. Metz, J.B., Im Eingedenken fremden Leids. Zu einer Basiskategorie christlicher Gottesrede, in: Metz, J.B., Reikerstorfer, J., Werbick, J. (Hgg.), Gottesrede, Münster 1996, S. 9.

[30]  Vgl. u. Kap. VII.2.1, „Vom metaphysischen Mitleid". Allerdings findet sich diese Argumentationsfigur auch in nichtchristlichen, sprich nicht monotheistischen Traditionen (vielleicht sogar noch stärker, allerdings anders begründet. Vgl. dazu die Bemerkungen zum Tierbild des Buddhismus im selben Kapitel); Mahatma Gandhi sagt: „Die Größe einer Nation kann man nicht daran ermessen, wie viel sie besitzt, sondern wie sie ihre Tiere behandelt." In: Eurich, C., Die Kraft der Friedfertigkeit, München 2000, S. 88.

[31]  Vgl. u. Kap. VII.2.2, „Erfahrungen des ganz Anderen und doch so Verwandten".

Diese wiederum stehen in großer Nähe zur deutschen Mystik um Meister Eckart, Heinrich Seuse und Johannes Tauler. Für den „Lebe- und Lesemeister" Eckart ist die Kraft der Seele nichts anderes als das im konkret seienden Geschöpf anwesende „esse virtuale", das „archetypische Sein", wo noch ungeschieden alles Geschaffene – das Glühwürmchen wie die Mücke und der Mensch – als „Gott in Gott ruht".[32] Dass das Tier gleichsam als „Prototyp" für eine Existenzweise in der Unmittelbarkeit Gottes fungiert und dem Menschen somit als Korrektiv und „Lehrmeister" auf seinem Weg der kontemplativen „Gott-Werdung" zur Seite gestellt ist, wäre für Meister Eckart wahrscheinlich eine Selbstverständlichkeit – ohne für diese Argumentationsfigur die fernöstlichen Heilslehren heranziehen zu müssen, wie es in der esoterischen Literatur unserer Tage gang und gäbe ist.

Die drei Weisen der Natur-, Selbst- und Gottesmystik sind ursprünglich und wesentlich in einer biblisch fundierten Spiritualität verwurzelt; innerhalb dieses „Urgesteins", das die Kraft hat naturwissenschaftliche Erkenntnisse und theologische Aussagen über das Wesen des Menschen in der Natur zu verbinden, sind die Tiere unverzichtbar. Als die Geschöpfe, die das Paradies nie haben verlassen müssen, verkörpern sie für den Menschen eine Existenzweise in der Unmittelbarkeit Gottes, die durch denkerische Leistungen weniger als durch ein schlichtes, waches und letztlich selbst-loses Leben im Hier und Jetzt erfahrbar werden kann.

Um die je andere Lebensweise diesseits, bzw. jenseits der Mauer des Gartens Eden geht es in der paradiesischen Ouvertüre und im abschließenden Epilog; ist die vom Menschen aus gesehen jenseitige Lebensweise geprägt von der Signatur der heilen Abgeschlossenheit in der Unmittelbarkeit des Schöpfers, haben die Vertriebenen neben der neu gewonnenen Freiheit mit der Last der Verantwortung und der Not der Heimatlosigkeit zu tun. Es wird ein Glaube not-wendig, der unmittelbar mit Kontingenzerfahrungen einhergehend, als „Weise der Selbstaufklärung aufgeklärter Rationalität" identifiziert werden kann.[33] Denn wegen des Bewusstseins, so der Neurobiologe Antonio Damasio, ist der Mensch aus dem Garten Eden vertrieben worden: „Das Bewusstsein hat noch nicht den vollen Geschmack der Frucht vom Baum der Erkenntnis, aber das unschuldige Bewusstsein hat die Dinge in Gang gebracht, vor vielen, vielen Arten und vielen Millionen Jahren, noch bevor der Mensch sich einen Begriff von der eigenen Natur zu machen begann."[34] Die Religion im Wortsinn als die Rückbindung an

---

[32] Vgl. u. Kap. VII.3.2, „Zur Selbstmystik".
[33] Vgl. Müller, K., Gottes Dasein denken, Regensburg 2001, S. 168.
[34] Damasio, A., Ich fühle, also bin ich. Die Entschlüsselung des Bewusstseins, München 2000, S. 372.

den Ursprung gehört somit zum Konstitutivum des Menschen und stellt womöglich die einzige Eigenschaft dar, die ihn von seinen Mitgeschöpfen unterscheidet
und zugleich in die Verantwortung verweist.

Es geht in dieser Untersuchung der Relevanz des Tieres für den Menschen
auch darum, auf „irrige" und somit zu verändernde Haltungsbedingungen hinzuweisen, und dies im doppelten Sinn: Es geht um Argumente, die für die tatsächliche Haltung der Tiere in menschlicher Obhut nicht irrelevant sind; zugleich
geht es um die Begründung einer angemessene Ein-Stellung ihnen gegenüber, die
nicht nur der Würde des Menschen, sondern auch der ihren gerecht wird. Nicht
zuletzt möchte diese Arbeit der Forderung Karl Rahners gerecht werden, wonach
die Theologie immer der Spiritualität zu dienen hat[35]. Für die Schöpfung als
Ganze und darin je anders für Mensch und Tier gilt:

> „Wir erklingen als die Symphonie, die Gott heißt. Theologie unterhält sich über die Parti-
> tur, über Noten, Pausen, Kontrapunkt und Instrumente. Uns als Klang dieser Symphonie
> zu erfahren, das ist das Ziel der Mystik."[36]

---

[35] So schreibt Rahner: „Denn alle abstrakte Theologie liefe schließlich doch ins Leere, wenn
sie sich nicht selber aufheben würde aus Worten über die Sache in ein Gebet hinein, in
dem vielleicht doch geschehen könnte, worüber vorher nur geredet wurde." In: Rahner,
K., Gebete des Lebens, Freiburg 1984, S. 10.

[36] Jäger, W., Das Sakrament des Augenblicks, in: Lewkowicz, M., Lob-Hüdepohl, A., (Hgg.),
Spiritualität der sozialen Arbeit, Freiburg 2003, S. 43.

# II. Paradiesische Ouvertüre

J. Breughel, d. J., Das Paradies (1625/30)

In der Familie Breughel gab es eine lange Tradition, sich des Paradiesesthemas anzunehmen. Jan Breughel, d. Ä. (1568-1625), der Vater von J. Breughel, d. J., trug den Beinamen „Paradies-Breughel". Mit dem Namen der Breughels lassen sich ca. 200 Gemälde in Verbindung bringen, die Themen und Szenen aus der Welt des in der Bibel geschilderten Gartens in Eden abbilden. Meistens verbinden sie enzyklopädische Ansammlungen von Tieren im Vordergrund mit kleinen religiösen Szenen.

So ist die Erschaffung Evas aus der Rippe des Adam in unserer Darstellung eher ein Randthema, sodass der Künstler viele unterschiedliche Pflanzen und Tiere in den Vordergrund stellen kann.

M. Klinger, Adam (1880)

Dargestellt ist in diesem 5. Blatt des Zyklus „Eva und die Zukunft" der Aufbruch des ersten Menschenpaares aus dem Paradies. An dessen Eingang steht in geradezu winziger Gestalt der Cherub mit dem Flammenschwert. Klinger will den Vorgang nicht als Vertreibung gestalten, sondern als „Akt der Befreiung aus dem Paradies der Zwänge und Verbote", als „Überwindung des unmündigen , auch räumlich beschränkten Naturzustandes und ersten Schritt in die riskante Freiheit der Selbstbestimmung."[37]

---

[37]  Vgl. Dülmen, R., (Hg.), Erfindung des Menschen. Schöpfungsträume und Körperbilder 1500-2000, Wien 1998, S. 61.

Das Bild des Paradieses verbindet so unterschiedliche Autoren wie Friedrich Nietzsche und Heinrich von Kleist, Nikolaus von Kues und Antonio Damasio. Auch wenn es ihnen nicht immer unmittelbar um die Frage des Mensch-Tier-Verhältnisses geht, sei hier folgendes Gedankenexperiment erlaubt: Wenn der Mensch umkehrte – in den Garten Eden?

nach Breughel, „Paradies ohne Mensch" (2003)[38]

[38] Die Bilder von Breughel und Klinger sind dem Ausstellungskatalog entnommen: van Dülmen, R., a.a.O.; Breughel, Tafel II, S. 51; Klinger, S. 61. Für die Fotomontage danke ich Herrn Dr. Manfred Freiburg, Münster.
Ob Breughel jene Faszination gespürt hat, die der Fotograph Walter Schels im Blick auf seine tierlichen „Modelle" erlebt? Dieser begann vor zwanzig Jahren Tiere in der gleichen Weise wie Menschen zu porträtieren. Ursprünglich waren die Menschenporträts die Vorbilder für gute Tierporträts gewesen. „Irgendwann kehrte es sich um. Ich war froh, wenn mir beim Menschen ein 'tierisches' Porträt gelang. Unverfälscht, direkt, ohne Theater, ohne zu hinterfragen: 'Wie sehe ich aus, was mache ich falsch, wie komme ich an?'" In: ders., Schwabenthan, S., Die Seele der Tiere. Gesichter, Gefühle, Geschichten, München 2000, S. 6. Für diese Fotomontage danke ich Herrn Dr. Manfred Freiburg, Münster.

Der Mensch müsste sich die Augen reiben; denn sie, die Tiere, sind immer noch dort beheimatet: im Garten Eden. Auch wenn im jahwistischen Schöpfungsbericht nicht davon die Rede ist: Sie haben das Paradies nicht verlassen müssen.

## 1. Eine Existenz im Garten Eden

Es ist lohnend, diesem Bild einmal nachzugehen, zumal es theologisch alles besagen kann, was mit „Urstand, Urgerechtigkeit, Integrität, Unsterblichkeit und anderen Urstandsgnaden gemeint ist"[39]. Laut Auskunft Karl Rahners umschreibt es „die ganze übernatürliche Verfaßtheit des konkreten Menschen in der Gnade vor der Sünde, die als geschichtliche Realität , wenn auch sui generis, aufzufassen ist; ferner auch (so häufig in der Geschichte der Theologie und der religiösen Literatur) das, was mit 'Himmel' bezeichnet wird."[40]

Für Romano Guardini hat die neuzeitliche Rede vom Paradies die in der Offenbarung deutlich werdende Daseinswahrheit verwaschen: In der Bibel ist das Paradies eine Seinsweise, die sich der unmittelbaren Gemeinschaft mit Gott verdankt – die gnadenhafte, anfängliche und somit ursprüngliche Verbundenheit alles Lebendigen mit seinem Schöpfer. Und genau darin ist der Mensch heil und ganz. Er ist nur insofern „Herr" über die Dinge als er gehorsam gegenüber seinem Gott ist. Im Sündenfall geht es nicht etwa um die Wahl zwischen einem romantischen Zustand der Unschuld und des Glücks, der eine Unmündigkeit impliziert, auf der einen Seite – und einer erkennenden Mündigkeit, die teuer durch Leid und Schuld bezahlt werden muss, auf der anderen Seite.Worum die Entscheidung ging, war, ob der menschliche Weg der Reifung und des „Erwachsenwerdens" im Gehorsam gegenüber Gott geschehen würde oder in der Auflehnung, die „sein will wie Gott". „Nicht das Erkennen selbst – und ebenso wenig die Vereinigung der Geschlechter – sondern daß sie in Empörung gegen Gott gewollt wurde, war die Sünde."[41]

Über das Schicksal der Tiere nach dem Sündenfall schweigt die Bibel. Da sie aber nicht von ihrem Sündenfall spricht, ist der Gedanke, dass sie immer noch „dort" sind, nicht abwegig.

---

[39]  Rahner, K., Art. Paradies, III. Theologisch, in: LThK², Bd. 8, 1963, Sp. 72.
[40]  Vgl. ebd.
[41]  Guardini, R., Rainer Maria Rilkes Deutung des Daseins. Eine Interpretation der Dueniser Elegien, Mainz, Paderborn 1996, S. 276; vgl. auch: Schreiner, K., Das verlorene Paradies – Der Sündenfall in Deutungen der Neuzeit, in: van Dülmen, R. (Hg.), Erfindung des Menschen, a.a.O., S. 43ff.

## 2. Von der „Gottunmittelbarkeit" der Tiere[42]

Laut Auskunft des heiligen Thomas von Aquin ist auch den Tieren ein Streben nach der göttlichen Ordnung zu eigen – in der Weise des „desiderium naturale". In seiner Lehre vom Gebet kommt er auf unsere Mitgeschöpfe zu sprechen. Er führt in seinem Kommentar zu Psalm 147,9 („Er gibt dem Vieh seine Nahrung, gibt den jungen Raben, wonach sie schreien.") aus: Das Beten kommt weder den göttlichen Personen zu noch den Tieren, nur allein den vernünftigen Geschöpfen. Die Schrift redet im Psalm bildlich vom Schreien der Tiere zu Gott, die aufgrund des „desiderium naturale" unmittelbar vom Schöpfer bewegt werden.[43] Diese „Gottunmittelbarkeit" als ihre Signatur nimmt dem Schöpfer nichts von seiner Hoheit. Denn Gott ist in den Dingen der gleiche wie in sich selbst.[44]

Sowohl die Paradiesesmetapher als auch die sie aufhellende Prädikation der Gottunmittelbarkeit der Tiere legen eine weithin unbekannte Sicht auf unsere Mitgeschöpfe nahe, die im Folgenden skizziert werden soll – allerdings nicht ohne diese Vorbemerkung: Auch wenn das Leben im Paradies idyllisch anmutet und diese Existenzform im Blick auf die Tiere aufzuleuchten vermag, mag es in Anbetracht des täglichen Kampfes um das Überleben zynisch klingen. Tatsächlich sind die für uns Menschen kaum fassbaren, mannigfaltigen Weisen der tierlichen Wahrnehmung[45] Anpassungsweisen im Überlebenskampf. Das Leben der Tiere ist daher alles andere als paradiesisch; in ihrer Existenz verdichtet sich vielmehr das, was Klaus Michael Meyer-Abich auf die Formel bringt: „Die Natur ist so wenig idyllisch wie Gott lieb ist." Und weiter: „ Dies gilt für die Natur im Ganzen wie für alle nichtmenschliche Natur, unsere natürliche Mitwelt. Ich denke, wir sollten sie fürchten und lieben, jedenfalls aber auch fürchten, sonst fehlt uns der nötige Respekt."[46]

---

[42] Der Begriff stammt von J. Bernhart. Vgl. dazu die Ausführungen in: Bernhart, J., Die unbeweinte Kreatur, München 1987, S. 73ff.

[43] Ebd.; in der Summa: 2 II 83, 10 ad 3.

[44] Vgl. ebd.; in der Summa: 2 II 26, 2 ad 3

[45] Die Literatur zu diesem Thema ist fast unüberschaubar. Hilfreich ist die Übersicht zu folgenden Themen: Sinnesphysiologie, Neurophysiologie der Wahrnehmung, Hören, Zum Forschungsgebiet Wahrnehmung, Die Welt der Wahrnehmung, Intelligenz der Wahrnehmung usw. in: Rock, I., Wahrnehmung. Vom visuellen Reiz zum Sehen und Erkennen, Heidelberg, Berlin, 1998, S. 201ff.

[46] Meyer-Abich, K.M., Praktische Naturphilosophie. Erinnerung an einen vergessenen Traum, München 1997, S. 79.

## 2.1 Leben in der Gegenwart

„So lebt das Tier unhistorisch" fasst Nietzsche zusammen und er lädt ein: „Betrachte die Herde, die an dir vorüberweidet: sie weiss nicht, was Gestern, was Heute ist, springt umher, frisst, ruht, verdaut, springt wieder, und so vom Morgen bis zur Nacht und von Tage zu Tage, kurz angebunden mit ihrer Lust und Unlust, nämlich an den Pflock des Augenblicks, und deshalb weder schwermütig noch überdrüssig."[47] Unser bewusstes Leben in und mit der Zeit stellt evolutionsbiologisch den Beginn allen Kulturschaffens dar, die Frage nach dem „Nach" der Zeit und die damit verbundenen Ängste und Sehnsüchte den Anfang religiösen Denkens und Handelns. Hingegen erinnert die Fähigkeit im Augenblick zu leben auch den großen Skeptiker Nietzsche an den Garten Eden: „Deshalb ergreift es ihn (den Menschen), als ob er eines verlorenen Paradieses gedächte, die weidende Herde oder in vertrauter Nähe das Kind zu sehen, das noch nichts Vergangenes zu verleugnen hat und zwischen den Zäunen der Vergangenheit und der Zukunft in überseliger Blindheit spielt."[48]

## 2.2 Leben in der Wahrnehmung

„Sich in die Gegenwart versenken, die Vorstellung, das Denken, ja selbst den Gedanken an die Gegenwart zum Schweigen bringen. Erst dann wird die Gegenwart aufleuchten."[49] Vom 1973 verstorbenen Henri le Saux stammt dieses Wort. Als einen Brückenschläger sowohl zwischen indischer und christlicher Spiritualität als auch zwischen der ältesten monastischen Tradition Indiens sowie der christlichen Wüstenväter einerseits und der heutigen Suche nach neuen religiösen Lebensformen andererseits beschreibt Bettina Bäumer den Mystiker. Um das schlichte In-der-Gegenwart-Sein geht es allen Meditationsübungen, nicht etwa um ekstatische Weltfluchten.

Wahr ist für Martin Heidegger im Rekurs auf die griechische Philosophie gerade das „schlichte, sinnliche Vernehmen von etwas [...] Sehen entdeckt immer Farben, Hören entdeckt immer Töne. Im reinsten und ursprünglichsten Sinne 'wahr' – d.h. nur entdeckend, so daß es nie verdecken kann ist das reine νοειν, das schlicht hinsehende Vernehmen der einfachsten Seinsbestimmungen des

---

[47]  Nietzsche, F., Unzeitgemässe Betrachtungen, Frankfurt, Leipzig 1981, S. 97f.
[48]  Ebd.
[49]  Zitiert von B. Bäumer, Henri le Saux – Abhishiktananda (1910-1973) in: Ruhbach, G., Sudbrack, J., Grosse Mystiker. Leben und Wirken, München 1984, S. 349.

Seienden als solchen."[50] Und Williges Jäger sucht nach „Zeichen am Weg, die uns erinnern [...] wach in allem zu sein, was man tut."[51] Ob den Tieren nicht eine solche Zeichenhaftigkeit zukommt?

Innerhalb der Trias Wahrnehmen – Denken – Handeln, die jedem Tun zugrunde liegt, kam es im Verlauf der Stammesgeschichte gewissermaßen zu einer Akzentverschiebung: Es ist das aufdämmernde Bewusstsein, in dem mehr und mehr denkerische Leistungen wie Abstraktion und Systematisierung das Leben des Menschen bestimmten. Es besteht kein Zweifel, dass das hoch entwickelte Denkvermögen für den evolutiven Erfolg des Homo sapiens maßgeblich verantwortlich ist, es aber zugleich auch ein Hindernis darstellen kann – nämlich dann, wenn es um die unmittelbare Wahrnehmung der Wirklichkeit geht. Während wir Menschen nur zu oft von unserem Intellekt und unseren Vor-Stellungen her die Welt deuten, zeichnet das Leben der Tiere das „Verbleiben in der Wahrnehmung" aus[52].

Die im Lauf der Evolution immer intensiver gewordene Fähigkeit zur Systematisierung, Kategorisierung und das menschliche Abstraktionsvermögen bringen im Umgang miteinander und in der Gestaltung des Lebens nicht nur Vorteile. Diese Sonderheiten des Menschen bringen die Gefahr mit sich, sich von der unmittelbaren Lebenswelt, den Mitgeschöpfen und letztlich sich selbst zu entfremden.

## 2.3 Beheimatet-Sein

Es scheint geradezu konstitutiv für den Menschen zu sein, nach sich selbst zu fragen – sich selbst zur Frage zur werden. Unmittelbar mit dem Besitz des (Selbst-) Bewusstseins ist die Distanzierung zur Lebenswelt verbunden und in der weiteren Folge der mögliche Verlust von Sinn: Wer bin ich? Woher komme ich? Wohin gehe ich? lauten die klassischen Fragen; diese sind – vermutlich – allein dem Menschen vorbehalten.

Schon den biblischen Menschen erinnern hingegen die Tiere an das „alte Gefühl", zu wissen, wohin man gehört: „Der Ochse kennt seinen Besitzer und der Esel die Krippe seines Herrn; Israel aber hat keine Erkenntnis" (Jes 1,3). Eingebunden zu sein in einen größeren Sinnzusammenhang und von der „Erkenntnis"

---

50  Heidegger, M., Sein und Zeit, Tübingen 1993, S. 33.
51  Jäger, W., Das Sakrament des Augenblicks, in: Lewkowicz, M., Lob-Hüdepohl, A., (Hgg.), Spiritualität der sozialen Arbeit, Freiburg, 2003, S. 40.
52  Es wird zu zeigen sein, ob und inwiefern Tiere auch über Vergangenes nachdenken, sich erinnern und lernen; zudem, ob sie die Zukunft planerisch in den Blick nehmen können.

erfüllt zu sein, den eigenen Ort bei Gott und somit in der Welt zu haben, gehört
in den Grundbestand der Sehnsüchte des Menschen. Schon Jesaja sah die Erfüllung dieser Sehnsucht in Ochs und Esel ver-körpert; spätere Künstler setzten
jene beide an die Weihnachtskrippe, wohl wissend, dass ihnen ein unverzichtba-
rer Platz innerhalb des Mysteriums von der Menschwerdung Gottes zukommt.

### 3. Das Tier als „Ausbruchstelle des Daseins"

Romano Guardini kommt zu dieser Definition in seiner Beschäftigung mit Rainer Maria Rilkes Duineser Elegien. Der Dichter stellt das Tier in eine Reihe mit
dem Kind, dem Liebenden und den Sterbenden, die durch eine besondere Beziehung zu dem gekennzeichnet sind, das er „das Offene" nennt. „Dieses 'Offene'
wäre also ein Zustand des Daseins und gleichbedeutend mit dessen 'Ganz- und
Heilsein'; das 'tiefe Sein', in welchem 'alles Vergängliche' aufgenommen ist."[53]
    Während das Tier „mit allen Augen" dies Offene sieht, ist dem Menschen nur
noch manchmal und in bestimmten Momenten eine solche Erfahrung möglich:
In einem Zustand vollkommener Gelöstheit. „Alle Reflexion des Verstandes hat
aufgehört und einer einfachen Empfänglichkeit Platz gemacht, die nichts mehr ist
als 'eine einzige Stelle reinsten, tiefsten Bewußtseins', das sich gleichsam dem All-
Dasein zur Verfügung stellt, damit es darin ohne Hindernis um sich selbst wisse."[54] Die Haltung des Tieres ist dadurch geprägt, dass es nicht auf etwas zu lebt,
sondern einfachhin lebt. „Es ist kein Jemand, sondern eine Ausbruchsstelle des
Daseins überhaupt."[55]
    Auch wenn der Begriff nicht fällt, klingt in der achten Elegie in den Worten
„Kreatur" und „Schöpfung" der biblische Glaube an das Paradies nach. Guardini
macht deutlich, dass Rilkes Begriff nicht mehr der biblische, andererseits auch
nicht der neuzeitlich-naturalistische ist. Vielmehr steht er dazwischen. „Er hat die
Offenbarung preisgegeben, jedoch ihren Inhalt in die Welt hineingenommen.
Von daher deutet er das Tier als reine Existenz, welche noch die Freiheit des
Paradieses habe."[56]

---

53  Guardini, R., Rainer Maria Rilkes Deutung des Daseins. Eine Interpretation der Duineser
    Elegien, a.a.O., S. 265; zur näheren Verwandtschaft des Tieres mit den Kindern, Lieben-
    den und Sterbenden vgl. S. 267ff.
54  Ebd., S. 266.
55  Ebd., S. 269.
56  Ebd., S. 176.

Die Frage nach der anthropologischen Relevanz des Tieres ist nicht nur im Werk Rilkes präsent. Im Gegensatz zur Theologie haben viele Dichter und Künstler sie nicht aus dem Blick verloren

Hier sei erinnert an Kafkas Hunde, Mäuse und Flöhe in seinen Erzählungen. Besonders auch die Rede des Affen „Rotpeter"[57] an die „Sprache der Schafe" in Coelhos „Alchemist". Von den Literaturnobelpreisträgern haben sich u.a. J.M. Coetzee (2003), E. Canetti (1981) und G. Carducci (1906) der Tiere angenommen. Das Gedicht „Il bove" („Der Ochse")[58] des Letzteren sei hier zitiert, zumal es in Italien jedes Kind in der Grundschule auswendig lernt.

| | |
|---|---|
| T' amo, o pio bove; e mite un sentimento<br>Di vigore e di pace al cor m' infondi, | Ich liebe dich, du sanftmütiger Ochse, mit einem Gefühl von Kraft und Frieden zugleich erfüllst du mein Herz, |
| O che solenne come un monumento<br>Tu guardi i campi liberi e fecondi, | feierlich wie ein Denkmal stehst du da und schaust weit hinaus auf die fruchtbaren Felder, |
| O che al giogo inchinandoti contento<br>L'agil opra de L'uom grave secondi: | zufrieden beugst du dich unter das Joch und unterstützest den ernsthaften Menschen bei seiner eifrigen Arbeit: |
| Ei t' esorta e ti punge, e tu co'l lento | er ermahnt dich und stachelt dich an, mit dem langsamen |
| Giro de' pazienti occhi rispondi. | Blick deiner geduldigen Augen antwortest du ihm. |
| Da la larga narice umida e nera<br>Fuma il tuo spirto, e come un inno lieto<br>Il mugghio nel sereno aer si perde; | Aus deinen großen, schwarzen und feuchten Nüstern dampft dein Atem wie ein fröhliches Lied verliert sich dein Ruf in der heiteren Luft. |
| E del grave occhio glauco entro l' austera<br>Dolcezza si rispecchia ampio e quieto<br>Il divino del pian silenzio verde. | Und im ernsten Blau deines Auges in seiner strengen Süße spiegelt sich wider, unendlich und friedvoll, das göttliche Schweigen über der grünen Ebene. |

Unter den Komponisten sei zunächst Franz Joseph Haydn und sein bekanntes Oratorium „Die Schöpfung" genannt, in dem die Sonderstellung des Menschen so definiert wird: „Dem Ganzen fehlte das Geschöpf, das Gottes Werke dankbar sehen, des Herren Güte preisen soll."[59]

---

57  In: Ein Bericht für eine Akademie, in: Coetzee, J.M., Das Leben der Tiere, a.a.O., S. 81ff.
58  In: Toletti, A., L'isola degli scrittori, Torino 1964, S. 547f. Für die deutsche Übersetzung bedanke ich mich bei Maria Riatti, Ettlingen.
59  Haydn, J., Die Schöpfung, EMI classics (1996).

Auch sei an Olivier Messiaen erinnert, der in seiner Begeisterung für die Ornithologie ganze Stücke dem Vogelgesang gewidmet hat und sich auf Rilke beziehend schreibt:

„Die Natur und die Vogelgesänge – das sind meine Leidenschaften. Sie sind auch meine Refugien. In den düsteren Stunden, wenn ich mir meiner Nutzlosigkeit brutal bewußt werde und mir alle musikalischen Sprachen – die klassischen, exotischen, antiken, modernen und ultramodernen – auf das bewundernswürdige Ergebnis geduldigen Suchens reduziert erscheinen, ohne daß hinter den Noten etwas stünde, das soviel Arbeit rechtfertige: Was bleibt dann anderes zu tun, als sein wahres Antlitz irgendwo im Wald, auf den Feldern, im Gebirge, am Meeresstrand, im Kreise der Vögel wiederzufinden? [...] Göttlich spricht Rilke: 'Musik: Atem der Statuen. Vielleicht: Stille der Bilder. Du Sprache wo Sprachen enden.' Der Vogelgesang steht noch über diesem Traum des Dichters. Vor allem steht er weit über dem Musiker, der ihn aufzuzeichnen versucht."[60]

Unter den Malern ist auf Marc Chagall zu verweisen, in dessen Oeuvre die Tiere nicht wegzudenken sind.[61] Schliesslich ist das folgende Dictum von Franz Marc an seine Frau vom April 1915 überliefert. Er befand sich zu der Zeit bereits im Krieg, in dem er sehr jung fiel; eine Zeit also, von der man normalerweise sagt, der Mensch verhalte sich „tierisch":

„Der Instinkt hat mich im großen und ganzen auch bisher nicht schlecht geleitet [...], vor allem der Instinkt, der mich von dem Lebensgefühl für den Menschen zum Gefühl für das Animalische, den 'reinen Tieren' wegleitete. Der unfromme Mensch, der mich umgab, (vor allem der männliche) erregte meine wahren Gefühle nicht, während das unberührte Lebensgefühl des Tieres alles Gute im mit erklingen ließ. [...] Ich empfand schon sehr früh den Menschen als 'häßlich'; das Tier erschien mir schöner, reiner."[62]

Hier ist nicht der Ort für eine ausführliche Darlegung und Systematisierung; dennoch sei es erlaubt, die achte Elegie als Auftakt und weitere Gedichte als poetische Unterbrechungen dem wissenschaftlichen Diskurs anzufügen. Die unnachahmliche Kraft der Dichtung übertrifft in ihrer Eigenart theologische, philosophische und naturwissenschaftliche Argumentationsfiguren und kann von ihnen kaum eingeholt werden. Sie will eben jene andere Kraft im Menschen berühren, „die der Verstand nicht kennt" (Blaise Pascal). Zudem bin ich dem Künstler und Theologen Patrick Schoden[63] sehr dankbar, der sich dem Thema

---

[60] In: Schlee, T.D., Kämper, D., (Hgg.), Olivier Messiaen, Köln 1998, S. 157f.

[61] Etwa die Dauerausstellung „Message biblique, La creation de l'homme" im musee national in Nice; oder die Gemälde in: Krause, B., Die Farben des verlorenen Paradieses. Marc Chagall – Romanbiographie, Freiburg 2002.

[62] In: Hüllewig-Johnen, J. (Hg.), Der Blaue Reiter, Avantgarde und Volkskunst, Sammlung Hertha Koenig, Kunsthalle Bielefeld, 2003, S. 159.

[63] Vgl. dazu die „Anmerkungen des Künstlers", S. 11.

auf seine Weise genähert hat. Seine Arbeiten ergänzen ebenfalls die intellektuelle Erschließung.

### Die achte Elegie (Rudolf Kassner zugeeignet) [64]

Mit allen Augen sieht die Kreatur
das Offene. Nur unsre Augen sind
wie umgekehrt und ganz um sie gestellt
als Fallen, rings um ihren freien Ausgang.
Was draußen ist, wir wissens aus des Tiers
Antlitz allein; denn schon das frühe Kind
wenden wir um und zwingens, daß es rückwärts
Gestaltung sehe, nicht das Offene, das
im Tiergesicht so tief ist. Frei von Tod.
*Ihn* sehen wir allein; das freie Tier
hat seinen Untergang stets hinter sich
und vor sich Gott, und wenn es geht, so gehts
in Ewigkeit, so wie die Brunnen gehen.
*Wir* haben nie, nicht einen einzigen Tag,
den reinen Raum vor uns, in den die Blumen
unendlich aufgehn. Immer ist es Welt
und niemals Nirgends ohne Nicht: das Reine,
Unüberwachte, das man atmet und
unendlich *weiß* und nicht begehrt. Als Kind
verliert sich eins im Stilln an dies und wird
gerüttelt. Oder jener stirbt und ists.
Denn nah am Tod sieht man den Tod nicht mehr
und starrt *hinaus*, vielleicht mit großem Tierblick.
Liebende, wäre nicht der andre, der
die Sicht verstellt, sind nah daran und staunen ...
Wie aus Versehn ist ihnen aufgetan
hinter dem andern ... Aber über ihn
kommt keiner fort, und wieder wird ihm Welt.
Der Schöpfung immer zugewendet, sehn
wir nur auf ihr die Spiegelung des Frein,
von uns verdunkelt. Oder daß ein Tier,
ein stummes, aufschaut, ruhig durch uns durch.
Dieses heißt Schicksal: gegenüber sein
und nichts als das und immer gegenüber.

---

[64]  Rilke, R.M., Dueniser Elegien. Die Sonette an Orpheus, Zürich 1991, S. 42ff. Dort auch die Hervorhebungen im Text; Guardini weist darauf hin, dass für die Entstehung der Elegie folgende Erfahrung Rilkes maßgeblich war: Er lehnte an einem Baum als ihm „etwas Wunderliches widerfuhr [...] als ob aus dem Innern des Baumes fast unmerkliche Schwingungen in ihn übergingen." (Guardini, R., a.a.O., S. 261) Wir werden allerdings noch sehen, dass auch bei Nikolaus von Kues und Martin Buber ein Baum Ausgangspunkt des Denkens über die tiefere Wirklichkeit wird.

Wäre Bewußtheit unserer Art in dem
sicheren Tier, das uns entgegenzieht
in anderer Richtung –, riß es uns herum
mit seinem Wandel. Doch sein Sein ist ihm
unendlich, ungefaßt und ohne Blick
auf seinen Zustand, rein, so wie sein Ausblick.
Und wo wir Zukunft sehn, dort sieht es Alles
und sich in Allem und geheilt für immer.

Und doch ist in dem wachsam warmen Tier
Gewicht und Sorge einer großen Schwermut.
Denn ihm auch haftet immer an, was uns
oft überwältigt, – die Erinnerung,
als sei schon einmal das, wonach man drängt,
näher gewesen, treuer und sein Anschluß
unendlich zärtlich. Hier ist alles Abstand,
und dort wars Atem. Nach der ersten Heimat
ist ihm die zweite zwittrig und windig.
O Seligkeit der *kleinen* Kreatur,
die immer *bleibt* im Schooße, der sie austrug;
o Glück der Mücke, die noch *innen* hüpft,
selbst wenn sie Hochzeit hat: denn Schooß ist Alles.
Und sieh die halbe Sicherheit des Vogels,
der beinahe beides weiß aus seinem Ursprung,
als wär er eine Seele der Etrusker,
aus einem Toten, den ein Raum empfing,
doch mit der ruhenden Figur als Deckel.
Und wie bestürzt ist eins, das fliegen muß
und stammt aus einem Schooß. Wie vor sich selbst
erschreckt, durchzuckts die Luft, wie wenn ein Sprung
durch eine Tasse geht. So reißt die Spur
der Fledermaus durchs Porzellan des Abends.

Und wir: Zuschauer, immer, überall,
dem allen zugewandt und nie hinaus!
Uns überfüllts. Wir ordnens. Es zerfällt.
Wir ordnens wieder und zerfallen selbst.
Wer hat uns also umgedreht, daß wir,
was wir auch tun, in jener Haltung sind
von einem, welcher fortgeht? Wie er auf
dem letzten Hügel, der ihm ganz sein Tal
noch einmal zeigt, sich wendet, anhält, weilt –,
so leben wir und nehmen immer Abschied.

*Rainer Maria Rilke*

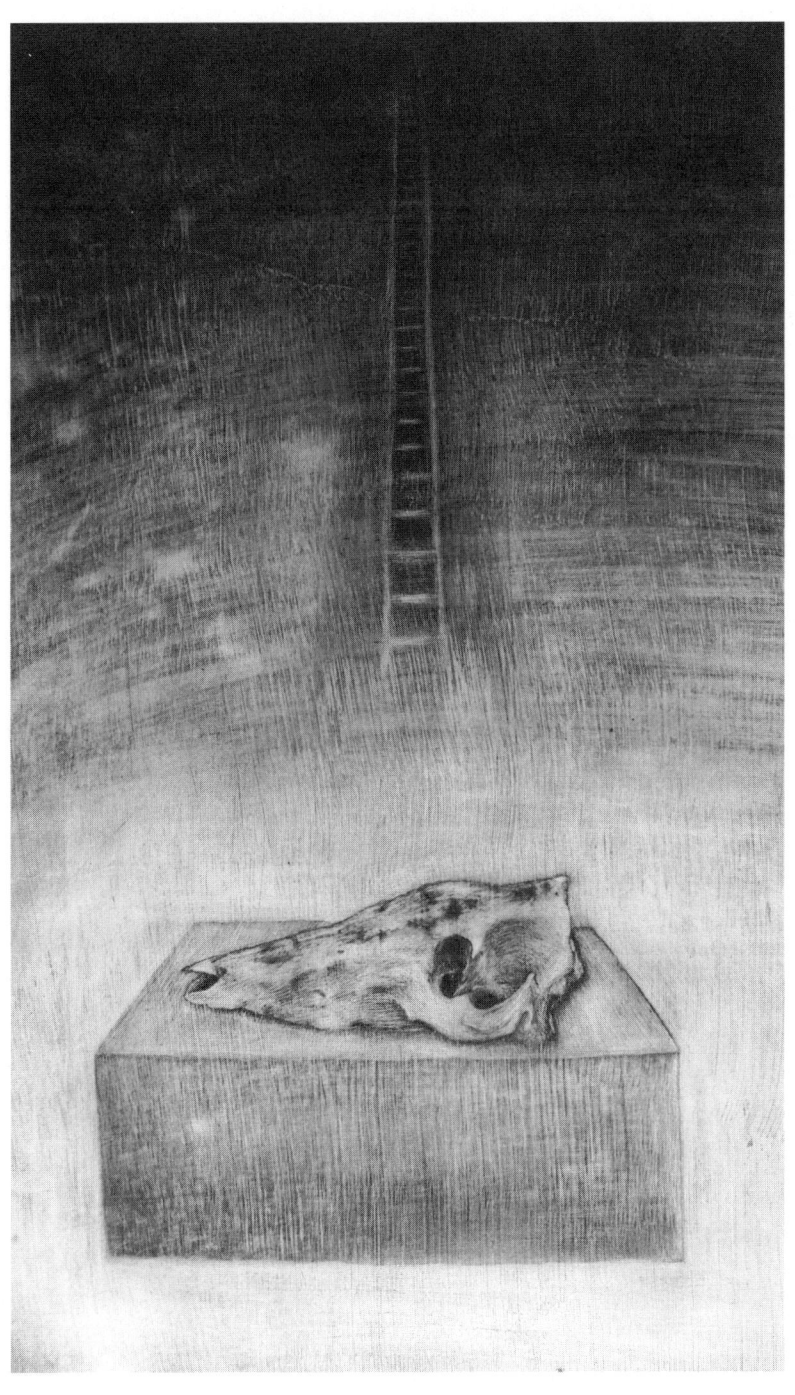

# III. Vom Homo sapiens sapiens zum „Homo interplanetaris praedator"

**Der Panther**

Sein Blick ist vom Vorübergehn der Stäbe
so müd geworden, daß er nichts mehr hält.
Ihm ist, als ob es tausend Stäbe gäbe
und hinter tausend Stäben keine Welt.

Der weiche Gang geschmeidig starker Schritte,
der sich im allerkleinsten Kreise dreht,
ist wie ein Tanz von Kraft um eine Mitte,
in der betäubt ein großer Wille steht.

Nur manchmal schiebt der Vorhang der Pupille
sich lautlos auf –, Dann geht ein Bild hinein,
geht durch der Glieder angespannte Stille –
und hört im Herzen auf zu sein.

*Rainer Maria Rilke*[65]

Im Jahr 1977 sandte die NASA mit dem Satelliten VOYAGER eine Bildplatte ins All, u.a. mit dem Ziel, möglichen außerirdischen Intelligenzen über die Lage der Erde im Sonnensystem und die Bewohner des blauen Planeten TERRA Auskunft zu erteilen. Und so würde – am Tage X – der glückliche Finder/die glückliche Finderin (wenn diese Einteilung bei den Entdeckern noch irgendeine Bedeutung haben sollte) die Abbildung eines Mannes und einer Frau zu Gesicht bekommen. Tatsächlich ist der Mensch als einziger (!) Bewohner des Planeten auf dieser Informations-Arche abgebildet, wohingegen alle pflanzlichen und tierlichen Mitbewohner fehlen.[66]

Das zeugt nicht nur von krasser Ignoranz; denn nach Edward O. Wilsons Schätzungen, die sich auf die bisher beschriebene Fauna und Flora sowie auf

---

[65] Ders., Die Gedichte, Wien 1987, S. 451.

[66] Vgl., Grasskamp, W., Am Anfang war das Tier, Höhlenmalerei oder zur Deutungsgeschichte einer Differenz, in: Mensch und Tier, Eine paradoxe Beziehung, Begleitbuch zur gleichnamigen Ausstellung, Deutsches Hygiene-Museum, Dresden, Hatje Cantz Verlag, 2003, S. 13ff.

viele Diskussionen mit Spezialisten stützt, liegt deren absolute Artenzahl irgendwo zwischen fünf und 30 Millionen! Dass der heutige Rückgang der Artenvielfalt sich unweigerlich dem Ausmaß des Artensterbens während der großen Naturkatastrophen am Ende des Paläozoikum und des Mesozoikum anzunähern scheint – sich also, anders ausgedrückt, zum „größten Einschnitt für das Leben auf der Erde seit 65 Millionen Jahren" zu entwickeln droht, wird nicht erwähnt – geschweige denn mit einer kritischen Analyse der anthropogenen Ursachen verbunden.[67]

Diese „Vergesslichkeit" ist alles andere als typisch für den Menschen: „Die Verhältnisse haben sich umgekehrt: Am Anfang war das Tier – am Ende steht der Mensch" konstatiert der Kunstgeschichtler und Philosoph Walter Grasskamp.[68] Wenn er vom Anfang redet, meint er die ersten ausdrücklichen Selbstdarstellungen des Menschen, die in verschiedenen Höhlenmalereien ihren Ausdruck gefunden haben. Dabei stützt er sich auf die Arbeiten von André Leroi-Gourhan, der nach Durchsicht der ältesten Zeichnungen in 66 Bilderhöhlen zu dem Ergebnis gelangt, dass Tierdarstellungen 62 Prozent der Darstellungen ausmachen, nichtfigürliche Zeichen 34 Prozent, Abbildungen des Menschen aber nur vier.[69] Grasskamp versteht die Dominanz der Tierabbildungen als Zeugnis „einer Menschwerdung in der Setzung einer Differenz zum Tier, [...] als dämmernde Erkenntnis der spezifischen Stellung des Menschen in der Natur, als

---

[67]   Vgl. Wilson, E.O., Der gegenwärtige Stand der biologischen Vielfalt, in: ders. (Hg.), Ende der biologischen Vielfalt?, Heidelberg, Berlin, NewYork, 1992, S. 28. Dort heißt es weiter: „In mindestens einer wichtigen Hinsicht übersteigt die gegenwärtige Entwicklung sogar alles bislang (in der geologischen Vergangenheit) Dagewesene. Bei früheren Phasen des Massenaussterbens [...] nahm zwar die Vielfalt des tierischen Lebens stark ab, doch die meisten Pflanzenarten überlebten. Heute geht zum ersten Male auch die Pflanzenvielfalt drastisch zurück."
Wissenschaftler aus Japan, Australien und Singapur prognostizieren, dass bis zum Ende dieses Jahrhunderts ein Großteil der Pflanzen- und Tierarten in Südostasien ausgestorben sein werden. Grundlage ihrer Untersuchung war der Rückgang der Fauna und Flora in Singapur in der Vergangenheit: Seit 1819 haben dort Rodungen und landwirtschaftliche Übernutzung 95 % der Waldfläche zerstört, was zu einem massenhaften Aussterben vor allem waldbewohnender Tiere führte – etwa die Hälfte aller Arten ist dabei verschwunden. Werden diese Daten nun auf ganz Südostasien extrapoliert, wo in den nächsten 100 Jahren voraussichtlich bis zu 74 % der Waldfläche gerodet werden, so ist zu befürchten, dass sich bis 2100 dort die Zahl der Tier- und Pflanzenarten um 13 bis 42 % verringern. In: Nature, Bd. 424, 2003, S. 420 (ohne Autorenangabe).
[68]   Vgl., Grasskamp, W., Am Anfang war das Tier, a.a.O.
[69]   Vgl., ebd., S. 14.

paradoxe ästhetische Menschwerdung durch das Malen von Tieren: Das abgebildete Tier diente der Selbstentdeckung des Menschen."[70]

Gehört die natürliche Mitwelt und darin wesentlich die Tiere in das komplexe Geschehen der „Menschwerdung", markiert das Bemühen, im unendlichen Weltall nach Seinesgleichen Ausschau zu halten und dabei die natürliche Mitwelt zur Ressource zu degradieren, eine konträre Einstellung. Es passt zum Gehabe jener Industriegesellschaften, die sich ein Verhalten angeeignet haben, das an „Horden interplanetarischer Eroberer, die eigentlich gar nicht hierher gehören," erinnert.[71] In dieses Bild des Menschen als „Homo interplanetaris praedator"[72] fasst der Naturphilosoph Klaus Michael Meyer-Abich seine Diagnose des neuzeitlichen Menschen, der möglicherweise nicht nur vergesslich ist, sondern in seinem Denken und Handeln einem fatalen Irrtum darüber, wie diese Welt und darin der Mensch gemeint ist, aufgesessen ist.[73] Mit seinen Arbeiten[74] will der Philosoph

[70]  Ebd., S. 17. Auch Heinrich Rombach, der eine „Strukturontolgie" entwickelte, die sich als Ausgangspunkt einer philosophischen Anthropologie der Freiburger Tradition (im Anschluss an Husserl und Heidegger) zurechnet, sagt im Blick auf die frühen Künstler: „Mit äußerster Feinheit und Sensibilität zugleich mit Sicherheit und Schwung erfaßte der Bildner das Eigentümliche des Pferdes, Paarung von Kraft und Anmut, von Masse und Beweglichkeit, von Wachheit und Ruhe. Ebenso das Mammut, ganz in seine dumpfe Kraft gehüllt. Ausdruck von Macht und Blindheit, Größe, Ruhe, Selbstgenügsamkeit. Dazu stimmig das eigentümlich hilflose Suchen des Rüssels, das Verlorensein ans Nahe." in: Leben des Geistes, Freiburg 1978, S. 60.
Kardinal Franz König spricht von einer „mystischen Solidarität" zwischen Jäger und Opfer, die auf den Glauben an die Verwandtschaft der menschlichen Gemeinschaft mit der Tierwelt verweist. Vgl. ders., Der Glaube der Menschen, Wien 1985, S. 17.

[71]  Vgl. Meyer-Abich, K.M., Praktische Naturphilosophie, München 1997, S. 11; Schon Martin Heidegger spricht vom „planetarischen Imperialismus des technisch organisierten Menschen", in dem „der Subjektivismus des Menschen seine höchste Spitze" erreicht. (Vgl. Heidegger, M., Die Zeit des Weltbildes, in: Holzwege (GA5), Frankfurt a.M., 1977, S. 111). Obwohl Meyer-Abich an verschiedenen Stellen auf Heidegger eingeht (vgl.bes. S. 188, 322ff.), findet sich kein Hinweis auf diese Ausführung. Für Klaus Müller trägt Heidegger die „Hauptverantwortung" für die Identifikation von Subjektsein und Herrschaftsanspruch; Vgl. Müller, K., Das etwas andere Subjekt, in: Zeitschrift für Theologie, Theologische Fakultät Innsbruck, 120. Band, Heft 2, Wien, 1998, S. 144.

[72]  Vgl. Meyer-Abich., a.a.O., S. 310ff.

[73]  Der Naturbegriff ist schillernd und traditionsbeladen. Nicht zuletzt in der Ethik spielt er eine zentrale Rolle. Hier ist nicht der Ort, Meyer-Abichs Naturbegriff einer exakten Analyse in bezug auf die ethische Relevanz zu unterziehen. Da sein praxisleitendes Interesse, das in den letzten Jahren zur „Wiederbelebung der Naturphilosophie" geführt hat, der Intention dieser Dissertation nahe kommt, wird seine ideengeschichtliche Analyse hier in den Blick genommen. Vgl. Schäfer, L., Natur, in: Lexikon der Bioethik, Bd.2, Gütersloh 1998, S. 728. Dort auch eine intensive Auseinandersetzung mit der Begrifflichkeit.

[74]  Vgl. auch: ders., Wege zum Frieden mit der Natur – Praktische Naturphilosophie für die Umweltpolitik, München 1984; Wissenschaft für die Zukunft – Holistisches Denken in

und Politiker[75] inmitten der „Apotheose der Industriegesellschaft"[76] an den Naturzusammenhang des menschlichen Lebens erinnern. In der westlichen Denkgeschichte wurzelt seines Erachtens nicht nur die herrschende Anthropozentrik; zugleich entfaltet sich in ihr die physiozentrische Alternative.[77] So betrachtet Meyer-Abich das Mitsein als „philosophischen Kerngedanken"[78] seines Ansatzes und sieht in der Kultur den spezifisch menschlichen Beitrag zur Naturgeschichte. „Unter Kultur ist dabei die Integrität einer menschlichen Gesellschaft in der Natur zu verstehen."[79]

In seinem Kulturbegriff ist der Verantwortungsgedanke zentral. Die natürliche Mit-Welt, die Nach-Welt und die „Dritte Welt" sind den Industrienationen fast vollständig aus dem Blick geraten[80]. Dass diese Gesellschaften in die – nicht nur ökologische – Krise geraten sind, hat seinen Grund in der Entgegen-Setzung von Natur und Kultur. Aber dies war nicht immer so: „Erinnerung an einen vergessenen Traum" lautet entsprechend der Untertitel seiner Naturphilosophie; Inhalt dieses Traums ist es, „in der Natur im Mitsein mit Anderen und Anderem

ökologischer und gesellschaftlicher Verantwortung, München 1988; Aufstand für die Natur – Von der Umwelt zur Mitwelt, München 1990.

[75] Meyer-Abich war von 1984 bis 1987 Senator für Wissenschaft und Forschung in Hamburg.

[76] Ders., Praktische Naturphilosophie, a.a.O., S. 151ff.

[77] In der philosophischen Ethik wird seit langem ein heftiger Streit über anthropozentrische bzw. physiozentrische u.a. Argumentationsfiguren geführt; Hier ist nicht der Ort für eine ausführliche Darstellung. Zu Meyer-Abich sei gesagt, dass er eine naturgeschichtliche Begründung des Gleichheitsprinzipes als Gerechtigkeitsgrundsatz vorschlägt und betont, dass Menschen insbesondere im Lebenswillen oder in der Schmerzempfindlichkeit weiten Bereichen der Natur gleich sei. (Vgl. ders., Wege zum Frieden mit der Natur, a.a.O., S. 175) Er und z.B. M.Serres sprechen folglich auch von einem „Naturvertrag" mit der Natur. (Vgl. Serres, M., Le contrat naturel, Paris 1990). An anderer Stelle spricht Meyer-Abich von einem „anthropomorphen" Zugangsverständnis zur Natur und hält es für „unvermeidlich". (Vgl. ders., Naturordnung und Menschenrecht. Philosophische Grundlagen für einen Rechtsfrieden zwischen Mensch und Natur, in: Evers, T. (Hg.), Schöpfung als Rechtssubjekt?, Hofgeismar 1990, S. 17-31; auch E.Schockenhoff setzt sich kritisch mit Meyer-Abichs Ansatz auseinander; vgl. ders., Ethik des Lebens. Ein theologischer Grundriß, Mainz 2000, bes. S. 65ff. Weitere Literatur findet sich im Lexikon der Bioethik, Gütersloh 2000, unter den Stichworten „Anthropozentrik" bzw. „Physiozentrik", S. 177ff., 28ff.

[78] Vgl. Meyer-Abich, K.M., ., a.a.O., S. 12.

[79] Ebd.

[80] Meyer-Abich widmet seinem Kulturbegriff ein langes Kapitel; dieses hier darzustellen, sprengte den Rahmen. Vgl. S. 350ff. Zur dreifachen Verantwortung vgl. auch Siep, L., Praktische Naturphilosophie als Grundlegung der Ethik. In: Ingensiep, H.W., Eusterschulte, A., Philosophie der Natürlichen Mitwelt. Grundlagen – Probleme – Perspektiven. Festschrift für Klaus Michael Meyer-Abich, Würzburg 2002, S. 25.

heimisch zu werden."[81] Und dieser entfaltet sich in mythologischen und religiösen Leitbildern, die für Meyer-Abich „ursprüngliche Erinnerungen"[82] der
Menschheit sind. Dazu zählt auch die biblische Paradiesesgeschichte, die allerdings keine Vertreibungs-, sondern eine Aufbruchsgeschichte ist: „Im Paradies ist
zwar für alles gesorgt, aber Menschen wollen ihrer Natur nach auch selbst für
etwas sorgen. Wenn Kinder herangewachsen sind, ist dies ein Grund, das Eltern-
haus zu verlassen und einen eigenen Hausstand zu gründen. Es war wohl auch
ein Grund dafür, daß eine erwachsen werdende Menschheit in der Natur nicht
nur wie in einem Paradies beheimatet sein, sondern ihren Platz selber finden
wollte."[83]

## 1. Der „Sündenfall" als Emanzipationsprozess[84]

Friedrich Schiller hat im Anschluss an Kants Aufsatz über den „Mutmaßlichen
Anfang der Menschheitsgeschichte" von 1786 zur Bestimmung des Menschen
nach dem Sündenfall ausgeführt: „Er sollte den Stand der Unschuld, den er jetzt
verlor, wieder aufsuchen lernen durch seine Vernunft und als ein freier und vernünftiger Geist dahin zurückkommen, wovon er als Pflanze und als Kreatur des
Instinkts ausgegangen war, [...] Dieser Abfall des Menschen vom Instinkte [...] ist
ohne Widerspruch die glücklichste und größte Begebenheit in der Menschenge-
schichte, von diesem Augenblick her schreibt sich seine Freiheit."[85] Dachte Schiller dabei nur an den Menschen, will Meyer-Abich die natürliche Mitwelt in diesen
freiheitsgeschichtlichen Prozess miteinbezogen wissen; Die Natur soll es sein, die
den Menschen auf den Weg der Vernunft bringt.

---

[81] Ebd.

[82] Ebd.

[83] Ebd.

[84] Intensiv geht Meyer-Abich auf den Psychoanalytiker und Sozialpsychologen Horst-
Eberhard Richter ein, der die abendländischen Allmachtsbedürfnisse damit vergleicht, wie
Kinder, die ihrer Eltern nicht mehr sicher sind, in einen Drang verfallen, „alles übersehen
und dirigieren zu wollen", sich dabei aber selbstschädigend überfordern. Vgl. Richter,
H.E., Der Gotteskomplex, Reinbek 1979, hier S. 20f. Meyer-Abich stimmt der Richter-
schen Analyse zu, wobei er die Naturkrise der wissenschaftlich-technischen Welt in der in-
dividualpsychologischen Parallele nicht für eine Kindheitskrise, sondern für eine Adoles-
zenskrise hält. Vgl. S. 152f.164.

[85] Schiller, F., Etwas über die erste Menschengesellschaft nach dem Leitfaden der Mosaischen Urkunde (1790), in: Fricke, G., Göpfert, H., Friedrich Schiller, Sämtliche Werke,
München 1988, S. 768f.

Das klingt nach einer steilen These und man wittert hier einen klassischen „naturalistischen Fehlschluss". Dem unterliegt unser Autor m.E. nicht; vielmehr will er deutlich machen, dass es zum Wesen des Menschen gehört, in der Zu-Wendung und nicht etwa in der Ab-Wendung von der natürlichen Mitwelt zu sich zu finden. Dabei geht es nicht darum, „die Natur" normativ zu verstehen, sondern darum, sie in die Erwägungen um eine menschliche Kultur miteinbeziehen zu müssen, will der Mensch – und da klingt die nicht auflösbare und wesentliche Paradoxie an – menschlich, erwachsen und verantwortlich leben. „Durch die 'Geburt' aus dem Paradies aber kommt der Mensch nicht nur unter seinesgleichen zur Welt, sondern in der Gemeinschaft der Natur. Das Erwachsenwerden sollte dann ebenfalls nicht nur unter den Mitmenschen erfolgen, sondern gleichermaßen im Verhältnis zur natürlichen Mitwelt."[86]

Ausführlich beschäftigt sich Meyer-Abich mit der Mythologie von Schlange und Baum[87] und kommt zu dem Schluss: „Wenn die Menschen Söhne und Töchter der Erde sind, die Stimme der Natur uns durch das klügste Tier (und die eigene Geschlechtlichkeit) den Anstoß zum Aufbruch aus dem Paradies vermittelte und wiederum ein Baum uns Kraft und Nahrung gab, uns aufzurichten, so handelt der Mythos eigentlich davon, wie das Denken oder das Erkennen in menschlicher Form ein Prozeß in der Natur geworden ist – und zwar aus dem Mitsein mit Tieren, Pflanzen und den Elementen."[88] Von Natur aus ist der Mensch folglich in das Drama der Unterscheidung von Gut und Böse gestellt – der Sündenfall somit nicht selber eine Sünde, sondern der Übergang in eine Lebensweise, in der es Sünde gibt. Die heutigen Industriegesellschaften tragen deutlich eine solche Signatur, „bringen (sie) mittlerweile viel mehr Zerstörung als Kultur in die Welt."[89] Klaus Müller nennt dies „Auftritte eines totalitären Ego-Subjektes" und fragt, ob sie zwar geschichtlich möglich und real sind, aber „keineswegs notwendige Weisen menschlicher Selbstverständigung repräsentieren"[90]. Er bezweifelt, dass der abendländisch-neuzeitliche Subjektbegriff wirklich „konstitutiv mit Egozentrik, Überheblichsein, Herrschsucht und Gewalttätigkeit" einhergeht, und in seiner „therapeutischen Spurensuche" spielen u.a. Augustinus, Ignatius von Loyola, René Descartes (!) und Friedrich Hölderlin eine entscheidende Rolle.[91] Dass es sich dabei auch um die Geschichte eines Identitätsverlustes handelt, soll im Folgenden aufgezeigt werden.

---

[86]  Meyer-Abich, K.M., a.a.O., S. 57f.
[87]  Vgl. ebd., S. 55ff.
[88]  Ebd., S. 59.
[89]  Ebd., S. 66.
[90]  Vgl. Müller, K., Das etwas andere Subjekt, a.a.O., S. 147.
[91]  Vgl. ebd.S. 147ff.

## 2. Ein kurzes Ethogramm[92] der Interplanetarier

Nur selten ist ein direktes Bekenntnis zum Humanegoismus der Gattung Mensch zu hören. Stark ist er vor allem dort, wo er nicht ausdrücklich formuliert wird, sondern subversiv wirksam ist. „Die Grundform dieser Verborgenheit ist, unsere Naturzugehörigkeit nicht anzuerkennen, denn dadurch werden wir frei, uns für etwas Besseres als 'die Natur' zu halten und besondere Verhaltensweisen in Anspruch zu nehmen."[93]

Auch hier entlarvt Meyer-Abich bestimmte Argumentationsfiguren, in denen die menschliche Naturzugehörigkeit nicht verbaliter bestritten würde, sondern gerade im Gegenteil: Selbstverständlich gehöre die Menschheit zur Natur und dürfe allein aus Eigeninteresse nicht alles zerstören – dies gehört schon lange zum verbalen Repertoire des „Umweltbewusstseins" unserer Gesellschaft. Diese oftmals proklamatorische Anerkennung der Naturzugehörigkeit hält die meisten Menschen allerdings nicht von Handlungen ab, die damit unvereinbar sind. „Der wesentliche Grund dieser Diskrepanz liegt wohl darin, daß die dem verbalen Bekenntnis widersprechenden Annahmen sich nicht offen als humanegoistisch oder mit dem Selbstbewusstsein : 'Nein, wir wollen nicht zur Natur gehören' zu erkennen gibt, sondern sich unter vertrauten Gegebenheiten verborgen halten."[94]

In den folgenden Bereichen wird einem womöglich langsam aufkommenden Bewusstsein der Naturzugehörigkeit des Menschen aus dem Verborgenen entgegengehalten, dass wir doch eigentlich etwas „Besseres" sind als die Natur. Zur „Topik der gängigen Verfälschungen unserer Naturzugehörigkeit" gehören für Meyer-Abich u.a.[95]:

*a) Die Sprache:* Unter „der Natur" wird sprachlich meist nur das verstanden, was wir nicht sind. „Wenn wir aber nur den nichtmenschlichen Teil des Ganzen der Natur als 'die Natur' ansehen und benennen, haben wir in unserem Wahrnehmungsvermögen erstens einen blinden Fleck für unsere eigene Naturzugehörigkeit. Uns fehlt zweitens ein Begriff des Ganzen der Natur [...]."[96] Jakob von Uexküll (1864-1944) führte den Begriff Umwelt ein, meinte ihn aber pluralistisch, d.h.

---

[92] Der Begriff Ethogramm meint in der Verhaltensbiologie einen Aktionskatalog, der die qualitative Bestandaufnahme des Verhaltensinventars eines Tieres oder einer Art darstellt.

[93] Meyer-Abich, K.M., a.a.O., S. 70.

[94] Ebd.

[95] Neben den hier aufgeführten Verfälschungen spricht er zudem von der „Fühllosigkeit für die Natur im eigenen Leib", die in der mechanistisch-naturwissenschaftlichen Schulmedizin noch verstärkt wird; von „Legitimations-Interessen für das industriewirtschaftliche Verhalten" und schließlich vom „Konsumverhalten". Vgl. ebd., S. 75ff.

[96] Ebd., S. 72.

jede Art von Lebewesen hat ihren spezifischen Lebensraum, sodass es Umwelten immer nur in der Mehrzahl gibt; Die Industriegesellschaften haben den Begriff dahingehend relativiert, dass „der ganze Kosmos nichts als der menschliche Lebensraum sei und andere Lebewesen ihren Lebensraum gefälligst in dem unseren zu finden oder überhaupt zu verschwinden hätten."[97] Die natürliche Mitwelt ist nur noch *unsere* Umwelt!

*b) Die Struktur der Wissenschaft:* In der vorherrschenden Dichotomie von Natur- und Ingenieurwissenschaften einerseits und Geistes- und Sozialwissenschaften andererseits folgt die heutige Wissenschaft diesem Naturverständnis. Deutlich wird dies z.B. in der philosophischen Anthropologie: So ist beispielsweise für Helmuth Pleßner[98] der Mensch „von Natur nur halb", und als die andere Hälfte beschreibt er, was ihn von der außermenschlichen Natur unterscheidet: Dass er sich selbst erlebt und sogar sein Erleben erlebt; dass er als „exzentrisches Wesen nicht im Gleichgewicht, ortlos, zeitlos im Nichts stehend, konstitutiv heimatlos" sei und sich deshalb eine Kultur schaffe; dass es ein Privileg des Menschen sei, seine Artgenossen als „Mitwelt" zu haben und dass er dies alles wisse.

Und wenn „der Mensch von Bruder Esel und Bruder Baum in einem direkteren als nur allegorischen Sinn reden kann, so liegt es daran, daß er die durchgehende Gemeinsamkeit alles Lebendigen erfaßt [...].

Die Sphäre, in der wahrhaft Du und Ich zur Einheit des Lebens verknüpft sind und einer dem andern in´s aufgedeckte Antlitz blickt, ist aber dem Menschen vorbehalten, die Mitwelt, in der nicht nur Mitverhältnisse herrschen, sondern das Mitverhältnis zur Konstitutionsform einer wirklichen Welt des ausdrücklichen Ich und Du verschmelzenden Wir geworden ist."[99]

In der konstitutiven Heimatlosigkeit kommt Pleßners Menschenbild dem der Interplanetarier sehr nah. Es ist nicht einzusehen, warum aus der Besonderheit menschlicher Eigenschaften gefolgert werden kann, er sei nicht gerade in dieser Weise ein Naturwesen. „Darauf kann nur kommen, wer unter der Natur von vorneherein das Andere versteht, zu dem wir nur 'halb' gehören. Denn es ist der allgemeinste Charakter aller Naturwesen, je spezifische Eigenschaften zu haben."[100]

---

[97] Ebd.
[98] Vgl. auch u. Kap. VIII.2, „Ein Fenster in die Vergangenheit".
[99] Pleßner, H., Die Stufen des Organischen und der Mensch, Berlin/Leipzig, 1928, S. 321,310,308; zitiert von Meyer-Abich, a.a.O., S. 73.
[100] Ebd., S. 74.

*c) Philosophische Beschönigungen:* Bei Charles Taylor ist zu lesen, „anthropozentrische Begriffe" seien „terms which relate to the meanings things have for us."[101] Auf der anderen Seite gilt es kritisch mit jenen Entwürfen umzugehen, die „jegliche Kultivierung der Natur für anthropozentrisch" halten.[102] Anthropomorphie ist nicht mit Anthropozentrik identisch und von Philosophen ist zu erwarten, dass sie nicht hinter die Erkenntniskritik von Francis Bacon bis Kant zurückfallen, sondern „zur Selbsterkenntnis des vermeintlich extraterrestrischen Blicks der klassischen Naturwissenschaft als eines sehr vorraussetzungsvollen Blicks beitragen."[103] Alles Erkennen hat eben nicht nur einfach mit „den Dingen" zu tun, vielmehr geschieht dies immer menschlich erkenntnisförmig und interessengeleitet. So ist es der Grundgedanke der Kritischen Philosophie Kants, dass der Mensch stets unter den Bedingungen und in den Formen seiner Erkenntnis die Dinge erkennt. Sein kritisches Programm sollte sogar beweisen, dass die Dinge sind so, wie sie sind, weil wir so sind, wie wir sind.[104] Bei dieser Einsicht in die Anthropomorphie des menschlichen Erkennens ist es auch dann noch geblieben als in der „Kritik der Urteilskraft" dieses Programm nur noch für die allgemeinen und nicht mehr für die besonderen Naturgesetze aufrechtzuerhalten war. „Gleichwohl sind die menschlichen Erkenntnisformen ein Teil unserer Naturerfahrung, so daß diese uns nicht *Die Natur* an sich – extraterrestrisch gesehen – zeigen kann. Die Physik ist ein menschliches und überdies durch historisch bedingte Interessen geprägtes Wissen von gegenständlichen Sachverhalten. Sie wird dadurch nicht bloß subjektiv, aber sie ist auch nicht bloß objektiv."[105]

In der Theoretischen Philosophie ist dies alles unbestritten, in der Praktischen, in der der Primat der Ethik vor der Physik gezogen werden sollte, hingegen nicht, wie es die eingangs zitierten Philosophen zeigen. Im Grunde steht fest, dass nur die grundsätzliche Anthropomorphie unseres Erkennens und Verhaltens in bestimmten Grenzen nicht zu vermeiden ist, die Anthropozentrik hingegen schon. Wenn Anthropomorphie nur als Anthropozentrik denkbar wäre, würde für jedes menschliche Individuum gelten, dass es in legitimer Weise Personalität mit Egoismus verwechseln kann. „Ist es nicht wieder nur der alte Adam [...], der

---

101 Taylor, Ch., Sources of the Self. The Making of the Modern Identity, Camebridge, 1989, S. 72.
102 So etwa: Schäfer, L., Das Bacon Projekt. Von der Erkenntnis, Nutzung und Schonung der Natur, Frankfurt a.M.,1993, S. 203.
103 Meyer-Abich, K.M., a.a.O., S. 76.
104 Vgl. die Auseinandersetzungen mit Kant ebd. und S. 348ff.
105 Ebd.

sich hier unter neuen Kleidern verbirgt und die aufkommende Frage [...]: Wofür sind wir gut?, um jeden Preis vermeiden möchte?"[106]

*d) Feindlichkeit der Natur:* Dass mit der Natur nicht zu spaßen ist, ist eine Erfahrung, die so alt wie die Menschheit ist, ja vielleicht zur Menschwerdung wesentlich beigetragen hat, insofern als die Bedrohtheit zu Solidarität, Kultur, Religion usw. innerhalb frühmenschlicher Populationen geführt haben kann. „Die Natur ist so wenig idyllisch, wie Gott lieb ist."[107] Die Erfahrung der Andersheit und Nichtverfügbarkeit der natürlichen Mitwelt ist somit auch zentral für theologisches Denken und religiöses Tun.

Meyer-Abich zeigt auf, wie sich ein Bogen spannt von Stuart Mill („... so mordet die Natur die überwiegende Mehrzahl aller lebender Wesen...")[108], Thomas Huxley („ Laßt uns ein für allemal einsehen, daß der ethische Fortschritt der Gesellschaft nicht von der Nachahmung des kosmischen Prozesses abhängt und noch weniger von der Flucht vor ihm, sondern davon, daß wir ihn bekämpfen.")[109] und Sigmund Freud („...die Hauptaufgabe der Kultur, ihr eigentlicher Daseinsgrund, [ist es] uns gegen die Natur zu verteidigen.")[110] bis hin zu Otfried Höffe („ ... imperialistisch und despotisch gefärbter [...] Artenegoismus der Natur")[111] und Hubert Markl („Pflicht zur Widernatürlichkeit"; denn die Natur sei das „Rattenrennen der Arten [...], die ungerührt über Leichen geht.")[112] Es zeigt sich ein merkwürdiger Gegensatz darin, einerseits sich damit zu trösten, dass ja alle Lebewesen eine „Schlechtigkeit" an den Tag legen, andererseits, in der damit einhergehenden Abwertung des Ganzen der Natur sich eine starke Legitimationsinstanz für jedweden Eingriff zu schaffen. Doch in dieser Ambivalenz liegt zugleich eine Chance der Orientierung auf das Ganze, „in der nicht die Schlechtigkeit bestätigt, sondern im Interesse der Natur Besserung – die auch zu den Naturanlagen des Menschen gehört – gesucht wird."[113]

[106]  Ebd., S. 77f.
[107]  Ebd., S. 79.
[108]  Mill, J.S., Drei Essays über Religion (1874), hg. v. D. Birnbacher, Stuttgart 1984, S. 30.
[109]  Huxley, T.H., Evolution and Ethics (The Romanes Lecture, 1893) in: ders., Huxley, J., Evolution and Ethics 1893-1943, NewYork 1969, S. 82.
[110]  Freud, S., Die Zukunft einer Illusion (1927), in: Mitscherlich, A. u.a. (Hgg.), Freud Studienausgabe Bd. IX, Frankfurt a.M., 1974, S. 149.
[111]  Höffe, O., Moral als Preis der Moderne, Frankfurt a.M., 1993, S. 208/212f.
[112]  Markl, H., Pflicht zur Widernatürlichkeit, in: Der Spiegel Nr.48, 1995, S. 206f.
[113]  Meyer-Abich, K.M., a.a.O., S. 81.

## 3. Das Zeitalter der Renaissance in seiner Ambivalenz

In der Aufklärung war nach der Einschätzung Meyer-Abichs die Chance der Mündigkeit für den Menschen bereits verpasst. Eigentlich gab es sie nur noch in der Renaissance: „Der Aufbruch aus der gewiß nicht paradiesischen, aber doch paradiesisch geschlossenen Welt des abendländischen Mittelalters."[114] Die hier maßgebliche kopernikanische Wende meint nicht nur den Übergang vom geozentrischen zum heliozentrischen Planetensystem und die Entdeckung des Subjektes; im Verlust des alten Weltbildes stellt sich erneut die Frage nach dem Ort des Menschen innerhalb der Welt.

Für Friedrich Nietzsche nimmt sich unser Dasein seither „noch beliebiger, eckensteherischer, entbehrlicher in der sichtbaren Ordnung der Dinge (aus, d.V.). Seit Kopernikus scheint der Mensch auf eine schiefe Ebene gerathen, – er rollt immer schneller nunmehr aus dem Mittelpunkte weg – wohin? in´s Nichts? in´s 'durchbohrende Gefühl seines Nichts'?"[115] Für Goethe stellte dieser Verlust noch eine Herausforderung dar, „die denjenigen, der sie annahm, zu einer bisher unbekannten, ja ungeahnten Denkfreiheit und Großheit der Gesinnungen berechtigte und aufforderte."[116] Mit Nietzsche und der zunehmenden Anthropozentrik ist erstens diese Bewertung mehr und mehr verlorengegangen, so Meyer-Abich, und zweitens war der wissenschaftlichen Entdeckung der „kopernikanische Bewusstseinswandel"[117] bereits vorausgegangen: Er zeigt auf, dass man unter der kopernikanischen Wende nicht eine bloße Folgerung aus einem naturwissen-

---

[114] Ebd., S. 85 Für den mittelalterlichen Menschen war die klar hierarchisch geordnete Welt überschaubar und verschaffte Sicherheit auch in den schrecklichsten Krisen von Epidemien und Kriegen. Alles hatte einen Sinn, die Welt und jedes Lebewesen waren Symbol und am Ende wartete das Paradies, das für jede Qual Entschädigung brachte. Der Begriff „Paradiesische Geschlossenheit" ist somit nicht mit „Idylle" zu verwechseln, sondern mit Klarheit und Plausibilität.

[115] Nietzsche, F., Zur Genealogie der Moral, in: Colli, G., Montinari, M.(Hgg.), Friedrich Nietzsche: Sämtliche Werke, München 1980, Bd. V., S. 404. Für Müller ist der „Urvater der Postmoderne" außer in seinen Angriffen auf das Christentum selten so gehässig wie in seinen Einlassungen zum Subjektthema. Er verweist auf das Fragment: „Der ganze Erkenntniß-Apparat ist ein Abstraktions- und Simplifikations-Apparat – nicht auf Erkenntniß gerichtet, sondern auf Bemächtigung der Dinge: 'Zweck' und 'Mittel' sind so fern vom Wesen wie die 'Begriffe'. Mit 'Zweck' und 'Mittel' bemächtigt man sich des Prozesses (man erfindet einen Prozeß, der faßbar ist), mit 'Begriffen' aber der 'Dinge', welche den Prozeß machen." Vgl. Nietzsche, F., Nachgelassene Fragmente (KSA 11). Hgg. von Colli, G., Montinari, M., München 1988, S. 164, in: Müller, K., Das etwas andere Subjekt, a.a.O., S. 143.

[116] Goethe, J.W.von, Geschichte der Farbenlehre, in: Trunz, E. (Hg.), Goethes Werke, München 1981, Bd. XIV., S. 81.

[117] Meyer-Abich, K.M., a.a.O., S. 87.

schaftlichen Ergebnis für das menschliche Selbstbewusstsein verstehen kann, sondern eine Veränderung der naturphilosophischen Grundlagen der Anthropologie selbst, welche dann für die Wissenschaft erkenntnisleitend wurde.[118]

Der Urheber des Gedankens, dass die Erde sich nicht im Mittelpunkt des Universums befinden kann, weil es keine Mitte hat, ist Nikolaus von Kues (1401-1464); Ein Jahrhundert vor Kopernikus widersprach er bereits der mit der Entdeckung einhergehenden Abwertung der Erde, die ein „edler Stern" unter anderen Sternen sei.[119] Dass sich die Frage, wer denn der Mensch sei und wohin er gehöre, neu stellte, haben andererseits die Maler der Renaissance wahrgenommen und auf ihre Weise beantwortet. Für all die „Großen" ihrer Zeit, von Leonardo da Vinci (1452-1519), Raffael (1483-1520) und Tizian (1486/88-1576) bis hin zu Albrecht Dürer (1471-1528) war es ein Thema, wie die Menschheit in die Natur aufbricht und ihren Platz sucht.[120] In vielen Gemälden wird deutlich: Die kopernikanische Wende hat in der Kunst der Renaissance früher begonnen als in der Naturwissenschaft und für viele Maler stand fest: „Wir erkennen unser menschliches Dasein im natürlichen Mitsein"[121]. Nur waren nicht die Künstler maßgeblich für die weitere Entwicklung, sondern die Naturwissenschaftler und Philosophen.

## 4. Kepler und Newton

Johannes Kepler (1571-1630) nennt sein erstes Buch „Das Weltgeheimnis" (Mysterium Cosmographicum, 1596) und nimmt sich darin vor, „in diesem Büchlein zu beweisen, daß Gott der Allgütige und Allmächtige bei der Erschaffung unserer beweglichen Welt und bei der Anordnung der Himmelsbahnen jene fünf regelmäßigen Körper, die seit Pythagoras und Plato bis auf unsere Tage so hohen Ruhm gefunden haben, zu Grunde gelegt und ihrer Natur Zahl und Proportionen der Himmelsbahnen, sowie das Verhältnis der Bewegungen angepaßt hat."[122]

---

[118] Vgl. ebd.

[119] Vgl., ebd. S. 88.

[120] Vgl. die ausführlichen Abhandlungen ebd., S. 88ff.; Meyer-Abich macht deutlich, dass ihn kein kunstgeschichtliches, sondern ein wahrnehmungs- und bewusstseinsgeschichtliches Interesse leitet.

[121] Meyer-Abich resümiert so das Anliegen Albrecht Dürers, vgl. a.a.O., S. 96.

[122] Kepler, J., Das Weltgeheimnis. Mysterium Cosmographicum, übers. und eingeleitet von Caspar, M., München 1936, S. 19. Keplers Theorie erweist sich als nicht haltbar, was das Erkenntnisinteresse der Naturwissenschaft, das sich allzu leicht sonst hinter der Richtigkeit der Ergebnisse verbirgt, um so deutlicher zum Vorschein bringt; so Meyer-Abich in einer Anmerkung a.a.O., S. 154.

Und weiter: „Denn wir sehen hier, wie Gott gleich einem menschlichen Baumeis-
ter, der Ordnung und Regel gemäß, an die Grundlegung der Welt herangetreten
ist und jegliches so ausgemessen hat, daß man meinen könnte, nicht die Kunst
nehme sich die Natur zum Vorbild, sondern Gott selber habe bei der Schöpfung
auf die Bauweise des kommenden Menschen geschaut."[123]

Für die Denk- und Vorgehensweise der aufkommenden Naturwissenschaft ist
dies ein charakteristischer Gedanke: Die (physikalische) Binnenstruktur der Welt
gilt es zu erkennen; gebaut aber ist unser Planet so, wie wir ihn konstruieren
würden, und zwar vom „Allmächtigen und Allgütigen", von dem es sich somit
der Mensch abschauen könnte. Hatte Aristoteles noch gemeint, Artefakte seien
so gemacht wie die Natur sie machen würde, meint Kepler, die Naturdinge seien
so gemacht, wie der Mensch sie machen würde. So kann auch René Descartes
später feststellen, „… que les regles des Mechaniques […] sont les mesmes que
celles de la nature."[124]

Zu Nikolaus Kopernikus sagt Kepler, er habe uns „einen immer noch uner-
schöpften Schatz von wahrhaft göttlichen Einsichten in die so herrliche Ordnung
der ganzen Welt und aller Körper erschlossen."[125] Zwar wollte Kepler ernsthaft
seine Arbeit dem Lob Gottes widmen, die „göttlichen Einsichten" aber, zu denen
er, Kopernikus und andere nach ihnen beigetragen haben, waren nicht nur Einsichten zum Lob Gottes, sondern zugleich „göttliche Einsichten derer, denen
vielleicht doch nur menschliche Einsichten zugestanden hätten, nämlich des
Menschen. Es wird deutlich, dass durch die Wahrheitssuche der modernen Naturwissenschaft die abendländische Menschheit sich auf den Weg der „göttlichen
Einsichten" in Menschengestalt begeben hat. Dies hätte immer noch ein „christlicher Weg" werden können, wenn dabei nicht das Bild eines beziehungslosen,
autonomen Gottes das Leitbild geworden wäre, das in irriger Weise dem biblischen entgegensteht.[126]

Ein kurzer Blick auf Sir Isaac Newton (1643-1727) zeigt noch einmal die tatsächliche Ambivalenz der Renaissance; denn dieser erklärt noch voller Ehrfurcht
und Selbstbeschränkung: „Ebenso wie der Blinde keine Idee von den Farben hat,

---

[123] Kepler, J., a.a.O., S. 6.
[124] Descartes, R., Discour de la Méthode, 1637, übers. u. hg. von A. Buchenau, Leipzig 1911,
     S. 45.
[125] Kepler, J., a.a.O., S. 16.
[126] Vgl. auch Meyer-Abich, K.M., a.a.O., S. 157.

haben wir auch durchaus keine Idee von der Weise, wie der weiseste Gott fühlt und alle Dinge erkennt."[127]

Durch die Allianz der neu aufkommenden Naturwissenschaft und eine damit einhergehende philosophische und theologische Anthropologie geschieht das, was in letzter Konsequenz zur eigentlichen Apotheose der Industriegesellschaft führen konnte: „Die Assimilation des modernen Menschen an das Gottesbild der Verbindung von Allmacht und Allwissenheit im weltverändernden Willen."[128]

## 5. Descartes und Leibniz

René Descartes (1596-1650) schloss zwar gerade aus der Verneinung unserer Göttlichkeit auf den göttlichen Grund unserer Vorstellungen und somit auf die Existenz Gottes. Willkommen war ihm dafür wohl der dazu notwendige methodische Zweifel:

> „Aber vielleicht bin ich (doch) etwas mehr, als ich selbst einsehe, und alle jene Vollkommenheiten, die ich Gott zuteile, sind in gewisser Weise der Möglichkeit nach in mir, wenn sie sich auch noch nicht hervortun und noch nicht zum Wirklichsein hingebracht werden; denn ich erfahre bereits, daß meine Erkenntnis allmählich wächst; und ich sehe weder was dagegenstände, daß sie so mehr und mehr wachse bis ins Unendliche, noch auch, warum ich nicht vermöge der so gewachsenen Erkenntnis alle übrigen Vollkommenheiten Gottes erreichen könne."[129]

Geradezu pflichtschuldig nimmt der Autor diesen Gedanken sofort wieder zurück: „Doch nein, es kann vielmehr nichts davon sein [...]. Wenn ich dagegen von mir selbst existiere, [...] so wäre ich selbst Gott."[130] Die Spur ist somit gelegt: Ob der Mensch nicht doch die Vollkommenheit Gottes erreichen könne? An anderer

---

[127] Newton, I., Mathematische Prinzipien der Naturlehre, 1686, hg. von J. Wolfers, Ph., Berlin 1872, S. 510; Zur weiteren Entwicklung in der Physik bis zu Albert Einstein, Max Planck und Niels Bohr vgl. Meyer-Abich, K.M., a.a.O., S. 157f.

[128] Ebd., S. 153. In Anlehnung an Karl Barths Wort „Und wer den 'Allmächtigen' Gott nennt, der redet in der furchtbarsten Weise an Gott vorbei!" (in: Barth, K., Dogmatik im Grundriß im Anschluß an das apostolische Glaubensbekenntnis, München 1947, S. 52) macht Meyer-Abich deutlich, dass Gott eben nicht als höchste Macht zu verstehen ist. Den von Günther Schiwy diagnostizierten „Abschied vom allmächtigen Gott" (München 1995), der das 20. Jahrhundert geprägt hat, stellt er in diesen Kontext. (Vgl. ebd., S. 151). In ähnlicher Weise zitiert K. Müller ein Dietrich Bonhoeffer zugeschriebenes Diktum: „Es gibt keinen Gott, den 'es gibt'" in: Müller, K., Gottes Dasein denken, Regensburg 2001, S. 178.

[129] Descartes, R., Meditationes de prima philosophia – Meditationen über die erste Philosophie, 1641, hg. von E. Chr. Schröder, E.Chr., Hamburg 1956, S. 81f.

[130] Ebd., S. 83ff.; zitiert bei Meyer-Abich, K.M., a.a.O., S. 158.

Stelle schreibt Descartes folglich, es sei „der aus diesen und jenen Rädern zusammengesetzten Uhr ebenso natürlich, die Stunden anzuzeigen, als es dem aus diesem und jenem Samen aufgewachsenen Baum natürlich ist, diese Früchte zu tragen."[131] Das Werk des Menschen steht dem Werk des Schöpfers nicht nach!

> „Erstaunlich ist die Klarheit, in der Descartes hier im Jahr 1644 die Ideale der modernen Industriegesellschaft als Eigenschafen Gottes, die der Mensch sich aneignen könne, zusammenfaßte: Unabhängigkeit (substantia independentis), Unbegrenztheit (substantia infinita – bis über die Grenzen des Wachstums hinaus), höchste Einsicht (substantia summe intelligentis) und höchste Macht (substantia summe potentis), von der alles in der Welt geschaffen ist (1641, III.22 = 1956,79), seien es Uhren oder Bäume.
> Die Allwissenheit in der Unabhängigkeit ist das bindungslose Wissen, durch das Menschen dem Gott ähnlich werden, der selber ohne Bindungen ist bzw. Bindungen immer nur selbst herstellt und sie nicht im Mitsein annimmt."[132]

Für Gottfried Wilhelm Leibniz (1646-1716) ist der Mensch endlich zum „petit dieu" avanciert! Gott ist für ihn die „Substanz, die den Grund ihres Daseins in sich selbst trägt."[133] Die Menschen als „Abbilder der Gottheit oder des Urhebers der Natur selbst [sind] fähig, das System des Universums zu erkennen und etwas davon in Proben eigener Systembaukunst nachzubilden; denn jeder Geist ist in seinem Bereiche gleichsam eine kleine Gottheit."[134] Meyer-Abich weiß sehr wohl, dass Montaigne, Pascal, Burke, Spinoza, Goethe und Schelling anders gedacht haben. Descartes, Leibniz (und auch Locke und Bacon) sind für ihn „Zeugen der Apotheose", insofern sie sich den Schöpfer so gedacht haben, dass der Mensch sich an seine Stelle setzen konnte und dadurch der Natur, von der er dann kein Teil mehr ist, nur noch gegenüberstehen konnte – „mit der Allmacht der Technik, der Allwissenheit der Wissenschaft und in der gesetzgebenden Autonomie des modernen Menschen, aber ohne Liebe."[135]

---

131 Descartes, R., Die Prinzipien der Philosophie, 1644, übers. u. erläutert von Buchenau, A., Hamburg 1955, S. 246.
132 So resümiert Meyer-Abich a.a.O., S. 159. Klaus Müller weist daraufhin, dass das cartesische „Cogito" sich nicht „kesser Aufmüpfigkeit gegen die Tradition" verdankt, sondern von einer „philosophischen Krise tiefsten Ausmasses" hervorgerufen wurde. In der zentralen Passage der III. Meditation wird deutlich, „wie der Geltungsanspruch des Subjektgedankens aus seinem Rückbezug auf den Begriff des Unendlichen gesichert (wird), der seinerseits transzendentallogisch über die Mangelstruktur des Subjekts erschlossen wird." s. Müller, K., Das etwas andere Subjekt, a.a.O., S. 154f.
133 Leibniz, G.W., Die Theodizee von der Güte Gottes, der Freiheit des Menschen und dem Ursprung des Übels (1710), hg. v. H. Herring, Darmstadt 1985, S. 217ff.
134 Ders., Vernunftprinzipien der Natur und der Gnade. Monadologie (1714), hg. v. H. Herring, Hamburg 1982, S. 60; zitiert von Meyer-Abich, K.M., a.a.O., S. 159f.
135 Meyer-Abich, K.M., a.a.O., S. 160; er zeigt auf, dass von seinen „Kronzeugen" die Spur bis zu Kant führt: Vgl. die Kapitel „Kants vermessene Bescheidenheit", ebd., S. 161ff. und

## 6. Probleme mit der Seele des Tieres

Die Lehren Descartes bedeuten auch für das Mensch/Tier-Verhältnis eine entscheidende Wende. Mehrfach befasst er sich mit dem Problem der Tierseele.[136] Seine Lehren weisen manche Wandlungen auf, was auf eine „gewisse Unruhe dem eigenen System gegenüber"[137] schließen lässt. Wirkmächtig wurden allerdings nicht die feinen Zweifel und Unklarheiten innerhalb seiner Lehre, sondern die von seinen Nachfolgern vergröberte Version seines Systems. Dies stellt Paul Münch heraus, der überdies darauf hinweist, dass schon Thomas von Aquin Tiere mit Uhren verglichen hatte, doch erst die Descartsche Lehre eine breite Wirkung entfaltete.[138] Dieser definiert den Leib des Tieres als einen Automaten, eine Maschine allerdings, „die aus den Händen Gottes" komme und „daher unvergleichlich besser konstruiert" sei „und weit wunderbarere Getriebe in sich" berge „als jede Maschine, die der Mensch erfinden" könne.[139]

> „Wenn es Maschinen mit den Organen und der Gestalt eines Affen oder eines anderen vernunftlosen Tieres gäbe, so hätten wir gar kein Mittel, das uns nur den geringsten Unterschied erkennen ließe zwischen dem Mechanismus dieser Maschinen und dem Lebensprinzip der Tiere."[140]

Ausschließlich der Mensch versteht es, mit Vernunft und Sprache auf jede Situation angemessen zu reagieren. Tiere wie Papageien besäßen durchaus Sprachorgane, aber sie redeten, auch wenn sie menschliche Worte nachahmten, eigentlich nicht, weil sie nicht „zu erkennen geben" könnten, „daß sie denken, was sie sagen". „Dies zeigt nicht bloß, daß Tiere weniger Verstand haben als Menschen, sondern vielmehr, daß sie gar keinen haben."[141] Der Mensch allein sei im Unterschied zum Tier mit einer immateriellen, vernünftigen Seele ausgestattet, die

„Rückblick auf Kant", ebd., S. 348. „Vollends an die Stelle des allmächtigen Gottes versetzt hat sich der moderne abendländische Mensch dann sozusagen in kritischer Bescheidenheit, nämlich in derjenigen Phase von Immanuel Kants (1724-1804) Philosophie, in der sie 'das Subjekt so hoch erhebt, indem sie es einzuengen scheint' (Goethe, HA X 539)." ebd., S. 161.

[136] Vgl. dazu Münch, P., Die Differenz von Mensch und Tier, in: ders. (Hg.), Tiere und Menschen, Paderborn 1999, S. 328ff.

[137] Narr, D. u. R., Menschenfreund und Tierfreund im 18.Jahrhundert, in: Studium Generale 20, 1967, S. 249.

[138] Vgl. Münch, P., a.a.O., S. 328; hier der Hinweis auf Maehle, A.H., Kritik und Verteidigung des Tierversuchs, Stuttgart 1992.

[139] Vgl. Descartes, R., Discours de la Méthode, Paul Münch zitiert hier nach der Übersetzung von Gäbe, L., Von der Methode des richtigen Vernunftgebrauchs und der wissenschaftlichen Forschung, Hamburg 1960, S. 91.

[140] Ebd., S. 91ff.

[141] Descartes, R., a.a.O., S. 95.

„ihrer Natur nach vollkommen unabhängig vom Leibe" existiere und folglich unsterblich sei.[142] Diese radikale Leugnung der Tierseele durchschnitt den früher noch angenommenen engen Verbund zwischen Mensch und Tier gänzlich.[143]

Diese Argumentationsfigur findet sich bis heute, selbst in aktuellen amtlichen Verlautbarung des kirchlichen Lehramtes, auch wenn nicht in Bezugnahme auf das Mensch/Tier-Verhältnis[144]; 1996 richtet der Papst eine Botschaft an die Vollversammlung der Päpstlichen Akademie der Wissenschaften, in der er feststellt, dass die Evolutionstheorie „mehr als eine Hypothese" sei. Dann aber sagt er:

> „Eben weil sie eine Geistseele hat, besitzt die gesamte menschliche Person einschließlich des Körpers eine solche Würde. Pius XII. hat diesen wesentlichen Punkt betont: Der menschliche Körper hat seinen Ursprung in der belebten Materie, die vor ihm existiert. Die Geistseele hingegen ist unmittelbar von Gott geschaffen: 'animas enim a Deo immediate creari catholica fides nos retinere iubet.' (Enzyklika Humani generis, AAS 42 /1950, S.575)."[145]

Dass Darwin durch die Kirche rehabilitiert worden sei, liegt als Kommentar zur Botschaft des Papstes nahe; „Bestätigung Descartes'" wäre eine angemessenere Überschrift, denn sein Dualismus erhält hier seine lehramtliche Festlegung.

Ein Blick in die evolutionsbiologisch gesicherten Fakten zur Hominisation wirft überdies weitere Fragen an das Lehramt auf, die seine Äußerungen höchst fragwürdig erscheinen lassen: Welchen Menschen soll Gott denn mit der Geistseele ausgestattet haben — schon den Australopithecus afarensis oder erst den Homo erectus? Und hat „Er" sie dem Homo sapiens neanderthalensis wieder

---

142  Vgl., ebd., S. 97; vgl. ebenfalls Schütt, H.P. (Hg.), Die Vernunft der Tiere, Frankfurt a.M. 1990, S. XXX.

143  Hans-Peter Schütt weist darauf hin, dass behavioristische Modelle, die das Verhalten von Tieren ausschließlich als einen Reiz-Reaktions-Mechanismus oder als biochemisch funktionierende Computer zu erklären versuchen, von Descartes' Ansatz nicht weit entfernt sind, ja sich auf ihn als einen Vorläufer berufen, Vgl. ders. (Hg.), Die Vernunft der Tiere, Frankfurt a.M. 1990, S. XXXI. Das „nie dagewesene Ausmaß der Unterwerfung des Tieres" (J.Derrida, Das Tier welch ein Wort, in: Mensch und Tier – eine paradoxe Beziehung, a.a.O., S. 157) hat also hier seine logische Begründung; Im Gegensatz zur lehramtlichen Verkündigung, von der gleich die Rede ist, fragt das biblische Kohelet-Buch noch vorsichtig: „Wer weiss, ob der Atem der einzelnen Menschen wirklich nach oben steigt, während der Atem der Tiere ins Erdreich hinabsinkt?" (Koh 2,21).

144  Auch im Neuner-Roos, Der Glaube der Kirche in den Urkunden der Lehrverkündigung, Regensburg 1971, geht es im Namen- und Sachregister übergangslos von „Th" wie Thomas von Aquin zu „T" wie Tod, d.h. den Tieren ist keine einzige Lehrverkündigung gewidmet.

145  L'Osservatore Romano, 1.11.1996, Wochenausgabe in deutscher Sprache,Nr.44, S. 2. Zum Leib-Seele, bzw. Gehirn-Seele-Problem vgl. Söling, C., Das Gehirn-Seele-Problem. Theologische Anthropologie und Neurobiologie, Paderborn 1995.

entzogen, nachdem er im Kampf mit Homo sapiens sapiens untergegangen war?[146]

Wenn Descartes alle Ideen und Vorstellungen, die man bei Tieren beobachten konnte, in Fortführung und Erweiterung Keplerscher Anschauungen ausschließlich mechanisch zu erklären versuchte[147], dann zeugt dies von einem neuen wissenschaftlichen Realismus, der sich scharf gegen die damals, besonders mit dem Neuplatonismus wieder hochkommenden Vorstellungen von einem völlig durchseelten Kosmos wandte. So hatte z.B. Michel de Montaigne (1533-1592) in einem Essay „Wider den menschlichen Dünkel gegenüber Tieren"[148] die angebliche Distanz zwischen Tier und Mensch stark relativiert. Er verweist auf die Ähnlichkeit, ja Gleichheit vieler Eigenschaften, rühmt die Verfassung des Bienenstaates, die Kunst des Nestbaus bei Schwalben, die ohne die Annahme planender Überlegungen nicht erklärbar seien. In Wiederaufnahme antiker „theriophiler Vorstellungen"[149] behauptet er sogar die Überlegenheit der Tiere, weil „ihre viehische Dummheit in allen Bedürfnissen und Bequemlichkeiten alles das übertrifft, was unser himmlischer Verstand vermag!"[150] Montaigne kritisiert die menschliche Überheblichkeit und fragt ironisch, bei wem denn der Fehler liege, wenn Mensch und Tier sich nicht verstünden, und weiter: „Wenn ich mit meiner Katze spiele, wer kann es entscheiden, ob sie sich mehr Zeitvertreib mit mir mache als ich mit ihr?"[151]

Auch wenn Montaignes Gedanken wohl in den Bereich der Satire gehören, zeigen seine Schlussfolgerungen eine für seine Zeit ungewöhnliche Radikalität: „Wir müssen von gleichen Verrichtungen auf gleiche Fähigkeiten schließen und von ausnehmenden Verrichtungen auf ausnehmende Fähigkeiten, und folglich bekennen, daß ebendie Überlegung und ebendie Wege, welche wir gebrauchen, um etwas ins Werk zu stellen, auch die Tiere gebrauchen, und diese zuweilen besser."[152] Bereits den Zeitgenossen, z.B. Pierre Bayle, wurde deutlich, dass Des-

---

[146] Zur Hominisation vgl. z.B. Steitz, E., Die Evolution des Menschen, Stuttgart 1993; Vgl. auch Lüke, U., „Als Anfang schuf Gott..." Bio-Theologie, München, Wien, Zürich, 1997, bes. IV. Die Erschaffung der Seele aus interdisziplinärer Perspektive, S. 295ff.

[147] Vgl. Maehle, A.H., a.a.O., S. 113 mit Verweis auf Rothschuh, K.E., René Descartes und die Theorie der Lebenserscheinungen, in: Sudhoffs Archiv 50, 1966, S. 25-48.

[148] de Montaigne, M., Gesammelte Schriften, hg. v. O. Flake u. W. Weigang, München/Berlin 1915, Bd. III, S. 212-225; dort auch die weiteren Zitate.

[149] Vgl. dazu Dierauer, U., Das Verhältnis von Mensch und Tier im griechisch-römischen Denken, in: Münch, P., (Hg.),Tiere und Menschen, a.a.O., S. 37ff.

[150] de Montaigne, M., a.a.O.

[151] Ebd.

[152] Zu den Vorläufern und Schülern Montaignes, den „Tierfreunden" (Theriophilen), vgl. ausführlich Boas, G., The happy Beast in French Thought of the Seventeenth Century,

cartes´ Automatenlehre der christlichen Doktrin nicht hinderlich, sondern im Gegenteil „dem wahren Glauben sehr vorteilhaft"[153] war. Justus Christian Hennings sagt 1774, Descartes habe „die Thiere aus Furcht vor der Inquisition zu Avtomaten" gemacht![154]

## 7. „Kein Wunder, wenn unter diesen Umständen die Natur abstirbt, ...“

„...ist sie doch gewissermaßen schon für die Menschen tot, die sie so ansehen und auf diese Weise mit ihr umgehen."[155] So fasst Albert Stüttgen die Mentalität des neuzeitlichen Menschen zusammen. Auch für den münsterschen Philosophen gilt für das Zeitalter der Renaissance: „Die neue Epoche vermochte sich aber aus dem überkommenen Welt- und Menschenbild nur zu lösen wie ein ungestümer Jugendlicher aus der elterlichen Autorität."[156] Und sie ist vor allem

New York 1966; zur französischen Entwicklung im 18.Jhdt vgl. Hastings, H., Man and Beast in French Thought of the Eighteenth Century, Paris 1936.
Die Philosophiehistorikerin Tanja Thern hat sich in einer materialreichen Studie auf die Spuren jenes Descartes gemacht, den seine Zeitgenossen als unangenehm empfanden. So verspotten Diderot und seine Gesinnungsgenossen Descartes als Produzenten eines überholten Kauderwelsch; Voltaire fand es unnötig, Descartes zu lesen, denn dieser sei ein „eitler Wirbelmacher" und „Tiermechaniker". Als solcher ist er auch in populären Theaterstücken aufgetreten. Vgl. Thern, T., Descartes im Licht der französischen Aufklärung. Studien zum Descartes-Bild Frankreichs im 18. Jahrhundert, Heidelberg 2003.

[153] Bayle, P., Historisches und kritisches Wörterbuch, nach der neuesten Auflage von 1740 ins Deutsche übersetzt, hg. v. J. Ch. Gottsched, 4. Bd., Leipzig 1744, S. 79.

[154] Vgl. Hennings, J.Ch., Geschichte von den Seelen der Menschen und Thiere, Halle 1774, S. 441.

[155] Stüttgen, A., Transzendenz erfahren, in: Scheidewege, Im Verlag der Max-Himmelheber-Stiftung, Jahrgang 24, 1994/95, S. 131; Stüttgen war bis 1997 Professor für Philosophie an der Universität Münster und sagt über sein Selbstverständnis: „Wenn ich mich als Philosophen bezeichne, dann verstehe ich Philosophie als Anwalt und Sachwalter von Wirklichkeit, die als solche weit über das denkerisch Verfügbare hinausreicht. Insofern ist die Philosophie, und die Wirklichkeit, auf die sie verweist, nicht zu trennen von meinem Leben außerhalb der Institution, bei der ich angestellt bin. Das, wovon ich im Hörsaal rede und in meinen Büchern schreibe, ereignet sich sozusagen auf Schritt und Tritt, und ich möchte hinzufügen: vornehmlich außerhalb der Universität und mehr oder weniger entfernt von meinem Schreibtisch." s. ders., Verfügbare Wissenschaft oder unverfügbare Wahrheit, in: Hauskeller, Ch. u. M., (Hgg.), „... was die Welt im Innersten zusammenhält" 34 Wege zur Philosophie, Hamburg 1996, S. 82.

[156] Ders., Ende des Humanismus – Anfang der Religion?, Mainz 1979, S. 20.

eines: Die verhängnisvolle Geschichte des Transzendenz-Verlustes![157] „Indem der Mensch nach sich selber fragt, geht er bereits in dem, was er fragend und verstehend tut, über alles hinaus, was sich im Sinne von Funktionen und Strukturen definieren läßt. Er erstreckt sich damit in einem neuen und tieferen Wortsinne in die Transzendenz."[158]

Stüttgen folgt in seiner Auffassung derjenigen Martin Heideggers (1889-1976), der „Transzendenz als in-der-Welt-sein"[159] definiert und dessen Schüler Hans-Georg Gadamer (1900-2002), der konstatiert, das Wissen des Menschen über sich selbst lasse sich nicht mit den Mitteln der Wissenschaft verstehen.[160] Der mittelalterliche Mensch verstand sich noch gänzlich eingefügt in die Vorgegebenheiten einer unverfügbaren und umfassenden Ordnung. Wissenschaft und Gesellschaft waren vom Religiösen durchsetzt, das noch nicht den „intimen Charakter eines subjektiven Gefühls" hatte.[161]

Am Anfang der Neuzeit versteht sich der Mensch schließlich als „auf sich selbst gestellte Persönlichkeit"[162] und nicht mehr als verfügbares Glied einer Korporation. Doch dieser positive neue Ansatz ist nicht die einzige Konsequenz des geschichtlichen Vorganges. Maßgeblich für den Weg des Menschen in sein „Interplanetariertum" ist auch, dass nun neben den eigenständigen Bereichen der Wissenschaft und Politik die Religion als bloßer Sonderbereich übrig blieb. Sie hatte ihre alles durchdringende Kraft verloren.

Selbstverständlich sprach die mittelalterliche Theologie im Rahmen ihrer Lehre der „natürlichen Offenbarung" – in Gegenüberstellung zum Buch der Bibel – noch vom „Buch der Natur". Darin lag die Aufforderung, „in der Natur zu lesen,

---

[157] Dass eben jener Verlust als schwerwiegende Folge der Renaissance und der mit ihr einhergehenden Reformation zu einem radikal veränderten Menschenbild führte, arbeitet Stüttgen in seinen Schriften stärker heraus als Meyer-Abich. Deshalb verlassen wir hier die Argumentation des Naturphilosophen.

[158] Stüttgen, A., Ende des Humanismus, a.a.O., S. 122.

[159] Heidegger, M., Vom Wesen des Grundes, Frankfurt a.M., 1955, S. 20.

[160] Vgl. Gadamer, H.G., Theorie, Technik, Praxis – die Aufgabe einer neuen Anthropologie, Bd. 1, S. XX, Angabe bei Stüttgen, a.a.O., S. 122f. Müller spricht in einem etwas anderen Zusammenhang ebenfalls von der anthropologischen Notwendigkeit des Transzendenzgedankens: „Wenn [...] ich auch noch unter den verschärften Bedingungen einer unter Kritik gestellten Moderne den Ichgedanken denke, schließt sich diesem per se ein Transzendenzgedanke der Form 'grundloser Grund' an, der als nicht äußerer und nichtgegenständlicher dem augustinischen Kriterium des 'interior intimo meo' einschließlich des 'superior summo meo' [...] genügt." Vgl. Müller, K., Gottes Dasein denken, a.a.O., S. 170.

[161] Vgl. Stüttgen, A., a.a.O., S. 18.

[162] Vgl., Burckhardt, J, Die Kultur der Renaissance in Italien, Leipzig 1913, S. 145f.

ihre Erscheinungen wie Schriftzeichen und Worte zu deuten"[163] und in kritischer Auseinandersetzung mit dem „Natürlichen" das „Menschliche" zu finden und zu gestalten. Edmund Husserl (1859-1938) sieht es hingegen als Kennzeichen der dann eingeleiteten neuzeitlichen Daseinsform an, „frei sich selbst, seinem ganzen Leben seine Regel aus reiner Vernunft, aus der Philosophie [zu] geben [...] Eine überlegene Weltbetrachtung, frei von den Bindungen des Mythos und der Tradition überhaupt soll ins Werk gesetzt werden, eine universale Welt- und Menschenerkenntnis in absoluter Vorurteilslosigkeit."[164] Der „neue Mensch" in seiner totalen Selbständigkeit ist davon überzeugt, auf diesem Weg eine unbeschränkte universale Erkenntnis zu erreichen. „Der theoretischen Autonomie folgt die praktische [...]: Es gilt [...] die ganze menschliche Umwelt, das politische, das soziale Dasein der Menschen aus freier Vernunft, aus den Einsichten einer universalen Philosophie neu zu gestalten."[165]

In diesem Zusammenhang kommt Stüttgen auf die deutsche Reformation zu sprechen, die zwar primär innerkirchlichen Missständen zugewandt war, aber zugleich als Gegenbewegung zum ungebrochenen Optimismus aufgefasst werden kann. Doch so sehr Luther auch die Hinfälligkeit des Menschen und die Verfallenheit seiner Vernunft betont und somit dem Humanismus entgegenstand, so sehr leistet das reformatorische Gedankengut zugleich der Säkularisierung aller Lebensbereiche Vorschub: Es kommt zur absoluten Subjektivierung und Verinnerlichung religiöser Erfahrungen. „So gesehen markieren Renaissance und Reformation in durchaus übereinstimmender Weise die neuzeitliche Entwicklung. Das Religiöse wurde schließlich zu einer Randerscheinung deformiert."[166]

---

[163] Stüttgen, A., Transzendenz erfahren, a.a.O., S. 132. Tatsächlich formuliert noch das I. Vaticanum in Anlehnung unter Bezugnahme auf Röm 1,20: „Die heilige Mutter die Kirche hält fest und lehrt: Gott, aller Dinge Grund und Ziel, kann mit dem natürlichen Licht der menschlichen Vernunft aus den geschaffenen Dingen mit Sicherheit erkannt werden." In: Neuner-Roos, Der Glaube der Kirche, Regensburg 1983, S. 43. In der dogmatischen Konstitution über die göttliche Offenbarung „Dei Verbum" des II. Vaticanums fristen die Aussagen über die natürliche Offenbarung eher ein Schattendasein. Die Hl. Schrift und die „Weitergabe der göttlichen Offenbarung" stehen im Mittelpunkt der Konstitution. Vgl. Dogmatische Konstitution über die göttliche Offenbarung, in: Rahner, K., Vorgrimler, H., Kleines Konzilskompendium, Freiburg 1982, S. 367ff. Im „Lexikon für Theologie und Kirche", LThK sucht man vergeblich das Stichwort „Offenbarung, natürliche"; vgl. Art. Offenbarung, in: LThK², Bd. 7, 1962, Sp. 1103ff; wohl findet sich ein längerer Aufsatz über die „Natürliche Theologie", vgl. ebd., Sp. 811ff; vgl. auch Art. Offenbarung, in: LThK³, Bd. 7, 1998, Sp. 983ff.

[164] Husserl, E., Die Krisis der europäischen Wissenschaften, Werke Bd.6, hg. v. W. Biemel, Den Haag 1954, S. 5.

[165] Ebd., S. 6.

[166] Vgl. dazu Stüttgen, A., a.a.O., S. 21f.

Es überrascht eigentlich nicht, dass das Renaissance-Programm einer unein-geschränkten Diesseitszugewandtheit seit seinen Anfängen von Zeichen eines latenten Leidens am Leben begleitet wurde. Dies wird dann im Zeitalter Pascals (Blaise Pascal: 1623-1662) zu einer beherrschenden Lebensstimmung:

> „Man denke ihn sich, wie er alles, was er sich wünscht, zu seiner Verfügung hat; hätte er keine Zerstreuungen und ließe man ihn nachdenken und Betrachtungen darüber anstellen, was er ist, so würde ihn dieses langweilige Glück ihm nicht genügen, notwendig würde er der Schau verfallen, was ihn alles bedroht, der Revolten, die sich ereignen könnten, und endlich des Todes und der Krankheiten, die unvermeidlich sind; so daß er, wenn ihm fehlt, was man Zerstreuung nennt, unglücklich ist."[167]

Die absolute Zentrierung der Wirklichkeit auf den Menschen führt zwangsläufig zur Verdrängung des Todes. Dieser lauert unbewältigt im Hintergrund, wenn es keinen Sinn mehr über den Menschen hinaus gibt. Dieser unbewältigte Rest sorgt dann immerhin noch für die Beibehaltung religiöser Reminiszenzen[168].

So lässt sich zusammenfassen: Eine ursprüngliche und als verbindlich aner-kannte Erkenntnis, die alle Kräfte und Fähigkeiten des Menschen anspricht und daher auch alle Lebensbereiche durchdringen und gestalten kann, welche über-dies die Generationen überdauerte, hat es bisher nur in der Form der Religion gegeben. Zwar ließ der Renaissance-Entwurf kurzzeitig die Theorie und Praxis umfassende Einheit eines neuen Welt- und Menschenbildes aufleuchten, in dem der Mensch die alles verbindende Mitte sein sollte. Aber „die aus dieser Idee erwachsenen Denkansätze und schöpferischen Impulse vermochten [...] nicht aus dieser neuen Lebensmitte weiter zu wachsen"[169] So führte dann die im Namen der Befreiung und Entfaltung des Menschen betriebene Auflösung der noch in der Religion begründeten Synthese zu einer weitgehenden Verselbständigung aller Lebensbereiche. Am Ende gilt dies dann auch für diejenigen, die aus der

---

[167] Pascal, B., Über die Religion, hg. v. E. Wasmuth, Heidelberg 1946, S. 78.

[168] Stüttgen spricht von einem „Mixtum von antikem Bildungsgut und christlicher 'Tröstung'" (ebd., S. 23) und kommt auf Wilhelm Dilthey zu sprechen: Dieser hebt im Hinblick auf Petraca hervor, dass die stoisch-antiken Lehren, denen man das Ideal der „tranquilitas a-nimi" entnahm, durch Hinzunahme göttlicher Unterstützungen abgeschwächt und ergänzt werden, und fügt hinzu: „Diese Halbheit wird uns immer wieder inmitten dieser Entfal-tung des Bewußtseins der [...] Autonomie des Menschen während des 15. und 16. Jahr-hunderts gegenübertreten. Und das Ziel der Gemütsruhe vermögen ratio und virtus doch auch mit dieser göttlichen Hilfe nicht ganz herbeizuführen. Denn zu dieser war doch das alte Zutrauen verloren. So entsteht sein Pessimismus." In: Dilthey, W., Weltanschauung und Analyse des Menschen seit Renaissance und Reformation. Schriften, Bd.2, hg. v. G. Misch, Stuttgart 1957, S. 22.

[169] Stüttgen, A., a.a.O., S. 28.

Transzendenzerfahrung und -begabung des Menschen entstanden sind und nur von dort her ihren Sinn beziehen: Religion, Philosophie und Kunst.

> „Auch hier wird das, was als ursprünglicher Erfahrungsgehalt ansprechen und beunruhigen konnte, entschärft, indem die auf tiefere Daseinsbereiche verweisenden Lebenszeugnisse zum Exempel einer beliebigen Theorie umgemünzt werden.
> Für solche Theoretiker im Bereich von Religion, Philosophie und Kunst spielt sich das eigene Leben außerhalb der von ihnen betriebenen Disziplinen ab und ist in der Regel ebenso banal und unverbindlich wie ihre Theorie."[170]

Und für die Natur – und die in ihr beheimateten Tiere – gilt in Folge das, was Stüttgen in Anlehnung an Guardini sagt: Die nur vordergründig vom Menschen beherrschte Natur entgleitet ihm wieder und es erwächst eine „Wildnis in einer zweiten Form": „Es ist das sprachlose Chaos unserer Hinterlassenschaften, eine Trümmerlandschaft, die nur noch von dem spricht, was wir angerichtet haben, Symbol unserer Verfehlungen."[171]

## 8. Advocatus Diaboli

„Wenn ich dies höre," – so könnte ein Anwalt des Teufels nun sagen – „verstehe ich nicht, was am Verhalten des von mir so geschätzten Interplanetariers falsch sein soll: Lebt er denn nicht 'im Augenblick' wie das vorbildliche Tier im Garten Eden?" Ist also die uns leitende These, das Tier sei durch sein wahr-nehmendes Leben im „Hier und Jetzt" Vorbild für den verkopften Menschen, falsch?

„Topp!" entgegnet jener andere Vertreter der diabolischen Weltsicht, Mephistopheles nämlich, in der bekannten Wette dem Dr. Faustus auf dessen Begehren:

> „Werd´ ich beruhigt je mich auf ein Faulbett legen,
> So sei es gleich um mich getan!
> Kannst du mich schmeichelnd je belügen,
> Daß ich mir selbst gefallen mag,
> Kannst du mich mit Genuß betriegen –
> Das sei für mich der letzte Tag!
> Die Wette biet ich! [...]
>
> Und Schlag auf Schlag!
> Werd´ ich zum Augenblicke sagen:
> Verweile doch! du bist so schön!
> Dann magst du mich in Fesseln schlagen,

---

[170] Ebd., S. 30.
[171] Stüttgen, A., Transzendenz erfahren, a.a.O., S. 132f.

Dann will ich gern zugrunde gehen!
Dann mag die Todesglocke schallen,
Dann bist du deines Dienstes frei,
Die Uhr mag stehn, der Zeiger fallen,
Es sei die Zeit für mich vorbei."[172]

So „faustisch" mutet das Gehabe des neuzeitlichen Menschen tatsächlich an und zeigt in fataler Weise die Schattenseite eines Lebens in der Gegenwart – eines Lebens, das sich dabei aus der Verantwortung gestohlen hat. Das nun folgende Kapitel über die biblische Anthropologie gibt einen anderen Blick auf den Menschen frei, der nach dem „Sündenfall" als Erwachsener seinen Weg in die Welt finden muss. Das Tier einerseits und der Engel andererseits rahmen den Entwurf eines Lebens ein, das infantile Bedürfnisbefriedigung zu überwinden weiß.

---

[172] Goethe, J.W., Faust. Der Tragödie erster und zweiter Teil, Stuttgart 1966, S. 46.

# IV. Das Tier im Kontext der biblischen Anthropologie[173]

### Eva

Einfach steht sie an der Kathedrale
großem Aufstieg, nah der Fensterrose,
mit dem Apfel in der Apfelpose,
schuldlos-schuldig ein für alle Male

an dem Wachsenden, das sie gebar,
seit sie aus dem Kreis der Ewigkeiten
liebend fortging, um sich durchzustreiten
durch die Erde wie ein junges Jahr.

Ach, sie hätte gern in jenem Land
noch ein wenig weilen mögen, achtend
auf der Tiere Eintracht und Verstand.

Doch da sie den Mann entschlossen fand,
ging sie mit ihm, nach dem Tode trachtend;
und sie hatte Gott noch kaum gekannt.

*Rainer Maria Rilke*[174]

---

[173] Im Rahmen einer exegetischen Vergewisserung soll im Folgenden anhand exemplarisch ausgewählter biblischer Texte aufgezeigt werden, dass die theologischen Aussagen dieser Arbeit auf exegetisch gesichertem Terrain stehen. Eine ausführliche Exegese würde den Rahmen der Dissertation sprengen. Denn ebenso wenig wie von „dem" alttestamentlichen Menschen gesprochen werden kann, so wenig kann „das" alttestamentliche Mensch-Tier-Verhältnis bestimmt werden. Es kommt in dieser Arbeit darauf an, stichwortartig aber exegetisch 'korrekt' vorzugehen, d.h. einzelne Texte bestimmten Traditionssträngen zuzuordnen, den Aussagegehalt darzustellen und auf weitere exegetische Literatur hinzuweisen. Als methodisch wegweisend erweist sich der Aufsatz „Die Tierwelt in der Bibel I" von R. Bartelmus (in: Janowski, B./ Neumann-Gorsolke, U./ Gleßmer, U. (Hgg.), Gefährten und Feinde des Menschen. Das Tier in der Lebenswelt des alten Israel, Neukirchen-Vluyn 1993, S. 283-306). Mit Bezugnahme auf die wichtigsten Traditionsträgergruppen in Israel nimmt er eine Dreigliederung der betreffenden Tiermotive in prophetisch, priesterlich und weisheitlich geprägte Texte vor. Die im folgenden Text vorkommenden biblischen Zitate sind der Einheitsübersetzung von 1985 entnommen, falls nicht anders gekennzeichnet.

[174] Rilke, R.M., a.a.O., S. 530.

## 1. Zum Erinnerungspotential biblischer Texte

In Klaus Michael Meyer-Abichs Diagnose ist nicht nur die verhängnisvolle Schöpfungsvergessenheit konstitutiv für die Gattung Homo, zugleich sind es seine fast in Vergessenheit geratenen Träume. In ihnen findet die ursprüngliche Beheimatung in der Natur ihren Ausdruck. Hier haben die biblischen Texte mit ihrem Potential ihren Ort. Und dies in mehrfacher Hinsicht:

Für den Exegeten Georg Steins ist erstens das Thema Schöpfung nicht etwa nur das erste Thema des Ersten Testamentes, sondern zugleich der „Wahrnehmungshorizont des Folgenden".[175] Das Schöpfungsthema ist grundlegend für alles weitere. Für den Pentateuch gilt somit, dass die Schöpfungs- und Urgeschichte nicht etwa seinen „Vorbau" darstellt; vielmehr sind die „fünf Bücher Mose" als Ganzes eine Urgeschichte: „Der Entwurf einer bedeutungsvollen, einer identitätsstiftenden und handlungsleitenden Vergangenheit für eine distinkte Gruppe, die in der Begegnung mit diesem nicht in eine ferne Vergangenheit zurück –, sondern in die Gegenwart einer Beziehung hineinversetzt werden soll."[176] Für Steins gilt dies über den Pentateuch hinaus für die Bibel insgesamt.

Somit gilt zweitens, dass die Heilige Schrift ganz im Dienst der „Verheutigung" der Gottesbotschaft steht.[177] In diesem Kontext ist die Erinnerung das Konstitutivum jüdisch-christlicher Theologie, „ja, dieser Glaubensgemeinschaften selbst, deren Primärzweck die Kultur der Erinnerung ist."[178]

Schließlich gilt – auch wenn es banal klingt, muss es ausgesprochen werden –, dass die Bibel für den Menschen, nicht etwa für die Tiere geschrieben ist und somit dessen Stellung als Geschöpf beleuchtet: Wer ist der Mensch vor Gott? Für die biblischen Autoren ist es selbstverständlich, die Mitgeschöpfe in diesen existentiellen Fragehorizont hineinzunehmen.

## 2. Ansätze für eine biblische Zoologie

Wer eine neuere „Theologie des Alten Testamentes" oder eine „Religionsgeschichte Israels" aufschlägt, um im Register das Stichwort „Tier" oder „Tierwelt"

---

[175] Steins, G., Bibelauslegung – heute, Antrittsvorlesung, Universität Osnabrück, 23.1.03, Manuskript S. 11.
[176] Ebd., S. 14.
[177] Diese Formulierung will an das „Aggiornamento"-Motiv des II. Vaticanums erinnern. An dessen Weichenstellung für die Exegese kommt Steins ebenfalls zu sprechen; vgl. ebd. S. 7.
[178] Ebd., S. 9.

o.ä. zu suchen, wird dennoch enttäuscht.[179] Ganz selten wird dem Tier, bzw. der Gott/Mensch-Tier-Beziehung ein eigener Abschnitt gewidmet.[180] Das Tier stellt ein theologisches Randthema dar und ist nur gelegentlich einer Erwähnung wert. Und das, so bemerkt O. Keel zutreffend, obwohl es in der hebräischen Bibel genügend Stoff gibt: „Es dürfte etwas überspitzt formuliert auf ihren rund 1000 Seiten kaum eine geben, auf der nicht in irgendeinem Zusammenhang Tiere erwähnt werden."[181] Das gilt auch in Bezug auf das Gott-Tier-Verhältnis, für das nicht nur Schöpfungstexte, sondern ebenso Texte über tiergestaltige Götterbilder (das „goldene Kalb" etwa) oder die zahlreichen Tiervergleiche und Metaphern ergiebig sind.[182]

Diese „Abwesenheit des Tieres" wundert aus verschiedenen Gründen allerdings nicht: Zum einen spielt der sowohl die Philosophie und Theologie beherrschende Anthropozentrismus eine entscheidende Rolle; zum anderen hat selbst das größere Thema „Schöpfungstheologie" innerhalb der ersttestamentlichen Glaubenswelt „kein theologisches Eigengewicht".[183] W. Zimmerli hat die Tatsache, dass in seinem „Grundriß der alttestamentlichen Theologie" das Thema „Schöpfung" erst im vierten Abschnitt zur Sprache kommt, so erklärt: „Es mag auffallen, daß der Abschnitt über Jahwe, den Schöpfer der Welt, nicht an den Anfang gestellt worden ist. [...] Es ist aber schwerlich zu übersehen, daß in der Aussage des Ats die in der Mitte der Geschichte geschehene 'Herausführung Israels aus Ägypten' der primäre Orientierungspunkt ist."[184] Die daraus resultierende Relativierung der biblischen Schöpfungstheologie führt nach Aussage von K. Löning und E. Zenger zum „Verlust der universalen Dimension der biblischen Botschaft."[185]

Dies kann mit Recht als tragisch bezeichnet werden, zumal gerade die weisheitlichen Texte der heiligen Schrift die Grundüberzeugung vermitteln, die G. von Rad klassisch formuliert: „Die Schöpfung hat nicht nur ein Sein, sie entläßt

---

[179] Vgl. die Lehrbücher von Albertz, R., Religionsgeschichte Israels, Göttingen 1992; Eichrodt, W., Theologie des Alten Testamentes, Stuttgart 1968; von Rad, G., Theologie des Alten Testamentes, München 1982.

[180] Eine gewisse Ausnahme stellt Kaiser, O., Der Gott des Alten Testament: Wesen und Wirken. Theologie des Alten Testaments 2, Göttingen 1998, S. 301ff. dar.

[181] Keel, O., Allgegenwärtige Tiere. Einige Weisen ihrer Wahrnehmung in der hebräischen Bibel, in: Janowski, B., u.a. (Hgg.), Gefährten und Feinde des Menschen. Das Tier in der Lebenswelt des alten Israel, Neukirchen-Vluyn 1993, S. 155.

[182] Vgl. dazu den Sammelband Janowski, B., a.a.O.; Schmitz-Kahmen, F., Geschöpfe Gottes unter der Obhut des Menschen, Neukirchen-Vluyn, 1997.

[183] Preuß, H.D., Theologie des Alten Testamentes, Bd.1, Stuttgart 1991, S. 271.

[184] Zimmerli, W., Grundriß der alttestamentliche Theologie, Stuttgart 1972, S. 24f.

[185] Löning, K., Zenger, E., Als Anfang schuf Gott. Biblische Schöpfungstheologien, Düsseldorf 1997, S. 15.

auch Wahrheit."[186] D.h. die Welt als Schöpfung Gottes lädt geradezu dazu ein, diese Schöpfungsbotschaft als Lebensweise zu hören und anzunehmen. „Darüber, daß diese Selbstoffenbarung der Schöpfung gehört werden kann, hegen die Lehrer (dieser weisheitlichen Theologie; R.H.) nicht den geringsten Zweifel. Sie kann, wie auch Paulus sagt, 'vernünftig wahrgenommen' werden."[187]

Der biblische Mensch hatte keine Hemmungen, sich innerhalb dieses theologischen Rahmens auf die jeweils konkreten Repräsentanten dieser Weisheit einzulassen, nämlich die Tiere:

> „Die Tierwelt ist ein herrlicher Kosmos von Gestalten, Gebärden, Lauten, Verhaltensweisen, Farben, Bildern und Geschichten, an dem der Mensch seit jeher auch zum Bewußtsein seiner selbst gekommen ist. Die großen Tiertexte der Bibel [...] haben diesen Schatz sorgsam gehütet und um immer neue Varianten bereichert. In der Begegnung mit dem Tier erfuhr Israel das Rätsel des Lebens nicht nur in seiner schillernden Buntheit, sondern auch in seiner zwingenden Mächtigkeit. Dieser Faszination hat es sich beobachtend, erkennend und deutend ausgeliefert und davon auch sein theologisches Nachdenken inspirieren lassen."[188]

M.-L. Henry verstärkt diesen Gedanken, wonach es für den biblischen Menschen wesentlich war, in den „numinosen Bannkreis fremden, dem eigenen seltsam fernen und doch so nah vertrauten Lebens" zu treten. So hat er aus dieser Berührung mit dem ganz Anderen, Nichtmenschlichen starke Impulse zur Entfaltung religiöser Kräfte und theologischer Reflexionen empfangen.[189] Nach jüdisch-christlicher Überzeugung wird das Wesen des Menschen zwar nicht in bezug auf das Tier bestimmt und hat sich Gott auch nicht wie in Ägypten in der Gestalt eines Tieres offenbart; dennoch kann der Mensch laut Auskunft der biblischen Überlieferungen im Blick auf seine Mitgeschöpfe zu einem profunderen – auch theologischen – Selbst-Verständnis finden.

---

[186] Von Rad, G., Das theologische Problem des alttestamentllichen Schöpfungsglaubens, in: ders., Gesammelte Studien zum Alten Testament (ThB 8), München 1961, S. 211.

[187] Ebd., S. 214.

[188] Janowski, B., in: ders., Riede, P. (Hgg.), Die Zukunft der Tiere, Theologische, ethische und naturwissenschaftliche Perspektiven, Stuttgart 1999, S. 51; vgl. auch: Riede, P., Im Spiegel der Tiere. Studien zum Verhältnis von Mensch und Tier im alten Israel, Göttingen 2002. Dieser Aufsatzband enthält zehn Arbeiten zur biblischen Tierwelt aus den letzten zehn Jahren. Davon wenden sich die ersten drei Aufsätze eher grundlegenden Fragen der Mensch-Tier-Beziehung im alten Israel zu – sie nehmen vor allem die weisheitliche Überlieferung in den Blick. Die Beiträge 4-8 gehen exemplarisch auf die Samuelbücher, die Hiobdialoge und die Überlieferungen vom „Tierfrieden" ein. Schließlich geht es im 9. Beitrag um die Tiernamen, wogegen der 10. eine Zusammenfassung darstellt.

[189] Vgl. Henry, M.-L., Das Tier im religiösen Bewußtsein des alttestamentlichen Menschen, in: Janowski u.a, Gefährten, a.a.O., S. 20.

Für O. Keel, dessen Verdienst es ist, die Bilderwelt des Ersten Testamentes u.a. vom Alten Ägypten und dessen Gottes- und Menschenbild her tiefer zu verstehen,[190] ist „Numinosität" ein Schlüsselbegriff: Dies ist ein moderner, ethymologisch der römischen Antike entliehener Begriff. Das Wortfeld, das im Hebräischen dem gemeinten Phänomen am nächsten steht, ist mit der Wurzel *barak* (segnen, mit heilvoller Kraft begaben) verbunden. „Während wir 'Abendländerinnen' aufgrund einer extrem wortzentrierten religiösen Tradition Segen und Segnen allzu rasch mit gesprochenen Worten assoziieren [...] und uns vor allem dafür interessieren, was beim Segnen genau passiert [...], gingen die Menschen im Alten Israel [...] ganz selbstverständlich davon aus, dass Segen *(berakah)* [...] in vielem Geschaffenen einfach ist und erfahren werden kann. [...] Bei Tritojesaja wird ein Sprichwort überliefert: ,Wie man sagt, wenn Saft in der Traube sich findet: Verdirb sie nicht, es ist ein Segen darin. (Jes 65,8).'"[191]

In deutlicher Abgrenzung zu Ägypten[192] formuliert das jüdische Credo programmatisch, dass keine innerweltliche Größe verabsolutiert werden darf. Für Israel kommt eine Resakralisierung oder Divinisierung der Schöpfung im engeren Sinn nicht infrage. Aber, so Keel, gehe es auch nicht an, das Kind, in diesem Fall die Numinosität der Schöpfung, mit dem Bade auszukippen. Vielmehr sei die Zeit gekommen, „der Schöpfung ihre Seele, ihre Dignität zurückzugeben, sie aus ihrer Demütigung zu befreien, in die sie als gänzlich Gott-loses Gegenüber des Schöpfers, als reines Produkt eines überbetont souveränen und transzendenten Gottes und als Objekt menschlicher Wissenschaft und Ausbeutung geraten ist."[193] Er spürt „Relikte einer numinosen Wertung der Umwelt in der Hebräischen Bibel" auf, und kommt darin auch auf die Tierwelt zu sprechen.[194]

Laut Auskunft der aktuellen, für unsere Fragestellung relevanten exegetischen Literatur lassen sich innerhalb der biblischen Überlieferung zwei Stränge erkennen:

---

[190] Vgl. u.a. Keel, O., Die Welt der altorientalischen Bildsymbolik, Neukirchen-Vluyn 1972, ders., (Hg.), Monotheismus im alten Israel und in seiner Umwelt, Freiburg CH 1980.

[191] Keel, O., Schöpfung. Biblische Theologien im Kontext altorientalischer Religionen., Göttingen 2002, S. 92.

[192] Es würde sich lohnen, J. Assmanns Untersuchung: Moses – der Ägypter, München 1998 aus dieser Perspektive zu lesen, sagt er doch: „Der Gegensatz von Kosmotheismus und Monotheismus, oder von Natur und Offenbarung wurde nie gelöst, sondern nur verdrängt durch die triumphale Entfaltung der christlichen Kirche." (S. 82). Vgl. auch die aktuelle Diskussion um die angebliche Gefahr des Monotheismus im Anschluss an Assmann in: Manemann, J. (Hg.), Jahrbuch Politische Theologie, Bd. 4: Monotheismus, Münster 2002.

[193] Keel, O., Schöpfung, a.a.O., S. 33.

[194] Vgl., ebd. S. 37ff., insbesondere S. 64ff.

1. Mensch und Tier sind dezidiert aufeinander bezogene und voneinander abhängige Geschöpfe des einen Gottes und Teilhaber des einen Bundes.
2. Mensch und Tier haben darin eine je eigene Valenz und Beziehung zum Schöpfer und somit ihren je eigenen Ort im Gesamt der Schöpfung.

Wie in einem Brennglas erscheinen all diese Facetten des Gott-Mensch-Tier-Verhältnisses in einer biblischen Geschichte, die für Henry die „schönste Legende des Alten Testaments"[195] darstellt: In Num 22,21-34 wird Bileam, der Seher, von den Moabitern bestellt, um das Volk Israel zu verfluchen. Schließlich erhält er von Gott tatsächlich die Erlaubnis loszuziehen, aber nur um das zu sagen, was der Herr dann befehlen werde. Daraufhin sattelt er seine Eselin und zieht fort. Unterwegs tritt ihm aber ein Bote Gottes mit gezücktem Schwert in den Weg. Es heißt weiter:

„Die Eselin sah den Engel JHWHs, wie er auf dem Wege stand und sein Schwert gezückt in seiner Hand hatte. Da bog die Eselin vom Wege ab und ging auf dem Ackerfeld weiter. Bileam aber schlug die Eselin, um sie wieder auf den Weg zu bringen.
Darauf trat der Engel JHWHs auf den Pfad zwischen den Weinbergen mit einer Mauer auf der einen und einer Mauer auf der anderen Seite.
Die Eselin sah den Engel JHWHs und drückte sich an die Wand und drückte den Fuß Bileams an die Wand; da schlug er sie wiederum.
Darauf ging der Engel JHWHs noch einmal vorbei und trat an eine enge Stelle, wo es keine Ausweichmöglichkeit nach rechts und links gab.
Die Eselin sah den Engel JHWHs und legte sich hin unter Bileam. Da entbrannte der Zorn Bileams, und er schlug die Eselin mit der Rute.
Darauf öffnete JHWH den Mund der Eselin, und sie sagte zu Bileam:
„Was habe ich dir angetan, daß du mich geschlagen hast, nun schon dreimal?" Bileam sagte zu der Eselin: „Weil du deinen Mutwillen mit mir getrieben hast. Hätte ich nur ein Schwert in der Hand, ich hätte dich wahrlich schon getötet!"
Da sagte die Eselin zu Bileam: „Bin ich nicht deine Eselin, auf der du geritten bist, zeitlebens bis zum heutigen Tage? Habe ich wirklich die Gewohnheit gehabt, solches dir anzutun?" Er sagte: „Nein."
Da enthüllte JHWH die Augen Bileams, so daß er den Engel JHWHs sah, wie er auf dem Wege stand und sein Schwert gezückt in seiner Hand hatte. Und er beugte sich und fiel nieder auf sein Angesicht.
Der Engel JHWHs aber sagte zu ihm: „Warum hast du deine Eselin nun schon dreimal geschlagen? Ich selbst bin doch ausgezogen als Gegner ‚für dich', weil dein Weg in meinen Augen ‚übel' ist [...]. Die Eselin aber hat mich gesehen und ist vor mir ausgewichen, nun schon dreimal.
‚Wäre sie nicht' ausgewichen vor mir, ich hätte wahrlich dich bereits getötet und sie am Leben gelassen!"

---

[195] Henry, M.L., Das Tier, a.a.O., S. 52; s. auch Schroer, S., „Die Eselin sah den Engel JHWHs". Eine biblische Theologie der Tiere – für Menschen, in: Sölle, D. (Hg.) , Für Gerechtigkeit streiten. FS für Luise Schottroff, Gütersloh 1994, S. 83-87.

Da sagte Bileam zum Engel JHWHs: „Ich habe mich verfehlt darin, daß ich nicht erkannt habe, daß du selbst auf dem Wege mir entgegengestanden hast. Wenn nun also die Sache in deinen Augen übel ist, will ich wieder zurückkehren".[196]

Jenseits aller tiefenpsychologischen Analyse dieses Textes sagt er über das Mensch-Tier-Gott-Verhältnis das Folgende aus: Mensch und Tier sind als Weggefährten aufeinander angewiesen; der Mensch „auf dem Rücken der Tiere". Dieses Vertrauensverhältnis „hätte dem Reiter nahelegen müssen , daß das Tier ihn auf irgendetwas aufmerksam machen will, was er nicht merkt."[197] Der Eselin, die den Engel sofort erkennt, kommt somit ein „wunderbares Wissen zu, das in eine Dimension reicht, die der menschlichen Vernunft, dem reinen Intellekt, nicht zugänglich ist."[198] Der ersttestamentliche Mensch konnte das Tier als „realen Träger göttlicher Willensäußerungen" ansehen.[199] Und nicht zuletzt klingt in der Frage „Warum schlägst du mich...?" die ethische Dimension des Themas an.

Am Ende mündet die Bileamgeschichte in den Orakelspruch des Propheten in Num 24,15ff.:

„Ich sehe ihn, aber nicht jetzt, ich erblicke ihn, aber nicht in der Nähe: Ein Stern geht in Jakob auf, ein Zepter erhebt sich in Israel." (Num 24,17)

Es ist anzunehmen, dass Jesus, von dem das NT sagt, er sei die Erfüllung dieser Prophezeiung, die Bileamgeschichte gekannt hat, gehört sie doch in den Grundbestand des Pentateuch. Vor diesem Hintergrund erscheinen die verhältnismäßig langen Textpassagen in Mt 21,1-8 und Mk 11,1-7, in denen es um den „jungen Esel, auf dem noch nie ein Mensch geritten ist" geht, in einem besonderen Licht: Bei seinem Einzug in Jerusalem, der seine letzten Tage einleitet, vertraut er sich ganz diesem Tier an, wissend, dass es den Engel sehen würde, wenn er sich denn wieder in den Weg stellte.[200]

---

[196] Übersetzung nach Noth, M., Das vierte Buch Mose. Numeri (ATD 7), Göttingen 1982, S. 146f.; s. auch die Anmerkungen zum Text bei Riede, P., „Doch frag die Tiere, sie werden dich lehren", in: Janowski, B., u.a., Die Zukunft der Tiere, a.a.O., S. 81.

[197] Westermann, C., Mensch, Tier und Pflanze in der Bibel, in: Janowski, B.u.a. (Hgg.), Gefährten und Feinde des Menschen, Neukirchen-Vluyn 1993, S. 95.

[198] Schmitz-Kahmen, F., Geschöpfe Gottes unter der Obhut des Menschen. Die Wertung der Tiere im Alten Testament, Neukirchen-Vluyn 1997, S. 6.

[199] Henry, M.L., a.a.O., S. 53.

[200] In der Exegese findet sich immer wieder der Hinweis auf Sach 9,9, nicht aber auf Bileams Eselin. Hingegen findet sich bei Thornton Wilder der Satz: „Also ist es schon eine wunderliche Welt, in der's von Eseln abhängt, ob der Heiland am Leben bleibt. Aber so ist's nun einmal." In: Wilder, T., Einakter und Dreiminutenspiele, Fischer Taschenbücher 1988, S. 65.

Wie wir noch sehen werden, spielt die christologische Konzeption des Mk-Evangeliums bewusst an die Tier-Friedens-Vision des Jesaja an, sodass der Menschensohn auch gekommen ist, die ursprüngliche Ordnung innerhalb der Geschöpfe zu erneuern. Dem Bild des auf einem Esel reitenden Erlösers kommt somit eine hoch symbolische Bedeutung zu, die m.E. so in der Exegese noch nicht herausgearbeitet worden ist.

## 2.1 „... und führte sie dem Menschen zu ..." (Gen 2,19)

Im Gesamtzusammenhang des zweiten jahwistischen Schöpfungsberichts (Gen 2,4b-24) heisst es:

> „Dann sprach Gott, der Herr: Es ist nicht gut, daß der Mensch allein bleibt. Ich will ihm eine Hilfe machen, die ihm entspricht.
> Gott, der Herr, formte aus dem Ackerboden alle Tiere des Feldes und alle Vögel des Himmels und führte sie dem Menschen zu, um zu sehen, wie er sie benennen würde."
> (Gen 2,18-19)

Nach Henry hat der Akt der Namengebung weder einen rein formalen Charakter noch ist er im Sinn des Ergreifens einer Herrscherstellung zu verstehen. Indem der Mensch die Tiere bei ihrem Namen ruft, erkennt er sie als ein vertrautes Gegenüber an.[201] Diese programmatische Verhältnisbestimmung[202] steht auf den ersten Blick im Widerspruch mit dem wohl bekannteren Wort des ersten priesterschriftlichen Schöpfungsberichtes: „Macht euch die Erde untertan, herrscht über die Tiere". (Gen 1,26-28).

Doch obwohl beide Texte aus historisch und theologiegeschichtlich divergierenden Epochen stammen, sind in ihrer Bewertung des Mensch-Tier-Verhältnisses deutliche Übereinstimmungen auszumachen. Das herausragende Kennzeichen ist in beiden Fällen die in ihrer Lebendigkeit begründete wesenhafte Zusammengehörigkeit von Mensch und Tier.[203] Dadurch heben sie sich fundamental von der übrigen Schöpfung ab, zu der nach ersttestamentlicher Vorstellung auch die Pflanzen gehören. Mensch und Tier kommt gleichermaßen das Attribut נֶפֶשׁ zu,

---

[201] Vgl. Henry, M.L., a.a.O., S. 25ff.

[202] Vgl. u. auch die Ausführungen zu Thomas von Aquins Kommentar zu dieser Stelle; vgl. u. Kap. VIII.1, „Über die ‚cognitio experimentalis'".

[203] Vgl. dazu: Schmitz-Kahmen, F., a.a.O., S. 17ff. Vgl. auch Bodendorfer, G., Biblisches Denken in Paaren. Zur Beziehung zwischen Mensch und Tier in rabbinischen Texten, in: Janowski, B., Die Zukunft der Tiere, a.a.O.: „R. Jochanan [...] sagt nämlich, daß es eigentlich der Gabe der Tora nicht bedurft hätte, um ein gerechtes Leben vor Gott zu führen. Dazu hätte man einfach nur der Tierwelt zusehen müssen:" (ebd. S. 112).

welches „nicht Geist und Denken meint [...], sondern Lebensfreude (Bedürftigkeit, so Wolff, ist ihr Ausdruck) als eine Macht wider Tod und Todessehnsucht."[204]

„Das Phänomen 'Leben' wird nicht bloß als besondere biologische Eigenschaft, sondern von seinem göttlichen Ursprung her als wunderbare Gabe empfunden."[205]Es liegt nicht fern, Gen 2,19 als „impliziten Herrschaftsauftrag" in notwendiger Ergänzung zu Gen 1,26f. als „explizitem Auftrag" zu verstehen: Das Sich-Vertrautmachen mit dem Tier wird als Voraussetzung für die angemessen menschliche Haltung den/dem Anderen gegenüber verstanden. Bevor wir gleich noch intensiver auf Gen 1,26-28 zu sprechen kommen, seien noch andere Texte genannt, in deren Vordergrund die Verwandtschaft von Mensch und Tier stehen.[206]

Gen 6,5-9,17 erzählt wie Mensch und Tier gemeinsam zu Grunde gehen, miteinander aus der Arche gerettet werden und beide (!) Bündnispartner Gottes werden. Die in der Schöpfungsgeschichte grundgelegte unzertrennliche Gemeinschaft von Mensch und Tier vor Gott wird bundestheologisch ratifiziert:

„Steht der Bogen in den Wolken, so werde ich auf ihn sehen und des ewigen Bundes gedenken zwischen Gott und allen lebenden Wesen, allen Wesen aus Fleisch auf der Erde." (Gen 9,16)

Dieser zentrale Gedanke der Gemeinschaft wird an verschiedenen Stellen „durchbuchstabiert"; so teilen laut Auskunft weisheitlicher Texte Mensch und Tier den Lebensgeist (ruah) und das Todesschicksal:

„Denn das Geschick der Menschen ist gleich dem Geschick des Viehs;
ein Geschick haben sie beide.
Wer weiß, ob der Lebensgeist des Menschen emporsteigt, der Lebensgeist des Viehs aber hinabfährt zur Erde?" (Koh 3,19-21; vgl. Ps 49,13.21)

Und am Schluss des Jonabuches begründet JHWH gegenüber dem durchaus frustrierten Propheten seinen Verzicht auf die Vernichtung Ninives:

„Mir aber sollte es nicht leid sein um Ninive, die große Stadt, in der mehr als hundertzwanzigtausend Menschen leben, die nicht einmal rechts und links unterscheiden können – und außerdem soviel Vieh?" (Jo 4,11)

---

204 Seebass, H., Art. נֶפֶשׁ, in: ThWAT V (1986), S. 531-555; zitiert bei Schmitz-Kahmen, F., a.a.O., S. 30.
205 Ebd., S. 50.
206 Vgl. zum Folgenden: Keel, O., Schöpfung, a.a.O., S. 146ff. Auf eine intensive Exegese muss hier verzichtet werden. Vgl. dazu die bei Keel und Schmitz-Kahmen angegebene Literatur.

Schliesslich bringt die ersehnte Heilszeit beiden – Mensch und Tier – den Frieden:

> „Dann wohnt der Wolf beim Lamm, der Panther liegt beim Böcklein.
> Kalb und Löwe weiden zusammen, ein kleiner Knabe kann sie hüten ...“ (Jes 11,6)

Gräßler nun stellt den neutestamentlichen Zusammenhang her und weist darauf hin, dass Mk 1,13[207]: „Er lebte bei den wilden Tieren und die Engel dienten ihm.“, bewusst auf diese bekannte Tier-Friedens-Vision des Protojesaja anspielt.[208] Jesus Christus ist innerhalb des Neuen Testamentes gleichzeitig Mittler der Erlösung und Mittler der Schöpfung. Für Walter Kasper gehören die Aussagen der Schrift, die wie diese die „Schöpfungsmittlerschaft Christi“ berühren, zu den schwer zugänglichen Passagen der Bibel; in ihnen wird wie in 1 Kor 8,6 programmatisch formuliert: „Einer ist Herr; durch ihn ist alles und wir sind durch ihn.“[209]

Die Aussagen von der Schöpfungsmittlerschaft Jesu Christi sollen den „eschatologisch-endgültigen und universalen Charakter von Person und Werk Jesu Christi als der Fülle der Zeit (Gal 4,4) zur Geltung bringen und die christliche Freiheit und Verantwortung in der Welt herausstellen.“[210] Innerhalb einer universalen Christologie können Schöpfung und Erlösung, Natur und Gnade, Christentum und Welt nicht dualistisch gegen – oder nebeneinander gestellt werden. Christentum, Gnade und Erlösung sind „kein zusätzlicher Luxus, kein Überbau oder eine Art zweites Stockwerk über der 'natürlichen' Wirklichkeit; umgekehrt ist die 'natürliche' Wirklichkeit für den Glauben weder gleichgültige noch einfach

---

[207] Im letzten Kapitel, Mk 16,15,wird Jesus die Aufforderung an seine „verstockten“ Jünger in den Mund gelegt, das Evangelium „allen Geschöpfen“ zu verkünden: Jesu Umgang mit den Tieren und die Aufforderung, die Geschöpfe mit in die Heilssorge einzubeziehen, als „Rahmen“ des ältesten Evangeliums.
Als eschatologisches Ziel der Schöpfung bezeichnet auch Joseph Ratzinger „eine Welt, in der Mensch und Tier und Erde zusammen geschwisterlich am Frieden Gottes und an seiner Freiheit teilhaben werden.“ In: Ratzinger, J., Im Anfang schuf Gott: vier Münchener Fastenpredigten über Schöpfung und Fall; Konsequenzen des Schöpfungsglaubens, Einsiedeln 1996, S. 39.

[208] Vgl. Bodendorfer, G., Biblisches Denken in Paaren, Zur Beziehung zwischen Mensch und Tier in rabbinischen Texten, in: Janowski, B., Die Zukunft der Tiere, a.a.O., S. 93ff. Vgl. auch die kirchenhistorische Untersuchung: Lutterbach, H., „Tiere - in allem gehorsam wie Mönche ...“ Die Vorstellung vom kosmischen Frieden im Christentum. In: SAECULUM. Jahrbuch für Universalgeschichte, 51. Jahrgang, Freiburg, München 2000, S. 294ff.

[209] Vgl. Kasper, W., Jesus der Christus, Mainz 1984, S. 221; am breitesten sind die Aussagen zur Schöpfungsmittlerschaft in Kol 1,15-17 entfaltet.

[210] Ebd. S. 222.

böse Welt."[211] Wenn Jesus Christus somit die Zusammenfassung und das Ziel aller Wirklichkeit ist, dann empfängt die Welt und somit jedes Geschöpf von ihm her und auf ihn hin seinen eigentlichen Platz und seinen endgültigen Sinn. Die Bilder des Protojesaja, die, wenn auch verhalten, noch in das älteste Evangelium hineinspielen, billigen selbstverständlich den Tieren ihren Platz innerhalb dieser Christologie zu[212].

Bodendorfer u.a. weisen darauf hin, dass in der rabbinischen Tradition der Mensch in einer Zwischenstellung zwischen Tier und Engel angesiedelt ist – gehört doch das Thema „Menschwerdung" in das Grundrepertoire (erz-) englischer Verkündigungen (vgl. Lk 1,26ff.). Die Positionierung des Menschen ergibt sich aus der in Gen 1,26 formulierten Gottebenbildlichkeit einerseits und der als nah erlebten Verwandtschaft zum Tier andererseits.[213] Das Buch Tobit bringt diesen Gedanken in das wunderbare Bild des Tobias, der sich zusammen mit dem Engel Rafael und seinem Hund (!) auf den Weg macht:

> „Gott, der im Himmel wohnt, wird euch auf eurer Reise behüten; sein Engel möge euch begleiten.
> Da brachen die beiden auf, und der Hund des jungen Tobias lief mit." (Tobit 5,17)

„Nach biblischer und frühjüdischer Vorstellung war es Adam, der zu Beginn der Menschheitsgeschichte den Tierfrieden zerstörte. Nun stellt Jesus als der zweite Adam ihn wieder her. Und dies gleich zu Beginn seines Wirkens als Zeichen des Anbruchs der kommenden Gottesherrschaft! [...] Adam ist hierbei als gegensätzliche Gestalt zu Christus aufgefaßt, was durch das 4. Esrabuch, einen [...] außerbiblischen, um 100 n.Chr. entstandenen Text, bestätigt wird:

> „Als aber Adam meine Gebote übertrat,
> wurde das Geschaffene gerichtet:
> Da wurden die Zugänge dieser Welt eng,
> leidvoll und beschwerlich, wenig und böse,
> voll von Gefahren und mit großen Nöten behaftet." (4 Esr 7,11f)."[214]

---

[211] Ebd. S. 224.

[212] Vgl. auch die Auseinandersetzung Agambens mit einer Miniatur aus einer hebräischen Bibel aus dem 13. Jh., die die Vision des Ezechiel zeigt. Zu sehen ist das messianische Gastmahl der Gerechten, und darauf haben die Gäste bei Tisch die Gesichter der „Tiere des Ursprungs". Vgl. Agamben, G., Das Offene. Der Mensch und das Tier, Frankfurt a.M. 2003, S. 11ff.

[213] Vgl.Bodendorfer, a.a.O., ebd.

[214] Gräßler, I., Biblische Tierschutzethik aus neutestamentlicher Sicht, in: Janowski, B., Die Zukunft der Tiere, a.a.O., S. 119.

In dieser Tradition, wonach Adams Schuld vor allem auch die Tiere betrifft und die Paulus in Röm 8,18-22 wieder aufnimmt, steht auch die sogenannte Moses-Apokalypse. Sie erzählt, wie auf dem Weg aus der irdischen Welt zurück ins Paradies Eva von einem wilden Tier angefallen wird. Sie klagt dieses Tier an, weil es gewagt hat, in ihrer Person das Abbild Gottes zu schädigen.

> „Dann aber schrie das Tier, sagend:
> O Eva, nicht gegen uns (richte) deine Anmaßung,
> und nicht das Wehklagen,
> sondern gegen dich.
> Da doch die Herrschaft der Tiere aus dir hervorgegangen ist." (Apk Mos XI,1)"[215]

Mensch und Tier sitzen nach biblischer Darstellung – so fasst Keel zusammen – immer wieder „im selben Boot"; ob Sintflut oder Dürre (vgl. Jer 14,5f), es trifft sie beide, und das Ergehen der einen hat Auswirkungen auf das Ergehen der anderen. Somit ist die in Gen 1 und Ps 8 programmatisch formulierte, Mensch und Tier unterscheidende Gottebenbildlichkeit von Mann und Frau rein theologisch aus einem Willensakt Gottes und eben nicht biologisch begründet. Lebensgefühl und theologische Reflexion stehen in engem Zusammenhang, und das eine wird das andere bedingen. Es steht fest, dass die Israeliten und Israelitinnen sich den Tieren eindeutig näherfühlten als der neuzeitliche Mensch. Daraus folgert Otmar Keel, dass eine stärkere Berücksichtigung dieser nahen Verwandtschaft und Schicksalsgemeinschaft von Mensch und Tier die Erschütterungen, die die Evolutionstheorie Charles Darwins in der Theologie ausgelöst hat, möglicherweise etwas hätte „gedämpft" werden können.[216]

Nach diesen eher andeutungshaften Hinweisen auf die biblische Sicht des Mensch- Tier-Verhältnisses soll nun abschließend auf den sogenannten Herrschaftsauftrag in Gen 1,26-28 eingegangen werden: Seit L. Whites Aufsatz „Die historischen Ursachen unserer ökologischen Krise"[217] wurde u.a. von C. Amery und E. Drewermann behauptet, die ausbeuterische Grundeinstellung zur Natur sei wesentlich durch den biblischen Schöpfungsglauben mit seiner angeblich anthropozentrischen Weltsicht verursacht. Dazu wird Gen 1,26-28 angeführt.[218]

---

[215] Ebd.

[216] Vgl. Keel, O., a.a.O., S. 146f.

[217] White, L., Die historischen Ursachen unserer ökologischen Krise, in: Lohmann, M. (Hg.), Gefährdete Zukunft, München 1973, S. 20-28. (Englisch 1967: The Historical Roots of our Ecological Crisis).

[218] Vgl. Amery, C., Das Ende der Vorsehung. Die gnadenlosen Folgen des Christentums, Einbek 1972; Drewermann, E., Der tödliche Fortschritt. Von der Zerstörung der Erde und des Menschen im Erbe des Christentums, Regensburg 1983.

Neuere Untersuchungen zeigen, dass damit die historischen Sachverhalte verzeichnet werden.[219] Drei kurze Hinweise lassen sich formulieren:[220]

1. Das neuzeitliche und einseitig instrumentelle Naturverhältnis hat sich nur im Kontext des westlichen Christentums entwickelt, nicht etwa im östlichen Christentum von Äthiopien über Syrien und Armenien bis später Russland. Schon deshalb scheidet die Möglichkeit eines einfachen Kausalzusammenhangs von Christentum und Naturausbeutung aus.

2. Gen 1,26-28 kann nicht als Freibrief zu willkürlicher Verfügung über die Natur verstanden werden, sondern als „Einweisung in eine umfassende Verantwortung auf der Erde."[221] Eine Fülle altorientalischer Rollsiegel bestätigen, dass die Verben „untertan machen" (kabas) und „herrschen" (radah) die Rolle des Menschen als Treuhänder Gottes, sorgsamer Gärtner und schützendfürsorglicher Hirte definieren.[222] Norbert Lohfink schlägt im Blick auf Textfunde in Ägypten, Mesopotamien und neue hebräische Texte vor, den Begriff der Ebenbildlichkeit durch den der Statue zu ersetzen. Eine solche hat die Funktion zu erinnern, zu evozieren. Für unser Thema bedeutet dies: „Menschen und Tiere bewohnen ein einziges Haus, und der Mensch hat nur dies voraus, daß er für die Tiere die Statue Gottes ist."[223] Gottes Statue ist der Mensch nur insofern er Verantwortung übernimmt – seine Gottebenbildlichkeit ist somit Gabe und Aufgabe zugleich.

3. Erst zu Beginn des 17. Jahrhunderts wurde auch im westlichen Christentum der biblische Herrschaftsauftrag – gegen seinen Sinn – als Aufforderung zu selbstherrlicher Verfügungsgewalt über die Natur verstanden. Für Kessler u.a. stellt F. Bacon den Wortführer einer neuen mechanistischen Naturwissenschaft dar, der eben nicht mehr unterschied zwischen maßvoller Natur-

---

[219] Vgl. u.a. Berner, U., Religion und Natur. Zur Debatte über die historischen Wurzeln der ökologischen Krise, in: Kessler, H., (Hg.), Ökologisches Weltethos im Dialog der Kulturen und Religionen, Darmstadt 1996, S. 33-57; Rappel, S., „Macht euch die Erde untertan". Die ökologische Krise als Folge des Christentums?, Paderborn 1996; Wybrow, C., The Bible, Baconianism and Mastery over Nature. The Old Testament and ist Modern Misreading, New York 1991.

[220] Vgl. dazu: Kessler, H., Umwelt, Markt, Ethik und Religion. Wege zu einem globalen Umweltethos, in: Kirche und Schule, Münster 1997, Nr. 104, 23. Jahrgang.

[221] Ebd., S. 2.

[222] Vgl. hierzu: Kessler, H., Das Stöhnen der Natur. Plädoyer für eine Schöpfungsspiritualität und Schöpfungsethik, Düsseldorf 1990, S. 58-65, dort weitere Belege. Außerdem: Seibert, I., Hirt, Herde, König. Zur Herausbildung des Königtums in Mesopotamien, Berlin 1969, S. 63ff.; Zenger, E., Gottes Bogen in den Wolken, Stuttgart 1983, S. 84-101.

[223] Lohfink, N., Im Schatten deiner Flügel, Freiburg 2000, S. 45.

nutzung und Raubbau, der „nachträglich eine biblische Rechtfertigung suchte, ohne selbst noch beheimatet zu sein im biblischen Schöpfungsdenken."[224]

## 2.2 „Doch frag nur die Tiere, sie lehren es dich ..." (Ijob 12,7)

Der biblische Mensch kam weder auf die Idee, das Tier zu vermenschlichen, noch es zur beweglichen Sache zu degradieren. Es war ein Wesen eigener Würde, eigenen Rechtes und eigener Gottesbeziehung. Einer agrarisch geprägten Kultur liegt ein sentimentales Verhältnis zu den Tieren ohnehin fern, da in ihr der Aspekt des Nutzens und – damit verbunden – des Respekts überwiegt.

Nicht erst Franz von Assisi hat entdeckt, dass die Tiere unsere Mitgeschöpfe sind und ein eigenes Lebensrecht haben. Es steht bereits im Sabbatgebot der beiden Dekaloge:

> „Gedenke des Sabbats: Halte ihn heilig!
> Sechs Tage darfst du schaffen und jede Arbeit tun.
> Der siebte Tag ist ein Ruhetag, dem Herrn, deinem Gott geweiht.
> An ihm darfst du keine Arbeit tun:
> Du, dein Sohn und deine Tochter, dein Sklave und deine Sklavin,
> dein Vieh und der Fremde, der in deinen Stadtbereichen Wohnrecht hat."
> (Ex 20,8-11 par. Dtn 5,12-15)

Der Gedanke der Tierruhe impliziert „eine Ausweitung der Bedeutung des Sabbats über den Bereich des nur Menschlichen hinaus. Jedenfalls wird an dieser Stelle – und das ist ja keine nebensächliche oder zufällige Stelle – der Mensch in einen direkten Bezug zu den Tieren, anders ausgedrückt, zur Natur, zu der übrigen Schöpfung gebracht."[225] Auch nach weisheitlicher Maxime ist eine gerechte Gesellschaft diejenige, die nicht nur um die elementaren Bedürfnisse der Menschen, sondern auch um die ihrer Nutztiere weiß:

> „Der Gerechte kennt die Bedürfnisse seines Viehs,
> aber das Innere der Frevler ist grausam." (Spr 12,10)[226]

Es sind oft die weisheitlichen Schriften der Bibel, die aus der Tierbeobachtung Rückschlüsse auf menschliches Verhalten ziehen. Für Riede ist eines der schönsten Beispiele:

---

[224] Kessler, H., Umwelt, Markt, Ethik und Religion, a.a.O., S. 3.

[225] Böcker, H.J., „Du sollst dem Ochsen, der da drischt, das Maul nicht verbinden". Überlegungen zur Wertung der Natur im Alten Testament, in: Janowski, B., Gefährten, a.a.O., S. 75.

[226] Übersetzung nach Janowski, B., in: Zukunft, a.a.O., S. 40.

„Geh zur Ameise, du Fauler, sieh ihre Wege und werde weise.
Die kein Oberhaupt hat, noch Amtmann oder Herrscher,
sie bereitet im Sommer ihr Brot und sammelt ihre Speise in der Ernte." (Spr 6,6-8)[227]

Man sollte sich hüten, so Riede zu diesem und anderen fast humorvollen Texten, sie „als 'Feld-, Wald- und Wiesentheologie' abzutun, weil hier nur die 'lichten Seiten' der Natur zum Vorschein kämen.[...] In all diesen Texten zeigt sich nämlich die enge Verbundenheit von Mensch und Tier, aber auch die gemeinsame Verpflichtung, die von Gott gesetzte Ordnung zu bewahren. Beide sind letztlich von Gottes Fürsorge abhängig (Ps 147,9; Lk 12,24). Beide sind davon abhängig, daß Gott sie ernährt und erhält, und beide haben letztlich auch eine eigene Gottesbeziehung."[228]

Für Henry fungiert das Tier als „religiöses Leitbild"[229]: Im Gegensatz zum Menschen, der seinen Platz in der Schöpfung nicht (mehr) kennt oder kennen will, folge das Tier der ihm gegebenen Ordnung und weiß um seinen Ort:

„Der Ochse kennt seinen Besitzer und der Esel die Krippe seines Herrn;
Israel aber hat keine Erkenntnis, mein Volk hat keine Einsicht. (Jes 1,3)
Selbst der Storch am Himmel kennt seine Zeiten, Turteltaube, Schwalbe und Drossel beachten die Zeit ihrer Rückkehr, aber mein Volk kennt die Rechtsordnung des Herrn nicht." (Jer 8,7)[230]

Seine Zuspitzung erfährt dieses Motiv im Buch Jiob, das wie kaum ein anderes biblisches Buch so starke Spuren in der Menschheitsliteratur hinterlassen hat.[231] Es ist eine Auseinandersetzung mit dem Wechselspiel Chaos – Kosmos in der Schöpfung. Löning/Zenger weisen darauf hin, dass „auf der Erzählebene des Buches das existentielle Leid Ijobs im Mittelpunkt der Darstellung steht und daß diesbezüglich die tröstende Antwort des Buches darin besteht, daß falsche Erklärungen und Verzweckungen des Leids abgewiesen werden. [...] Aber es darf nicht übersehen werden, daß das Buch Ijob am Paradigma Ijob, dessen Leben chaoti-

---

227 Übersetzung nach Riede, P., „Doch frage die Tiere, sie werden dich lehren", in: Janowski, B., Zukunft, a.a.O., S. 65. Schmitz-Kahmen weist darauf hin, dass in diesem Text aus spätweisheitlicher Zeit die Vorbildfunktion des Tieres sich nur noch auf den profanen Bereich bezieht. Vgl. a.a.O., S. 7.

228 Riede,P., a.a.O.,S. 85; Der Autor weist noch auf folgende Perikopen hin: Ps 50,10; 104,21; 147,9; Hi 38,41; Jes 43,20.

229 Henry, M.L., a.a.O., S. 56, dort: Überschrift des 7. Kapitels.

230 Vgl. auch Ijob 12,7-10.

231 Deselaers weist auf J.Roth, P.Claudel, N.Sachs, J.G.Herder, S.Kierkegaard, C.G.Jung, M.Susmann und E.Bloch hin; vgl. Deselaers, P., Sehnsucht nach dem lebendigen Gott, Das Buch Hiob, in: Bibelauslegung für die Praxis, Stuttgart 1983, S. 9.

siert wird, zugleich das Problem der Chaotisierung der Schöpfung insgesamt weisheitlich reflektiert."[232]

In den Gegenreden Ijobs, aus denen die Kapitelüberschrift entnommen ist, wird das Chaos in zweifacher Weise problematisiert:[233] Es wird bestritten, dass die konkret wahrzunehmende Welt eine geordnete Welt sei; sie sei so sehr vom Chaos durchsetzt, dass es besser sei, wenn sie ganz ins Chaos zurückkehre. Ausgehend von der theologischen These, alles gehe unmittelbar aus der Hand des allmächtigen Gottes hervor, wird alles Chaotische diesem Gott angelastet, den damit der Vorwurf trifft, er sei ein Verbrecher.

Beide Vorwürfe wurzeln in einem „statischen Welt-, Gottes- und Menschenbild", das die Verantwortlichkeiten klar aufteilen will und keinen Raum lassen kann für einen „von Gott nicht im einzelnen fest geordneten Prozess von Chaotisierung und Strukturierung bzw. abermaligem Umschlagen in die Chaotisierung."[234]

Paul Deselaers weist darauf hin, dass dem Gottesnamen in den Gottesreden (Kap. 38ff.) eine besondere Bedeutung zukommt: Während in der gesamten Ijob-Dichtung der Gottesname immer El (kanaanäischer Gottesname) oder Schaddai (der Allmächtige) heißt, antwortet jetzt Jahwe – der Gott, den Israel solidarisch in der leidvollen Situation der Sklaverei in Ägypten und befreiend in der Herausführung im Exodus erfahren hat. Dem Ijob antwortet nun der, der sich selbst in Ex 3,14 als „Ich bin der 'ich-bin-da'" vorgestellt hat. Damit wird auch die Ebene angedeutet, in der Ijob und Jahwe einander begegnen können: „nicht auf der Ebene des Rechtes, sondern in den Kategorien von Erfahrung und Einsicht"; vielmehr wirbt das Ijob-Buch in seinen literarisch fiktiven Gottesreden um eine Spiritualität, in der es neben Gott und den Menschen noch Raum für eine eigenständige Natur und ihre Repräsentanten, die Tiere, gibt.[235] „Fast modern anmutend, protestiert das Buch gegen einen zu engen, schematischen und insbesondere nur aus menschlichen Einsichten und Interessen erwachsenen Ordnungsbegriff."[236]

So entfaltet die erste der beiden Gottesreden (38,1-39,30), dass die Welt ein dynamischer Lebensorganismus ist und nicht eine statische und sterile Aneinanderreihung von Elementen – Requisiten – , die nur dem Menschen zu dienen

---

[232] Löning, K., Zenger, E., a.a.O., S. 45.

[233] Vgl. dazu ebd., S. 45f.

[234] Ebd., S. 46.

[235] Vgl. Deselaers, P., a.a.O., S. 128. Aus der umfangreichen Literatur zu den Gottesreden sei hier auf die schon mehrfach genannten Aufsätze von Keel, Schmitz-Kahmen und Janowski verwiesen und die dort angegebene Literatur.

[236] Ebd.

hätten. In ihrem zweiten Teil (38,39-39,30) beschreibt die Gottesrede unter Aufnahme des altorientalischen Motivs vom „Herrn der wilden Tiere"[237] Gottes
Zustimmung zu den vom Menschen als nutzloses oder aggressives Chaos beur-
teilten Bereichen der Wüste und des Urwaldes. Mit dieser für den neuzeitlichen
Menschen womöglich fremdartigen Bildkonstellation wirbt das Buch Ijob im 4.
Jh.v.Chr. um eine Weltsicht, in der die vom Menschen nicht durchschauten,
beherrschten und planbaren Bereiche ihren Platz haben müssen, soll „die Schöpfung nicht zu einer Weltmaschine oder zu einer Gartenzwergidylle verkommen";
in der Konsequenz dieses Ansatzes wäre ein Schöpfergott zu denken, der sich
„voll auf den Prozeß von Chaotisierung und Strukturierung des Chaos" einlässt,
ja, dass er diesen spannungsreichen Prozess „geradezu selbst gespannt – wenn
man so anthropomorph reden kann – miterlebt und miterleidet."[238]

Die in dieser Gottesrede verwendete Bildkonstellation verdankt sich übrigens
einem altorientalischen-altägyptischen Hintergrund und verwendet u.a. folgende
Tierbilder[239]:

> „Erjagst du Beute für die Löwin, stillst du den Hunger der jungen Löwen...?
> Wer bereitet dem Raben seine Nahrung, wenn seine Jungen schreien zu Gott und umherir-
> ren ohne Futter?
> Kennst du der Steinböcke Wurfzeit, überwachst du das Werfen der Hirsche?"
> (Ijob 38,39f.)[240]

Insgesamt werden zehn Tiere (also die Zahl der Fülle) vorgestellt, sodass „ein
Bild wilder, ungeordneter und dennoch faszinierender Vitalität entsteht, von der
der Schöpfergott behauptet, sie sei insgesamt von ihm kontrolliert und kontrol-
lierbar – aber eben mit jenen Freiräumen, die diese Tiere für ihre je spezifische
Art zu leben bräuchten."[241] Für Keel ist das Schöpfungskonzept dieser weisheitlichen Schrift dezidiert nicht-anthropozentrisch, zumal im gesamten 38. Kapitel
die Menschenschöpfung gar nicht erst erwähnt wird, und im 39. Kapitel Ijob
lernen muss, dass die Schöpfungsordnung nicht allein auf menschliche Bedürfnisse hin zugeschnitten ist.

Diese Antwort auf die Sinnfrage eines Leidgeprüften mag auf den ersten Blick
zynisch oder brutal erscheinen, sie ist es doch auf den zweiten Blick nicht; denn

---

[237] Zum diesem Motiv s. Keel, O., Schöpfung, a.a.O., S. 204.

[238] Vgl. Löning, K., Zenger, E., a.a.O., S. 47.

[239] Vgl., dazu Keel, O., Jahwes Entgegnung an Ijob (FRLANT 121), Göttingen 1978, bes.
S. 61-125.

[240] Zum „Schreien der Rabenjungen" zu Gott und der von hier abgeleiteten Deutung des
Tieres als „religiöses Wesen" vgl. Schmitz-Kahmen, F., a.a.O. und die dort angegebene Literatur.

[241] Löning/Zenger, a.a.O., S. 47.

Leid macht Angst und verengt den Blick. Und aus dieser Enge will Gott selbst Ijob herausführen, indem er ihm die Weite der Schöpfung erklärt. Somit wird die Perspektive umgekehrt. „Die Botschaft der Gottesreden ist eigentlich eine den Menschen entlastende, weil er nicht Dreh- und Angelpunkt der ganzen Welt zu sein braucht, und damit ist sie eine wirklich tröstliche Botschaft. Die Beobachtung der Sorge Gottes für die Schöpfung soll Ijob Mut und Zuversicht geben."[242]

Für den biblischen Menschen scheint es kein Problem gewesen zu sein, dies ganz konkret im Blick auf seine Mitgeschöpfe und ihre unterschiedlichen Lebensweisen wahrzunehmen und von den Tieren zu lernen – eine Sichtweise übrigens, die, wie wir noch sehen werden[243], in den Bereich der Mystik führt. „In derselben Tradition israelitischer Weisheit hat Jesus von Nazareth von der Tierwelt, die nicht nach menschlichen Gesetzen funktioniert, nicht arbeitet, produziert und leistet, gesprochen, um seinen Jüngern und Jüngerinnen mehr Vertrauen in die Schöpfungsordnung und die Fürsorge Gottes zu schenken:

> „Blickt auf die Vögel des Himmels: Sie säen nicht, noch ernten sie, noch sammeln sie in Scheunen, und euer himmlischer Vater ernährt sie.
> Seid ihr nicht mehr wert als sie?
> Wer aber von euch, der sich sorgt, kann zu seinem Wuchs eine einzige Elle hinzufügen?
> Und bezüglich Kleidung, was sorgt ihr euch?
> Lernt von den Lilien des Feldes, wie sie wachsen!
> Sie mühen sich nicht, noch weben sie.
> Ich sage euch aber:
> Nicht einmal Salomo in all seiner Pracht hatte einen Umwurf wie eine von diesen".
> (Mt 6,26-29; par Lk 12,24-27).[244]

---

[242] Keel, O., Schöpfung, a.a.O., S. 211.
[243] Vgl. u. Kap. VII.3, „Dass die Eselin den Engel sieht!".
[244] Keel, O., Schöpfung, ebd.

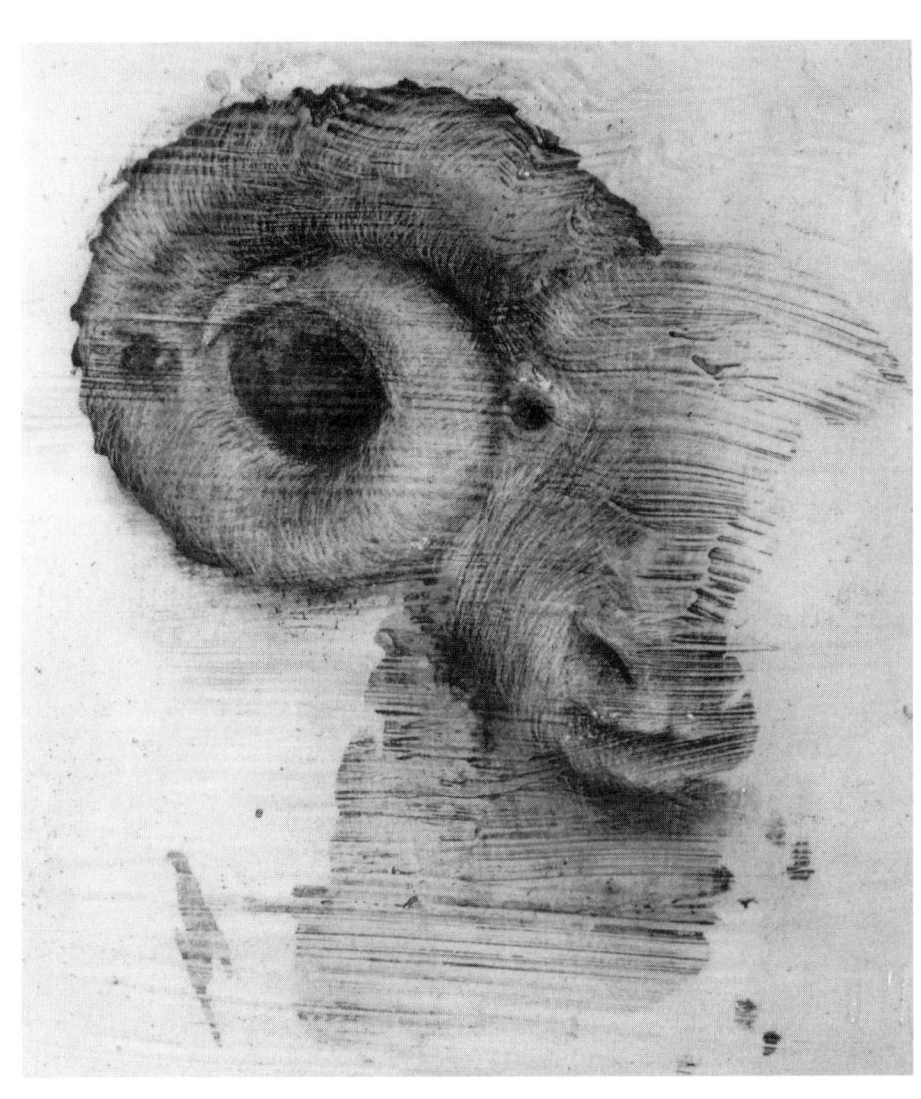

# V. Das Tierbild der modernen Verhaltensbiologie

Mit zunehmender Erkenntnis
werden die Tiere den Menschen
immer näher sein.
Wenn sie dann wieder so nahe sind
wie in den ältesten Mythen,
wird es kaum mehr Tiere geben.

*Elias Canetti*[245]

„Vom langen Schatten Descartes" könnte der erste Untertitel dieses Kapitels und somit eines großen Abschnitts der Wissenschaftsgeschichte lauten. Wie wir gesehen haben, hat die radikale Leugnung der „Tierseele" den über lange Zeit der Menschheitsgeschichte angenommenen engen Verbund zwischen Mensch und Tier durchschnitten. Mochte die physiologische Architektur des Menschen jener der Tiere gleichen; die ausschließlich dem Menschen eigene, immaterielle und unsterbliche Seele, die in der descartschen Gleichsetzung für das Denken verantwortlich ist, verschaffte ihm endlich eine exklusive und weit über das Tier hinausgehobene Existenz. Moderne behavioristische Modelle, die das Verhalten von Tieren ausschließlich als einen Reiz-Reaktions-Mechanismus oder als biochemisch funktionierende Computer zu erklären versuchen, sind vom Descartschen Ansatz nicht weit entfernt, manche berufen sich sogar auf ihn als ihren Vorläufer.[246]

Wenn Descartes alle Verhaltensweisen von Tieren in Fortführung der Keplerschen Anschauungen ausschließlich mechanistisch zu erklären versuchte, dann zeugte dies sicherlich auch von jenem neuen wissenschaftlichen Realismus, der sich scharf gegen die damals – auch durch den Neuplatonismus wieder hochkommenden Vorstellungen eines völlig durchseelten Kosmos wandte.[247] Zugleich war die Wissenschaft zu Descartes Zeit noch nicht mit Menschenaffen und höheren Meeressäugern vertraut und hatte noch wenig Grund, an der Annahme zu zweifeln, dass Tiere nicht denken können. Und außerdem standen ihr noch nicht die fossilen Funde zur Verfügung, die ein aufsteigendes Kontinuum

---

[245] Zitiert nach Hamm, P., Peter Hamms poetische Arche Noah. Das Tier in der Dichtung der Welt, Gütersloh o.J., S. 507.

[246] Vgl. Münch, P., Die Differenz zwischen Mensch und Tier, a.a.O., S. 329.

[247] Vgl. ebd.

von anthropoiden Wesen zeigen, von den höheren Primaten bis zum Homo sapiens.

Mit Charles Darwin (1809-1882) begann ein neues Kapitel innerhalb der Wissenschaftsgeschichte, und mit den Nobelpreisträgern Konrad Lorenz, Niko Tinbergen und Karl von Frisch wurde die Verhaltensbiologie eine eigene Disziplin.[248] „Zwischen Brehm und Behaviorismus" könnte der zweite Untertitel lauten: Übertrug Ersterer[249] hemmungslos das ganze Repertoire menschlicher Gefühlsregungen und Charaktereigenschaften auf die Tiere, leugnet Letzterer jedwede Verwandtschaft.

Auf einer entsprechenden Gratwanderung gelingt es Wissenschaftlerinnen und Wissenschaftlern inzwischen mehr und mehr, „the animal´s point of view" einzunehmen und so ein facettenreiches Bild der Tiere zu zeichnen, das ihrer je eigenen Natur gerecht zu werden versucht. Mit ihren Beiträgen nähern sie sich zudem (auch ausdrücklich) dem Phänomen „tierliches Bewusstsein", was dazu führt, die Nähe und Distanz zwischen Mensch und Tier exakter auszuloten und zugleich Aufschlüsse über die Entstehung des Bewusstseins innerhalb der Evolution zuzulassen. Im Blick auf die im Folgenden vorgestellten Ergebnisse wird deutlich, dass Bewusstsein eng mit der Aufrechterhaltung und Regulierung des Lebens verbunden ist. In vielen Theorien wird dies Phänomen lediglich auf kognitive Prozesse zurückgeführt.

Die Verhaltensbiologie ist durch ihre interdisziplinäre Ausrichtung in der Lage, die Zusammenhänge zwischen inneren Vorgängen (Emotionen, Gefühlen) und äußeren Bedingungen, mit und in denen ein Tier „bewusst" (?) lebt (Einfluss des Lebensraums einerseits und des Sozialverbandes oder Partners, Vater/Mutter-Relationen andererseits) umfassender darzustellen. Dabei ist sie sich der fundamentalen und nicht aufhebbaren Differenz bewusst, die Thomas Nagel – nicht ohne Humor – beschreibt, wenn er der Frage nachgeht, wie es sich anfühle, eine Fledermaus zu sein:

> „Mithin wird es nutzlos sein sich vorzustellen, man habe Flughäute an seinen Armen, mit denen man in der Dämmerung umherfliegen und mit seinem Maul nach Insekten schnappen könnte, man habe nur ein mittelmäßiges Sehvermögen und nehme seine Umwelt mittels eines Systems reflektierter, hochfrequenter akustischer Signale wahr; und den Tag verbringe man, mit den Kopf nach unten an den Füßen aufgehängt, auf einem Dachboden.

---

[248] Vgl. Sachser, N., Faszination Verhaltensbiologie. Forschungsansätze, Ergebnisse, Perspektiven. In: biologenheute, Mitteilungen des Verbandes Deutscher Biologen und biowissenschaftlicher Fachgesellschaften e.V., 4 2002, S. 2ff.

[249] Vgl. Brehm, A.E., Brehms Tierleben, Gütersloh 1973.

Soweit ich mit dies überhaupt ausmalen kann (und sehr weit reicht meine Einbildungskraft hier fürwahr nicht), kann ich dem stets nur entnehmen, wie *mir* zumute wäre, sobald ich mich so verhielte, wie sich eine Fledermaus verhält.

Das steht hier aber gar nicht erst zur Debatte. Ich will nicht etwa wissen, wie mir zumute wäre, würde mein Leben fledermausartig, sondern wie es sich *für Fledermäuse* anfühlt, eine Fledermaus zu sein.

Und wenn ich mir das vorzustellen versuche, finde ich mich eingeschränkt auf die Inhalte meines eigenen Bewusstseins, die der Aufgabe offenkundig unangemessen sind."[250]

# 1. Denkwege im Tierreich

Aus Descartes langem Schatten hinaus treten all die Biologinnen und Biologen, die sich auf die Suche nach diesem Phänomen im Tierreich machen; denn Denken bedeutet zweifellos etwas anderes als einem angeborenen oder eingeübten Programm zu folgen. Es geht um ein grundsätzlich neue Dimension der Problemlösung.

Für Karl Popper ist das Denken eine Fähigkeit, bestimmte Hypothesen im Kopf zu erstellen und sie kritisch zu sichten, und stellt für ihn „den einzig wirklich bedeutenden Unterschied zwischen den Lösungsmethoden eines Albert Einstein und einer Amöbe" dar.[251] Einstein lasse seine Hypothesen sterben, wenn sie sich als falsch erweisen; er sondert sie aus. Die Amöbe hingegen stirbt selbst; sie wird ausgesondert, wenn sie sich falsch verhält. Popper unterstellt einer Amöbe, keine „innere Welt" zu haben, in der sie Probleme „durchspielen" kann, und wahrscheinlich hat er Recht damit.

Aber wie komplex ist diese „innere Welt" bei Säugern und Vögeln etwa? Kann sich ein Schimpanse, ein Delphin oder Graupapagei bestimmte Zusammenhänge und Abläufe schon vorab vorstellen und klarmachen? In welchem Ausmaß also können sie denken?

## 1.1 Qualitativer oder nur quantitativer Unterschied?

Bei wem könnten wir besser beginnen als bei Charles Darwin, dem Begründer der Evolutionstheorie? In seinem 1871 zum ersten Mal erschienenen Werk „Die Abstammung des Menschen" schreibt er:

---

[250] Nagel, T., „Wie fühlt es sich an, eine Fledermaus zu sein?", übersetzt von Gebauer, M., in: Letzte Fragen, Bodenheim b. Mainz, 1996, S. 234.

[251] Vgl. Arzt, V., Birmelin, I., Haben Tiere ein Bewußtsein?, München 1993, S. 84.

„So groß nun [...] die Verschiedenheit an Geist zwischen dem Menschen und den höheren Thieren sein mag, so ist sie doch sicher nur eine Verschiedenheit des Grads und nicht der Art.

Wir haben gesehen, dass die Empfindungen und Eindrücke, die verschiedenen Erregungen und Fähigkeiten, wie Liebe, Gedächtnis, Aufmerksamkeit, Neugierde, Nachahmung, Verstand u.s.w., deren sich der Mensch rühmt, in einem beginnenden oder zuweilen selbst in einem gut entwickelten Zustand gefunden werden. [...]

Wenn bewiesen werden könnte, dass gewisse höhere geistige Fähigkeiten, wie Bildung, allgemeine Begriffe, Selbstbewußtsein u.s.w. dem Menschen absolut eigenthümlich wären, was äußerst zweifelhaft zu sein scheint, so ist es nicht unwahrscheinlich, dass dieselben nur die begleitenden Resultate anderer weit fortgeschrittener intellectueller Fähigkeiten sind; und diese wiederum sind hauptsächlich das Resultat des fortgesetzten Gebrauchs einer höchst entwickelten Sprache."[252]

Nicht nur dass Darwin eben auch in bezug auf das Aufkommen des Phänomens „Geist" seine plausible Annahme einer bruchlosen Evolution festhält, ist in Anbetracht der ihn umgebenden Denktradition über das Wesen des Menschen erstaunlich – das Descartsche Dictum „animal non agit, sed agitur" war dem philosophisch-theologisch gebildeten Wissenschaftler sicherlich bekannt. Sein Postulat, dass wir, die Vertreter der Art Homo sapiens, es sind, die beweisen müssen, allein im Besitz bestimmter geistiger Fähigkeiten zu sein, dreht eine Argumentation um, in der bislang und selbstverständlich die Tiere die Beweislast zu tragen hatten.

In ihrem Kern geht die Darwinsche Evolutionstheorie davon aus, dass alle Entwicklungslinien heute existierenden Lebens auf gemeinsame Ausgangslinien zurückführbar sind. Konrad Lorenz erweiterte dieses Theorie auf das Gebiet des Verhaltens, hält jedoch an der „kategorialen Verschiedenheit zwischen dem Menschen und allen anderen Lebewesen" fest.[253]: „Es ist daher keine Übertreibung zu sagen, dass das geistige Leben des Menschen eine neue Art von Leben sei."[254] In seiner systemischen Sicht der Evolution kommt dem Begriff „Fulguration" eine zentrale Bedeutung zu. In bewußter Absetzung zum Begriff der „Emergenz" beschreibt er damit „den Vorgang des In-Existenz-Tretens von etwas vorher nicht Dagewesenem."[255] Wollten Philosophen und Mystiker des Mittelalters mit diesem Ausdruck „Blitzstrahl" einen göttlichen Eingriff in die Schöpfung umschreiben, versteht Lorenz darunter eine neue Systemeigenschaft. Innerhalb dieser, stark durch die Auseinandersetzung mit Nicolai Hartmann geprägten Denkfigur[256] spielt das Phänomen „Denken" eine entscheidende Rolle. Er definiert es

---

[252] Darwin, Ch., Die Abstammung des Menschen, Wiesbaden 1966, S. 139.
[253] Vgl. Lorenz, K., Die Rückseite des Spiegels, München 1997, S. 213.
[254] Ebd., S. 217.
[255] Ebd., S. 49.
[256] Vgl. ebd., S. 56ff.

als „probeweises und nur im Gehirn sich abspielendes Handeln im vorgestellten Raum."[257] und spricht diese Fähigkeit vielen Tieren unterschiedlichster Gattungen zu; beeindruckend ist übrigens seine Erzählung vom „denkenden Juwelenfisch":

„Wenn ich je einen Fisch nachdenken gesehen habe, so war es damals."[258] So sein Kommentar zu einem Ereignis, das er zufällig bei einem Maulbrüter beobachten konnte. Diese Fische zeichnen sich dadurch aus, dass ihre Jungen im Maul der Mutter zur Welt kommen und sich dorthin auch bei Gefahr zurückziehen. Die Fürsorge geht danach noch so weit, dass die Jungen per Maul eingesammelt werden – dann vom Vater. Bei einer solchen Aktion beobachtet Lorenz eine Konfliktsituation: Ein männlicher Fisch hatte gerade ein Stück Wurm im Maul als er ein Junges entdeckt, das ins Nest zu holen war. Auch das nimmt er instinktiv in sein Maul.

> „Das war spannend! Der Fisch hatte zwei Dinge im Maul, von denen eines in den Magen, das andere in die Nestgrube sollte. Was würde geschehen? Ich muß sagen, daß ich in diesem Augenblick keine fünf Kreuzer für das Leben jenes Juwelenfischchens gegeben hätte. Großartig aber, was wirklich geschah! Der Fisch stand starr, mit vollen Backen, aber ohne zu kauen.[...] Ermißt man, wie merkwürdig es ist, daß ein Fisch in eine echte Konfliktsituation geraten kann und daß sich das Tier darin genau wie ein Mensch verhält, nämlich nach allen Richtungen blockiert, stehenbleibt und weder vor noch zurückkann.
> Viele Sekunden stand der Juwelenfischvater wie angemauert. Aber man konnte ordentlich sehen, wie es in ihm arbeitete, und dann löste er den Konflikt in einer Weise, daß man einfach Hochachtung finden mußte. Er spie den ganzen Inhalt des Mundes aus, der Wurm fiel zu Boden, das kleine Juwelenfischchen tat [...] das gleiche. Dann wandte sich der alte Juwelenfisch entschlossen dem Wurm zu und fraß ihn ohne Hast auf – aber mit einem Auge auf das 'gehorsam' am Boden liegende Kind. Als er fertig war, inhalierte er es und trug es heim zu Mama. Einige Studenten, die das Ganze mit angesehen hatten, begannen wie ein Mann zu applaudieren."[259]

Allein dem Menschen – so der Nobelpreisträger – kommt das „begriffliche Denken" zu:

> „Ich habe schon vor Jahren erkannt, welche hohe Bedeutung die Abstraktionsleistung der Wahrnehmung, die Raumorientierung samt der zentralen Repräsentation des Raumes und das Neugierverhalten für die Entstehung des Menschen gehabt haben.
> Was ich damals noch nicht voll erfaßt hatte, war, dass es einer Integration dieser drei kognitiven Fähigkeiten miteinander und mit mindestens zwei weiteren bedurfte, um jenes ein-

---

257 Lorenz, K., Denkwege, München 1992, S. 181.
258 Vgl. Lorenz, K., Er redete mit dem Vieh, den Vögeln und Fischen, Wien 1974, S. 38.
259 Ebd., S. 39.

zigartige Systemganze zu schaffen, dessen Leistung das begriffliche Denken ist und dessen Entstehen die sogenannte 'Menschwerdung' bedeutet."[260]

Die beiden entscheidenden und bislang unbeachteten kognitiven Leistungen sind erstens die „Willkürbewegung, die im Verein mit den Rückmeldungen, die sie hervorruft, eine kognitive Funktion sui generis ist, zweitens die Nachahmung, die [...] die Voraussetzung für das Erlernen der Wortsprache und damit der objektunabhängigen Tradition darstellt."[261]

## 1.2 Problemlösung durch Einsicht

Anfang der 70er Jahre, in denen Lorenz diese Gedanken formulierte, war die moderne Verhaltensbiologie schon von dem geprägt, was man „kognitive Wende" nannte; Diese hatte in den 60er Jahren in der Human-Psychologie begonnen und trug dazu bei, sich von der einseitigen Sichtweise des Behaviorismus abzuwenden, der – vor allem im angelsächsischen Raum etabliert – die Tiere zu „lernfähige(n) Superautomaten"[262] degradierte. Nun war es wieder „erlaubt", sich den angeblich in einer „black box" verborgenen Prozessen der Reizverarbeitung zuzuwenden, d.h. von der These auszugehen, dass Tiere denken.

Unter „Kognition" wird in Folge „der Erwerb, die Organisation und der Gebrauch von Wissen"[263] verstanden. In sogenannten „Problembox-Aufgaben" geht es darum nachzuweisen, ob ein Versuchstier durch mehr oder weniger Einsicht zu einer Problemlösung gelangen kann. Diese Aufgaben werden in Anlehnung an die beiden Standardwerke der kognitivistischen Primatologie (die „Intelligenzprüfungen an Anthropoiden" von Köhler, 1917 und „The great apes" von Yerkes u. Yerkes, 1929)[264] als Aufgaben vom Köhler-Yerkes-Typ bezeichnet. Gerade am Zoologischen Institut der Universität Münster wurden damit Abstraktion, Generalisation, Handlungspläne und Gedächtnisleistungen bei Schimpansen, Orang-Utans und Gorillas untersucht. Die Namen Rensch, Dücker, Döhl und Lethmate sind hier zu nennen.[265]

Köhler und Yerkes kamen aufgrund ihrer Studien an Menschenaffen zu der Auffassung, dass deren geistige Leistungen nicht auf ein Reiz-Reaktionslernen zu

---

[260] Lorenz, K., Denkwege, a.a.O., S. 185.

[261] Ebd., S. 185f.

[262] Arzt,V., Birmelin,I., Haben Tiere ein Bewußtsein?,a.a.O., S. 42.

[263] Neisser,U., Kognition und Wirklichkeit. Prinzipien und Implikationen der kognitiven Psychologie, Stuttgart 1979, S. 13.

[264] Zitiert nach: Holtkötter, M., Wie Affen denken, Solingen 1997, S. 8.

[265] Vgl. ebd. S. 8f.

reduzieren sind: Nach Köhler spielt „Einsicht" die entscheidende Rolle, nach Yerkes „ideational behavior".[266] In Verhaltensbeobachtungen und Experimenten versuchten sie, höhere geistige Prozesse zu erfassen und qualitativ zu beschreiben.

## 1.3 Lernen und Erinnern

„Tat-twam asi" diese Sanskrit-Worte aus den indischen Upanishaden liess der oben erwähnte B. Rensch in Grossbuchstaben an die Wand des Tierhaltungsraumes malen. Hier waren sowohl Kulturen von Einzellern und Insekten als auch Amphibien, Reptilien, Vögel und Kleinsäuger untergebracht. „Die Worte bedeuten: 'Das bist Du' und waren Hinweis für Mitarbeiter und Studierende, sich stets bewusst zu sein, dass – evolutiv bedingt – in jedem Tier, ja in jedem Lebewesen, Pflanzen inbegriffen, ein Stückchen unserer selbst vorhanden ist."[267]

Rensch und seine Schülerinnen und Schüler zeigen in verschiedenen Versuchen auf, „dass Tiere lernen können, dass sie über ein Gedächtnis verfügen, dass sie abstrahieren und generalisieren und zumindest kurzfristig planen und einsichtig handeln können."[268] Es ist sicherlich der Verdienst Renschs, Mitbegründer der synthetischen Evolutionstheorie, und seiner Schule, die kognitiven Leistungen der Tiere im Kontext der Evolution zu sehen; d.h. deren Untersuchungen aus dem „Elfenbeinturm der Laboratorien" herauszuführen. Denn die oben genannten Fähigkeiten: Lernen, Generalisieren etc. sind nicht „vom Himmel gefallen", sondern verdanken ihre Entstehung der Evolution des Gehirns einerseits und der Anpassung an den Lebensraum andererseits. Ein solch anspruchsvoller und diffiziler Vorgang äußert sich in der Phylogenese der Säuger natürlich anders als beispielsweise in der der Insekten.

In neueren Untersuchungen ist deshalb die Rede von der „ökologischen Intelligenz" als einem Phänomen, das nicht nur bei Säugern zu finden ist, sondern auch bei Vögeln, Reptilien, Amphibien und Fischen.[269] Die besonderen Fähigkeiten des Menschen stellen von daher nur *einen* Höhepunkt dar, und Manning/Dawkins mahnen: Jeder Biologe muss mit der Möglichkeit des Vorhandenseins anderer Höhepunkte auf alternativen Forschungswegen rechnen. Man kann

---

266 Vgl. ebd., S. 10.
267 Dücker, G., Die Tierpsychologie von Bernhard Rensch, in: Hagencord, R. (Hg.), Bernhard Rensch: Biologe und Philosoph, Münster 1997, S. 36.
268 Ebd., S. 34.
269 Vgl. dazu Miersch, M., Intelligenztest für Bestien, in: DIE ZEIT, Nr.47, 13.11.03, S. 33.

an Honigbienen nicht dieselben Maßstäbe anlegen wie an Affen.[270] Sie warnen vor jeder Form des Anthropozentrismus. In Abgrenzung zu Pavlov und Skinner fordern sie, die Lernsituation stärker aus der Perspektive des Tieres zu betrachten. Das soll nicht heißen, dass jegliche Differenzierung zwischen klassischer und instrumenteller Konditionierung bedeutungslos wäre; es muss jedoch zur Kenntnis genommen werden, dass ein Tier einer Lernsituation mit ihm inhärenten Prädispositionen begegnet, die seine Art zu reagieren in jedem Falle beeinflussen.[271]

Die Biologen zeigen u.a. auf, dass entgegen der landläufigen Meinung Lernen und Instinkt kein Widerspruch sind: „animals are learning by instinct"[272]. Tiere „hängen nicht einfach herum" und warten auf Stimuli, sondern versuchen aktiv, sich in Situationen zu begeben oder Handlungen zu vollbringen, die zu einer Belohnung oder zu einer Flucht vor Strafe führen. Tiere suchen in der Abfolge von ihnen begegnenden Ereignissen nach Gesetzmäßigkeiten, um an Hand derer zu akzeptablen Voraussagen bezüglich des besten Ergebnisses zu gelangen.[273] Die Vorstellung – so Manning/Dawkins – dass Geist und Bewusstsein dem Menschen ohne irgendeinen Vorläufer bei den Tieren, die unsere Ahnen und den nicht-menschlichen Primaten wahrscheinlich sehr ähnlich waren, einfach *de novo* zugefallen sein sollen, ist schwerlich akzeptabel. Die beträchtlichen Vorteile, die selbst eine gering ausgeprägte Fähigkeit, die Folgen des eigenen Handelns und die Reaktion anderer auf dieses Handeln vorherzusagen, mit sich brächte, sind dagegen offenkundig. Jenen Tieren, die über sie verfügten, und vielleicht sozialen Tieren im Besonderen, würden derartige Fähigkeiten unweigerlich einen – wahrscheinlich erheblichen – selektiven Vorteil verleihen.[274]

In diese Kategorie gehören auch die afrikanischen Graupapageien (Psittacus erithacus), deren berühmtester Vertreter Irene Pepperbergs „Alex" inzwischen zu einem Medienstar avanciert ist. Dieser kann nicht nur über 30 Objekte korrekt benennen. Er beherrscht auch bestimmte „Konzepte" und hat eine Vorstellung von abstrakten Begriffen wie Formen, Farben oder Mengen. „Wenn Alex arbeitet, dann arbeitet er auf der gleichen Stufe wie Schimpansen, Delfine und Seelöwen. Die Aufgaben, die wir ihm geben, bewältigt er ebenso gut wie diese Tiere. Das legt nahe, dass ein Gehirn, das sich so stark von unserem unterscheidet, die

---

270 Vgl. Manning, A., Dawkins, M., An indroduction to animal behaviour, Cambridge University Press, 1998, S. 286; Übersetzung der Originaltextstellen hier und im Folgenden durch den Verfasser.
271 Vgl. ebd., S. 269.
272 Ebd., S. 258.
273 Vgl. ebd., S. 65f.
274 Vgl. ebd., S. 296f.

gleiche Art von Problemen lösen kann wie das Gehirn eines Primaten" – so die Biologin in einem Interview.[275] Aus der Tatsache, dass der Papagei diese Höchstleistungen nur dann erreichen kann, wenn das Training in einem Sozialkontakt durchgeführt wird, leiten H.Cruse et al. ab, dass die Fähigkeit zur Begriffsbildung, die mit der Lern- und Erinnerungskapazität einhergeht, „nicht an Sprache geknüpft sein muss, diese also nicht zur Vorraussetzung hat. Die Fähigkeit zur Begriffsbildung und damit zur Symbolverarbeitung scheint eher umgekehrt die Vorraussetzung dafür zu bilden, dass sich Sprache entwickeln konnte, die letzte große Erfindung der Evolution."[276] Die von diesen Autoren gestellte Frage: „Können Ameisen denken?"[277] verliert damit ihren rhetorischen Charakter und wird uns später noch beschäftigen.

## 1.4 Intelligenz hat primär mit dem natürlichen Habitat zu tun

Im Kapitel „Historisches zur Intelligenzdiskussion in der Vergleichenden Psychologie und in der Ethologie"[278] spricht Holtkötter vom Ende der Lerntheorie-Ära in den 50 er Jahren: Ethologen kritisierten die auf das Labor beschränkten Erforschungen „künstlicher" Intelligenzleistungen und plädierten für die Untersuchung „natürlicher" Intelligenzleistungen mittels der Feldforschung. „Ein Forschungsschwerpunkt der Ethologen wurde konsequenterweise die soziale Intelligenz freilebender Tiere, ein anderer die Strategien des Nahrungserwerbs ('feeding/foraging strategies')"[279]

Mit dieser Verlagerung des Arbeitsschwerpunktes geht ein *Definitionsverzicht* einher. Yerkes u. Yerkes erklären, warum sie Begriffe wie Intelligenz meiden: Es ist nicht so, dass diese Begriffe uns schrecken würden, aber wir sind davon überzeugt, dass es lohnender ist, sich speziell mit den Fakten in den Bereichen Verhalten und Erfahrung zu beschäftigen, als unsere Unwissenheit hinter allgemein gehaltenen Begriffen zu verstecken.[280]Auch Pearce verzichtet auf eine genaue

---

[275] DIE ZEIT Nr.46, 11.11.99, S. 38; vgl. ausserdem: Manning,A., Dawkins,M., a.a.O., S. 287 ; Arzt,V.,Birmelin,I., a.a.O.,S. 283ff.; Cruse, H.,Dean, J.,Ritter, H., Die Entdeckung der Intelligenz, München 2001.

[276] Cruse, H., Dean, J., Ritter, H.,a.a.O., S. 239.

[277] Ebd., Untertitel des Buches; vgl. auch: Hölldobler, B., Wilson, E.O., Ameisen. Die Entdeckung einer faszinierenden Welt, Basel 1995. Die Autoren kommen zu der These: „Mit einem Wort, Ameisen sind, wie der Mensch so erfolgreich, weil sie sich so gut mitteilen können." (ebd., Vorwort).

[278] Hotkötter,M.,a.a.O., S. 9ff.

[279] Ebd., S. 11.

[280] Vgl. Yerkes, R.M. und A.W. Yerkes, The great apes, New Haven, 1929.

Intelligenzdefinition, weil er die Meinung vertritt, jede Art sei auf ihre Art intelligent und an ihre natürliche Umwelt angepasst; insofern seien alle Tiere gleich intelligent.[281]

Andere nehmen *Definitionserweiterungen* vor: Donald Griffin, der damit „die Bedeutung der Tierpsychologie neu entdeckt hat"[282], nimmt an, „dass ein oft anwendbares, wenn nicht gar alles einschließendes Kriterium für Bewusstheit bei Tieren die vielseitige Anpassungsfähigkeit des Verhaltens an sich ändernde Umstände und Anforderungen ist."[283] Des weiteren sieht er als Anzeichen bewussten Denkens die „Erwartung sowie das absichtliche Planen einer Tätigkeit mit dem Wissen um das wahrscheinliche Resultat."[284] Und drittens sieht er das Kommunikationsverhalten als Indikator an, „weil es so oft und besonders bei gesellig lebenden Tieren Gedanken und Gefühle von einem Individuum zum anderen zu übertragen scheint."[285]

Gerade Tiere, die in komplexen sozialen Systemen leben, in denen jedes Tier von der Kooperation abhängig ist, müssen „psychologische Naturtalente"[286] sein. Aber auch Jagd- und Feindvermeidungsstrategien bieten eine Fülle von Informationen über vielseitiges Verhalten, dem Denkprozesse zugrunde liegen können. Geradezu akribisch – von Berichten über in arbeitsteiligen Kolonien lebenden Weberameisen bis zum Delphin, der zur Imitation einer Robbe fähig ist; von der wählerisch ihr Gehäuse zusammenstellenden Köcherfliegenlarve bis hin zum sich selbst im Spiegel erkennenden Schimpansen – sammelt Griffin Beweismaterial für das Denken der Tiere. Er wendet sich der kritischen Nachprüfung der Beziehungen zwischen Bewusstheit und genetisch programmiertem Verhalten ebenso zu wie der Anatomie des Nervensystems und dem Phänomen des erlernten Verhaltens.

Er kommt zu dem Schluss, vor allem das Verständigungsverhalten als „ein Tor zur Erforschung der Gefühle und Gedanken der Tiere zu nutzen [...] In gewisser Weise scheinen die Tiere selbst diese Tür bereits zu benutzen, indem sie einander erfolgreich ihre Gefühle und einfache Gedanken mitteilen."[287] Griffin legt mit dieser These eine Spur, der verschiedene Wissenschaftler und Wissenschaftlerinnen folgen:

---

281  Vgl. Pearce, J.M., Introduction to animal cognition, London 1987.
282  Hediger, H., in: Griffin, D.R., Wie Tiere denken, München 1985, Umschlagtext.
283  Griffin, D.R., Wie Tiere denken, München 1985, S. 48.
284  Ebd.
285  Ebd., S. 49.
286  Ebd., S. 50.
287  Ebd., S. 221.

Amotz und Avishag Zahavi widmen ein ganzes Buch dem Thema Verständigung und untersuchen unter dem Stichwort „Das Handicap-Prinzip" u.a. Wechselwirkungen zwischen Beutegreifern und Beute, Signalaustausch zwischen Rivalen, Balz- und Partnerwahlstrategien. Für sie ist das Handicap-Prinzip eine von jenen Theorien, „die uns zeigen, wie sich die Raffinesse der Natur zu einem geordneten System fügt – einem System, das logisch einfach und sinnvoll ist und das wir verstehen können. Ein Bewusstsein und ein Verständnis für diese alles durchdringende Ordnung entlockt der Natur womöglich ihr Geheimnis, lenkt uns aber überhaupt nicht von dem Staunen ab, das wir fühlen, wenn wir uns in der Welt, in der wir leben, umschauen."[288]

Marian Stamp Dawkins formuliert die Arbeitshypothese : „Intelligenz könnte ihren Ursprung in einem erfolgreichen Sozialleben haben."[289] In ihren eigenen und von ihr beschriebenen Untersuchungen kategorisiert sie Verhaltensweisen anhand der Trias: Handeln nach „Faustregeln" – Verhalten, das auf „Denken" schließen lässt – Vorhandensein von Bewusstsein. Faustregeln sind „einfache Gesetze, die das Verhalten von Tieren steuern, denen aber jede unnötige Beziehung zu komplizierten Mechanismen fehlt. Sie beschreiben, wie ein Tier tatsächlich reagiert. So könnte man beispielsweise sagen, ein Weibchen einer Art 'beurteile' die Männchen [...], weil es nacheinander die Territorien jedes Männchen aufsucht und sich schließlich doch nur mit einem paart. Es könnte sich jedoch herausstellen, dass die Faustregel des Weibchens ganz einfach lautet: 'Paare dich mit dem Männchen [...] mit dem lautesten Ruf' oder was auch immer."[290] Eine mögliche Definition von Denken hingegen lautet: „Ein Mensch oder ein Tier sollte nicht nur eine geistige Vorstellung von seiner Umwelt haben, sondern auch imstande sein, auf diese Vorstellung irgendwie einzuwirken [...] und entsprechend dieser veränderten Vorstellung in geeigneter Weise zu reagieren. Und genau dieses Vorausahnen des Unerwarteten, die Fähigkeit , immer 'einen Schritt vorweg zu sein', indem man Dinge im Geiste ausarbeitet, unterscheidet das wahre Denken von den Faustregeln."[291] Die Verhaltensbiologin zeigt anhand verschiedener Beispiel auf, dass Beweise für eindeutige Denkleistungen vorliegen.

---

[288] Zahavi, Amotz u. Avishag, Signale der Verständigung. Das Handicap-Prinzip, Frankfurt 1998, S. 385.
[289] Dawkins, M., Die Entdeckung des tierischen Bewußtseins, Heidelberg 1994, S. 172.
[290] Ebd., S. 118f.
[291] Ebd., S. 134.

## 1.5 Ein Schritt weiter: Bewusstsein

Dieses Phänomen zu definieren ist nicht nur deshalb problematisch, weil es schon als solches so schwer fassbar und undurchsichtig ist, sondern auch weil wir mit diesem einen Wort so viele verschiedene Dinge meinen können. Dawkins schließt sich in ihren Untersuchungen dem amerikanischen Philosophen Daniel Dennett an, der in Bezug auf die Bewußtseinsforschung vom „Leiden unter einer vorschnellen Definition" spricht und verwendet den Begriff so, dass sie damit „einfach ein unmittelbares Wissen um etwas" ausdrückt: „Ich betone jedoch, dass es viele verschiedene Formen von Bewußtsein gibt und uns das Wesen des Bewußtseins immer noch höchst rätselhaft ist."[292]

*Komplexität* nun ist für sie ein entscheidendes Kennzeichen von Bewußtsein. Da aber der Grundsatz gilt, dass Bewußtsein zwar komplexes Verhalten verursachen mag, aber nicht der Umkehrschluß zutrifft, wonach jedes komplexe Verhalten auf das Vorhandensein von Bewußtsein schließen läßt, verwendet Dawkins in ihren Analysen *„Ockhams Messer"*[293]: „'Entities should not be multiplied without necessity' („Man sollte in sich abgeschlossene Einheiten nicht ohne Not vervielfältigen", d.V.) sagt der englische Theologe und Philosoph Wilhelm von Ockham. Wir sollten also immer mit der einfachsten möglichen Erklärung beginnen, und erst wenn sich diese als gänzlich ungeeignet erweist, sollten wir uns einer komplizierteren zuwenden."[294]

Die Geschichte vom „Klugen Hans" ist wohl die berühmteste Geschichte, in der deutlich wurde, wie schnell aufsehenerregende Hypothesen bezüglich tierlichen Verhaltens platzen, weil sie von jenem Messer eingeholt wurden: Der „Kluge Hans" war ein Pferd, das dem deutschen Schausteller von Osten gehörte, der durch die vermeintlichen mathematischen Leistungen des Tieres beträchtliche Summen einnahm. Es war nämlich angeblich in der Lage, zu zählen und mit dem Kopf zu rechnen. Wenn jemand dem Tier beispielsweise zurief: Wieviel ist 7+9?, stampfte das Tier 16 mal mit dem Huf. Erst der Psychologe Oskar Pfungst fand heraus, dass das Tier auf völlig unbeabsichtigte Bewegungen seines Besitzers, bzw. des Publikums reagierte, etwa auf eine geringe unabsichtliche Entspannung oder ein leichtes Ausatmen zu dem Zeitpunkt als „Hans" bis 16 „gezählt" hatte.

Der „Effekt des Klugen Hans" sind „mangelnde Spezifizierung der Erwartungen vor einem Experiment (so dass sich das Ungewöhnliche der tatsächlichen Ergebnisse nicht richtig einschätzen ließ) und eine mangelnde Beachtung von

---

[292] Ebd., S. 17f., vgl. dazu u. Kap.V.4, „Und wenn sie ein Bewusstsein haben?"
[293] Ebd., S. 96.
[294] Ebd.

'Faustregeln'."[295] Dawkins geht deshalb auf folgende Studien ein, in denen Tiere keine menschlichen Hinweise aufnehmen können, somit den Klugen-Hans-Effekt ausschließen:

Julie Neiwork und Mark Rilling weisen nach, dass Tauben eine geistige Vorstellung von ihrer Umwelt haben. Die Versuchstiere konnten die Bewegung eines Zeigers unter der Annahme einer konstanten Geschwindigkeit hochrechnen.[296]

Hank Davis macht in „Tunnel-Experimenten" deutlich, dass Ratten „Grundzüge des Zählens" zeigen: „Anscheinend hatten sie [die Ratten, R.H:] eindeutig eine geistige Vorstellung von ihrer Umwelt, die über offensichtliche äußere Merkmale hinausging bis zu einer Abstraktion, die sich von unseren eigenen Zahlbegriffen nicht wesentlich unterschied."[297]

## 1.6 Was wissen sie über sich selbst?

Der sogenannte „Spiegeltest" ist relativ; denn er setzt voraus, dass Tiere sich und einander primär über den optischen Sinn wahrnehmen. Über solche Spezies, die diesen Weg über akustische oder olfaktorische Reize gehen, sagt ein „Versagen" bei diesem Test nichts aus. Im Übrigen sind wir Menschen vor Erreichen des achtzehnten Lebensmonates damit völlig überfordert. Demgegenüber schaffen es alle großen Menschenaffen nach einiger Zeit, sich im Spiegel oder auf einem Bildschirm zu erkennen.[298] Der Test verläuft so, dass das Versuchstier eine Farbmarkierung auf der Stirn erhält, ohne dass es dies merkt. Danach setzt man den „Probanden"/ die „Probandin" vor einen Spiegel und kann an dessen Reaktion ersehen, ob er oder sie sich wiedererkennt.

In seinen Experimenten mit der Schimpansin Sarah geht der Primatologe Premack noch einen Schritt weiter: In kurzen Videospots werden ihr Problemsituationen vorgeführt, in der sich ihr Wärter befindet. Im Anschluss daran zeigt man ihr Fotografien mit Lösungsvorschlägen. So sieht Sarah z.B. im Film, wie ihr Wärter verzweifelt innerhalb des Käfigs an der Tür rüttelt. Auf den Fotos sieht sie u.a. einen Schlüssel, auf den sie dann auch zeigt. Erstaunlicherweise zeigt die

---

[295] Ebd. S. 105.
[296] Vgl. Experimente S. 145ff.
[297] Ebd., S. 160.
[298] Vgl. Arzt, V., Birmelin, I., a.a.O., S. 185ff; vgl. auch die kritischen Einwände: Povinelli, D.J., The self: Elevated in consciousness and extendet in time. In: Moore, C., Lemmon, K., (Hgg.), The self in time: Developmental perspectives (pp. 75-95). Mahwah, NJ, US: Lawrence Erlbaum Associates, 2001.

Schimpansin im Fall eines Wärters, den sie nicht mag, niemals auf die „richtigen" Fotos ...[299]

Was aber ist mit all den Tieren, die nicht in die Schar der Spiegel- und Video-tüchtigen gehören, deren Ich-Bewusstsein sich unterhalb dieser Schwelle doku-mentiert? Amotz und Avishag Zahavi weisen in ihren bereits erwähnten Arbeiten zum Handicap-Prinzip auf inter- und intraspezifische Kommunikationsformen hin, die auf ein Wissen der „Gesprächspartner" über sich selbst nahelegen: Die Gazelle etwa, die beim Auftauchen eines Wolfs, sich weder duckt und versteckt, noch das Weite sucht, sondern zunächst aufsteht, bellt und den Boden mit den Vorderhufen tritt, während sie ihren Feind nicht aus den Augen lässt. Kommt der Wolf näher, geschieht das noch Überraschendere: Die Gazelle springt mehr-fach mit allen vier Beinen in die Luft!

„Warum zeigt sich die Gazelle einem Feind, der sie vielleicht noch gar nicht bemerkt hat? Warum verschwendet sie Zeit und Energie auf das Prellen, statt so rasch wie möglich wegzulaufen? Indem die Gazelle ihrem Feind signalisiert, daß sie ihn gesehen hat, und indem sie ihre Zeit mit Luftsprüngen 'vergeudet', statt Reißaus zu nehmen, versichert sie dem Wolf, daß sie in der Lage ist, ihm zu ent-kommen."[300] Im Gegensatz dazu ergreifen schwache oder alte Tiere sofort die Flucht. Diese Gazellen müssen über ihre körperliche Verfassung Bescheid wis-sen, „mit sich vertraut sein"[301], um in diesen Krisensituation entscheiden zu kön-nen; Den Spiegeltest hingegen würden sie niemals bestehen. Über solche Formen „präreflexiven Mit-sich-vertraut-Seins"[302] wird in Kapitel V, 2., „Emotionen im Tierreich", noch ausführlich die Rede sein.


## 1.7 „The theory of mind" oder: Einblick in das Innenleben des anderen

Auf ihre Arbeitshypothese zurückkommend, begibt sich M. Dawkins „auf der Suche nach denkenden Tieren aus dem Labor hinaus."[303] Denn im natürlichen Habitat der Tiere und innerhalb ihrer Sozialsysteme kommt dem Phänomen *Komplexität* seine evolutionsbiologische Relevanz zu: Dorothy Cheney und Robert Seyfahrt entdecken in Feldexperimenten mit Grünen Meerkatzen, dass die Tiere

---

[299]  Vgl. ebd., S. 231.
[300]  Zahavi, A., a.a.O., S. 14.
[301]  Vgl. dazu u. die Überlegungen zu Dieter Henrichs Verständnis vom Selbstbewusstsein; vgl. u. Kap. V.4.2, „Zum Problem des Selbstbewusstseins".
[302]  Vgl. Müller, K., Das etwas andere Subjekt, a.a.O., S. 140.
[303]  Zahavi, A., a.a.O., S. 171.

lernen, selektiv einen Laut zu ignorieren, der eigentlich die Anwesenheit anderer Affen anzeigte, das aber nicht mehr taten, wenn ein bestimmtes Individuum ihn äußerte – eines, das sich als unzuverlässig erwiesen hatte. (Bestimmte und sehr variable Rufe und Laute spielen im Kommunikationssystem der Tiere eine lebenswichtige Rolle.) Die Forscher zeigen auf, dass „die Tiere sich individuell erkennen und ein beträchtliches Wissen über andere Gruppenmitglieder haben."[304] In überzeugenden Einzelfällen setzen Tiere ihre sozialen Fähigkeit sogar dazu ein, das Verhalten anderer Tiere zu lenken, um so etwas Gewünschtes durch Täuschung zu erreichen.

Dieses und andere beschriebene Beispiele könnten ganz einfach Fälle von Lernen beschreiben, die nicht auf Intelligenz oder Einsicht beruhen. Es gibt aber zwei Merkmale, die an dieser Interpretation zweifeln lassen:

1. Bestimmte Verhaltensweisen (etwa das „In-die-Ferne-Starren" als Täuschungsmanöver bei Pavianen[305]) werden nur ab und zu angewendet und in „echte" Vorfälle eingestreut.

2. Aktivitäten sind so subtil, dass es plausibel ist, sie als Hinweis zu deuten, die Tiere machten sich die Einsichten über vorher erlangtes Wissen übereinander zunutze: „Ockhams Messer favorisiert [...] wirkliche Einsicht, beziehungsweise Intelligenz."[306]

Inwiefern ein Wissen um die soziale Struktur der Gruppe, der das betreffende Tier angehört, oder ein Wissen um die mentale Verfassung anderer Gruppenmitglieder vorliegt[307] – diese Fragen nach der sozialen Kognition von Tieren sind für Hans Kummer die „ethologischsten aller Ethologien"[308]. Schon in seinen frühen Arbeiten weist er darauf hin, dass Primaten einander als soziale Werkzeuge benutzen: Eine seiner ersten Beobachtungen war die, dass ein Hamadryas-Pavianweibchen ihr Männchen in einer so genannten geschützten Bedrohung als „soziales Werkzeug" benutzt.[309]

Für Kummer, Dawkins und andere steht fest, dass Intelligenz bei Primaten aufgrund ihres komplexen sozialen Lebens selektiert wurde. Eine „ecology of intelligence"[310] ist erforderlich; denn kognitive Fähigkeiten wurden im natürli-

---

[304] Ebd. S. 176.

[305] Vgl. ebd. S. 179.

[306] Ebd. S. 181.

[307] Kummer, H., Exploring primate social cognition: some critical remarks, in: Behaviour 112 (1-2),E.J.Brill, Leiden 1990, S. 87.

[308] Ebd. S. 98.

[309] Vgl. ders., Social Knowledge in Free-ranging Primates, in: Animal Mind – Human Mind, Griffin, D.R. (Hg.), pp. 113-130, Berlin 1982, S. 116.

[310] Ders., a.a.O. 1990, S. 85.

chen Lebensraum entwickelt und werden auch hier ontogenetisch modifiziert.[311] Der Züricher Primatologe deutet ein und dieselbe soziale Interaktion bei Affen und Menschenaffen auf verschiedenen Organisationsebenen sozialen Wissens, und indem diese alternativen Erklärungen empirisch geprüft werden – Experimente sind für den Feldforscher hier unvermeidlich –, gelangt er zu stammesgeschichtlichen und kognitiven Einsichten. In seinen Arbeiten geht er über das „social-tool-Phänomen" hinaus auf Verhaltensweisen wie „Sich-Verstecken", „Nachahmung", „Lehren/Lernen", „Zuschreibung von Wissen" und „Täuschen" ein.[312] Innerhalb der Spekulationen vom sozialen Ursprung der Primaten-Intelligenz schließt Kummer sich einer auf Rozin (1976) fußenden Version an, „wonach die generalisierte Intelligenz der Säugetiere aus älteren, kontextspezifischen ‘Adaptiven Spezialisierungen' evoluiert wurden."[313]

Die differenzierten und vielfältigen Untersuchungen M. Tomasellos und seiner Schule stützen Kummers Thesen. Auch für ihn ist die zentrale Frage innerhalb der Diskussion um die kognitiven Fähigkeiten bei Primaten die nach dem Wissen eines Individuums um die psychologischen Prozesse, die sich in ihren Artgenossen abspielen. In seinen Untersuchungen an Schimpansen kommt er dabei zu anderen Ergebnissen als in denen mit Orang-Utans. Schimpansen wissen, was Angehörige derselben Spezies sehen und was nicht.[314] Hingegen wird in vergleichenden Studien mit Orangs und Menschenkindern deutlich, dass die Primaten in ihrem sozialen Lernverhalten auf menschliche Hilfestellungen angewiesen sind: Nichtsdestoweniger scheinen die großen Affen in allen Fällen irgendeiner Art menschlicher Intervention zu bedürfen, um bestimmte Fertigkeiten zu erlernen, und selbst dann scheinen sie die Handlungen anderer nicht als zielgerichtet zu begreifen; dem zu Folge ist ihnen ihre soziale Lernfähigkeit im Kontext von Problemlösungen nur begrenzt von Nutzen – so Tomasello.[315]

Es scheint hier eine Grenze erreicht zu sein: Die zwischen der Beweisbarkeit und der Plausibilität. Die wissenschaftlichen Untersuchungen gerade von Tomasello und Kummer zeigen das hohe Maß an wissenschaftlicher Sensibilität im Umgang mit der Theorie, die nach Premack „theory of mind" heisst. In seiner

---

[311] Vgl. ebd.

[312] Vgl. ebd., S. 118ff. und Kummer, H., Goodall, J., Conditions of innovative behaviour in primates, in: Weiskrantz, L. (Hg.), Animal intelligence, London 1985, S. 203-214.

[313] Ders., a.a.O., 1990, S. 98.

[314] Vgl. Hare, B., Call, J., Agnetta, B., Tomssello, M., Chimpanzees know what conspecifics do and do not, in: Animal Behavoir, 2000, 59, S. 771.

[315] Vgl. Call, J., Tomasello, M., Use of social information in the problem solving of orangutans (pongo pygmaeus) and human children (homo sapiens), in: Journal of comparative Psychology, 1995, Vol. 109, No.3, S. 319.

„Rensch-Vorlesung" – eine jährlich in Münster stattfindende Veranstaltung zu Ehren des Gelehrten – spricht Kummer offen vom „Hypothesennotstand":

> „Wir Menschen sind so im mentalen Beurteilen anderer befangen, dass wir uns keine Alternative denken können, als dass Affen ihre Artgenossen als Roboter wahrnehmen und nur ihr Verhalten manipulieren.
> Diese Dichotomie könnte falsch sein.
> Wahrscheinlicher ist, dass Tiere andere als diese zwei menschlichen Konzepte haben.
> Sie könnten z.B. aufgrund der relativen Bahnen zweier Individuen im Raum Wahrnehmungsklassen wie 'Verfolgung' oder 'scheue Annäherung' oder 'heimliches Anpirschen' verwenden, die wir nur in intentionalen Begriffen verstehen können.
> Die Suche nach hypothetischen Alternativen zur Dichotomie wird viel Phantasie und Einfühlung erfordern."[316]

## 1.8 Eine Hommage an den „klugen Hans": Was uns die Denkwege der Tiere deutlich machen

Wenn H.Cruse et al. in ihren Untersuchungen zu dem Resultat gelangen, Intelligenz als „emergente Eigenschaft des Gesamtsystems Organismus-Umwelt"[317] definieren zu können, fassen sie damit auch schlagwortartig das Kapitel über die Denkwege der Tiere zusammen: Das Phänomen Denken hat phylogenetisch und ontogenetisch seinen Ort in der aktiven Auseinandersetzung eines Lebewesens mit seiner Umwelt einerseits und seiner Sozialpartner andererseits. Die Entwicklung der Sprache und dabei besonders die Entwicklung von Symbolen für abstrakte Begriffe wirkten als Katalysatoren für die „kognitive Explosion"[318] innerhalb der Evolution und haben den Menschen in seine Sonderrolle katapultiert. Von daher lag es nahe, in der wissenschaftlichen Bearbeitung der Denkleistungen der Tiere sich der selbstgemachten Maßstäbe zu bedienen und sie am Ende auch absolut zu setzen. Der „kluge Hans" (vgl. Kap.1.5) war demnach nicht mehr klug, nachdem deutlich wurde, dass er nicht kopfrechnen kann.

Aber schon M. Dawkins zollt ihm offen Respekt:

> „Es (das Pferd) war offenbar so feinfühlig, dass ihm alleine schon geringe Bewegungen der Augenbrauen von Ostens oder selbst eine Erweiterung der Nasenflügel ausgereicht hätten, um die richtige Antwort zu finden.
> An der Geschichte gefällt mir am meisten, dass Pfungst, der Skeptiker, der ganz genau wusste, dass Hans nicht wirklich rechnete, selbst nicht vermeiden konnte, dem Pferd Hin-

---

[316] Kummer, H., Zur Stammesgeschichte des Wissens vom Du, Münster 1997, Vorlesungsmitschrift des Autors.

[317] Cruse, H. et al., a.a.O., S. 195.

[318] Ebd., S. 239.

weise zu geben, die es aufgriff. Wenn er (Pfungst) also die richtige Antwort wusste, fand der Kluge Hans sie ebenfalls.
Hans mag kein mathematisches Genie gewesen sein, aber er war zweifellos ausgesprochen geschickt darin, geringfügige Hinweise verschiedener Menschen aufzugreifen."[319]

Die Verhaltensbiologie hat nicht zuletzt auch in der kritischen Auseinandersetzung mit dem Behaviorismus zu einer differenzierteren und respektvollen Sicht auf die Denkleistungen der Tiere gefunden.

Gleichzeitig wird m.E. jenseits aller wissenschaftlichen Bewertung das Folgende deutlich: Im Prozess einer womöglich neuen Verortung des menschlichen Denkens in der tatsächlichen – und nicht ausgedachten – Wirklichkeit könnte die Orientierung an einem „Meister der Wahrnehmung" wie dem „klugen Hans" zu einer erneuten „kognitiven Explosion" führen – einer, in deren Folge die konkrete Welt wieder zum Ausgangspunkt des Denkens wird.


## 2. Emotionen im Tierreich

Der englische Philosoph Jeremias Bentham (1784-1832), ein einflussreicher Vertreter des Utilitarismus, stellt die dem Menschen vergleichbare Empfindungs- und Leidensfähigkeit der Tiere in den Mittelpunkt seiner Überlegungen:

> „Der Tag wird kommen, an dem der Rest der tierischen Schöpfung jene Rechte erwerben wird, die ihnen niemals hätten vorenthalten werden können, außer durch die Hand der Tyrannei. [...]
> Die Frage ist nicht: Können sie denken? noch: Können sie sprechen?, sondern: Können sie leiden?"[320]

In John Alcocks Standardwerk „Das Verhalten der Tiere aus evolutionsbiologischer Sicht" sucht man allerdings vergeblich nach einem Kapitel über Emotion und Gefühle.[321]

Dieses Manko hat damit zu tun, dass die Biologie wie jede andere Wissenschaft keine Aussagen über das subjektive Empfinden weder beim Menschen noch beim Tier machen kann. Allerdings kann sie sich zum „Wohlergehen" eines Lebewesens äußern, indem sie sich etwa auf Veränderungen neuronaler Aktivitä-

---

[319] Dawkins, M.S., Die Entdeckung des tierischen Bewusstseins, a.a.O., S. 98f.

[320] Zitiert nach Singer, P., Alle Tiere sind gleich. In: Krebs, A. (Hg.): Naturethik. Grundtexte der gegenwärtigen tier- und ökoethischen Diskussion, Frankfurt 1997, S. 20.

[321] Vgl., Alcock, J., Das Verhalten der Tiere aus evolutionsbiologischer Sicht, Stuttgart, New York 1996.

ten oder Hormonkonzentrationen bezieht. Zudem kann die Biologie die ontogenetische und phylogenetische Relevanz der Emotionalität erhellen.

Sprechen wir in diesem Kapitel von Emotion und Gefühl, ist folgende Vorbemerkung wichtig: Wenn diese Phänomene auch eng verwandt sind, so ist an ihrer Unterschiedlichkeit festzuhalten, die Antonio Damasio so markiert: Einer Emotion, des Fühlens dieser Emotion und des Erkennens, dass ein Individuum ein Gefühl dieser Emotion hat.[322]

## 2.1 Gefühle – ein zu vernachlässigendes Epiphänomen?

Beginnen wir wiederum bei Charles Darwin, der in seinem Buch „Der Ausdruck der Gemüthsbewegungen bei dem Menschen und den Thieren"[323] kein Problem damit hat, sich in das Bewusstsein eines Hundes zu versetzen und schreibt:

> „Können wir denn sicher sein, dass ein alter Hund mit einem hervorragenden Gedächtnis und einiger Phantasie, wie sie in seinen Träumen zutage tritt, niemals seine früheren Jagdabenteuer rekapituliert und damit über eine Form von Selbstbewusstsein verfügt?"
> Noch suggestiver seine Frage: „Aber wer kann sagen, was Kühe fühlen, wenn sie um einen sterbenden oder toten Artgenossen herumstehen und ihn anstarren?"[324]

Gut einhundert Jahre später schreibt Jane Goodall in bezug auf ihre Arbeit über und mit Schimpansen:

> „Als ich Anfang der sechziger Jahre unbekümmert Worte wie 'Kindheit', 'Jugend', 'Motivation', 'Erregung' und 'Stimmung' verwendete, wurde ich scharf kritisiert. Ein noch größeres Verbrechen war meine Behauptung, daß Schimpansen 'Persönlichkeit' hätten. Daß ich Tieren menschliche Eigenschaften zuschrieb, war eine der schlimmsten ethologischen Sünden. Ich hatte mich damit des Anthropomorphismus schuldig gemacht."[325]

---

322 Vgl. dazu: Damasio, A.R., Ich fühle, also bin ich, Die Entschlüsselung des Bewusstseins, München 2002, S. 19.

323 Darwin, Ch., The Expression of the Emotions in Man and Animals, Reprint von 1872, Chicago/London: University of Chicago Press, 1965. Deutsch u.d.T. Der Ausdruck der Gemüthsbewegungen bei dem Menschen und den Thieren. Stuttgart 1872, S. 168.

324 Darwin, Ch., Die Abstammung des Menschen, a.a.O., S. 112.

325 Cavalieri, P., Singer, P. (Hgg.), The Great Ape Project: Equality Beyond Humanity, London: Fourth Estate, 1993, S. 12, Deutsch u.d.T.: Menschenrechte für die großen Menschenaffen. Das Great Ape Projekt, München 1994, S. 22.
B. Rensch und seine Schülerinnen und Schüler haben im Rahmen ihrer Untersuchungen zur Tierpsychologie immer Emotionen für selbstverständlich gehalten; Vgl.z.B.: Rensch, B., Altevogt, R., Visuelles Lernvermögen eines indischen Elefanten, in: Tierpsychologie 10, Heft 1, 1953, S. 119-134. Dort heißt es: „Bei schwierigen Wahlen [...] wurde das Tier manchmal erregt, riß eine Scheibe ab, versuchte sie zu zerbeißen und stampfte mit dem

Tatsächlich gibt das Standartwerk „The Oxford Companion to Animal Behaviour" den Verhaltensbiologen den folgenden Ratschlag: „Man ist gut beraten, das Verhalten zu erforschen und nicht den Versuch zu unternehmen, die ihm zugrundeliegenden Gefühle zu verstehen."[326]

Dominierte der Behaviorismus die Kognitionsdebatte über lange Zeit, so bestimmte er bis zum Ende des vergangenen Jahrhunderts erst recht die Diskussion um die ethologische Relevanz der Emotionen. Als bloße Epiphänomene des Körpers betrachtet ihr prominentester Vertreter B. Skinner die Gefühle und mahnt, dass was man fühlt oder bei der Innenschau beobachtet, nicht irgendein nicht-physischer Ausdruck von Bewusstsein, Willen oder geistigem Eigenleben ist, sondern lediglich der Körper des Beobachters. Dies bedeute nicht, dass etwa die Gefühle oder inneren Beobachtungen Grundlagen des Verhaltens wären.[327] Und später: Zwar fühle man in seinem Körper verschiedene Zustände und Vorgänge, aber diese sind lediglich Nebenprodukte der eigenen genetischen und persönlichen Geschichte. Ihnen lässt sich keinerlei kreative oder initialisierende Funktion zuschreiben.[328]

„Ich fühle, also bin ich – Die Entschlüsselung des Bewusstsein" (A. Damasio)[329] und „Fühlen, Denken, Handeln – Wie das Gehirn unser Verhalten steuert" (G. Roth)[330] – so lauten zwei Buchtitel, die einen Umbruch innerhalb der naturwissenschaftlichen Bewusstseinsdebatte insgesamt markieren; sowohl die neurophysiologischen als auch die evolutionsbiologischen Annäherungen an das Thema, die im Folgenden dargestellt werden sollen, widmen sich zentral den Emotionen. Die „Dahlem-Konferenz: Coping with Challenge: Welfare in Animals

---

Fuß darauf." (ebd., S. 122) Oder: Dücker, G. u.a., Analyse des Lernverhaltens eintragemotivierter Mäuse (Stamm NMRI) bei manipulativen Problemlöseaufgaben, in: Dohle, W., u.a.(Hgg.), Zoologische Beiträge, Berlin 1996, S. 49-76.

[326] McFarland (Hg.), The Oxford Companion to Animal Behaviour, Oxford und New York: Oxford University Press, 1987, S. 151, Deutsch in: Masson, J., McCarthy, S., Wenn Tiere weinen, Reinbek bei Hamburg, 1996, S. 37f.

[327] Vgl. Skinner, B.F., About Behaviourism, Jonathan Cape, London, 1974, S. 17.

[328] Vgl. ders., Reflections on Behaviourism and Society, Prentice Hall, Englewood Cliffs, NJ, 1978, S. 124.

[329] Damasio, A., a.a.O. Ob dem Autor die beinahe Identität des Buchtitels der deutschen Übersetzung mit dem Herderschen Werk „Ich fühle mich! Ich bin!" von 1769 bewusst ist, geht aus dem Buch nicht hervor. Es wird ihm im Blick auf seine Arbeit „Descartes ' Irrtum" nicht unsympathisch sein; hatte Herder doch diese eigene Selbsterfahrung bewusst dem Cartesischen Cogito-ergo-sum entgegengesetzt.

[330] Roth, G. Fühlen, Denken, Handeln. Wie das Gehirn unser Verhalten steuert, Frankfurt a.M. 2001. Der Autor bezeichnet B. Rensch zwar als seinen Lehrer (s. S. 324), zitiert den bedeutenden münsterschen Tierpsychologen allerdings an keiner Stelle.

including Humans" (2001), von der ebenfalls die Rede sein wird, diskutiert die Relevanz der Gefühle speziell im Kontext der Wohlergehensdiskussion.

## 2.2 Von der merkwürdigen Wissenschaftsgeschichte über die Emotionen

Für Antonio R. Damasio stellen Emotionen und Gefühle nicht weniger als die Grundvoraussetzung für die Entwicklung eines Bewusstseins dar. So haben alle höher entwickelten Lebewesen ein Kernbewusstsein, das evolutionsgeschichtlich viel älter ist als bisher angenommen. Seine Thesen stützt er auf Fallstudien an Menschen, deren Gehirn geschädigt wurde und formuliert den folgenden neurologischen Tatbestand:

> „Wenn das Bewusstsein aufgehoben ist, vom Kernbewusstsein an aufwärts, ist gewöhnlich auch die Emotion aufgehoben, was den Schluss nahe legt, dass Emotion und Bewusstsein zwar unterschiedliche Phänomene sein mögen, ihre Grundlagen aber miteinander verknüpft sind."[331]

So wundert es ihn, dass in der Vergangenheit Philosophie und Naturwissenschaften nicht alle Anstrengungen unternommen haben, ihre Ergebnisse auszutauschen und voneinander zu profitieren. Ungeachtet David Humes und der von ihm begründeten Tradition habe die Philosophie „der Emotion nicht vertraut und sie weitgehend in die verzichtbaren Bereiche des Tierischen und Fleischlichen verbannt."[332] Ebenso verpasste auf der anderen Seite die Naturwissenschaft ihre Chance. Denn es spannt sich zwar von Charles Darwin bis hin zu Sigmund Freud ein Bogen von Wissenschaftlern, die ausführlich über verschiedene Aspekte der Emotion geschrieben haben und ihr einen besonderen Platz im wissenschaftlichen Diskurs eingeräumt haben. „Trotzdem haben Neurowissenschaft und Kognitionswissenschaft der Emotion während des gesamten 20. Jahrhunderts bis in allerjüngste Zeit die kalte Schulter gezeigt."[333] Man hätte erwarten können, dass eben diese Disziplinen die Emotionen auf die Tagesordnung setzten, doch dies geschah kaum.

Wie oben schon angedeutet, duldete man über weite Strecken des 20. Jahrhunderts das Gefühl nicht in den wissenschaftlichen Labors: „Die Emotion bilde den äußersten Gegensatz zur Vernunft, die ja wohl eindeutig die vornehmste

---

[331] Damasio, A., a.a.O. S. 52.

[332] Ebd.; wir werden im weiteren Verlauf dieser Arbeit auf die Philosophien zu sprechen kommen, die sehr wohl der Emotion vertraut haben.

[333] Ebd., S. 53.

menschliche Fähigkeit sei und im Übrigen völlig unabhängig von der Emotion."[334] Das war, so resümiert Damasio treffend, im Grunde eine Umkehrung des romantischen Menschenbilds. Die Romantik hat die Emotion in den Körper und die Vernunft ins Gehirn verlegt. Die Wissenschaft des 20. Jahrhunderts hat den Körper außen vor gelassen und die Emotion wieder ins Gehirn befördert, sie aber in die unteren neuronalen Schichten verbannt, die mit gering geachteten Vorfahren in Verbindung gebracht werden. Am Ende war dann nicht nur die Emotion nicht vernünftig, sondern auch ihre Untersuchung nicht.[335]

Zur naturwissenschaftlichen Vernachlässigung der Gefühle haben, so der Neurobiologe weiter, drei Faktoren beigetragen:

1. Die Nichtberücksichtigung der evolutionären Perspektive bei der Untersuchung von Gehirn und Bewusstsein;

2. Die Ausblendung des Konzepts der Homöostase;

3. Die Abwesenheit eines Organismusbegriffes in der Kognitions- und Neurowissenschaft.

Dass die *Evolutionsbiologie* auf der Strecke blieb, zeigt sich darin, dass Gehirn und Geist in der Wissenschaft behandelt wurden, „als seien sie erst vor kurzem konstruiert worden, um einen bestimmten Effekt zu erzielen – etwa so, wie man ein Antiblockiersystem in ein neues Auto einbaut –, ohne in irgendeiner Hinsicht die möglichen Vorläufer mentaler und neuroanatomischer Strukturen zu berücksichtigen."[336] Lediglich Gerald Edelman habe in seiner Theorie der neuronalen Grundlagen des Geistes evolutionäre Aspekte berücksichtigt und zudem die homöostatische Regulation einbezogen.[337]

*Homöostase* bezeichnet die aufeinander abgestimmten und weitgehend automatischen physiologischen Reaktionen, die erforderlich sind, um in einem lebenden Organismus stabile innere Zustände hervorzurufen. Sie beschreibt die automatische Regulation von Temperatur, Sauerstoffkonzentration und pH-Werten.[338] Damasio anerkennt, dass sich verschiedene Wissenschaftler bemüht haben, die Neurophysiologie der Homöostase zu verstehen, die Neuroanatomie und Neurochemie des autonomen Nervensystems zu erklären und die Interdependenzen zwischen Hormon-, Immun- und Nervensystem zu erkennen. Doch nach seiner Ansicht hatten die wissenschaftlichen Fortschritte, die in diesen Bereichen erzielt wurden, kaum Einfluss auf die dominierenden Ansichten über das Funktionieren von Geist und Gehirn. „Merkwürdigerweise sind Emotionen ein wesentlicher

---

[334] Ebd.
[335] Vgl. ebd., S. 54.
[336] Ebd.
[337] Vgl., Edelman, G., The Remembered Present, New York, Basic Books, 1989.
[338] Vgl. ebd.

Bestandteil der Regulation, die wir Homöostase nennen. Es ist sinnlos sie zu diskutieren, ohne diesen Aspekt lebender Organismen zu verstehen, und umgekehrt."[339]

Schließlich konstatiert unser Autor die „bemerkenswerte Abwesenheit eines *Organismusbegiffs* in der Kognitions- und Neurowissenschaft."[340]: „Der Geist blieb in einer etwas doppeldeutigen Beziehung mit dem Gehirn verknüpft, und das Gehirn wurde konsequent vom Körper getrennt, statt es als Teil eines komplexen lebenden Organismus zu sehen."[341] Zwar kam in den Werken von Ludwig von Bertalanffy, Kurt Goldstein und Paul Weiss die Idee eines Ganzen vor, das aus einem Körper im engeren Sinn und einem Nervensystem besteht.[342] Doch hatten diese Arbeiten wenig Einfluss auf die Standardvorstellungen von Geist und Gehirn. In den letzten Jahren hingegen nimmt die Zahl der Wissenschaftler zu, die die Emotion zum bevorzugten Forschungsgegenstand erkoren hat. Der vermeintliche Gegensatz von Emotion und Vernunft wird nicht mehr fraglos hingenommen.[343]

Der Autor von „Ich fühle, also bin ich" kommt aufgrund eigener Arbeiten mit hirngeschädigten Patientinnen und Patienten zu dem Schluss, dass vernünftiges Denken ohne den Einfluss der Emotion nicht möglich ist. „Diese Ergebnisse und ihre Interpretationen stellen die Auffassung in Frage, dass man die Emotion als Luxus, als schädlich oder als bloßes evolutionäres Überbleibsel abtun könne. Sie legen ferner den Gedanken nahe, dass die Emotion untrennbar zur Logik des Überlebens gehört."[344]

## 2.3 Eine Laune der Natur ...

Seit der Zeit Darwins – und wohl schon lange vorher – geht man davon aus, dass es sich bei Gefühlszuständen um Anpassungsleistungen handelt, die Tiere dazu animieren, ein solches Verhalten an den Tag zu legen, das ihrem Überleben und

---

[339] Ebd. , S. 55.
[340] Ebd.
[341] Ebd.
[342] Vgl. von Bertalanffy, L., Modern Theories of Development: An Introduction to Theoretical Biology, New York, Harper, 1962 ;Weiss, P., „Cellular dynamics", Review of Modern Physics, 31, (1919), S. 11 - 20; Goldstein, K., Der Aufbau des Organismus, Haag, Nijdhof, 1934.
[343] Vgl. die angegebenen Autoren bei Damasio, a.a.O., S. 408.
[344] Ders., S. 57.

ihrer erfolgreichen Fortpflanzung dient (z.B. Fitness)[345] – so bezieht die Dahlem-
Konferenz von 2001 die Evolutionsbiologie in die Debatte um Emotionen ein
und erfüllt somit ein Postulat Damasios. Und Donald Broom als Herausgeber
des Workshop-Reports fragt: Obgleich adaptive Merkmale in Populationen überleben, weil die Selektion ihr Überleben begünstigt, stellt sich folgende Frage:
Würden Gefühle in einer Population persistieren, wenn sie lediglich eine zufällige, nicht-adaptive Folge anderer adaptiver Mechanismen wären?[346]

Gefühle müssen also einen Anpassungswert haben, und es gilt, der Frage
nachzugehen, wo ihr stammesgeschichtlicher Ursprung liegt, d.h. was sich die
Natur bei ihrer Erfindung „gedacht" hat. Eine Annahme Brooms lautet, dass
Gefühle unmittelbar mit einer Gehirnaktivität einhergehen, die der für Informa-
tionsverarbeitung, Erinnerungsspeicher und motorischen Output erforderlichen
Minimalleistung hinzugefügt werden.[347] Möglich ist, dass während der Höherentwicklung neuronaler Systeme, die z.B. die Feinderkennung oder die Futtersuche
erleichterten, auch Hirnteile aktiviert wurden, die nicht notwendig für das System
als Ganzes waren. Oder aber, vormals notwendige „Systemeigenschaften" bleiben redundant. In beiden Fällen handelt es sich aber um Beispiele nicht-
funktionaler Epiphänomene des Systems, die möglicherweise zu jener Art von
Auswirkungen auf das Gehirn führten, die dann zu dem wurden, was wir Gefühle nennen.

Vielleicht sind einige dieser Epiphänomene weiterhin nicht-funktionale, aber
unvermeidliche Nebeneffekte eines grundlegenden Systems geblieben. Andere
aber könnten Auswirkungen gehabt haben, die nach und nach funktional geworden sind. Es ist ebenfalls möglich, dass es Gefühle gibt, die für die Vorfahren
einst funktional waren, in heutigen Tieren aber wenig oder keine Funktion erfüllen.[348] Broom / Johnson definieren Gefühle als „komplexes Verständnis der
Interaktionen eines Individuums mit der Welt, in der es lebt."[349] Komplexe Ge-
hirne, wie die der Vertebraten, brauchen ein ebenso komplexes Regulations- und
Reaktionssystem, um ein bloßes Reiz-Reaktionsschema in ihrem Verhalten überwinden zu können. Wenn ein Individuum über ein System von Emotionen verfügt, das zu Veränderungen in seiner mentalen und vielleicht auch hormonellen

---

[345] Vgl. Knierim, U., Rapporteur, Group Report: Good Welfare, in: Coping with challenge:
welfare in animals including humans. Dahlem Workshop Report 87. Broom, D.M. (Hg.),
Dahlem University Press, Berlin, 2001, S. 84.

[346] Vgl. Broom, D.M., Welfare, Stress and the Evolution of Feelings, in: Advances In The
Study Of Behavior, Vol.27, Cambridge, 1998, S. 376.

[347] Vgl. ebd., S. 377.

[348] Vgl. ebd.

[349] Broom, D.M. and Johnson, K.G., Stress and Animal Welfare, Chapman & Hall, London,
1993, S. 334.

Funktionsweise führt – etwa, weil ein bestimmter physischer Regulationsmechanismus oder ein erwartetes Ereignis nicht stattgefunden hat – steigt die Fitness eines solchen Individuums im Vergleich zu einem genetisch verschiedenen Individuum, das über dieses System nicht verfügt.[350]

Wenn Gefühle einen hohen Anpassungswert und somit einen Selektionsvorteil darstellen, müssen sie im Leben eines Tieres Wirkung zeigen: Es könnte eine Auswirkung des Gefühls sein, dass das Individuum mit größerer Wahrscheinlichkeit eine angemessene Handlung vollzieht und daher eine größere Überlebenswahrscheinlichkeit hat. Die nächstliegende Art und Weise, in der dies geschehen könnte, ist die, dass das Gefühl hierbei als Verstärker fungiert, der die Wahrscheinlichkeit erhöht, dass das Individuum die adaptive Aktion auszuführen lernt.[351]

Falls ein Gefühl als „Verstärker" für eine bestimmte Verhaltensweise auftritt, kann eine solche Emotion mit der Aktion zeitgleich auftreten oder in Form einer Erinnerung längere Zeit etwa das Wohlbefinden des Tieres prägen. Somit können Gefühle, die z.B. mit ausreichender Ernährung oder optimaler Körpertemperatur verbunden sind, im Individuum einen Zustand erzeugen, der vorsichtig als Erwartungshaltung beschrieben werden kann: Das Gesamt aller bezüglich eines guten Wohlergehens erwarteten Werte lässt sich als die „expectation copy" des Individuums betrachten (die Terminologie erfolgt analog zu Archer, zitiert in Sachser & Link 1991). Diese „Erwartungshaltung" beinhaltet Standards, so zum Beispiel das instinktive Wissen um Schlüsselreize, die sich im Laufe der Evolution herausgebildet haben und sich bei Individuen der gleichen Spezies sowie gleichen Geschlechts und Alters stark ähneln.[352]

Darüber hinaus wird diese Haltung von Informationen geprägt, die in der Ontogenese gesammelt wurden und von Tier zu Tier verschieden sein können, etwa aufgrund unterschiedlicher sozialer Erfahrungen. Die Erwartungshaltung ist nicht fix, sondern weist einen dynamischen Charakter auf und wird durch interne und externe Faktoren verändert.

Die Verwendung des Terminus „expectation copy" bedeutet nicht, dass die Tiere sich ihrer Erwartungen bewusst wären.[353] Somit scheint die Fähigkeit, eine bewusste Erwartungshaltung einnehmen zu können, die ja im Verlauf der kulturellen Evolution eine entscheidende, wenn nicht die entscheidende Rolle spielen wird, in der Gefühlswelt sozusagen vorprogrammiert zu sein.

---

[350] Vgl. ebd.
[351] Vgl. Broom, D.M., a.a.O., S. 378.
[352] Vgl. Sachser, N., What is Important to Achieve Good Welfare in Animals?, in: Broom, D.M. (Hg.), Dahlem Workshop Report 87, 2001, a.a.O., S. 33.
[353] Vgl. ebd.

## 2.4 Gefühl und Motivation

Im Verlauf der Stammesgeschichte wird es, wie wir gesehen haben, einen Übergang gegeben haben von Verhaltensweisen, die dem sehr starren Reiz-Reaktionsschema unterliegen, hin zu solchen, die flexiblere und/oder erlernte Antworten auf eine bestimmte Situation darstellen. In diesem Übergangsfeld kommt den Motivationen eine besondere Bedeutung zu. „Motivational affective states (MASs)", also motivationsbezogene Gefühlszustände, werden üblicherweise als Adaptionen betrachtet, die bestimmte Verhaltensweisen motivieren, besonders in Situationen, in denen eine flexible oder gelernte Reaktion als angepasster gelten kann als eine rigide oder rein reflexhafte.[354] Diese „inneren Zustände" können negativ (unangenehme Gefühle wie Schmerz oder Hunger) oder positiv (angenehme Gefühle, die etwa durch Nahrungsaufnahme oder Spielen entstehen) sein.

Fraser/ Duncan nehmen an, dass innerhalb der natürlichen Selektion positive und negative Affekte bevorzugt wurden, um zwei unterschiedliche „Motivationsprobleme" („motivational problems") zu lösen : Sie vermuten, dass sich negative „MASs" (z.B. Durst, Angst) als Antwort auf „Bedürfnis- oder Mangelsituationen" herausgebildet haben, in denen sich der Nutzen, der aus dem Faktor Fitness in einer bestimmten Situation resultiert, gesteigert hat; häufig, weil die Handlung zur erfolgreichen Bewältigung der Bedrohung entweder des Überlebens oder der Fortpflanzung nötig war. Weiter vertreten sie die These, dass positive „MASs" sich im Rahmen solcher Situationen entwickelt haben, in denen es bestimmte „Gelegenheiten" gab; in denen also eine Handlung wie z.B. Spielen oder Erkunden sich deswegen als vorteilhaft herausgestellt hat, weil der für die Durchführung der Handlung notwendige Fitnessaufwand gesunken war.[355]

Entstehen negative „MASs" als notwendige Reaktionen auf bedrohliche Veränderungen im Organismus oder in dessen Umgebung – sie können lang andauernd und intensiv sein, je nach Ausmaß der Fitnessminimierung –, treten positive „MASs" als Begleiterscheinung oder Resultat solcher Verhaltensweisen auf, die die Fitness maximieren – und zwar zu beliebigen Zeiten, auch dann, wenn keine unmittelbare Notwendigkeit besteht. Das solchen Aktionen innewohnende Wohlgefühl („pleasure") führt zu erhöhter Motivation. Werden bestimmte Verhaltensweisen, wie z.B. die Nahrungsaufnahme, von positiven und negativen

---

[354] Vgl. Fraser, D., Duncan, I.J.H., 'Pleasures', 'Pains' and Animal Welfare: Toward a Natural History of Affect, Animal Welfare 1998, 7, Universities Federation for Animal Welfare, Canada, S. 383.

[355] Ebd.

Affekten zugleich ausgelöst, gibt es solche, wie das Spielen oder die Flucht, die einzig von einem Affekt ausgehen.

Fraser/ Duncan unterscheiden weiter zwischen „need and opportunity situations."[356] Je nachdem, ob eine Situation einen Mangel deutlich macht oder eine Gelegenheit eröffnet, ergeben sich für die Motivation eines Verhaltens unterschiedliche Probleme: Um auf eine Mangelsituation zu reagieren, sollte das Tier dann zu einer Handlung angeregt werden, wenn der Nutzen der Handlung gestiegen ist; diese Situation ist häufig auf Grund einer Bedrohung des Überlebens oder der erfolgreichen Fortpflanzung gegeben.

Die Autoren vertreten die These, dass bei den höheren Vertebraten die Motivation, auf eine Mangelsituation zu reagieren, in der Regel auf negativen „MASs" fußt.

Geht es hingegen darum, auf Situationen zu reagieren, die eine Möglichkeit eröffnen, wäre das Tier dazu angeregt, solche Handlungen zu vollziehen, deren reiner Wert dadurch positiv geworden ist, dass der Aufwand zum Zeitpunkt der Durchführung selbst, nicht aber zu anderen Zeiten, gesunken ist. Fraser/Duncan sind der Ansicht, dass bei den höheren Vertebraten die Motivation, auf eine solche Situation zu reagieren, die eine Möglichkeit eröffnet, in der Regel auf positiven „MASs" basiert.[357] Diese These impliziert, dass das Wohlgefühl („pleasure"), das sich mit einem Verhalten einstellt oder daraus resultiert, zu einem Zustand des Motiviert-Seins („motivational state"[358]) beiträgt und damit zu einer Möglichkeit zur Entscheidung. Oder anders ausgedrückt: Die Evolution eröffnet einen größeren Spiel-Raum im Repertoire des Verhaltens. Ob ein Tier eine „Gelegenheit ausnutzen" kann, die ihm Freude beschert, hängt an der Komplexität seiner physiologischen und neuronalen Grundausstattung.

## 2.5 Auf „epikureischem Minenfeld"

> „Wer einen Vogel singen hört und sagt: ‘Ich glaube nicht, daß dabei Freude im Spiel ist', hat keine substantielle Aussage über Vögel gemacht. Aber er hat eine aufschlußreiche Mitteilung über sich selbst gemacht."[359]

Auch wenn dem widerspruchslos zuzustimmen ist, bleibt die Frage, was denn mit „Freude" gemeint ist, offen, und sie führt mitten in die Philosophie und die dort

---

[356] Ebd., S. 387f.

[357] Vgl. ebd., S. 389

[358] Vgl. McFarland, D., Animal Behaviour: Psychology, Ethology and Evolution. Longman Scientific & Technical: Harlow, UK, 1985.

[359] Masson, J., McCarthy, S., a.a.O., S. 298.

geführten Auseinandersetzungen um die angemessene Übersetzung und die ethischen Konsequenzen.[360]

Der Begriff „pleasure" hat überraschenderweise in die Verhaltensbiologie Einzug gehalten, und zwar, wie wir gesehen haben, an zentraler Stelle. Michel Cabanac u.a. ist diese „Bewusstseinserweiterung" zu verdanken. Ihm und seiner zentralen These: „Pleasure: the Common Currency"[361] folgen wir nun auf „vermintes Gelände". Vermint deshalb, weil der Begriff „Pleasure" so unterschiedliche Übersetzungen zulässt wie Lustgewinn und Genuss einerseits und Lebensfreude andererseits. Führt das Eine zum ständigen Kreisen um sich und die eigenen Bedürfnisse, so bedingt die Freude eine Haltung der Offenheit für andere und anderes. Unversehens steht man vor der Wahl zwischen den feuchtfröhlichen Sümpfen des Hedonismus und den sakralen Hallen tiefer, geschenkter und verdankter Lebensfreude. Cabanac selbst gibt die Richtung vor, wenn er am Ende seines Aufsatzes auf ein Bibelwort in Deuteronomium 8,3 verweist: „man does not live by bread alone"[362].

Von der stiefmütterlichen Behandlung des Konzeptes der Homöostase, die u.a. zur wissenschaftlichen Vernachlässigung der Emotion im 20. Jahrhundert geführt hat, war bereits in Kapitel 2.2 die Rede. Michel Cabanac setzt genau an diesem Defizit an, wenn er seine Grundfrage formuliert: Was zählt in Konfliktsituationen, in denen ein Individuum zur Erlangung des homöostatischen Ausgleichs zwischen verschiedenen Verhaltensweisen zu wählen hat? Oder anders gefragt: Wie „rechnet" ein Tier um, wenn unterschiedliche und womöglich konkurrierende Parameter berührt sind, um die Fitness zu maximieren?

Für Cabanac steht fest, dass der sich verhaltende Organismus seine Prioritäten ordnen muss und dazu einer „allgemeinen Währung" bedarf, um diese Ordnung zu erreichen. Der hier vorgeschlagenen Theorie zu Folge ist das Wohlgefühl bzw. die Freude die „allgemeine Währung".[363] Die Metapher „common currency" übernimmt der Autor von McFarland & Sibly, weil sie die Notwendigkeit des Vergleichs der Vorzüge verschiedener Handlungswege impliziert und nahe legt, dass dem Motivationskontrollsystem eine Art Ausgleichs- oder Balancemechanismus inhärent sein muss. Da dieser Prozess der „Gleichgewichtsfin-

---

[360] An dieser Stelle kann diese Diskussion nicht dargestellt werden, vielmehr sei auf die entsprechende philosophiegeschichtliche Literatur verwiesen, z.B. Hirschberger, J., Geschichte der Philosophie, Bd.1, Altertum und Mittelalter, Freiburg 1991, Der Epikureismus, S. 275ff.

[361] Cabanac, M., Pleasure: the Common Currency, J. theor. Biol. (1992) 155, 173-200.

[362] Ebd., S. 197.

[363] Vgl. ebd., S. 173; dort der Verweis auf: McFarland, D.J. & Sibly, R.M. (1975). The behavioral final common path. Philos. Trans. R. Soc.Lond. 270, Biol., S. 265-293.

dung" alle wichtigen Motivationsvariablen zu berücksichtigen hat, ist der verantwortliche Mechanismus zweifellos an einem Schnittpunkt innerhalb der Motivationsorganisation lokalisiert.[364]

In seinen Arbeiten macht Cabanac deutlich, dass Freude nicht länger als eine vage und undeutliche Umschreibung für die Begleiterscheinung eines Verhaltens angesehen werden kann, sondern vielmehr als eigenständiger Untersuchungsgegenstand: Sowohl ihre Maximierung als auch die Minimierung von Unwohlsein [365] führen nicht nur zu sinnvollem Verhalten, sondern stellen zugleich eigenständige Lösungen von Motivationsproblemen dar. Seine Hypothese geht von der Annahme aus, dass bei den Ausgleichsbemühungen zwischen kollidierenden Motivationen die Freude als gemeinsame Währung fungiert. Dabei wird das Missvergnügen darüber, einer Motivation nicht stattgegeben zu haben, um einer größeren Freude willen in Kauf genommen, die durch die Befriedigung einer anderen Motivation erlangt wird.[366]

Dieser Mechanismus stellt biologisch einen großen Vorteil dar, denn der Organismus braucht für optimal angepasste Verhaltensweisen keine besonders hoch entwickelten kognitiven Fähigkeiten. So weist der kanadische Verhaltensbiologe in verschiedenen Experimenten nach, dass die Freude mit einem klar umrissenen psychologischen Ziel zusammenfiel. Diese über bloßen Zufall weit hinaus gehende Entdeckung legt eindringlich den Schluss nahe, dass die Freude selbst der Schlüssel zum optimalen Verhalten war und dass ergo die Maximierung der Freude zu optimaler psychologischer Leistung führt.[367]

In der Konsequenz heißt dies einerseits: Je höher die kognitiven Fähigkeiten eines Tieres entwickelt sind, um so stärker spielt die mit einem Verhalten verbundene Freude eine Rolle, weil sie bewusst gesucht wird. So halten etwa Ratten bedrohliche Kälte aus, um an einen schmackhaften Köder zu gelangen. Die Rat-

---

[364] McFarland, D.J. & Sibly, R.M., a.a.O.

[365] An dieser Stelle wird spätestens deutlich, dass die ethologischen Untersuchungen und Fragestellungen unmittelbar auf das Terrain philosophischer und theologischer Themen führen, also nicht nur auf „Minenfelder".
Der Leser und die Leserin müssen sich hier mit An-Spielungen und vorläufigen Begriffsdeutungen begnügen, so z.B. mit dem Vorschlag, dem Begriff „Freude" als Gegenbegriff das Wort „Unwohlsein" zuzuordnen. Desweiteren wird im weiteren Verlauf der Untersuchung auch die Utilitarismusdiskussion berührt, die sowohl in der Ökonomie als auch in der Ethik geführt wird. Vgl. dazu Cabanac, M., a.a.O. S. 193ff. Vgl. dazu auch u. Kap. VII.1, „Von der Plausibilität und Begrenztheit des tierethischen Diskurses".

[366] Vgl. Cabanac, M., a.a.O., S. 174.

[367] Vgl. ebd., S. 184.

ten nutzten ihre Freiheit, um die folgende für sie relevante „algebraische Summe" zu erhöhen: „verdauungsbezogene Freude minus kälteinduziertes Unbehagen."[368]

Andererseits wird der hier ins Spiel gebrachte Freiheitsbegriff stark in Frage gestellt; denn an dieser Stelle deutet sich bereits an, was in der Sichtung der neurobiologischen Befunde deutlich wird, und was G. Roth inhaltlich in die These fassen wird: Wir tun nicht, was wir wollen, sondern wir wollen, was wir tun![369] D.h. Unser bewusstes Wollen ist dem längst schon unterbewusst entschiedenen Handeln nachgeordnet.

Wenn Freude tatsächlich die allgemeingültige Währung darstellt, in der Verhalten sich auszahlt, erhellt dies nicht nur jedes individuelle Verhalten und somit den Verlauf seiner Ontogenese, sondern zugleich die uns hier interessierende phylogenetische Relevanz der Gefühle. Für Cabanac liegt der große Vorteil der Freude als Motivation in ihrer Vielseitigkeit: Denn Freude eröffnet ein unendliches Register neuer Reaktionsmöglichkeiten. Tatsächlich ist es wesentlich leichter, Freude zu maximieren, als innerhalb des ZNS eine unendliche Zahl instinktiver Reaktionen anzusammeln. In diesem Falle verhält es sich mit der Freude wie mit der in einen Taschenrechner einprogrammierten Multiplikationsfunktion. Auch hier ist es wesentlich leichter, auf diese Funktion zuzugreifen, als die unendliche Zahl möglicher Multiplikationen rationaler Zahlen zu speichern.[370]

Cabanacs These kommt so unspektakulär daher, ist sie aber m.E. nicht: Denn zum einen ergänzt sie das evolutionsbiologische Dogma, die Entwicklung des Lebens auf diesem Planeten verlaufe im wechselhaften Spiel von Mutation und Selektion zufällig und somit ziellos, durch die Erkenntnis, dass im großen „Rechner" des Lebendigen die Freude eine feste „Funktion" ist, d.h. die starke Währung, in der sich ein Verhalten eben auch phylogenetisch auszahlt. Hat die Evolution somit doch eine Richtung? [371] Zum anderen beleuchtet sie ein im Verlauf der Höherentwicklung komplexer werdendes Spannungsfeld: Was geschieht, wenn ein Individuum durch die Maximierung seiner Freude die eines anderen minimiert?

Ordnungsprinzipien (Dominanzbeziehungen, Kommunikationssysteme bis hin zu intelligenten Ethiken) innerhalb eines Sozialsystems werden erforderlich;

---

[368] Ebd., S. 192.

[369] Vgl. Roth, G., a.a.O., S. 453.

[370] Vgl. ebd., S. 196.

[371] Rensch behandelt in einem eigenen Kapitel die „Orthogenese" und bespricht das Phänomen der „gerichteten Phylogenese". Vgl. Rensch, B., Neuere Probleme der Abstammungslehre, Stuttgart 1972, S. 215ff. Auch Rupert Riedl spricht davon, dass die Genesis eine Strategie verfolgt. Vgl. Riedl, R., Die Strategie der Genesis, München 1989. Allerdings behandeln beide Autoren innerhalb ihres Kontextes nicht die Frage der Emotionen. Ob Cabanac seine Überlegungen hier anschliessen würde, bleibt offen.

Der Verzicht auf individuelle Freude wird im Blick auf den Erhalt eines „größeres Ganzen" möglich (altruistisches Verhalten). Zudem kann die Erfahrung einer solchen Freude entstehen, die „diese Welt nicht geben kann" – eine Implikation, die Cabanac durch seinen Verweis auf Dtn 8 und somit auf die metaphysische Dimension der Freude nahe legt.

## 2.6 Wenn das Bewusstsein ins Spiel kommt ...

Von Antonio Damasio war eingangs bereits die Rede. Für ihn steht fest, dass Emotion und Bewusstsein zwar unterschiedliche Phänomene sind, ihre Grundlagen aber eng miteinander verknüpft sind. Seine Arbeiten stellen einen Meilenstein in der Bewusstseinsdebatte dar; Denn sie können von folgendem neurologischem Tatbestand ausgehen: Wenn das Bewusstsein aufgrund gravierender Hirnverletzungen aufgehoben ist, ist gewöhnlich auch die Emotion aufgehoben.

Dasjenige, was seit mehr als zwei Jahrtausenden viele Philosophen von ihren Mitmenschen gefordert hatten, nämlich die Vernunft walten zu lassen und die Gefühle zu unterdrücken, endete bei vielen von Damasio untersuchten Patientinnen und Patienten in absolut unvernünftigem Verhalten. „Ich vermute, dass das Bewusstsein von der Evolution hervorgebracht wurde, weil die Erkenntnis der durch Emotionen hervorgerufenen Gefühle so unentbehrlich für die Kunst des Lebens ist und weil die Kunst des Lebens einen Erfolg der Naturgeschichte darstellt."[372]Bewusstsein muss vorhanden sein, wenn Gefühle das Individuum über das unmittelbare Hier und Jetzt hinaus beeinflussen. Die Emotion ihrerseits wurde im Lauf der Evolution wahrscheinlich vor der „Morgendämmerung des Bewusstseins"[373] angelegt.

Der Autor unterscheidet drei Verarbeitungsstadien, die sich entlang eines Kontinuums anordnen, und die sich auf die phylogenetische Entstehungsgeschichte von Emotion und Bewusstsein übertragen lassen: Einen nichtbewusst ausgelösten emotionalen Zustand; einen Gefühlszustand, der „nichtbewusst repräsentiert werden kann"[374] und einen bewusst gemachten Gefühlszustand, in dem das Lebewesen weiss, dass es sowohl Emotion als auch Gefühl hat.

> „Ich nehme an, dass einige nichtmenschliche Lebewesen, die Emotionen zeigen, aber aller Wahrscheinlichkeit nach nicht über unsere Form des Bewusstseins verfügen, durchaus Repräsentationen erleben, die wir Gefühle nennen, ohne dass sie es wissen. Man könnte

---

[372] Damasio, A., a.a.O., S. 46.
[373] Ebd., S. 51.
[374] Ebd.

einwenden, wir sollten ein anderes Wort verwenden für 'Emotionen, die bewusst sind', a-
ber es gibt keins."[375]

Für Damasio ist es nicht ausgeschlossen, dass die Grundkonfigurationen von
Emotionen auch schon in einfachen Organismen zu finden sind. Dank unseres
Bewusstseins können wir Menschen die Gefühle auch noch erkennen, die die
Emotion verursacht hat. Hingegen hat „die still und langsam vor sich hinbasteln-
de Evolution [...] dem kleinen Vogel alles Denken abgenommen. Das genetische
System des winzigen Geschöpfs hat die evolutionäre Botschaft pflichtgemäß
übermittelt. Mit ein bisschen Hilfe durch die Mutter und frühere Umstände kann
das Minikonzert der Furcht nun jedes Mal aufgeführt werden, wenn die Situation
es verlangt."[376]

Von verschiedenen Arten des Selbst spricht unser Neurobiologe und unterscheidet zwischen dem vor-bewussten „Proto-Selbst" und den bewussten Zuständen des „Kernselbst" und „Autobiografischen Selbst".[377] Damit sind wir bei
zentralen Thesen seiner Bewusstseinstheorie und verlassen zugleich das Terrain
unserer Fragestellung. Deshalb sei abschließend aus seinem Kapitel „Das Bewusstsein und sein Rang in der Ordnung der Dinge" zitiert:

„Die vielen Bedeutungen, die das Wort 'Bewusstsein' angenommen hat, haben zur Folge,
dass man es ohne nähere Erläuterungen kaum verwenden kann. [...]
Man hat dem Bewusstsein alle Eigenschaften des menschlichen Geistes zugeschrieben, die
wir für besonders hoch entwickelt und spezifisch menschlich halten – so die Fähigkeit zwischen Gut und Böse zu unterscheiden , die Fähigkeit, die Bedürfnisse und Wünsche unserer Mitmenschen zu erkennen und unser Empfinden für den Platz, den wir im Universum
einnehmen. Diese Attribute haben das Bewusstsein unantastbar gemacht.
Doch nach meiner Auffassung ermöglicht das Bewusstsein unserem Geist , all die Eigenschaften zu entwickeln, die wir so bewundern, es ist aber nicht die Essenz dieser
Eigenschaften.
Bewusstsein ist nicht Gewissen. Es ist nicht dasselbe wie Liebe, Ehre und Barmherzigkeit,
wie Großzügigkeit und Altruismus, Poesie und Wissenschaft [...].
Die wunderbaren Hervorbringungen des menschlichen Geistes sind auf die gleiche grundsätzliche Weise auf Bewusstsein angewiesen wie sie auf Leben angewiesen sind und wie das
Leben auf die Verdauung und auf ein ausgewogenes inneres chemisches Milieu angewiesen
ist.
Doch keine dieser wunderbaren Hervorbringungen wird unmittelbar vom Bewusstsein
verursacht. Vielmehr sind sie die direkte Konsequenz eines Nervensystems, welches nicht
nur bewusstseinsfähig, sondern auch mit einem umfangreichen Gedächtnis ausgerüstet ist,

---

[375] Ebd. Schon B. Rensch unterschied zwischen drei Stufen des Ich-Bewußtseins. Vgl. dazu:
Rensch, B., Neuere Probleme der Abstammungslehre, a.a.O, Kap. 10: Evolution der Be-
wußtseinserscheinungen, S. 348ff., bes. S. 370ff.
[376] Damasio, A., a.a.O., S. 90.
[377] Siehe dazu die Tabelle: ebd., S. 211 und die Abbildung 10.1 Vom Wachsein zum Bewusstsein, ebd., S. 371.

mit der hochwirksamen Fähigkeit, Gedächtnisinhalte zu kategorisieren, mit der neuartigen Fähigkeit, das gesamte Spektrum des Wissens in Sprache zu codieren und mit der komplexen Fähigkeit, sich Wissen in der Vorstellung anschaulich zu machen und es intelligent zu manipulieren.[...]

Kurzum, das Bewusstsein ist ein großartiger Passierschein in die Zivilisation, aber nicht diese selbst.[...]

Trotzdem bin ich bereit zuzugeben, dass wir wahrscheinlich wegen des Bewusstseins aus dem Garten Eden vertrieben worden sind. Das Bewusstsein hat noch nicht den vollen Geschmack der Frucht vom Baum der Erkenntnis, aber das unschuldige Bewusstsein hat die Dinge in Gang gebracht, vor vielen, vielen Arten und vielen Millionen Jahren, noch bevor der Mensch sich einen Begriff von der eigenen Natur zu machen begann."[378]

## 2.7 Das limbisch-emotionale Gehirn

Der Begriff des limbischen Systems[379] hat sich inhaltlich mit der Zeit sehr verändert. Paul Broca, ein französischer Neurologe, bezeichnete 1878 medial-temporale Hirnrindenanteile, nämlich den Gyrus cinguli und den Gyrus parahippocampalis , als „grossen limbischen Lappen", der sich wie ein Saum (lat. limbus) um subcorticale telencephale Zentren herumzieht. Dieses Konzept wurde durch die amerikanischen Neurologen James Papez und Pauls MacLean in den dreissiger und vierziger Jahren des vergangenen Jahrhunderts erweitert. Sie schlossen subcorticale und diencephale Gebiete mit ein. Walle Nauta ergänzte in den fünfziger Jahren das System um Bereiche des Mittelhirns, und Rudolf Nieuwenhuys schloss in den achtziger Jahren Kerne bzw. Bereiche der Brücke und der Medulla oblongata mit ein.

G. Roth nennt „limbisch" diejenigen Strukturen, „die mit emotional-affektiven Zuständen in Verbindung mit Vorstellungen, Gedächtnisleistungen, Bewertung, Auswahl und Steuerung von Handlungen zu tun haben, und zwar unabhängig davon, ob diese Leistungen und Zustände bewusst oder unbewusst ablaufen."[380] Alle Wirbeltiere besitzen neben einem Hirnstamm ein in den Grundzügen identisches limbisches System im Mittelhirn, Endhirn und ventralen

---

[378] Ebd., S. 370ff.

[379] Vgl. zum Folgenden: Roth, G., Fühlen, Denken, Handeln, a.a.O., S. 232ff. Da eine intensivere Darstellung der neurophysiologsichen Grundlagen den Rahmen diese Arbeit sprengen würde, sei hier auf die entsprechenden Lehrbücher verwiesen, z.B. Wehner, R., Gehring, W., Zoologie, Stuttgart 1990, S. 372f. oder Wolf, G., Das Gehirn. Wege zum Begreifen, München 1992, S. 177f.

[380] Roth, G., a.a.O., S. 232 ; ebd. eine Aufzählung der Gebiete, die im engeren Sinn zum limbischen System gehören, vgl. Abb. 8.1 , S. 234. Zudem beschränke ich mich hier auf die Darstellung seiner neurophysiologischen Thesen; eine Auseinandersetzung geht weit über den Rahmen dieser Arbeit hinaus.

Endhirn. Ausserdem haben sie ein dorsales Telencephalon, das dem Cortex der Säuger entweder direkt homolog ist oder funktional entspricht. In der Grösse, dem anatomischen Aufbau und der Vielfalt der Funktionen des dorsalen Telencephalons bestehen Unterschiede. Auch sind die Verbindungen zwischen dem vegetativen, dem limbischen und dem corticalen Subsystem sehr eng.

Die neurophysiologischen Erkenntnisse Roths u.a. unterstützen die Ergebnisse Damasios und lassen folgende Thesen zu: Die Hirnzentren, die unsere Denk- und Gefühlswelt und somit unser Handeln in seinen Grundzügen bestimmen, liegen außerhalb der assoziativen Großhirnrinde und sind dem bewussten Erleben nicht zugänglich.[381] Gefühle beherrschen also den Verstand, und das ist auch gut so, „denn unsere konditionierten Gefühle sind ja nichts anderes als konzentrierte Lebenserfahrung."[382] Das bewusste Ich, das auch sprachlich vermittelt ist, stellt „die letzte Instanz" dar, „die erfährt, was in uns los ist." Sie gleicht einem „Regierungssprecher, der Dinge interpretieren und legitimieren muss, deren Gründe und Hintergründe er gar nicht kennt".[383] Die menschliche Existenz, die in besonderer Weise bewusst, weil weitestgehend sprachlich vermittelt ist, ist nicht eine einfache Fortsetzung des Unbewussten, sondern „eine andere Art von Existenz, nämlich eine soziale."[384]

## 2.8 Die Rolle der Hormone

Nicht zuletzt wegen der bereits skizzierten merkwürdigen Geschichte der Wissenschaft über Emotionen und Gefühle ist die Frage nach dem Wohlergehen der Tiere, somit auch ihrer Leidensfähigkeit, neu. Der Dahlem Workshop von 2001 sagt: „ ... beim Studium eines befriedigenden Wohlergehens treffen wir auf eine weitgehend neue Herausforderung."[385] und spricht von der Multidimensionalität des Wohlergehens.

Einsichten sind aus folgenden Disziplinen zu erwarten: Humanpsychologie, klinische Tiermedizin, Evolutionsbiologie, Stressphysiologie, Neurobiologie und Neuroendokrinologie.[386] Da sich diese Arbeit der Ethologie widmet und bereits

---

[381] Vgl. ebd., S. 368f.
[382] Ebd., S. 321.
[383] Ebd., S. 370.
[384] Ebd., S. 371.
[385] Dahlem Workshop Report 87, a.a.O., S. 82.
[386] Vgl. ebd., S. 83ff.

das Feld der Evolutions- und Neurobiologie abgeschritten hat, wenden wir uns nun noch der Endokrinologie[387] zu.

Neben der genetischen Ausstattung spielen Hormone in verschiedenen Bereichen des tierlichen und menschlichen Lebens eine entscheidende Rolle: Pränatale Einflüsse[388], die gesamte nachgeburtliche Ontogenese[389] und die unterschiedlich gearteten Lebensbedingungen in den verschiedenen Entwicklungs- und womöglich Sozialisationsphasen[390] sind hier zu nennen. Hormone tragen zur (geschlechtlichen) Identitätsbildung bei und sind zugleich Indikatoren für innere Zustände.

Ausführlich hat Dietrich von Holst die Physiologie sozialer Interaktionen untersucht und sich u.a. mit Stressreaktionen beschäftigt. Die beiden dafür charakteristischen endokrinen Systeme mit ihren wichtigsten Auswirkungen sind:

1. Das Sympathicus-Nebennierenmarksystem: Notfallreaktion (nach W. Cannon); Adrenalin, Noradrenalin; Steigerung von Atmung, Herzrate, Blutdruck und Blutzucker; Abbau von Leber- und Muskelglykogen.

2. Das Hypophysen-Nebennierenrindensystem: Stress-Reaktion (nach H. Selye); Cortisol, Cortison, Corticosteron; Abbau von Muskel- und Fettgewebe, Anstieg von Blutzucker und Leberglykogen; Hemmung von Entzündungen und Immunsuppression.[391]

In seinen Untersuchungen an Tupajas, die in der Natur paarweise in Territorien leben, kann er zeigen, dass aus Kämpfen hervorgehende „submissiv unterlegene" Männchen aufgrund einer permanenten Streßsituation, nicht etwa wegen direkter physischer Auswirkungen der Auseinandersetzungen, innerhalb weniger Tage sterben. „Anthropomorph gesprochen: Der Unterlegene stirbt an der andauernden Angst."[392] Zudem zeigt u.a. der Hormonstatus, ob Paare in harmonischen oder unharmonischen Beziehungen leben. V. Holst untersucht den Einfluss der

---

[387] Zur allgemeinen Charakterisierung hormonaler Kontrolle vgl. Wehner, R., Gehring, W., a.a.O. S. 324ff. Dort auch eine Übersicht über die Hormone der Wirbeltiere.

[388] Vgl. die aktuelle Arbeit: Kaiser, S. und Sachser, N., Social stress during pregnancy and lactation affects in guinea pigsf the male offsprings' endocrine status and infantilizes their behaviour. Psychoneuroendocrinology 26: 503-519.

[389] Vgl. Sachser, N., Sozialphysiologische Untersuchungen an Hausmeerschweinchen. Gruppenstrukturen, soziale Situation und Endokrinum, Wohlergehen. Berlin 1994.

[390] Vgl. ders., What is important to achieve good welfare in animals?, a.a.O.

[391] Von Holst, D., Auswirkungen sozialer Kontakte bei Säugetieren, Biologie in unserer Zeit, 24. Jahrgang, Nr.4, Weinheim, 1994, S. 165.

[392] Ebd.

oben genannten, je nach sozialer Position und Verhaltensstrategie unterschiedlichen physiologischen Reaktionen auf Fertilität und Gesamtfitness.[393]

Auch die Arbeiten von Norbert Sachser und seiner Arbeitsgruppe sind in diesem Zusammenhang zu nennen. Ihr Untersuchungsobjekt sind sowohl domestizierte Meerschweinchen (Cavia aparea f. porcellus) als auch ihre Wildformen (Cavia aparea und Galea musteloides). Folgende generelle Aussagen über das Verhalten von in Gruppen lebenden Säugetieren lassen sich aus den Ergebnissen ableiten: Soziale Interaktionen haben nicht nur Auswirkungen auf den individuellen Reproduktionserfolg, sondern können einerseits das gesamte Wohlergehen fördern oder rufen Stressreaktionen hervor. Die Art und Weise, in der Tiere interagieren, wird nicht nur von der aktuellen Umweltsituation beeinflusst, sondern in hohem Mass auch von den sozialen Erfahrungen, die sie während ihrer bisherigen Entwicklung gemacht haben („their behavioral development"[394]). Hier kommt der Pubertät als besonders prägende Phase auch im Leben eines jungen Meerschweinchens außerordentliche Bedeutung zu.[395]

Außerdem haben pränatale Bedingungen eine nicht zu unterschätzende Relevanz. So verhalten sich etwa Töchter einer Mutter, die während ihrer Trächtigkeit in einer stabilen sozialen Situation gelebt hat, anders als solche, deren Mutter sozialem Stress ausgesetzt ist.[396]

Diese zugegebenermaßen schlaglichtartigen Erkenntnisse der Verhaltens-Endokrinologie vervollständigen unsere „Sammlung von Evidenzen": Unter Beibehaltung der Grenzbestimmung, über das subjektive Wohlbefinden eines Lebewesens keine objektive Auskunft geben zu können, können wir sagen: Es ist plausibel anzunehmen, dass auch bei Tieren – abhängig von ihrer physiologischen Ausstattung – deutliche und prägende Reaktionen auf innere und äußere Einflüsse in Form von Emotionen vorliegen. Es liegt sogar die Vermutung nahe, dass bei bestimmten Tieren womöglich Gefühle vorhanden sind, die bei Menschen und ihm nahestehenden Säugern nicht oder nicht mehr konstitutiv sind.

George Schaller fragt nach der Beobachtung eines Weibchens des Großen Panda, das er Zhen-Zhen genannt hatte:

---

[393] Vgl. auch, ders., Physiologie sozialer Interaktionen – Sozialkontakte und ihre Auswirkungen auf Verhalten sowie Fertilität und Vitalität von Tupajas, Physiologie aktuell, Bd.3, Stuttgart, New York, 1987, S. 189-208.

[394] Sachser, N., Of Domestic and Wild Guinea Pigs: Studies in Sociophysiology, Domestication, and Social Evolution, Naturwissenschaften, Review Articles 85, Springer-Verlag, 1998, S. 307.

[395] Ebd., S. 310f, s. auch: ders., The ability to arrange with conspecifics depends on social experiences around puberty. Physiol. Behav. 53: 539-544.

[396] Ebd., S. 311f.

„Wie stellt sich die Welt für einen Panda dar? Treffe ich auf einen Tiger oder einen Gorilla, kann ich die Beziehung, die uns miteinander verbindet, an den Gemütsbewegungen ablesen, die das Tier ausdrückt, denn Neugier, Freundlichkeit, Argwohn, Zorn, Furcht – das alles verrät sich in seiner Körpersprache und seinem Mienenspiel. Dagegen sind Zhen-Zhen und ich zwar an ein und demselben Ort beisammen, aber dennoch durch eine unermeßliche Kluft voneinander getrennt. Ihr Inneres bleibt unerforschlich, ihr Verhalten unergründlich. Verstandesmäßige Einsichten vertiefen emotionales Erleben.

Aber bei Zhen besteht für mich die Gefahr, dass ich von einem Berg von Schätzen mit leeren Händen weggehe."[397]

## 2.9 Vom Glück der Tiere[398]

Wie weit ist der Sprung von „pleasure" zu „happiness" und von „expectation copy" zu „hope"? Wie und wodurch wird Freude zu Glück und verwandelt sich eine unbewusste Erwartungshaltung in eine Hoffnung? Es steht fest, dass die Natur mit der „Erfindung" von Emotion und Gefühl die Grundvoraussetzung für die Entwicklung des Bewusstseins geschaffen hat. Dieses komplexe innere „Bezugs- und Kontrollsystem" ermöglicht ihren Inhabern eine ganz neue Form der Anpassung, indem es ihnen ein Spiel-Feld eröffnet, das ihnen aus dem starren Reiz-Reaktions-Schema einen Ausweg öffnet: Die Wahrnehmung der inneren und äußeren Einflüsse auf ihre Fitness kann zu einer vor-bewussten Erwartungshaltung führen. Und die mit bestimmten Handlungen verbundenen Gefühle der Freude eröffnen den „Glücklichen" sowohl neue Formen der sozialen Interaktion als auch innovative Anpassungs- und Vermeidungsstrategien.

Die Evolution macht damit einen ungeheuren Sprung: Sie bringt Individuen hervor! „Individuum est quod violatum dolet – Individuum ist, was, wenn es verletzt wird, Schmerz empfindet; was darum Angst kennt, wenn es bedroht wird; und was sich unmissverständlich auch dem gleichgültigen Betrachter offenbart, indem es sich in Sicherheit zu bringen sucht."[399] G. Roth kommt in seinem „Plädoyer für einen Individualismus"[400] auch auf den Begriff der Persönlichkeit zu sprechen und sagt: „Aus den [...] Erkenntnissen der Neuro- und Kognitionswissenschaften ergibt sich [...] die Sicht, dass es eher die Menschen mit ihrer in früher Jugend erworbenen Persönlichkeitsstrukturen sind, welche die Gesell-

---

[397]  Schaller, G., Der letzte Panda, Reinbek 1995, S. 162f.
[398]  Vgl. dazu: Müller, B., Das Glück der Tiere, Einspruch gegen die Evolutionstheorie, Berlin, 2000. Müller behauptet, dass die Evolutionstheorie nicht die Wahrheit über die Lebewesen enthält, von denen sie handelt, dass sie eine falsche Idee ist. Falsch, weil sie das Individuum leugnet, es zu einem bloß abgeleiteten Teil der physikalischen Welt macht.
[399]  Ebd., S. 19.
[400]  Roth, G., a.a.O., S. 457.

schaft bestimmen, und weniger die gesellschaftlichen Strukturen, welche die
Persönlichkeit der Menschen bestimmen, die in ihr leben.""[401]

Nicht das Denken allein schafft Persönlichkeit. Das, was ein Lebewesen zum
Individuum macht, ist das Ergebnis eines hoch komplexen Zusammenspiels von
kognitiven und emotionalen Kräften. Was dies für die Menschwerdung bedeutet,
wird uns später beschäftigen. An dieser Stelle sei – ermutigt durch A. Damasio –
ein gewagter Sprung in die Poesie erlaubt:

> „Den Wasserfall oder Musik, so innig gehört,
> Daß sie nicht gehört wird, weil man selbst die Musik ist,
> Solange sie forttönt. Das sind nur Winke und Ahnungen,
> Winke, denen Ahnungen folgen; alles Weitere aber
> Ist Gebet, Ehrerbietung, Selbstzucht, Denken und Tun.
> Der halb erahnte Wink, die halb verstandene Gabe ist
> Inkarnation.""[402]

*T.S. Eliot*

## 3. Beweggründe tierlichen Verhaltens

„Als der göttliche Funke aus der Mode kam, wurde die Kultur zur allgemein
anerkannten Erklärung für unseren Erfolg.""[403] So beleuchtet der Primatologe
Frans de Waal die Debatte, die Natur- und Geisteswissenschaften gleichermaßen
über Generationen hinweg beschäftigt: Gibt es einen sanften Übergang von der
Natur zur Kultur, in dessen Folge dann auch die Phänomene auftauchen, die
moralisch genannt werden können? Können und müssen wir schon Tieren Kultur und womöglich Moralfähigkeit zugestehen? Oder „fiel die Kultur doch vom
Himmel"? „Letzten Endes geht es um die Alternative, ob unsere Moral naturge-
geben oder etwas Hergestelltes ist oder ob wir die einzige Spezies auf Erden sind,
die sich 'selbst gemacht' hat.""[404]

Charles Darwin – seine Überzeugung sei auch diesem Kapitel vorausgestellt –
war davon überzeugt, dass seine Theorie genug Platz ließ, um den Ursprung der
Moral zu erklären; er maß der Fähigkeit zum Mitgefühl eine große Bedeutung

---

[401] Ebd.
[402] Eliot, T.S., aus: Die Dry Salvages, in: Gesammelte Gedichte, Frankfurt 1989, S. 317; Zitiert
bei Damasio, A., a.a.O., als Vorwort.
[403] De Waal, F., Der Affe und der Sushimeister, München 2002, S. 330.
[404] Ebd., S. 331.

bei, aus der er die Tiere nicht ausschloß: „Es sympathisieren [...] sicher viele Thiere mit dem Unglück oder der Gefahr ihrer Genossen."[405] Er sah keinen Widerspruch zwischen der Unerbittlichkeit des Evolutionsprozesses und der möglichen Sanftheit einer seiner Hervorbringungen. Gegen Huxley, der in der Moral eine Verletzung der Prinzipien der Evolution sieht, betont er auch hier die Kontinuität von Mensch und Tier:

> „[Es, R.H.] scheint mir in hohem Grade wahrscheinlich zu sein, nämlich daß jedes Thier, welches es auch sein mag, wenn es nur mit scharf ausgesprochenen socialen Instincten (die elterliche und kindliche Zuneigung hier eingeschlossen) versehen ist, unvermeidlich seine intellectuellen Kräfte so weit oder nahezu so weit wie beim Menschen entwickelt hätte."[406]

Doch bevor wir uns den brisanten Fragen des Woher und Wofür von Kultur und Moral zuwenden, soll Grundsätzliches über Antriebe des tierlichen (und menschlichen) Verhaltens ausgeführt werden. Denn Intention dieses Kapitels ist es auch, die Komplexität tierlichen Verhaltens darzustellen; dies geschieht durch verschiedene Zugehensweisen (ökonomisch, kommunikationstheoretisch...), die wie Folien auf das Miteinander der Tiere gelegt werden.

## 3.1 Wie- und Warum-Fragen

Im Ruhezustand hält der große, leuchtend gelbe Falter seine Vorderflügel so, dass sie das Abdomen und die Hinterflügel bedecken. Stößt man ihn aber an oder berührt seinen Thorax, strahlen zwei große runde Flecken aus blauen, schwarzen und weißen Schuppen auf tiefgelbem Untergrund, die den Betrachter wie Augen anstarren. Jeder, der zum ersten Mal sieht, wie der *Automeris*-Falter aus Costa Rica seine Hinterflügel entblößt, wird wie John Alcock fragen, was da vor sich geht.[407]

Seine Fragen über das Flügelspreizen bei *Automeris* ergeben eine lange Liste, in der jede Frage einer von zwei Kategorien zugeordnet werden kann: Wie-Fragen über die sogenannten proximaten Ursachen des Verhaltens und Warum-Fragen über die sogenannten ultimaten Ursachen.[408] Beide Fragetypen betreffen grundsätzlich verschiedene Ebenen der Analyse und sind komplementär zu ver-

---

[405] Darwin, Ch., Die Abstammung des Menschen und die geschlechtliche Zuchtwahl, a.a.O., S. 96.

[406] Ebd., S. 92.

[407] Vgl. Alcock, J., a.a.O., S. 1f.

[408] Vgl. ebd.; außerdem Mayr, E., Cause and effect in biology, Science 134, 1961, S. 1501-1506; Orians, G.H, Natural selection und ecological theory, Animal Naturalist 96, 1962, S. 257-264.

stehen: Zielen die Wie-Fragen darauf ab, wie ein Individuum eine bestimmte Aktivität bewerkstelligt, so geht es bei den Warum-Fragen um den evolutiven Hintergrund eines Verhaltens.

---

**Proximate Ursachen:**

1. Genetische und entwicklungsbiologische Mechanismen:
   -Wirkung des Erbgutes auf das Verhalten
   -Wechselwirkungen zwischen Genom und Umwelt während der Ontogenese, die zur Ausbildung sensorischer und motorischer Mechanismen führen.
2. Sensorische und motorische Mechanismen:
   -Wahrnehmung von Reizen aus der Umgebung (z.B. Nervensystem),
   -Regulierung der inneren Reaktionsbereitschaft (endokrine Systeme),
   -Ausführung der Verhaltensantwort (Motorik).

**Ultimate Ursachen:**

1. Evolutionsgeschichtliche Grundlagen eines Verhaltens: Ursprung eines Verhaltens und seine Abwandlungen im Lauf der Zeit.
2. Wirkungen der natürlichen Selektion in der Vergangenheit auf die Ausformung des gegenwärtigen Verhaltens: Frühere und jetzige Nützlichkeit eines Verhaltens im Hinblick auf die Fortpflanzung.

Tabelle 1: Analyse-Ebenen bei der Untersuchung tierlichen Verhaltens.[409]

---

Im Folgenden wird es ausschließlich um Letztere gehen.

## 3.2 Art oder Individuum?

Ein Cartoon von Gary Larson zeigt Lemminge, die sich ins Wasser stürzen, um Suizid zu begehen. Ein Tier aber unterscheidet sich von den anderen dadurch, dass es einen Rettungsring um die Taille trägt. Dieser Witz führt die These, das „Artwohl" sei ein wesentlicher Selektionsfaktor, ad absurdum.

Diese These wurde u.a. von V.C. Wynne-Edwards ausgeführt und besagt, dass fast alle Aspekte des tierlichen Verhaltens dazu beitragen, dass eine Art ihre Populationsdichte gering halten kann, um die lebensnotwendigen Ressourcen nicht zu zerstören.[410] Folgerichtig hätten nur Arten, die ihre Populationsdichte regeln können, bis in die Gegenwart überlebt. Andere Arten, denen solche Me-

---

[409] Vgl. Alcock, J., a.a.O., S. 3.
[410] Vgl. Wynne-Edwards, V.C., Animals Dispersion in Relation to Social Behaviour, Edinburgh 1962.

chanismen fehlen, seien durch übermäßige Nutzung ihrer Nahrungsgrundlagen ausgestorben.

Durch diese These waren die Biologen gezwungen, die theoretischen Grundlagen für die Evolution des Sozialverhaltens zu untersuchen. So legte G.C. Williams 1966 dar, dass sich diese Theorie der Gruppenselektion von Darwins Theorie von der natürlichen Selektion grundsätzlich unterschied.[411] Diese vollzieht sich als Folge von Differenzen von Individuen, deren Phänotyp durch eine zufällig auftretende Mutation eine Variation erfahren hat. So bewirkt die Selektion auf dieser Ebene mit sehr viel größerer Wahrscheinlichkeit evolutiven Wandel als auf der Ebene der Gruppe oder gar Art.

In Williams Argumentation spielen die Lemminge (*Lemmus lemmus*) tatsächlich eine entscheidende Rolle. John Alcock fasst zusammen: „Man stelle sich eine bestimmte Art oder Gruppe vor, deren Individuen bereit sind, sich für den Langzeiterfolg ihrer Art zu opfern. Vielleicht begehen beispielsweise einige Berglemminge [...] 'Selbstmord', wenn die lokale Populationsdichte so hoch wird, daß die Nahrungsgrundlage und damit das Überleben der Gruppe gefährdet ist. In einem solchen Fall würde man sagen, daß eine Gruppenselektion [...] die Allele für selbstmörderisches Verhalten begünstigt, da die Art als ganze von der Beseitigung des Bevölkerungsüberschusses profitiert."[412] Allerdings würde in einer Lemmingpopulation mit der Bereitschaft zum Suizid die natürliche Selektion auf der Grundlage der Variabilität zwischen den Individuen ebenso wirksam werden. Und das bringt der eingangs vorgestellte Cartoon ins Bild: Falls es tatsächlich zwei Typen von Lemmingen gäbe, einen mit der Neigung, sich bei hoher Populationsdichte zu töten, und einen anderen mit der Neigung, sich zu „retten" und die Selbstopferung des anderen zuzulassen, liegt auf der Hand, welcher Typus in der nächsten Generation einen größeren Anteil ausmacht.

Der Argumentation Williams, wonach eine Selektion an den Unterschieden zwischen Individuen ansetzt, haben sich die meisten Verhaltensbiologen angeschlossen. Es ist deutlich geworden, dass eine Selektion, die an Unterschieden zwischen Gruppen ansetzen sollte, kaum Auswirkungen auf die Zusammensetzung des Erbgutes in der nächsten Generation hat.

---

[411] Vgl. Williams, G.C., Adaption and Natural Selection, Princeton, NJ, 1966; an diesem „Dogma" der Biologie hielt in Deutschland auch Konrad Lorenz fest.

[412] Alcock, J., a.a.O., S. 7.

## Exkurs: Oder ist es doch das „egoistische Gen"?[413]

Für Richard Dawkins ist die Argumentation nicht einleuchtend. Er geht bekanntlich einen Schritt weiter:

> „Wir hatten festgestellt, daß einige Leute die Art als die Einheit der natürlichen Selektion betrachten, andere die Population oder Gruppe innerhalb der Art und wieder andere das Individuum. Ich hatte gesagt, daß ich es vorzöge, das Gen als die grundlegende Einheit der natürlichen Auslese und damit als die grundlegende Einheit des Eigennutzes anzusehen.
> Ich habe nunmehr das Gen so definiert, daß es wirklich kaum möglich ist, daß ich nicht recht habe!"[414]

Auch Dawkins betont, dass die natürliche Selektion auf der Ebene des Individuums wirkt. Seine fast absolute Setzung des Gens als Selektionseinheit rechtfertigt er damit, dass sich die Konsequenzen der Selektion immer in den Genfrequenzen des Genpools manifestieren.[415]

Populationsgenetiker wie Laland, Kumm und Feldmann analysieren diese Genfrequenzen anhand eigener Modelle.[416] Dem Gen als Selektionseinheit und Replikator der biogenetischen Evolution hat er für die tradigenetische Evolution eine Entsprechung zur Seite gestellt, die er „Mem" nennt: „Beispiele eines Mems sind Melodien, Gedanken, Schlagworte, Kleidermode, die Art Töpfe zu machen oder Bögen zu bauen."[417] Dies gilt ausschließlich für die menschliche Kultur. Er beschreibt auch Ansätze kultureller Evolution bei Tieren, doch handelt es sich dabei „lediglich um interessante Kuriositäten."[418]

## 3.3 Kommunikation und Handicap

Für John Alcock sind es die Augen, die uns von den Hinterflügeln des *Automeris*-Falter bedrohlich „anstarren", für Amotz und Avishag Zahavi diejenigen, die das

---

[413]  Dieser Exkurs stellt einen Kompromiss dar; denn, weil die These vom Gen als Selektionseinheit unmittelbar an die von Williams anschließt, kann sie nicht ungenannt bleiben und weil andernorts eine intensive Auseinandersetzung mit der Soziobiologie stattfindet, kann hier getrost auf zwei Arbeiten verwiesen werden: Heinrich, A., Soziobiologie als kulturrevolutionäres Programm, Regensburg, 2001; Junker, C., Zur immer tieferen Erschließung des Menschenmöglichen – Ethik und Soziobiologie im Dialog, Münster, 1998.

[414]  Dawkins, R., Das egoistische Gen, New York, 1987, S. 35.

[415]  Ebd., S. 52.

[416]  Vgl. Laland, K.N., Kumm, J., Feldmann, M.W., Gene-Culture Coevolutionary Theory. A Test Case, Current Anthropology 36/1, 1995, S. 151.

[417]  Ebd., S. 22.

[418]  Dawkins, R., a.a.O., S. 224.

Pfauenrad zum schillernden Kunstwerk machen. Ein Augenaufschlag genügt dem einen, um einen langen systematischen Fragekatalog aufzustellen, den anderen, um eine neue Theorie zu entwickeln: Das Handicap-Prinzip, von dem schon die Rede war.[419]

Auf dem Hintergrund der uns in diesem Kapitel beschäftigenden Fragestellung kommt den Forschungen der Zahavis eine besondere Bedeutung zu, erklären sie doch die Kommunikation, das Senden und Empfangen von Signalen, zu einem Hauptantrieb des tierlichen Verhaltens. Warum also der Pfau sein Rad schlägt – diese und ähnliche Verhaltensweisen wurden und werden erklärt mit: Imponiergehabe, Balzverhalten, Mimikry, listiger Trick des egoistischen Gens oder Anpassung an die natürliche Umwelt. Für die Verhaltensbiologen aus Israel sind dies unzureichende Erklärungen, falls sie überhaupt zutreffen.

Die traditionelle Ethologie hat in der besonderen biologischen Ausprägung von Lebewesen Reaktionen auf das sie umgebende Milieu gesehen, als Zeichen der Anpassung also, die das Überleben des Individuums, der Art und letztlich der Gattung ermöglichen. Erst die in ihrem Buch „Signale der Verständigung. Das Handicap-Prinzip"[420] vorgelegten Forschungen der israelischen Forscher Zahavi zeigen, dass die angeborenen Eigenschaften und Verhaltensweisen eines Lebewesens auch ganz anders verstanden werden können: Als Signale der Verständigung, die nicht, wie in der Evolution sonst üblich, dem Prinzip des geringsten Widerstandes folgen, sondern konträr zu diesem „Dogma" stehen: Die entscheidenden Signale, die Tiere zur inter- und intraspezifischen Kommunikation einsetzen, erfordern einen besonderen Aufwand, hohe „biologische Kosten", um erfolgreich zu sein. Seinen Zweck erfüllt ein solches Signal nur, wenn es eindeutig und nicht zu fälschen ist. Nur dann, wenn es exakt und verlässlich ist und damit notwendigerweise auch „kostspielig", also scheinbar ein Handicap darstellt, entfaltet es seine Wirkung. Ein solches Handicap stellt sich evolutionsbiologisch geradezu als Vorteil heraus. So erweitert das Handicap-Prinzip unser jetziges Verständnis der Evolution wesentlich:

Signale haben sich wie andere Merkmale durch die natürliche Auslese herausgebildet. Aber während diese anderen Merkmale ausgelesen werden, weil sie Organismen unter einem ganz direkten Nützlichkeitsaspekt effizienter machen, werden Signale ausgelesen, weil sie den Organismen auf eine Weise ein Handicap auferlegen, das allerdings die Zuverlässigkeit des Signals garantiert. „Dieses anscheinende Paradoxon verschleiert eine grundlegende Übereinstimmung zwischen der Signalselektion und der Evolution anderer Merkmale: In beiden Fällen

---

[419] Vgl. o. Kap. V.1.6, „Was wissen sie über sich selbst?"
[420] Zahavi A. A., a.a.O.

breiten sich jene Merkmale einer Population aus, die die Chancen eines Individuums, wiederum erfolgreiche Nachfahren zu haben, erhöhen. Das trifft genauso für ein Signal zu, das ein Handicap mit sich bringt, wie für eine Körperstruktur, die ihren Besitzer handlungsfähiger macht."[421] Wurde in der Vergangenheit immer auch zu zeigen versucht, wie Tiere Signale einsetzen, um in die Irre zu führen[422], belegen die Forschungen der Zahavis, dass Signale die Absichten und Eigenschaften des Senders zuverlässig anzeigen können. Und daraus, dass das Handicap die Zuverlässigkeit eines bestimmten Signals garantiert, folgt, dass wir den Sender, die Umweltbedingungen und die Botschaft besser verstehen können, wenn klar wird, welches Handicap in einem Signal steckt.

Die Forscher resümieren: „Wenn man einmal das Handicap-Prinzip als eine allgemeine Regel bejaht, kann man die Signale in der Natur nicht länger als reine Konventionen sehen. Man muß deshalb alle Signale neu bewerten – auch jene, die bisher einfach als Kennzeichen für eine bestimmte Art, Alter, Geschlecht oder irgendeine andere Einteilung gehalten wurden."[423] Die Ethologen beziehen unterschiedliche Verhaltensweisen des Menschen mit in ihre Untersuchungen ein und attestieren einzig der menschlichen Sprache, eine Kommunikation ohne (!) Verlässlichkeit herstellen zu können.[424] Ob sich daraus auch die These ableiten lässt, das hochentwickelte Bewusstsein des Menschen stelle insgesamt ein Handicap dar, wird uns noch beschäftigen.

Jedenfalls erfüllt es zwei wesentliche Bedingungen (nach Zahavi): Erstens ermöglicht es eine Form von Kommunikation, die als einmalig bezeichnet werden kann, hat die Verständigung doch im Lauf der Evolution ihr Spektrum an verfügbaren Signalen durch so wunderbare Hervorbringungen wie Poesie, Malerei und Musik quantensprungartig erweitert. Der moderne Mensch kann sich tatsächlich über innere Zustände in einer Weise verständigen, von der ein Tier „nur träumen kann"! Und zweitens hat die Evolution keine Kosten gescheut und in einer gewaltigen Anstrengung den neuronalen Apparat des menschlichen Gehirns gigantisch „aufgerüstet", ursprünglich um die Zuverlässigkeit eines Signals, später eines ganzen Signal-Systems zu garantieren.

Für den rasanten Aufstieg des frühen Menschen kommt sicherlich der immer komplexer werdenden Kommunikation innerhalb seiner Sozialverbände eine Schlüsselrolle zu. Inwiefern stellt dieser einmalige Fortschritt auch ein Handicap

---

[421] Ebd., S. 384.
[422] Vgl. dazu Alcock, J., Täuschung und Drohgebärden in: Das Verhalten der Tiere, a.a.O., S. 204f.
[423] Ebd., S. 384f.
[424] Vgl. Kapitel 18, darin bes. S. 371ff.

für den *Homo sapiens* dar und welche Mechanismen setzten zu seiner Milderung und Handhabung ein?

## 3.4 Ökonomisch und/oder natürlich

Um Kosten und Nutzen geht es auch in neueren (verhaltens-)biologischen Arbeiten, die Ronald Noe u.a. unter dem Titel „Economics in Nature – Social Dilemmas, Mate Choice and Biological Markets" herausgegeben haben.[425] Es überrascht nicht nur Evolutionsbiologen, dass selbst die am wenigsten intelligenten Lebewesen, wie etwa Plattwürmer oder Pilze, häufig Strategien anwenden, die in den Überlegungen eines Wirtschaftswissenschaftlers nur von einem hypothetischen „superrationalen" Individuum ausgeführt werden können.[426] Solch optimale Verhaltensweisen können zustande kommen, weil ein über unzählige Generationen sich erstreckender Selektionsprozess das Verhalten jeder Spezies nahezu perfektionieren konnte, solange sich die Veränderung der Umstände, unter denen die Art lebt, an der Evolutionsrate gemessen, langsam genug vollzieht. Und genau hier liegt die auf den ersten Blick überraschende Verbindung von Biologie und Wirtschaftswissenschaften: Während die menschlichen Produzenten und Konsumenten bei Adam Smith von der „invisible hand"[427] ihres Eigeninteresses getrieben werden, zwingt bei Charles Darwin die „natürliche Zuchtwahl" die Organismen dazu, ihre Fitness zu maximieren.

Durch die Beschränkungen, die zum Leben gehören, ist jeder Organismus zu ökonomischem Verhalten gezwungen. Daraus folgt für Noe u.a., dass sich das Studium des ökonomischen Verhaltens nicht allein auf die Wirtschaftswissenschaften beschränken kann. Wissenschaftliche Disziplinen, die sich mit anderen Aspekten menschlichen Verhaltens befassen wie z.B. Psychologie und Anthropologie, müssen sich eingehend mit ökonomischen Entscheidungen als einer zentralen Triebfeder (auch) des menschlichen Verhaltens beschäftigen. Dasselbe gilt für diejenigen biologischen Disziplinen, in denen strategische Wahlmöglichkeiten individueller Organismen – etwa die des anspruchsvollen Pfauenweibchens angesichts der „augenzwinkernden" Hähne – eine zentrale Rolle spielen. Von Zahavis Handicap-Prinzip zu den „Mating markets" im Reich der Tiere und Menschen ist es kein weiter Weg. Verschiedene Autorinnen und Autoren

---

[425] Noe, R, Van Hooff, J., Hammerstein, P., Economics in Nature, Cambridge 2001.
[426] Vgl. ebd., S. ix.
[427] Ebd.

beschäftigen sich u.a. mit Spermakonkurrenz, Modeerscheinungen und Balzare-
nen.[428]

Peter Hammerstein weist darauf hin, dass es auffällige Parallelen in der An-
wendung der Spieltheorie im Bereich der Wirtschaftswissenschaften und der
Evolutionsbiologie gibt. In seinem Aufsatz kommt er u.a. auf das Phänomen des
reziproken Altruismus zu sprechen und referiert das beeindruckende Beispiel, das
Wilkinson 1984 liefert: Weibliche Vampirfledermäuse, die unter dem Druck von
Ressourcenknappheit ihr gesammeltes Blut an solche Artgenossinnen „spenden",
die zuvor solch „selbstloses" Verhalten gezeigt hatten.[429] Unter der Überschrift
„Economic behaviour in social networks"[430] wird dargestellt, wie sich sowohl
menschliche als auch nicht-menschliche Lebewesen in „sozialen Dilemmata"
befinden können. Beschrieben werden Situationen, in denen ein Individuum vor
der Wahl steht: Entweder entscheidet es sich für einen sicheren, aber kleinen
Profit aus einem gemeinsamen Pool oder für einen unsicheren, aber letztlich
größeren Gewinn, der allerdings erst nach anfänglicher Investition in den gemeinsamen Pool eingebracht werden kann.[431]

Auch Tiere müssen das optimale Gleichgewicht zwischen eigenem Beitrag
und Ausnutzung der vorhandenen Ressourcen finden und „cheaters and free-
riders"[432] unter Kontrolle halten. Am Beispiel des gegenseitigen Lausens („grooming") bei Pavianen erklären Louise Barrett und Peter Henzi das Phänomen der
„Biological markets"[433]: Das Lausen kann in unterschiedlichen funktionalen
Kontexten auftreten, um verschiedenen Grundbedürfnissen Rechnung zu tragen.
Es wird angeboten, um anschließend selbst gelaust zu werden – ein ausgesprochen reziproker Vorgang von „egalitärem" Charakter. Auch wird „gegroomt",
um Zugang zu Ressourcen zu erhalten oder sogar um sich die Toleranz stärkerer
Konkurrenten zu „erkaufen".

Redouan Bshary untersucht den Putzerfisch (z.B. Labroides spec.)[434] und seine „Kundschaft", die von recht harmlosen Pflanzenfressern bis hin zu gefährli-
chen Fischfressern einerseits und von ortsgebundenen „verlässlichen" Gästen bis
hin zu solchen, die zwischen verschiedenen Standorten wechseln, andererseits

---

[428] Vgl., Part III Mating markets, in: Noe, R., a.a.O., S. 185ff.
[429] Vgl. Hammerstein, P., Games and markets: economic behaviour in humans and other
      animals, in: Noe, R., Economics in Nature, a.a.O., S. 14.
[430] Ebd., S. 21ff.
[431] Vgl. im genannten Band: Part I Economic behaviour in social networks, a.a.O., S. 23ff.
[432] Kann mit „Betrüger und Trittbrettfahrer" übersetzt werden, in: Noe, R., a.a.O., S. 21.
[433] Vgl. ebd., Part II Biological markets, darin: Barrett, L., Henzi, P., The utility of grooming
      in baboon troops, S. 119ff.
[434] Vgl. dazu auch die Untersuchungen an verschiedenen Putzerfischen in: Eibl-Eibesfeldt, I.,
      Grundriß der vergleichenden Verhaltensforschung. Ethologie, München 1967, S. 342ff.

reicht.[435] „His analysis demonstrates, on the one hand, how market factors influence the decisions of the parties, and on the other hand, how difficult it can be to seperate these influences from those that are based on punishment and blackmail."[436]

Verlässliche Kommunikation und eindeutige Signale, Bestrafungs- und Erpressungssysteme, Betrüger- und Trittbrettfahrertum im Tierreich – der Boden scheint bereitet für die weitergehenden Fragen nach dem Ursprung von Kultur und Moral. Die Frage, ob es sich bei diesen Phänomenen um ein/das Proprium des Menschen handelt, ist vermutlich so alt wie die Menschheit selbst. Es ist dies nicht der Ort, eben jene Diskussion nachzuzeichnen; Wenn im Folgenden der Primatologe Frans der Waal und der Kulturanthropologe Michael Tomasello in einen Dialog[437] gebracht werden, kann brennglasartig ein Licht auf die seit jeher kontrovers geführte Auseinandersetzung fallen.[438]

## 3.5 Neue Begriffe ...

Ernst Mayr, ein Altvater der Biologie, schreibt: „In der Biologie spielen Begriffe bei der Bildung von Theorien eine wesentlich größere Rolle als Gesetze. Zwei wichtige Elemente bei der Formulierung neuer Theorien in den Biowissenschaften sind die Entdeckung neuer Tatsachen und die Entwicklung neuer Begriffe."[439]

Was die Kultur betrifft, hängt das Entscheidende tatsächlich an den Begriffen, bzw. Definitionen. Das macht de Waal am Beispiel des Essens deutlich: Würden wir diesen Akt durch den Gebrauch von Messer und Gabel definieren,

---

[435] Vgl. ebd., Bshary, R., The cleaner fish market, S. 146ff.

[436] Ebd., S. 92.

[437] Als Nicht-Primatologe fällt es schwer, ein grundsätzliches Urteil darüber zu fällen, wer nun „recht hat". Beide Zugänge leuchten ein und hinterlassen Fragen bei in dieser Hinsicht Außenstehenden.

[438] Aus der Fülle der Literatur sei hier exemplarisch und chronologisch auf folgende biologische Arbeiten verwiesen: Lorenz, K., Das sogenannte Böse, München 1976, S. 236-241; Wilson, E.O., Biologie als Schicksal, Frankfurt 1980, S. 9-15.145-146.156ff.181ff.; Lumsden, Ch., Wilson, E.O., Das Feuer des Prometheus, München 1984, S. 252-255; Vogel, Ch., Die biologische Evolution menschlicher Kulturfähigkeit, in: Markl, H. (Hg.), Natur und Geschichte, München 1983; Immelmann, K., Scherer, K.R., Vogel, Ch., Schmook, P. (Hgg.), Psychobiologie. Grundlagen des Verhaltens, Stuttgart 1988; Vollmer, G., Evolutionäre Erkenntnistheorie, Stuttgart 1994; Wickler, W., Die Irrlehre vom moral-analogen Verhalten der Tiere, Universitas 44, 1989, S. 644-653; ders., u. Seibt, U., Das Prinzip Eigennutz, München 1991; ders., Die Biologie der zehn Gebote, München 1991.

[439] Mayr, E., Das ist Biologie. Die Wissenschaft des Lebens, Berlin 1998, zitiert von de Waal, F., Der Affe und der Sushimeister, a.a. O., S. 177.

wäre es uns erlaubt, Essen als eine rein menschliche Tätigkeit oder gar als eine des westlichen Menschen, ganz für uns zu reklamieren. Bei dieser Unterscheidung würden wir die Werkzeuge der Nahrungsaufnahme mit ihrem Zweck verwechseln. Für ihn ist Kultur – und er wendet sich mit seiner Definition gegen exklusive Definitionen[440] –

> „eine Lebensweise, die von den Mitgliedern einer bestimmten Gruppe geteilt wird, aber nicht zwangsläufig auch mit den Mitgliedern anderer Gruppen derselben Spezies. Sie umfaßt Kenntnisse, Gewohnheiten und Fertigkeiten einschließlich zugrundeliegender Tendenzen und Präferenzen, die aus der ständigen Begegnung mit anderen und dem Lernen von ihnen abgeleitet sind. Überall dort, wo systematische Unterschiede im Hinblick auf Kenntnisse, Gewohnheiten und Fertigkeiten zwischen Gruppen nicht durch genetische oder ökologische Faktoren erklärt werden können, sind sie vermutlich kulturell bedingt. Die Frage, *wie* Individuen voneinander lernen, ist zweitrangig; es kommt lediglich darauf an, *daß* sie es tun. Somit fallen Kenntnisse, Gewohnheiten und Fertigkeiten, die von Individuen aus eigenem Antrieb erworben werden, nicht unter diesen Begriff der 'Kultur'."[441]

Michael Tomasello stellt immer wieder die Besonderheit der menschlichen Kultur heraus und postuliert, dass einzig der Mensch im Lauf einer „kumulativen kulturellen Evolution"[442] in der Lage war, die „kognitiven Ressourcen in einer Weise zu bündeln, die anderen Tierarten abgeht."[443] Es gilt, das menschliche kulturelle Lernen von weiter verbreiteten Formen des sozialen Lernens zu unterscheiden und drei Grundtypen zu identifizieren: Imitation, Lernen durch Unterricht und Lernen durch Zusammenarbeit. „Diese drei Typen kulturellen Lernens werden durch eine einzige besondere Form sozialer Kognition ermöglicht, nämlich durch die Fähigkeit einzelner Organismen, ihre Artgenossen als *ihnen ähnliche* Wesen zu verstehen, die ein intentionales und geistiges Leben haben wie sie selbst."[444]

Der Kulturanthropologe, der im übrigen gar nicht wissen will, ob seine Arbeit eine natur- oder eine geisteswissenschaftliche Untersuchung ist,[445] geht von anderen Begriffen aus: Er unterscheidet zwischen „Emulationslernen"[446], das auf Ereignisse in der Umwelt aber nicht auf das Verhalten von Artgenossen ausge-

---

[440] Vgl. ebd., S. 32.

[441] Ebd., S. 36f.

[442] Tomasello, M., Die kulturelle Entwicklung des menschlichen Denkens, Frankfurt a.M., 2002, S. 14.

[443] Ebd., S. 15.

[444] Ebd.

[445] Vgl. S. 9; Achim Bahnen kommentiert dies: „Wohl dem, der sich nicht aus eindeutig-einfältig etikettierten Forschungsfördertöpfen nähren muss." DIE ZEIT, Sachbuch Naturwissenschaft, Oktober 2002, S. 101.

[446] Auch de Waal spricht im Blick auf Vögel, die von anderen das Öffnen von Krabben auf diese Weise erlernen, vom „Emulationslernen": vgl., ebd., a.a.O., S. 25f.

# Verlag Friedrich Pustet

## Fachbücher
## Theologie

Systematische Theologie

Bibelwissenschaft

Liturgiewissenschaft

Sozialethik

Kirchengeschichte

Religionswissenschaft

# www.pustet.de

Michael Böhnke/Michael Bongardt/
Georg Essen/Jürgen Werbick (Hg.)

### Freiheit Gottes und der Menschen
**Festschrift für Thomas Pröpper**

Das Verhältnis von Gott und Mensch als ein
Gegenüber in Freiheit zu verstehen – kaum
ein Theologe verfolgt dieses Ziel so konsequent wie Thomas Pröpper. Die Autoren des
Bandes nehmen dessen vielfältige Impulse auf
und lassen das Bild einer eindrucksvollen
Theologie entstehen.

544 Seiten, Hardcover
ISBN: 978-3-7917-2042-5
€ (D) 49,90/€ (A) 51,30/sFr 86,–

Christian Wessely (Hg.)

### Kunst des Glaubens – Glaube der Kunst
**Der Blick auf das „unverfügbare Andere"
Gerhard Larcher zum 60. Geburtstag**

Die Kunst ist ein wichtiger und kritischer
Gesprächspartner der Religion; umgekehrt
werden Künstler immer wieder von religiösen
Fragen inspiriert. Um die Verflechtungen von
Religion, Kunst und (Alltags-)Kultur kreisen
die Beiträge des Buches, die zugleich weiter-
führende Entwicklungslinien in der Fundamentaltheologie aufzeigen.

400 Seiten, Hardcover
ISBN: 978-3-7917-2033-3
€ (D) 44,–/€ (A) 45,30/sFr 76,–

Christoph Böttigheimer/Hubert Filser (Hg.)

### Kircheneinheit und Weltverantwortung
**Festschrift für Peter Neuner**

Der Band liefert eine umfangreiche Würdigung des dogmatischen Werkes von Peter
Neuner, indem er sich Grundsatzfragen und
Problemen verschiedenster Bereiche der
Dogmatik widmet. Die Beiträge geben einen
aufschlussreichen Einblick in die theologischen Herausforderungen zu Beginn des
21. Jahrhunderts; ihre Perspektive ist inter-
disziplinär und international.

784 Seiten, Geb. mit Schutzumschlag
ISBN: 978-3-7917-1998-6
€ (D) 54,–/€ (A) 55,60/sFr 92,–

Anton Ziegenaus (Hg.)
### „Geboren aus der Jungfrau Maria"
**Klarstellungen**

Das Thema der Jungfrauengeburt stellt sich
der Kirche seit frühesten Zeiten. Die Deutsche
Arbeitsgemeinschaft für Mariologie hat sich
dem Thema erneut zugewandt und focussiert
die neuralgischen Punkte der Diskussion.

Mariologische Studien, Band XIX
264 Seiten, kart.
ISBN: 978-3-7917-2080-7
€ (D) 29,90/€ (A) 30,80/sFr 52,20

## Bibelwissenschaft

Josef Hainz
### Neues Testament und Kirche
**Gesammelte Aufsätze**

Zentrales Thema der Arbeiten des Exegeten
Josef Hainz ist die Kirche aus neutestamentlicher Sicht. Die hier in einem Band ver-
sammelten Aufsätze aus den Jahren 1971 bis
2006 sind in ihrer ursprünglichen Fassung
belassen.

456 Seiten, Hardcover
ISBN: 978-3-7917-2034-0
€ (D) 44,–/€ (A) 45,30/sFr 76,–

Josef Hainz (Hg.)
### Unterwegs mit Paulus
**Otto Kuss zum 100. Geburtstag**

Der Band widmet sich Professor Dr. Otto
Kuss, der vor allem durch seinen Römerbrief-
Kommentar im Gedächtnis geblieben ist.
Leben, Werk und Persönlichkeit von Otto Kuss
werden betrachtet. Eine Auseinandersetzung
mit seinen Interpreten macht dieses Buch
außerdem zu einem eigenen Beitrag zur
Forschungsgeschichte der Paulusbriefe.

2. Auflage, 296 Seiten, Hardcover
ISBN: 978-3-7917-2000-5
€ (D) 34,90/€ (A) 35,90/sFr 60,40

Stephan Winter (Hg.)

**„Das sei euer vernünftiger Gottesdienst"
(Röm 12,1)**

**Liturgiewissenschaft und Philosophie
im Dialog**

Darin, wie Christen Gottesdienst feiern, zeigt
sich, welche Sicht der Glaube auf die Wirklichkeit hat. Dabei stellt sich die Frage, ob
Liturgie rational begründet werden kann.
Die Autoren führen einen spannenden Dialog
zwischen einer biblisch grundgelegten
Liturgiewissenschaft und der Philosophie.

296 Seiten, kart.
ISBN: 978-3-7917-1995-5
€ (D) 34,90/€ (A) 35,90/sFr 60,40

Martin Lätzel

**Den Fernen nahe sein**
**Religiöse Feiern mit Kirchendistanzierten**

Der Autor analysiert zunächst Riten in verschiedenen gesellschaftlichen Bereichen –
Sport-, Musik- und Medienszene, Wirtschaft,
Kunst etc. – und deutet diese als religiöse
Suchbewegungen. Er geht daraufhin auf die
heutige Liturgiekritik ein, durchleuchtet
praktizierte Modelle religiöser Feiern mit
Kirchendistanzierten und formuliert Anforderungen an die Feierpraxis der Gemeinden.

240 Seiten, kart.
ISBN: 978-3-7917-1883-5
€ (D) 24,90/€ (A) 25,60/sFr 43,70

Jakob Johannes Koch

**Traditionelle mehrstimmige Messen in
erneuerter Liturgie – ein Widerspruch?**

Traditionelle mehrstimmige Kirchenmusik
sollte nicht als Museumsgut in die Liturgie
„importiert", sondern als lebendiges Zeugnis
der Religiosität der Komponisten vermittelt
werden. Das Buch bietet: Einführungen zu 100
Werken der heute am häufigsten aufgeführten
Messenkomponisten, Biografisches zu den
Musikern, Informationen für die Praxis und
zur Musik- und Liturgiegeschichte.

498 Seiten, Hardcover
ISBN: 978-3-7917-1799-9
€ (D) 39,90/€ (A) 41,10/sFr 69,40

Konrad Hilpert/Thomas Bohrmann (Hg.)

### Solidarische Gesellschaft
**Christliche Sozialethik als Auftrag zur Weltgestaltung im Konkreten**

Beiträge zur Reflexion theoretischer Grundlagen der Christlichen Sozialethik und zur Solidarität, die als entscheidendes und normatives Element des christlichen Menschenbildes gilt. Verschiedene Dimensionen der Solidarität in Familie, Verbänden, Wirtschaft und Politik werden diskutiert.

408 Seiten, Hardcover
ISBN: 978-3-7917-2030-2
€ (D) 44,–/€ (A) 45,30/sFr 76,–

Reinhard Meßner/Rudolf Pranzl (Hg.)

### Haec sacrosancta synodus
**Konzils- und kirchengeschichtliche Beiträge**

Die Konzilien sind ein getreuer Spiegel der Kirchengeschichte: Alle Grundprobleme der Kirche nach innen und nach außen sind brennpunktartig an den Kirchenversammlungen abzulesen. Einzelne Stationen der Konziliengeschichte vom 2. bis ins 20. Jahrhundert werden in diesem Band beleuchtet.

336 Seiten, Hardcover
ISBN: 978-3-7917-1963-4
€ (D) 34,90/€ (A) 35,90/sFr 60,40

Theresia Heimerl/Karl Prenner (Hg.)

### Kultur und Erinnerung
**Beiträge zur Religions-, Kultur- und Theologiegeschichte**
**Festschrift für Karl Matthäus Woschitz**

Unterschiedlichste Fachdisziplinen reflektieren den Zusammenhang von Kultur und Erinnerung. Die Inhalte spannen einen weiten Bogen von abendländischen Utopien bis zum gegenwärtigen Diskurs über den gesellschaftlichen Pluralismus.

320 Seiten, Hardcover
ISBN: 978-3-7917-1980-1
€ (D) 34,90/€ (A) 35,90/sFr 60,40

Christian Wessely

## Gekommen, um zu dienen

### Der Diakonat aus fundamentaltheologisch-ekklesiologischer Sicht

Der Autor spannt einen Bogen zwischen der Tradition des Diakonats in den frühen Gemeinden und der heutigen Praxis. Er entwickelt die diakonale Dimension der Kirche als zentralen Existenzvollzug ihrer selbst und vergewissert sich dieser Sicht durch Analysen des Wortfelds „dienen" im Neuen Testament und in den Zeugnissen der frühen Kirche.

384 Seiten, kart.
ISBN: 978-3-7917-1926-9
€ (D) 39,90/€ (A) 41,10/sFr 69,40

Ferdinand R. Prostmeier/Knut Wenzel (Hg.)

## Zukunft der Kirche – Kirche der Zukunft

### Bestandsaufnahmen, Modelle, Perspektiven

Die Autoren fragen aus unterschiedlichen Perspektiven (biblisch, historisch, systematisch, praktisch) nach zukunftsfähigen Modellen der Einheit, der innerkirchlichen Kooperation, der kirchlichen Überlieferungstätigkeit, der Inkulturation, des Dialogs mit nichtchristlichen Religionen und der architektonischen Versinnbildlichung der Kirche.

360 Seiten, Geb. mit Schutzumschlag
ISBN: 978-3-7917-1887-3
€ (D) 29,90/€ (A) 30,80/sFr 52,20

Walter Raberger/Hanjo Sauer (Hg.)

## Vermittlung im Fragment

### Franz Schupp als Lehrer der Theologie

„Es ist ein hochinteressanter Einblick in ein Detail der Theologiegeschichte des vergangenen Jahrhunderts und markiert einen der spannungsreichsten Übergänge vom Paradigma transzendentaler Theologie zu einer Theologie, die sich den neuen Herausforderungen der protestantischen Theologie und der Philosophie verpflichtet wusste." (Josef Wohlmuth)

320 Seiten, Geb. mit Schutzumschlag
ISBN: 978-3-7917-1847-7
€ (D) 24,90/€ (A) 25,60/sFr 43,70

Manfred Hauke/Michael Stickelbroeck (Hg.)
**Donum Veritatis**
**Theologie im Dienst an der Kirche**
**Festschrift zum 70. Geburtstag von**
**Anton Ziegenaus**

Zentrale Themen der katholischen Dogmatik
stehen im Mittelpunkt dieses Buches: die Dog-
mengeschichte, die Sakramententheologie und
die Mariologie. Auch aktuelle Herausforderungen für die Theologie werden thematisiert,
z. B. in Wirtschaft und Religionsunterricht
oder im Verhältnis zu den anderen Religionen.

516 Seiten, Hardcover
ISBN: 978-3-7917-1999-3
€ (D) 49,90/€ (A) 51,30/sFr 86,–

Gunda Werner
**Macht Glaube glücklich?**
**Freiheit und Bezogenheit als Erfahrung**
**persönlicher Heilszusage**

Der Heilsgeschichte Gottes und der Möglichkeiten ihrer Vermittlung geht diese Arbeit in
ungewohnter Art nach: Sie orientiert sich an
biblischen Zeugnissen und bringt diese in
einen Dialog mit der „Themenzentrierten
Interaktion" nach Ruth Cohn. So wird die
Grundlage für einen identitätsfördernden
Glauben gelegt, der Gottes Ja zum Menschen
in den Mittelpunkt stellt.

264 Seiten, kart.
ISBN: 978-3-7917-1981-8
€ (D) 24,90/€ (A) 25,60/sFr 43,70

Matthias Remenyi
**Um der Hoffnung willen**
**Untersuchungen zur eschatologischen**
**Theologie Jürgen Moltmanns**

Remenyi legt die erste systematische Auseinandersetzung mit Moltmanns aktueller
Eschatologie im deutschsprachigen Raum vor
und bringt zugleich substantiell Neues zu den
Themen Zeit und Seele, Gericht und Ver-
söhnungshoffnung und zur Frage nach der
Vollendbarkeit der Materie und des Kosmos.

496 Seiten, kart.
ISBN: 978-3-7917-1984-9
€ (D) 44,–/€ (A) 45,30/sFr 76,–

Für eine Gesamtübersicht über unser Programm fordern Sie bitte unser Verzeichnis an oder besuchen Sie uns im Internet: www.pustet.de!

## Bestellcoupon

Meine Buchhandlung

| Expl. | Titel | Preis |
|-------|-------|-------|
|       |       |       |
|       |       |       |
|       |       |       |

☐ Ja, ich möchte gerne per E-Mail über Neuerscheinungen des Verlages Friedrich Pustet informiert werden.

Name, Vorname

Straße

PLZ, Ort

E-Mail

Datum, Unterschrift

Bestellen Sie über Ihre Buchhandlung, beim Verlag oder der entsprechenden Auslieferung:

**Verlag Friedrich Pustet**
D-93008 Regensburg
www.pustet.de

Fon: 0941/92022-0
Fax: 0941/92022-330
E-Mail: rauscher@pustet.de

lieferung CH
r AG Basel
zerstraße 109
4133 Prattein 1
279060, Fax 061 279 067
rder.ch

**Auslieferung A**
MOHR • MORAWA
Buchvertrieb GmbH
Sulzengasse 2, 1230 Wien
Fon 01/68014-0, Fax 01/68014-140
momo@mohrmorawa.at

Prospekt Wissenschaft Theologie.
Stand März 2007.
Irrtum und Änderungen vorbehalten.

richtet ist, und „Imitationslernen", das stärker sozial orientiert ist. [447] Schimpansen traut er Ersteres zu, die zweite Form ist Privileg des Menschen. Tomasello spricht von „ontogenetischen Ritualisierungen" und meint, alle verfügbaren Belege sprächen dafür, dass „ontogenetische Ritualisierung und nicht Imitationslernen dafür verantwortlich ist, daß Schimpansen kommunikative Gesten erwerben."[448] Für den Menschen hingegen eröffnen sich „neue kognitive Räume"[449], es stehen „kognitive Schuhe"[450] zum Hineinschlüpfen und Weiterschreiten bereit und bilden so das Instrumentarium für einen einzigartigen und prinzipiell neuen Lebensentwurf. Grundlegend für dessen Design ist das, was unser Autor den „ratchet effect" oder „Wagenhebereffekt" nennt[451]: „Es gibt überwältigende Belege dafür, daß Menschen tatsächlich einzigartige Formen kultureller Weitergabe benutzen. Insbesondere verändern sich die menschlichen kulturellen Traditionen und Artefakte über die Zeit in einer Weise, die man bei anderen Tierarten nicht antrifft – die sogenannte kumulative kulturelle Evolution."[452]

Komplexe Artefakte und soziale Praktiken des Menschen sind nicht zu einem einzigen Zeitpunkt und von einer Gruppe oder einem Individuum erfunden worden. Eine primitive Vorform wurde vielmehr verändert, verbessert und manchmal unverändert viele Generationen lang übernommen. „Der Vorgang kumulativer kultureller Evolution erfordert nicht nur Erfindungsgabe, sondern auch und ebenso sehr zuverlässige soziale Weitergabe, die ähnlich wie ein Wagenheber das Zurückfallen verhindern kann, so daß das gerade erst erfundene Artefakt oder die soziale Praktik die neue und verbesserte Form einigermaßen zuverlässig beibehält, bevor eine weitere Modifikation oder Verbesserung hinzukommt. Es überrascht vielleicht, aber bei vielen Tierarten ist es nicht die Erfindung, sondern die stabilisierende 'Wagenheberkomponente', deren Fehlen eine Fortentwicklung verhindert."[453]

Frans de Waal leuchtet die Argumentation Tomasellos nicht ein: „Ich habe einige Bedenken, weil es offenbar keinen triftigen Grund gibt, warum Tiere besondere Probleme haben sollten, Wissen zu akkumulieren."[454] Komplexe Abfolgen von koordinierten Handlungen wie etwa das Nüsseknacken bei Schimpan-

---

[447] Vgl., Tomasello, M., a.a.O., S. 41f.

[448] Ebd., S. 43; Bei der ontogenetischen Ritualisierung wird ein kommunikatives Signal von zwei Individuen erzeugt, die in wiederholten Interaktionen das Verhalten des jeweils anderen formen.

[449] Ebd., S. 52f.

[450] Ebd.

[451] Ebd., S. 15.

[452] Ebd., S. 14.

[453] Ebd., S. 15.

[454] De Waal, a.a.O., S. 35.

sen[455] oder das Strandungsjagen bei Schwertwalen[456] können nach seiner Auffassung nicht innerhalb kurzer Zeit erfunden worden sein. Auch tierliches Verhalten kann Endpunkt einer langen und kontinuierlichen Perfektionierung bestimmter Fertigkeiten sein, wenngleich die Weiterentwicklung früher erworbener Praktiken in einem geringeren Umfang als beim Menschen vonstatten ging und geht. Und jeder derartige Unterschied würde im Lauf einiger Generationen enorm vergrößert. Der „ratchet effect" ist möglicherweise „die Hefe im Teig der menschlichen Kulturen".[457]

## 3.6 ... und neue Tatsachen

Drei thematische Fragen versucht Frans de Waal in seinen Arbeiten zusammenzuflechten: „Wie sehen wir andere Tiere, wie sehen wir uns selbst und worin besteht das Wesen, die 'Natur' der Kultur".[458] Und er macht deutlich, dass wir „Westlichen" in der Beantwortung dieser Fragen stark unter dem Einfluss bestimmter Dichotomien stehen, die zwar die Organisation unseres Denkens erleichtern aber komplexe Sachverhalte und Bedeutungsnuancen nicht sichtbar werden lassen.

Die von E. Mayr geforderten „neuen Tatsachen" drohen übersehen zu werden. Schon im Titel seines Buches lässt de Waal anklingen, dass er die Forschungsergebnisse von Wissenschaftlern aus anderen, vor allem fernöstlichen Kulturen als Korrektiv für seine eigenen Untersuchungen heranziehen möchte. Durch das Absetzen der eigenen „kulturellen Brille" will er den Blick für „neue Tatsachen" freimachen. So führt er die Leserschaft in die Kunst des Sushimeisters und seiner Lehrlinge ein: Der Lehrling schuftet im Schatten von Meistern einer Kochkunst, die am Reis die richtige Klebrigkeit, feingeschnittene Zutaten und die einfachen Arrangements, für die die japanische Küche bekannt ist, erfordert. „Wer einmal versucht hat, Reis zu kochen, mit Essig zu versetzen und mit einem Fächer abzukühlen, so daß es nach kurzer Zeit möglich war, mit den Händen frische Reisbällchen zu formen, der weiß, was für eine unglaubliche Geschicklichkeit schon allein dazu gehört, und doch ist dies nur ein Teil der Sushimeisterschaft."[459]

---

[455] Vgl. dazu u.a. das Kapitel „Die Nußknackersuite", ebd., S. 226ff.
[456] Zur Methode des Strandungsjagens vgl. ebd., S. 248f.
[457] Ebd.
[458] Ebd., S. 18.
[459] Ebd., S. 29.

Tetsuro Matsuzawa, der zusammen mit Masako Myowa-Yamakoshi am Institut für Primatenforschung der Universität Kyoto komplexere Untersuchungen über Nachahmungsverhalten bei Schimpansen durchgeführt hat, kommt zu dem Ergebnis, dass die Leistungen mancher Jungaffen möglicherweise dem entsprechen, was den Lehrling eines Sushimeisters ausmacht: Sie beobachten das Verhalten der Mitglieder einer Gruppe unzählige Male und haben so immer wieder die Gelegenheit, mit ihnen vertraut zu werden. Sie beobachten andere aus nächster Nähe und verfolgen jede Bewegung bis ins kleinste. Die Ausbildung des Sushimeisters erscheint als eine Sache der passiven Beobachtung. Nicht weniger als drei Jahre sieht der Lehrling zu, ohne die Erlaubnis zu erhalten, selber Sushi zuzubereiten: „Ein extremer Fall von Lernen durch reine Beobachtung ohne praktisches Üben."[460]

Für einen Japaner stellt es kein Problem dar, das Verhalten junger Schimpansen mit den Meistern einer der komplexesten Kochkunst zu vergleichen; denn: „Die Vorstellung einer Einheit mit der Natur führte zu einem [...] wesentlichen Bestandteil des japanischen Zugangs zur Verhaltensforschung."[461] In diesem Zusammenhang widmet sich der niederländische Primatologe den kartoffelwaschenden Makaken auf Koshima, die inzwischen zum Lehrbuchbeispiel für eine tierliche Kultur geworden sind.[462] Ausführlich geht er der Geschichte von der Entdeckung einer neuen Technik durch ein Individuum über die Weitergabe bis zum Fortbestehen dieser Gewohnheit über die Lebenszeit des Initiators hinaus nach. Denn bei der Debatte, ob Tiere eine Kultur besitzen, geht es heute weitgehend um die Frage, was und wie sie voneinander lernen. De Waal schlägt eine neue Betrachtungsweise vor, die er womöglich japanischer Inspiration verdankt: Er nimmt die Motivation des Lernens in den Blick und anstatt auf die Mechanismen der Belohnung und Bestrafung fokussiert er auf die sozialen Empfindungen und konformistischen Bedürfnisse: „In derselben Weise, wie der idealtypische Lehrling des Sushimeisters jahrelang Informationen aufnimmt, ohne irgendeine Belohnung zu erhalten, beobachten Tiere ihre Artgenossen und ahmen deren Verhalten so nach, daß sie schließlich wie alle übrigen handeln."[463]

Welches sind die Bedingungen, die für eine Nachahmung erforderlich sind? Erstens die Identifikation des Beobachtenden mit dem Beobachteten, zweitens das Verstehen des Ziels des Akteurs und drittens ein entsprechendes Hintergrundwissen, so listet de Waal auf und verläßt nun das ferne Japan, um im Umfeld des Yerkes Primate Centers in Atlanta, Georgia, fündig zu werden. Hier

---

[460] Ebd., S. 30.
[461] Ebd., S. 183.
[462] Vgl. S. 186ff.
[463] Ebd., S. 205.

kommt es vor, dass Schimpansen als Adoptivkinder von Menschen aufwachsen und aufgrund ihrer Vertrautheit mit ihren neuen „Eltern" Verhaltensweisen zeigen, die durchaus als Nachahmen im obigen Sinn verstanden werden können.

In Versuchen, die Michael Tomasello und seine Mitarbeiter durchführten, zeigte sich ebenfalls, dass Affen, die wie Menschenkinder aufgezogen wurden, beim Nachahmen ebenso gut abschnitten wie zweijährige Kinder, während Affen, die bei ihren Artgenossen aufwuchsen, sehr schlechte Ergebnisse erzielten. Aber anstatt daraus zu schließen, dass Affen beim Nachahmen mit kleinen Kindern mithalten können, wenn beide mit dem Beobachteten vertraut sind, kommen sie zu dem Ergebnis, dass unter Menschen aufgewachsene Affen „enkulturiert" seien: „Indem sie behaupten, Affen seien zur Nachahmung weitgehend unfähig, solange sie nicht vom leuchtenden Licht der Menschheit profitieren, lassen diese Forscher die Grenze zwischen Menschen und Affen unangetastet."[464]

Hier nun scheiden sich die Geister deutlich: Für den Kulturanthropologen erweist sich die Fähigkeit zum Rollenwechsel und zur Identifikation mit einer anderen Person als der entscheidende Schritt, der Menschen- von Affenkindern trennt. Für den Primatologen erweisen Schimpansen gerade in ihrer Fähigkeit, menschliche Adoptiveltern nachzuahmen, ihr hohes Maß an Kulturfähigkeit, sodass die Grenzen zwischen Mensch und Tier künstlich erscheinen.

Es sei die Frage erlaubt, ob Michael Tomasello durch einen ähnlichen „Brillenwechsel" wie ihn sein niederländischer Kontrahent vorgenommen hat, nicht auch „neue Tatsachen" sehen würde, nämlich durch die Optik der von ihm untersuchten Kinder? „Das Kind zeigt noch keine Spur von jenem Hochmut, welcher dann den erwachsenen Kulturmenschen bewegt, seine eigene Natur durch eine scharfe Grenzlinie von allem anderen Animalischen abzusetzen. Es gesteht dem Tiere ohne Bedenken die volle Ebenbürtigkeit zu; im ungehemmten Bekennen zu seinen Bedürfnissen fühlt es sich wohl dem Tiere verwandter als dem ihm wahrscheinlich rätselhaften Erwachsenen."[465]

---

[464] Ebd., S. 211.
[465] Freud, S., Totem und Tabu, Frankfurt 1968, S. 154; zitiert bei de Waal, a.a.O., S. 51 allerdings nicht mit dem Seitenhieb auf Tomasello.

## 3.7 Altruismus versus Egoismus[466]

Was haben Graudrosslinge und Mutter Teresa gemeinsam? Beide zeigen eine „durch Rücksicht auf andere gekennzeichnete Denk- und Handlungsweise.“[467] Das großartig Engagement der Ordensfrau in Kalkutta ist inzwischen sprichwörtlich, das Verhalten der Vögel in gewisser Weise problematisch; denn nicht nur für Richard Dawkins sind wir Menschen „die einzigen auf dieser Erde, die gegen die Tyrannei der egoistischen Replikatoren ankämpfen können.“[468]

Graudrosslinge (*Turdoides squamiceps*) tun vieles, was wir als uneigennützig bezeichnen würden: Wenn sie fressen, hält ein Gruppenmitglied Wache, das offenkundig selbst hungrig ist; wenn menschliche Beobachter ihm Nahrung anbieten, nimmt er sie oft gierig. Trotzdem wacht er, wenn er fressen könnte. Graudrosslinge geben Nahrung oft an andere Mitglieder ihrer Gruppe weiter, obwohl sie offensichtlich selbst noch nicht gesättigt sind. Sie bringen sich in Gefahr, indem sie auf Schlangen und andere Beutegreifer hassen[469], und sie gefährden sich, indem sie Artgenossen beistehen und sogar solche „retten“, die in ein Netz gerieten. Überdies beteiligen sie sich an der Brutpflege der Jungen anderer Gruppenmitglieder.[470] Für die Zahavis, die durch das Handicap-Prinzip inzwischen bekannt sind, ist klar, dass „der Altruist an Status oder Prestige gewinnt.“[471]

Wir sind nun mitten in der lang andauernden und kontrovers geführten Diskussion um das Problem der evolutiven Entwicklung ethisch normierten Verhaltens.[472] Nicht nur die Arbeiten de Waals erhärten die These, dass zwischen amoralischem und moralischem Verhalten eine kontinuierliche, evolutive Entwick-

---

[466] Auch diese „großen“ Worte verlangen nach einer eigenen Dissertation! Hier seien sie nur angerissen, um auf den größeren Rahmen zu verweisen, in dem unsere Untersuchungen stehen. Zum Thema Altruismus vgl. Alcock, J., Das Verhalten der Tiere, a.a.O., S. 376 ff.; Hamilton, W.D., The evolution of social behavior, in: Journal of Theoretical Biology 7, 1964, S. 1-52.

[467] Wissenschaftlicher Rat der Dudenredaktion (Hg.), Duden Bd. 5, Mannheim, Wien, Zürich, 1990.

[468] Dawkins,R., Das egoistische Gen, a.a.O., S. 215.

[469] zum Verhalten „hassen“ s. Zahavi, A.,A., a.a.O., S. 243ff.

[470] Vgl. dazu Zahavi, A., A., a.a.O., S. 235f. Über das häufig beobachtete altruistische Verhalten bei Mungos vgl. die ausführlichen Beobachtungen in: Rasa, A., Die perfekte Familie, Stuttgart 1984.

[471] Ebd., S. 261 Diese Erklärung des Phänomens leuchtet im Rahmen ihrer Argumentation ein.

[472] Vgl. dazu die Staatsarbeit von Cüper, F., Ethik als Verhaltenstrategie des Menschen, Münster 1996 und die ausgezeichnete Literaturrecherche.

lungslinie besteht und dass sie die Entstehung des letzteren aus dem ersteren evolutionsbiologisch auch als einen Anpassungsvorgang erklären lässt.[473]

## 3.8 Gut und Böse

Seit dem bahnbrechenden Werk „Das sogenannte Böse" von Konrad Lorenz und den sensationellen Berichten von Jane Goodall und Dian Fossey über ihr Leben mit Schimpansen und Gorillas wissen wir: Unsere „Vettern" in der Evolution sind Lebewesen mit hochkomplexem Verhalten, bei dem Aggression, aber auch Zuneigung und Gemeinschaftsgefühl eine zentrale Rolle in ihrem Überleben spielen.[474]

Im Folgenden soll wiederum Frans de Waal zu Wort kommen, der mit seinem „guten Affen"[475] an die „großen Drei"[476] Lorenz/Goodall/Fossey anschließt und in seiner Argumentation dem „Biogärtner"[477] John Dewey folgt. Sein schon genannter „Gegenspieler" Thomas Henry Huxley betrachtet die Natur als gleichgültig und tückisch und beschreibt in seiner Vorlesung „Evolution und Ethik"[478] die Moral als das vom Menschen „geschmiedete Schwert, um den Drachen seiner tierischen Herkunft zu schlachten."[479] Zwar mögen die Gesetze der physikalischen Welt unveränderlich sein, aber ihre Auswirkungen auf das Leben des Menschen können abgeschwächt und umgeleitet werden: „Bei der moralischen Höherentwicklung der Gesellschaft geht es nicht darum, das kosmi-

---

[473] Vgl. ebd S. 3.

[474] Vgl. Lorenz, K., Das sogenannte Böse. Zur Naturgeschichte der Aggression, Wien 1963; Spätestens in ihrer Autobiographie wird deutlich, dass Jane Goodall alles andere als eine romantisierende Tierfreundin ist: Mit Erschütterung beschreibt sie u.a. Vorformen des Krieges und zugleich Verhaltensweisen, für die sie vorsichtig Begriffe Mitgefühl und Liebe gebraucht. Vgl. Goodall, J., Grund zur Hoffnung, München 2001, vgl. auch dies., Wilde Schimpansen, Verhaltensforschung am Gombe-Strom, Reinbek, 1991; Dian Fossey, deren Ermordung 1985 Schlagzeilen machte, legte mit ihrem Werk Gorillas im Nebel, München 1989, einen Klassiker der Primatologie vor.

[475] Vgl., de Waal, F., Der gute Affe, München, Wien 1997.

[476] In anderem Zusammenhang wird der Begriff für die drei großen Menschenaffen gebraucht. An dieser Stelle sei die Anspielung als Respektbezeugung verstanden.

[477] So bezeichnet de Waal den Philosophen, der dezidiert gegen Huxley argumentiert, welcher die Moral als Antithese zur Natur des Menschen betrachtet und die Frage nach ihrem Ursprung aus den biologischen Bereich verbannt.

[478] Vgl. de Waal, a.a.O., S. 9.

[479] Ebd.

sche Geschehen nachzuahmen, noch weniger darum, ihm zu entfliehen, sondern darum, es zu bekämpfen."[480]

Weiter vergleicht Huxley die Beziehung zwischen Ethik und menschlicher Natur mit der zwischen Gärtner und Garten, wobei der Gärtner sich in einem ständigen Kampf befindet. Für Dewey hingegen ist ein guter Gärtner der, der ebenso mit wie gegen die Natur arbeitet, einer, der gute Bedingungen schafft und Pflanzenarten einführt, die auf diesem speziellen Stück Land normalerweise vielleicht nicht vorkommen, „sich aber in die Natur als Ganzes und in ihre Regeln fügen"[481] – ein Biogärtner eben!

Frans de Waal schließt sein Werk:

> „Gärtner und Garten sind eins. Das menschliche Gefühl für Moral reicht so weit in die Evolutionsgeschichte zurück, daß andere Spezies Anzeichen davon erkennen lassen, und dies weist der Moral einen Platz in unserer vielgeschmähten Natur zu. Weder ist sie eine neue Erfindung von uns Menschen noch eine dünne Schicht, die eine tierische und selbstsüchtige Anlage überdeckt. Sie nimmt einen bestimmten Raum in unserem Gehirn ein, wirkt auf unsere Mitmenschen ein und ist genauso ein Teil von uns wie die Neigungen, die sie im Zaum hält."[482]

Die de Waal´sche Argumentation wird geleitet von seiner These, wonach bewusstes Gemeinschaftsinteresse den Kern menschlicher Moral darstellt. Dies definiert er als „Interesse jedes einzelnen an der Förderung jener Eigenschaften der Gemeinschaft oder Gruppe, die die Vorteile mehren, die sich für diesen einzelnen und seine Sippschaft aus dem Leben in ihr ergeben."[483] Diese Definition ist für ihn unabhängig von bewussten Motiven oder Absichten; sie geht lediglich von der Vorteilhaftigkeit eines bestimmten Verhaltens aus. Für die Entwicklung eines Gemeinschaftsinteresses spielt die Tatsache, ob es einem Tier bewusst ist, wie sein Verhalten auf die Gesamtgruppe wirkt, nicht die entscheidende Rolle. Durch den Hinweis auf unterschiedliche Verhaltensstrategien u.a. in Schimpansengesellschaften erhöht de Waal die Plausibilität seiner Argumentation:

Er liefert Beispiele für „kognitive Empathie", d.h. eine Anpassungsleistung von Affen an dauerhaft behinderten Angehörige ihrer Art[484];

---

[480] Huxley, T.H., Evolution and Ethics, Princeton 1894 (1989), S. 83; Übersetzung nach de Waal, vgl. a.a.O., S. 9.

[481] Dewey, J., Evolution and Ethics. Reprinted in: Nitecki, M.H.u. D.V. (Hgg.), Evolutionary Ethics, S. 95-110, New York, 1898 (1993), S. 98; Übersetzung nach de Waal, vgl. a.a.O., S. 10.

[482] De Waal, a.a.O., S. 266.

[483] Ebd., 254.

[484] Vgl., de Waal, a.a.O., S. 66ff.

Berichtet wird von Tieren mit deutlicher Angst vor Bestrafung[485]: Wenn der Wunsch, zu einer Gruppe oder einem Partner zu gehören und mit ihm/ihr im Einklang zu leben, ein leitendes Motiv ist, kann hier von den ersten „Stadien der Übernahme einer menschlichen Moral" gesprochen werden. Hierhin gehören auch die Phänomene „Respekt vor Autorität"[486], „Erwartung und Intentionalität"[487], „explizite, strategische Versöhnungen"[488] und deren „Feier"[489] und „Ansätze eines Schuld- und Schamgefühls".[490]

Am Ende überzeugt de Waal m.E. dadurch, dass er kein Plädoyer für die prinzipielle Gleichheit von Mensch und Tier in ihren (vor-)moralischen Verhaltenstrategien ableitet. In deutlicher Abgrenzung zu Peter Singer u.a. kommt er zu folgendem Schluss:

> „Ist es mit uns wirklich so weit gekommen, daß Respekt vor Menschenaffen am wirkungsvollsten eingefordert wird, indem wir sie als geistig zurückgebliebene Menschen im Pelzgewand darstellen? Und da wir gerade dabei sind, warum sollten wir dann nicht einen Pavian als geistig zurückgebliebenen Menschenaffen einstufen? Und das würde kein Ende nehmen: Sobald man Menschenaffen aus solch fragwürdigen Gründen einen gleichen Status zugesteht, gibt es keine Notwendigkeit, Kakerlaken davon auszuschließen.
> Für mein Gefühl muß die den Tieren eigentümliche Schönheit und Würde unser Ausgangspunkt sein."[491]

# 4. Und wenn sie ein Bewusstsein haben?

In seinem berühmten Vortrag von 1872 mit dem Titel „Über die Grenzen des Naturerkennens" sagte Emil du Bois-Reymond, einer der Begründer der experimentellen Physiologie, folgendes:

> „[...] es tritt nunmehr, an irgend einem Punkt der Entwicklung des Lebens auf Erden, den wir nicht kennen und auf dessen Bestimmung es hier nicht ankommt, etwas Neues, bis dahin Unerhörtes auf, etwas [...] Unbegreifliches.

---

[485] Vgl. ebd., S. 118ff.
[486] Vgl., S. 133ff.
[487] Vgl., S. 122ff.
[488] Vgl., S. 132.224.250; vgl. hierzu auch de Waal, F., Wilde Diplomaten, München, Wien 1991.
[489] Vgl. de Waal, Der gute Affe, a.a.O., S. 252.
[490] Vgl., S. 134ff.
[491] Ebd., S. 263.

Der in negativ unendlicher Zeit angesponnene Faden der Verständnisses zerreißt, und unser Naturerkennen gelangt an eine Kluft, über die kein Steg, kein Fittich trägt: wir stehen an der [...] Grenze unseres Witzes.
Dies [...] Unbegreifliche ist das Bewußtsein.
Ich werde jetzt, wie ich glaube, in sehr zwingender Weise dartun, daß nicht allein bei dem heutigen Stand unserer Kenntnis das Bewußtsein aus seinen materiellen Bedingungen nicht erklärbar ist, was wohl jeder zugibt, sondern daß es auch der Natur der Dinge nach aus diesen Bedingungen nicht erklärbar sein wird."[492]

Mit der sprichwörtlichen Auskunft „Ignorabimus" schloss er den Vortrag[493]. Etwa einhundert Jahre später befand sich die Verhaltensbiologie mitten in ihrer Auseinandersetzung mit dem Behaviorismus[494]. Die wissenschaftsgeschichtliche Relevanz dieser Ära ist wahrscheinlich nicht zu unterschätzen, hat sie doch zu notwendigen Begriffsklärungen und behutsamen Annäherungen an das explosive Thema geführt. Wie wir gesehen haben, hat die Ethologie somit dem „Ignorabimus" einige Erkenntnisse entgegengesetzt:

Erstens hat sie aufgezeigt, dass Emotionen und Gefühle die Grundvoraussetzung für die Entwicklung eines Bewusstseins darstellen[495]. Untrennbar sind sie mit der Logik des Überlebens verbunden. Die Beschreibung des Phänomens Selbstbewusstsein wurde durch die Erkenntnisse der Selbstregulierung und Homöostase[496] und Beobachtungen von Verhaltensweisen, die ein „präreflexives Mit-sich-vertraut-Sein"[497] plausibel machen, ergänzt.

Zweitens wurde deutlich, dass Tiere nicht nur „psychologische Naturtalente" sein können[498], ihr Verhalten also auf dem Weg der „sozialen Kognition" beeinflusst wird[499]; darüber hinaus komplettieren u.a. die Fähigkeit zu lernen und zu einsichtigem Verhalten[500], kurzfristiger Planung[501] und Fähigkeit zur Begriffsbildung und damit zur Symbolverarbeitung vor (!) dem Gebrauch von Sprache[502] den Kriterienkatalog „bewusstes Verhalten". Komplexität stellt sich als ein wesentliches Kennzeichen des Bewusstseins heraus[503] und verweist so auf den en-

---

[492] Du Bois-Reymond, E., Vorträge über Philosophie und Gesellschaft, Hamburg 1974, S. 65.
[493] Vgl. Bieri, P., Was macht Bewußtsein zu einem Rätsel?, in: Metzinger, T., (Hg.), Bewußtsein. Beiträge aus der Gegenwartsphilosphie, Paderborn 1995, S. 61.
[494] Vgl. o., V.1.2 u. V.2.1.
[495] Vgl. o. V.2.2.
[496] Vgl. o. V.2.2 u. V.2.6.
[497] Vgl. o. V.1.6.
[498] Vgl. o. V.1.4.
[499] Vgl. o. V.1.7.
[500] Vgl. o. V.1.2.
[501] Vgl. o. V.1.3.
[502] Vgl. o. V.1.3.
[503] Vgl. o. V.1.5.

gen Zusammenhang zwischen inneren –intelligenten– Reaktionen eines Tieres und äußeren ökologischen und sozialen Parametern.

Schließlich wurde deutlich, dass der Bereich der intra- und interspezifischen Kommunikation für die Entwicklung des Bewusstseins von nicht zu unterschätzender Bedeutung ist[504]. Und im Zusammenleben höherer Primaten etwa sind Phänomene wie „kognitive Empathie"[505] und kulturelles Lernen durch Imitation, Unterricht und Zusammenarbeit[506] unverzichtbare Elemente ihres Überlebens und somit des bewussten Miteinanders.

Für die Arbeiten von Jane Goodall, Marian Stamp Dawkins, Gerti Dücker, Konrad Lorenz, Bernhard Rensch, u.a. stellt die Auseinandersetzung mit philosophischen Denkfiguren ein wesentliches Element dar. Begriffe wie „Ockams Messer", „Fulguration" und „Emergenz" gehören selbstverständlich in ihr Repertoire und zeigen ein hohes Maß an interdisziplinärem Interesse. Ob das generelle Desinteresse an interdisziplinären Dialogen, das Thomas Metzinger hingegen noch 1995 der akademischen Philosophie attestierte und mit einem Ressentiment gegenüber den empirischen Wissenschaften verbunden sah, mit dem Verdikt Bois-Reymonds zusammenhängt oder mit dem Erscheinungsbild jener empirischen Wissenschaften, kann uns hier nicht interessieren. Festzustellen ist allerdings, dass in dem von Metzinger herausgegebenen Textband „Bewußtsein"[507] lediglich die Neurowissenschaften als Gesprächspartner der Philosophie auftauchen.[508]

Bevor wir im Folgenden den Versuch unternehmen, die gesammelten ethologischen Daten – mit den bereits dort formulierten Annäherungen an das Phänomen Bewusstsein – mit dem philosophischen Diskurs in Verbindung zu bringen, ist ein kurzer Blick auf dessen begrifflichen Grundlagen erforderlich.

## 4.1. Begriffsklärung

In der philosophischen Tradition ist Bewusstsein häufig als eine höherstufige Form des Wissens aufgefasst worden, die sich „sowohl auf das Wissen oder die Vorstellung als auch auf das Begehren oder Wollen beziehen kann."[509] Innerhalb

---

[504] Vgl. o. V.1.6 u. V.3.3.
[505] Vgl. o. V.3.8.
[506] Vgl. o. V.3.5.
[507] Vgl. Metzinger, T., (Hg.), Bewußtsein, a.a.O.
[508] Vgl. ebd. Siebter Teil: Neurowissenschaften und Philosophie des Bewusstseins, a.a.O., S. 455ff.
[509] Metzinger, T., Erster Teil: Begriffliche Grundlagen, in: ders., (Hg.), Bewußtsein, a.a.O., S. 57.

dieser klassischen Denkfigur ist Bewusstsein dann eine spezifische Form inneren Wissens, die mentale Vorgänge begleiten kann. Als zweites wichtiges Bedeutungselement ist das der „Zusammenschau" zu sehen, welches die „vereinheitlichende Leistung des bewußten Erlebens in den Mittelpunkt rückt (synaesthesia).“[510]

Für den modernen Bewusstseinsbegriff der „cogitatio" zeichnet sich natürlich kein anderer verantwortlich als René Descartes selbst, mit dem gleichzeitig die typisch neuzeitliche Form des Leib-Seele-Problems auftauchte. Der substantivierte Infinitiv „Bewust seyn" wurde schließlich 1719 durch Christian Wolf in die deutschsprachige Terminologie eingeführt.[511]

Inzwischen hat sich eine unüberschaubare Vielfalt von neuen Bedeutungen und Kontexten ergeben; den Kern der philosophischen Diskussion bildet nach Auskunft Metzingers der Begriff des „phänomenalen Bewußtseins", womit der Aspekt des bewussten Erlebens gemeint ist.[512] Es geht also um Bewusstsein, wie es sich uns im konkreten Erleben aus der Perspektive der ersten Person zeigt. Auf die Schwierigkeiten, die sich ergeben, wenn man den traditionellen und auch die Alltagserfahrungen geprägten Begriff mit präzisem Gehalt anzureichern oder zu einem „Explanandum für die naturwissenschaftliche Forschung" machen will, kann hier unmöglich detailliert eingegangen werden.[513] Für den Dialog mit der Verhaltensbiologie sind allerdings folgende Hinweise hilfreich.

Peter Bieri[514] zeigt, dass das Rätsel des Bewusstseins dann entsteht, wenn wir uns für den Aspekt interessieren, der mit dem Stichwort „Erleben" verbunden ist, und kann damit an das Kapitel „Emotionen im Tierreich" anknüpfen: „Bewußtseinszustände gibt es nicht einfach nur, sie fühlen sich auf bestimmte Weise an und sie sind dabei an die Innenperspektive eines erlebenden Subjektes gebunden. Es ist dieser subjektive Aspekt des bewußten Erlebens, von dem unklar ist, wie er sich aus seinen materiellen Bedingungen heraus erklären lassen sollte.“[515] In der Definition Bieris spielt der Begriff der „modalen Intuition", der als „eine persistierende Intuition darüber, was immer *möglich* zu sein scheint" verstanden wird, eine wichtige Rolle. Denn unabhängig davon, wie die Ereignisse innerhalb eines bewussten Systems beschrieben werden, eines scheint immer möglich zu

---

[510] Vgl. ebd.
[511] Vgl. Wolf, C., Vernünftige Gedanken von Gott, der Welt und der Seele des Menschen, auch allen Dingen überhaupt, Bd.I, Kap. 3, §194; Angabe bei Metzinger, T., a.a.O., S. 57.
[512] Vgl. ebd.
[513] Vgl. ebd. und die Aufsätze von Peter Bieri, Robert van Gulick und Michael Tye in: Metzinger, T., a.a.O., S. 61ff.
[514] Vgl. Bieri, P., Was macht Bewußtsein zu einem Rätsel?, a.a.O., S. 61ff.
[515] Metzinger, T., a.a.O., S. 57f.

sein: Dass sich alles *ohne* das Auftreten von bewussten Ereignissen ereignen könnte. Hier knüpft Bieri an eine gedankliche Linie, die sich von Leibniz über du Bois-Reymond bis in die neueste Diskussion zieht.

Für Dieter Henrich kommt es darauf an, „Bewußtsein so zu beschreiben, daß es weder bewußte Selbstbeziehung noch Identifikation mit sich ist, – jedoch zugleich so, daß zugestanden bleibt, mit Bewußtsein unmittelbar vertraut zu sein, so daß kein Fall von Bewußtsein möglich ist, in dem Zweifel hinsichtlich der Tatsache laut werden könnten, daß Bewußtsein besteht."[516] Bewusstsein wird also zunächst als ichlos gedacht und infolgedessen auch als ein „Sachverhalt, der allen zielgerichteten Leistungen vorangehen muß und der deshalb auch dem selbstbewußten ich vorausliegt."[517] Somit markiert Henrich seine Nähe zu den ethologischen Ergebnissen bezüglich des „präreflexiven Mit-sich-vertraut-Seins" auch bei Tieren.

## 4.2. Zum Problem des Selbstbewusstseins

Nach Henrich muss eine Bewusstseinstheorie so beschaffen sein, „daß diejenigen Eigenschaften, die die Reflexionstheorie des Selbstbewusstseins plausibel machen, erhalten bleiben, ohne dass sich aber die Konsequenz der Reflexionstheorie einstellt, die diese insoweit unmöglich macht: Das Ich, das durch die Reflexion erreicht werden sollte, schon voraussetzen zu müssen."[518] Gegen Sartre, für den „das Ego in die Klasse der schlechthin transzendenten Gegenstände"[519] gehört, führt Henrich aus: „Wenn Bewußtsein gegenüber Selbstsein primär ist, so kann doch ein Selbst nichtsdestoweniger eine in Beziehung auf die Bewußtseinsstruktur ausgezeichnete Funktion sein, die innerhalb ihrer zur Wirkung kommt."[520]

Er macht deutlich, dass ohne diese Annahme bestimmte Phänomene wie die bewusste Konzentration auf ein Problem, die Lösung einer Aufgabe, die Entscheidung zur Durchsetzung eines Vorhabens oder die gespannte Erwartung eines Ereignisses nicht zu verstehen sind.[521] „Was immer dieses Selbst sein mag, es ist zumindest ein aktives Prinzip der Organisation des Bewußtseinsfeldes."[522]

---

[516] Henrich, D., Selbstbewusstsein. Kritische Einleitung in eine Theorie, in: Bubner, R., Cramer, K., Wiehl, R., (Hgg.), Hermeneutik und Dialektik, Tübingen 1970, S. 275.

[517] Ebd.

[518] Winterhager, E., Selbstbewußtsein: eine Theorie zwischen Kant und Hegel, Bonn 1979, S. 4.

[519] Vgl. Henrich, D., a.a.O., ebd.

[520] Ebd., S. 276.

[521] Vgl. dazu auch Kap. V.3.6. „... und neue Tatsachen" und de Waals „Sushimeister".

[522] Ebd.

Während die Reflexion die Leistung eines bewussten Wesens darstellt, wird man demgegenüber „das Bewußtsein, das sie ermöglicht, im Unterschied zu ihr als *Ereignis*" beschreiben müssen.[523] „Natürlich ist es ein Ereignis besonderer Art: Es geschieht nicht innerhalb eines Relationssystems von gegebenen Fakten, sondern ist schlechthin singulär und beziehungslos. [...] Bewußtsein an ihm selbst ist schlechthin außerhalb jeder Beziehung zu einem Zustand, in dem Bewußtsein nicht vorliegt. Des weiteren ist es ein Ereignis, das eine unbestimmte Menge anderer Ereignisse ermöglicht, wie etwa Wahrnehmungen und Gefühle. Diese Ereignisse sind grundsätzlich aufeinander bezogen."[524]

Da das Bewusstsein insofern die Möglichkeitsbedingung bestimmter Relationen ist, kann man es als eine „Dimension" beschreiben: „Es kann nicht existieren ohne ein System von Relationen zwischen bewußten Gegebenheiten, die ihrerseits vom Bewußtsein selbst verschieden sind. Und es ist in der Reihe der Ermöglichung dieser Relationen das letzte Glied."[525] Zwei Besonderheiten kommen dieser „Dimension" zu: Einerseits ist es eine „exklusive Dimension", d.h. es sind nicht Fälle von Bewusstsein denkbar, die sich überschneiden, „kein Bewußtsein hat zu anderem Bewußtsein dieselbe Art von Zugang wie zu sich."[526] Andererseits muss Bewusstsein eine Dimension sein, in der „eine Kenntnis ihrer selbst eingeschlossen ist."[527]

Wie das Wissen des selbstbewussten Menschen, so erläutert Eberhard Winterhager, nicht als solches denkbar ist, ohne dass auch „ein Wissen dieses Wissens impliziert zu sein scheint", so ist bloßes Bewusstsein als solches nicht zu denken und nicht verständlich, in dem nicht eine „Kenntnis dieser Dimension, die das Bewußtsein ist, besteht."[528] Er macht deutlich, dass diese Kenntnis freilich nicht als Selbst-Identifizierung verstanden werden kann, sonst wäre Selbstbewusstsein schon wieder vorausgesetzt und somit nicht mehr erklärbar. Deshalb ist die Bekanntschaft nur „implizit". Die Kenntnis schließt damit natürlich auch „kein Wissen über die notwendige Verbindung zwischen Bewußtsein und Kenntnis seiner" ein, solches Wissen wäre ja begrifflich.[529]

Henrich sieht das so beschriebene Bewusstsein in bestimmten Situationen des Erwachens und des Sichfindens in einem Traum: „Plötzlich ist da ein Geflecht von Sinneseindrücken, Bildern und dumpfen Körpergefühlen, oft stimmungs-

---

[523] Vgl., ebd., S. 277.
[524] Ebd.
[525] Ebd.
[526] Ebd.
[527] Ebd.
[528] Vgl. Winterhager, E., a.a.O., S. 5.
[529] Vgl. Henrich, D., a.a.O., S. 278.

und symbolbesetzt, eine Welt aus dem Nichts, mit Vergangenem nur durch Erinnerung und Wiedererkennen verbunden. Diese creatio quasi ex nihilo ist aufs
höchste verwunderlich und bewirkt nur deshalb so wenig Verwunderung, weil sie
zu jedermann Bekanntesten gehört."[530] Von diesem Bewusstsein kann nicht eo
ipso gesagt werden, dass es einem Ich zugehört, auch wenn wir selbstverständlich, um es darzustellen als selbstbewusste Wesen zur Erinnerung greifen müssen.
„Beim Erwachen zumindest spannt sich zunächst ein Horizont von Welt aus, in
dem wir uns sodann als die Erwachenden wiederfinden."[531]

Klaus Müller macht deutlich, dass, auch wenn „Biologen sich demnächst dazu
versteigen sollten, auch Menschen zu klonen", die Einmaligkeit des Menschen
erhalten bleibt: „Der genetisch identisch Andere kann nicht [...] durch meine
Augen in die Welt schauen."[532] Die je eigene Ich-Perspektive bleibt im Henrich-
schen Sinn „exklusiv". Er macht in diesem Zusammenhang auf eine weitere
Unterscheidung Dieter Henrichs aufmerksam: „Sofern sich der Mensch in der
Ichperspektive beschreibt, ist er Subjekt; sofern er sich in der Beobachterper-
spektive beschreibt, ist er Person. Das bedeutet: (a) Sofern ich mich in meiner
Einmaligkeit gewahre, begreife ich mich als Subjekt. [...] (b) Sofern ich mich hinsichtlich dessen gewahre, dass ich einer unter zahllosen anderen und unter unendlich vielem anderen bin, begreife ich mich als Person."[533]

Für das Subjekt heißt dies, dass es insofern unhintergehbar ist als es den Aus-
gangs- und Konstruktionspunkt seiner Welt darstellt. Das Personsein impliziert
meine Marginalität: „Mein Dasein im Ganzen der Welt (ist) nicht mehr als ein
randständiges Phänomen"[534] – zugleich meine Verwiesenheit: „Sowenig ich mich
allein durch mein Bedingtsein von anderen und anderem her begreifen kann, so
wenig könnte es mich ohne andere und anderes überhaupt geben. Und dies nicht

---

[530] Ebd., S. 260.
[531] Ebd.; vgl. dazu eine poetische Übersetzung bei Rilke (Gedichte, S. 567f); Die Liebende:
Das ist mein Fenster. Eben / bin ich so sanft erwacht. / Ich dachte, ich würde schweben.
/ Bis wohin reicht mein Leben, / und wo beginnt die Nacht?
Ich könnte meinen, alles / wäre noch Ich ringsum; / durchsichtig wie eines Kristalles /
Tiefe, verdunkelt, stumm / Ich könnte auch noch die Sterne / fassen in mir; so groß /
scheint mir mein Herz; so gerne / ließ ich ihn wieder los
den ich vielleicht zu lieben / vielleicht zu halten begann. / Fremd, wie nie beschrieben /
sieht mich mein Schicksal an.
Was bin ich unter diese / Unendlichkeit gelegt, / duftend wie eine Wiese, / hin und her
bewegt, / rufend zugleich und bange, / daß einer den Ruf vernimmt, / und zum Unter-
gange / in einem Anderen bestimmt.
[532] Müller, K., Gottes Dasein denken, Regensburg 2001, S. 162.
[533] Ebd.
[534] Ebd.

nur hinsichtlich meiner physischen Existenz, sondern genauso hinsichtlich meiner Identität, meiner Selbigkeit als die oder der, die oder der ich bin."[535]

## 4.3. Ohne den „Schatten des Ich"[536]

Anders als in den Aufsätzen, die Thomas Metzinger unter der Überschrift „Bewußtsein" herausgegeben hat, bezieht Dieter Henrich die Tiere in seine Bewusstseinstheorie ein. So ist es für ihn vorstellbar, dass in „primitiven Lebewesen im Zusammenhang mit ihren Reaktionen auf Reize Ereignisse mit monadischen Eigenschaften auftreten, und ihnen wegen ihres Zusammenhanges mit Reizen den Namen 'bewußt' zu geben."[537] Diese Ereignisse haben aber außer physischen und physiologischen Bedingungen nichts „mit dem Sachverhalt gemein, mit dem wir als 'Bewußtsein' vertraut sind."[538]

Auch ist es für Henrich kein Problem, sich Lebewesen vorzustellen, die über „die Idee der eigenen Identität verfügen", aber „unüberwindliche Schwierigkeiten darin finden, von ihr einleuchtenden Gebrauch zu machen."[539] Vorraussetzung für jede Rückbeziehung des Ich auf sich selbst ist eine Vertrautheit mit ihm, die „von der Art sein muß, daß es sich auf sich zu beziehen vermag."[540] Für Henrich ist in diesem Zusammenhang der Behaviorismus in seiner radikalen Reduktion von Bewusstsein abzulehnen, weil dieser das Phänomen des Mit-sich-vertraut-Seins, das auch im Tierreich zu finden ist, als irrelevant verwirft.[541]

Eberhard Winterhager, der sich in der Tradition Henrichs sieht, verspricht sich von der Beschäftigung mit den Tieren eine große Chance; denn ihnen fehlt jener „Schatten des Ich", der die Einsicht in das „ursprüngliche Bewußtsein" erschwert.[542] Dieses ist von zwei Seiten her „rekonstruierbar": „Die Einbeziehung höherer Tiere und kleiner Menschenkinder in die Untersuchung ergänzt dasjenige, was wir selbst unmittelbar an unserem Bewußtsein zu erfassen vermögen."[543] Winterhager begründet dies so: Tatsächlich haben die von Henrich ins Feld geführten Bewusstseinsphasen, in denen das beschriebene Bewusstsein in Reinform gegeben sein könnte, den Vorteil, „irgendwie der Selbsterfahrung jedes

---

535  Ebd., S. 163.
536  Vgl. Winterhager, E., a.a.O., S. 6.
537  Henrich, D., a.a.O., S. 263.
538  Ebd.
539  Ebd., S. 266.
540  Ebd.
541  Vgl. ebd., S. 272.
542  Vgl. Winterhager, E., Selbstbewußtsein, a.a.O., S. 6.
543  Vgl. ebd.

selbstbewußten Subjektes zugänglich zu sein."[544] Andererseits bleibt diese unmittelbare Zugänglichkeit nicht unberührt, nämlich durch die Tatsache, dass ein solches Subjekt ja ein Selbstbewusstsein haben muss und dieses deshalb alle anderen Bewusstseinsphasen „überschattet"; somit könnte der Vorwurf entstehen, „die Phasen, in denen sich das reine Bewußtsein ausprägt, wären durch bloße Fiktion gewonnen."[545]

Wenn dies auch keineswegs logisch erscheint, ist für Winterhager dennoch die Einbeziehung solcher Individuen in die Betrachtungen sinnvoll, deren Bewusstsein nicht unmittelbar zugänglich ist, die aber „Verhaltensweisen zeigen, welche ohne die operationale Annahme eines Bewußtseins nicht erklärlich sind."[546] Bei Kindern und höheren Tieren fehlt der „Schatten des Ich, der eine Einsicht in das ursprüngliche Bewußtsein erschwert."[547]

In den siebziger Jahren des vergangenen Jahrhunderts hörte sich die Begründung für einen solchen – behavioristisch strengstens beäugten – Brückenschlag so an:

> „Es muß im Zusammenhange einer beabsichtigten philosophischen Erwägung paradox wirken, wenn in der Folge von Hunden und mehr noch von Affen die Rede ist. Aber wahrscheinlich sind viele Philosophen dazu bereit, auch hinsichtlich solcher 'Monaden' das Bestehen philosophischer Probleme anzuerkennen; mehr jedenfalls als die, die jemals dazu kommen, diese Problem auch ins Auge zu fassen. Daß es so ist, sieht man sehr bald als plausibel ein: Immer geht es vorrangig darum, zunächst einmal den Menschen zu begreifen, besonders den Menschen in seinem 'Sein' und in seinem Erkenntnisvermögen; da man sich damit aber schon unerschöpfliche Probleme aufhalst, werden die Tiere eben nur selten gestreift."[548]

So spricht Eberhard Winterhager von einem „Sich-Haben" der Tiere, das sich auf „eine exponierte Stellung ihres Organismus in ihrem Bewußtsein" beschränkt.[549] Auch bei einem Hund muss „hinsichtlich des Bewußten eine Kenntnis bestehen, aber schon die Zuordnung des Bewußten zum Bewußtsein ist nicht mehr bekannt; das ginge über das schlichte Kennen des Bewußten hinaus [...]"; aber, so Winterhager weiter: „Ein Hund, der knurrt, wenn sich ihm ein bedrohliches Wesen nähert, braucht dazu keine Kenntnis der Zuordnung von Bewußtsein

---

[544] Ebd., S. 5.
[545] Ebd., S. 5f.
[546] Ebd., S. 6.
[547] Ebd.
[548] Winterhager, E., Das Sich-Haben des Subjekts, in: Schmidt, G., Wolandt, G. (Hgg.), Die Aktualität der Transzendentalphilosophie, Bonn 1977, S. 35.
[549] Vgl. ebd., S. 36.

und Körper, schon kraft der faktischen Zuordnung ist eben unmittelbar er selber bedroht."[550]

Somit ermöglichen schon bei Hunden soziale Kontakte die „Organisation des Bewußtseins", der eine „Potenz" vorausgehen muss: Zunächst muß bei allen betrachteten Tieren „ein Bewußtseinsfeld" vorliegen, das „durch die jeweilige organische Rezeptionsfähigkeit bedingt" und dessen Inhalt nicht schon „durchgehend bewußt" ist[551]. Zudem braucht es „organisierende Aktivitäten", die bei der Geburt des Lebewesens nur erst einen Teil des Bewußtseinsfeldes belegen; deshalb ist das junge Tier und mehr noch das Menschenkind vom Kontakt entscheidend abhängig, und „mit Hilfe des sozialen Kontaktes vermag es sich über Versuch und Irrtum des Bewußtseinsgfeldes zu bemächtigen."[552]

Auch für Winterhager kommt diesem sozialen Kontakt eine ganz hohe Bedeutung zu; denn bei dessen Fehlen verstreicht auch schon beim Tier jede experimentierende Spielphase ungenutzt, und die grundgelegte Fähigkeit und Anlage verkümmert.[553]

Auch unser Philosoph rekurriert auf die Spiegeltests mit Menschenaffen und erkennt im „Erfolg" dieser Tiere einen „qualitativen Sprung" hinsichtlich des Selbstbewusstseins.[554]Das „Mehr" gegenüber dem Hund ist eine Art „reflexives Moment", worin der Schimpanse „sozusagen 'hinter' seinen Organismus" kommen muss, um ihn als identischen erfassen zu können."[555] Das „Sich-Haben" des Affen ist dabei nur durch die einmal stattgefundene Abgrenzungsleistung gegenüber Artgenossen möglich.

Beim Menschen kommt das an die Sprache gebundene Denken hinzu; denn dadurch wird das „reflexive Moment" „voll" auf seine Möglichkeiten hin ausgeschöpft: „Der Mensch begreift sich als Bewußtsein und so auch als Bewußtseinseinheit, als Erleben und Denken. Mit seinem Denken kann er die Angewiesenheit auf das Bewußtseinsfeld sogar in gewissen Grenzen unterlaufen bzw. übersteigen, wenn auch wohl – und hieran zeigt sich eine gewisse Nähe zur Kritik der reinen Vernunft – wenigstens für positivwissenschaftliche Erkenntnis die Restriktion zumindest auf einen Großteil dieses Feldes unaufhebbar ist."[556]

Wenn auch für den Hirnforscher Antonio Damasio, wie wir gesehen haben, (1.) Bewusstsein ganz eng mit der Aufrechterhaltung und Regulierung des Lebens

---

[550] Ebd.
[551] Vgl., ebd., S. 41.
[552] Ebd.
[553] Vgl. auch die o. in Kap.V.2.8, „Die Rolle der Hormone", skizzierten Versuche.
[554] Vgl. ebd., S. 36ff und o. Kap.V.1.6, „Was wissen sie über sich selbst?"
[555] Winterhager, E., Das Sich-Haben des Subjekts, a.a.O., S. 42.
[556] Ebd.

verbunden ist, (2.) die spontane Reaktion auf homöostatische, soziale und ökologische Parameter darin eine Schlüsselrolle innehaben und somit (3.) eine Reduktion des Phänomens auf neurologische Prozesse überwunden werden kann, dann hat Eberhard Winterhager, in der Tradition Dieter Henrichs stehend, mit seinen hier kurz skizzierten Erwägungen deutliche Verbindungslinien zwischen ethologischer und philosophischer Debatte aufgezeigt.

## 5. Verhaltensbiologische Erträge oder: Es geht um's Ganze!

Eben um das komplexe Zusammenspiel von emotionalen, kognitiven, ökologischen und sozialen Parametern im Leben eines Tieres, die ihm eine optimale Anpassung an seine Umwelt ermöglichen!

Die in der modernen Verhaltensbiologie gewonnenen Erkenntnisse lassen uns die Tiere nicht nur in einem anderen Licht sehen – zugleich lassen sie Rückschlüsse auf unsere eigene Evolution zu. Eine über Millionen Jahre hin verlaufene Evolution hat Lebewesen hervorgebracht, die einerseits durch ihr Verhalten innerhalb relativ stabiler Ökosysteme zu deren Erhalt beitragen und andererseits durch komplizierte und aufeinander abgestimmte Parameter optimal für eine Existenz im „Hier und Jetzt" angepasst sind.

Als „archimedischer Punkt" – so haben wir im Kapitel über die Emotionen im Tierreich gesehen – dient der Gedanke, dass sowohl das Bewusstsein als auch alle körperlichen Funktionen letztlich nur einem Ziel dienen: Der (Vor-)Sorge des Organismus um sein (Über-)Leben. Und als die entscheidenden Bindeglieder zwischen Körper und Geist fungieren die Gefühle und Emotionen. Jedes Mal, wenn ein Tier ein Objekt wahrnimmt – und die Wahrnehmung kleinster Veränderungen im Umfeld oder im Verhalten von Artgenossen, Feinden oder Beutetieren muss um des Überlebens willen exakt sein – ändert sich etwas innerhalb des Organismus. Dies sind zunächst einfache metabolitische Prozesse, die körperliche Emotionen entstehen lassen, die dann im Gehirn zu Gefühlen verarbeitet werden und auf den Körper und die Verhaltensweisen zurückwirken. Dem Gehirn kommt dann auch die Aufgabe zu, diese Veränderungen auf einer zweiten Ebene zu registrieren und damit die Frage zu beantworten: Wem widerfährt all dies?

Dass Tiere nicht einfach als Reiz-Auslöser-Maschinen funktionieren, sondern im Rahmen ihrer ökologischen, sozialen und emotionalen Intelligenz angemessene Verhaltensweisen an den Tag legen – und darüber hinaus bestimmte Situationen „im Kopf vorher durchspielen" können, hat uns u.a. das Kapitel über die Denkwege im Tierreich gezeigt. Lernen und Erinnern, Einsicht nicht nur in bestimmte Verhaltensweisen, sondern auch in das Innenleben von Artgenossen gehören in das Spektrum tierlicher Denkleistungen und lösen somit das Phänomen Denken aus einer engen neurobiologischen und anthropozentrischen Simplifizierung.

Zudem wird dadurch noch klarer, dass der Mensch im Rahmen seiner Einsicht in die Beweggründe tierlichen Verhaltens erst am Anfang steht. Wenn es gelingt, „kulturelle Brillen" abzusetzen und mehr und mehr „the animal´s point of view" einzunehmen, dann erscheinen auch die im Menschen so hochentwickelten Begabungen wie Kultur und Moral in einem anderen Licht; sind sie doch nicht vom Himmel gefallen. Im Tier sehen wir immer noch uns selbst!

Die Selbstüberwindung – so Dieter Henrich – ist „der Königsweg zur Selbsterkenntnis und die rechte Weise, sich selber zu gewinnen."[557] Für ihn ist der Gedanke vom Bewusstsein als „ich-losem Grund des Selbstbewußtseins" zentral, und er verweist auf die Philosophie des Ostens: Es geht um ein Verstehen, in dem „das Selbst die Reflexion als eigentliche Definition seiner Wirklichkeit und Würde" überwindet und eine andere Art von Bewusstsein ermöglicht.[558]

Dem Menschen ist jedoch eine Rückkehr in der „Zustand einer Leere der bloßen Bewußtheit" nur in Grenzfällen (etwa in der Meditation) möglich, aber er kann sich so eine Ahnung von dem verschaffen, was „das Gewahren in Tieren" ist, mit denen wir mehr gemein haben, als die Reflexionstheorie des Bewusstseins bisher zugeben konnte:

> „Sie konnte nicht umhin, alles menschliche Bewußtsein in Selbsttätigkeit aufgehen zu lassen und zwischen uns und den Tieren einen unendlichen Abstand einzurichten, der für Jahrhunderte skandalösen Verhaltens ihnen gegenüber mit verantwortlich gemacht werden muß.
>
> Es bleibt aber dennoch wahr, daß menschliches Bewußtsein durch die Möglichkeit der Reflexion zu definieren ist. Und die Freiheit, die in ihrer Überwindung als selbstgenügsames Prinzip entsteht, ist nur die Freiheit, sie in der rechten Weise zu gebrauchen."[559]

---

[557] Henrich, D., Selbstbewusstsein. Kritische Einleitung in eine Theorie, a.a.O., S. 283.
[558] Vgl. ebd.
[559] Vgl.ebd.

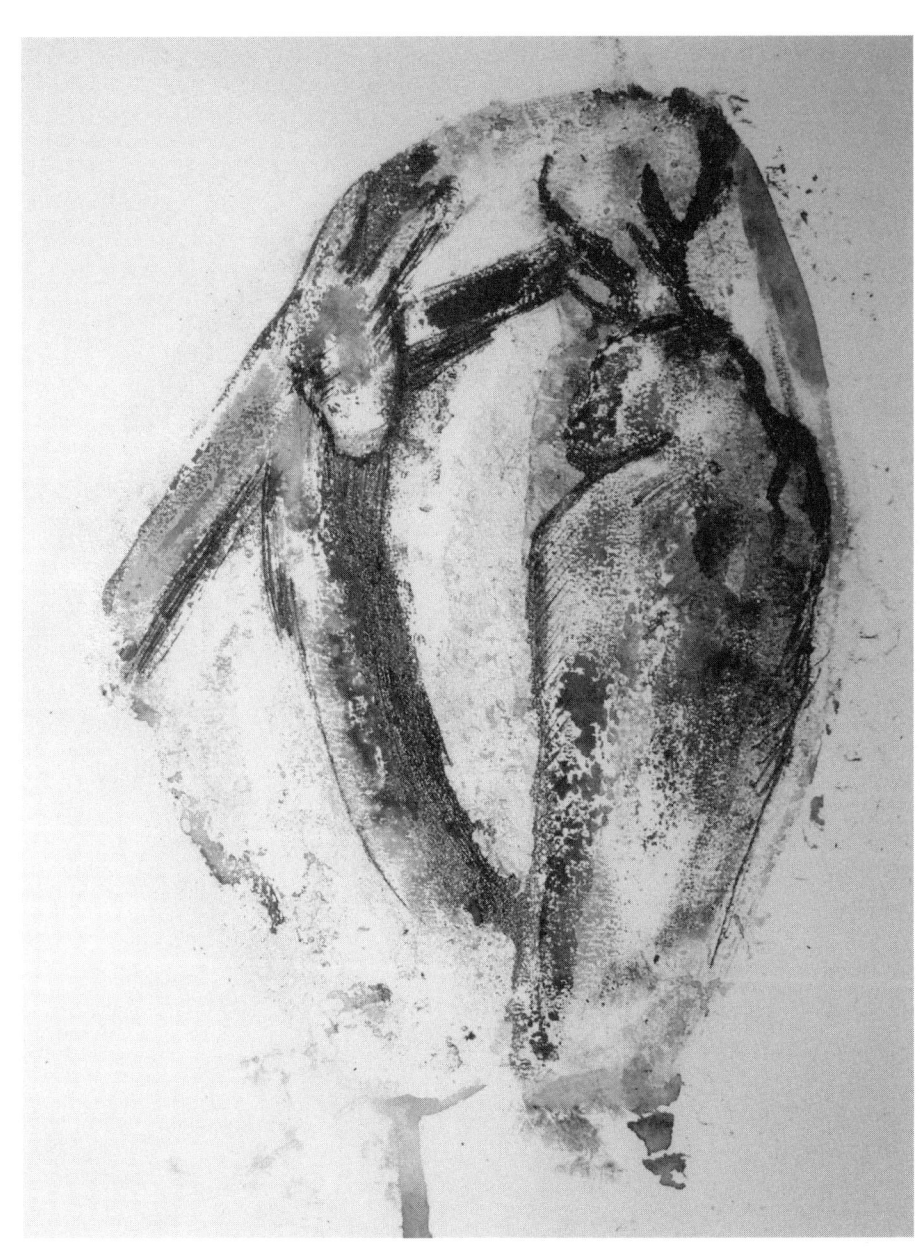

# VI. Das Tierbild innerhalb der Theologie des Nikolaus von Kues

Die Welt ist Gottes so voll.
Aus allen Poren der Dinge quillt uns
das gleichsam entgegen.
Wir bleiben in den schönen und bösen Stunden
hängen.
Wir erleben sie nicht durch
bis zu dem Punkt,
aus dem sie aus Gott hervorströmen.
Das gilt für das Schöne und auch für das Elend.
In allem will Gott Begegnung feiern
und fragt und will die anbetende, liebende
Antwort.

*Alfred Delp*[560]


„Auch der Mensch allgemein genommen darf nicht geliebt werden, außer in der Einheit und der Ordnung der beseelten Natur".[561] So hört sich nicht jemand an, der sich von der darwinschen Evolutionstheorie und den Ergebnissen der modernen Verhaltensbiologie in ihrer Nachfolge gekränkt fühlen würde. Ebenso wenig übrigens wie von den astronomischen des Herrn Kopernikus: Für Nikolaus von Kues (1401-1464) als ideen- und wissenschaftsgeschichtlichen Vorgänger des anderen Nikolaus ist die Erde schlicht und ergreifend „ein edler Stern"

---

[560] Delp, A., Brief an Luise Oestreicher vom 17.11.1944, in: ders., Gesammelte Schriften, hg. von R. Bleistein, Bd. IV: Aus dem Gefängnis, Frankfurt a.M. 1985, S. 26.

[561] Nikolaus von Kues, DC II,XVII,181, in: ders., Philosophisch-theologische Werke. Lateinisch – deutsch. Mit einer Einleitung von K. Bormann. 4 Bde., Hamburg 2002 (im Folgenden abgekürzt mit: Werke), Bd. 2.
Die Cusanus-Zitate sind zwei verschiedenen Ausgaben entnommen und können nur innerhalb der entsprechenden Ausgabe einheitlich angegeben werden. Um möglichst schnelles Auffinden der Zitate zu ermöglichen, wird die Hamburger Ausgabe (Meiner, 2002) nach den dort eingeteilten Abschnitten der einzelnen Kapitel zitiert. Die Zitation der Wiener Ausgabe (Herder, 1989) erfolgt nach Kapiteln mit Verweis auf die Seitenzahlen in dem jeweiligen Band. Die Angaben zu den Kürzeln für die einzelnen Schriften des Cusaners und Verweise auf die entsprechenden Ausgaben finden sich im Literaturverzeichnis (s.u.).

unter anderen Sternen, der nicht „deswegen wertloser [ist, R.H.], weil sie kleiner ist als die Sonne und ihren Einfluss erfährt".[562]

Tatsächlich spricht man mit Sigmund Freud von den drei Kränkungen, welche die Menschheit in der Neuzeit erleiden musste. Es handelt sich dabei um wissenschaftliche Erkenntnisse und Umbrüche, welche das Selbstverständnis des Menschen wesentlich beeinflussten und seine Sonderstellung in Frage stellten: Da war zuerst der Übergang vom geo- zum heliozentrischen Weltbild, in dessen Folge sich der Mensch unbedeutend und einsam angesichts des unermesslichen Weltalls fühlen musste. Seit Darwin ist zudem die Sonderstellung des Menschen unter den Lebewesen fraglich geworden. Und Freud schließlich hat aufgezeigt, dass der Mensch nicht einmal „Herr im eigenen Hause" ist, sondern in hohem Maß von unbewussten Antrieben bestimmt wird. Inzwischen werden bereits andere Kränkungen genannt: Die evolutionäre Erkenntnistheorie, die Künstliche Intelligenz und die Robotertechnik. Sie alle machen dem Menschen jede Art von geistiger und intellektueller Sonderrolle streitig.[563]

Schon die eingangs zitierten Sätze lassen berechtigte Zweifel darüber aufkommen, dass der Cusaner gekränkt wäre, würde man ihn mit den ethologischen Aussagen zum Denken, Fühlen und Handeln der Tiere und ihrer unübersehbaren und schwer zu leugnenden Nähe zur vermeintlichen „Krone der Schöpfung" konfrontieren[564].

Er, der sich selbst unter die „Jäger der Weisheit" („venatores sapientiae")[565] zählt, zeigt sich eher als Problem-, denn als Systemdenker. Ob die Weite seines Denkens – nach Auskunft Eugen Bisers – die Frucht einer gelungenen Kombination von „römischer Klarheit und deutscher Innerlichkeit"[566] darstellt; ob Cusa-

---

[562] Ders., DI II,XII,166, in: Werke, Bd. 1. Eine intensive Auseinandersetzung mit dem Lebensweg des Cusansers und den Unterschieden auch innerhalb seines Werkes würde den Rahmen dieser Arbeit sprengen und ist für die Darstellung seines Denkens in unserem Kontext nicht nötig.

[563] Vgl. zu den „Kränkungen der Menschheit": Dürr, H.-P., Meyer-Abich, K.M., Mutschler, H.-D., Pannenberg, W., Wuketits, F., Gott, der Mensch und die Wissenschaft, Augsburg, 1997, S. 100ff.; Hägele, P., Ist der Kosmos für den Menschen gemacht? Überlegungen zum Anthropischen Prinzip, in: Beckers, E., u.a. (Hgg), Pluralismus und Ethos der Wissenschaft, Gießen, 1999, S. 3ff.

[564] Nach der enttäuschenden Durchsicht vieler „Schöpfungstheologien" ist es geradezu wohltuend, dass im Register der Cusanus-Werke die Tiere tatsächlich auftauchen: 11 Mal „animal", 3 Mal „animalitas", nicht registriert sind einzelne Spezies wie Löwe, Kuh oder Adler, die sich aber selbstverständlich in den Schriften tummeln.

[565] Nikolaus von Kues, VS I,5, in: Werke, Bd. IV.

[566] Vgl. Biser, E., Nikolaus von Kues als Denker der unendlichen Einheit, in: Theologische Quartalschrift, Tübingen 1966, S. 305ff. Biser sieht es als symbolisch an, dass Nikolaus in

nus der erste „moderne Denker" ist – so Ernst Cassirer, Karl Jaspers und andere Neu-Kantianer – oder ob in seinem Werk gerade die Kontinuität mit der mittelalterlichen Tradition aufleuchtet[567]; und ob schließlich seine Schriften nur deshalb noch zu lesen sind, weil die katholische Kirche zur Zeit des Abschlusses des Mittelalters „extrem liberal" war[568] – auf diese Fragen kann hier nicht näher eingegangen werden. Es soll vielmehr aufgezeigt werden, dass im Denken des Kardinals vernünftige Alternativen zur Logik und Praxis der „Interplanetarier" liegen.

In seinem Geist können laut Einschätzung Meyer-Abichs Anthropozentriker und Physiozentriker sich finden, worin eine größere Chance der Verständigung liege als wenn etwa die einen sich um Bacon und Descartes, die anderen sich um Goethe und Humboldt scharen.[569] Die cusanische Philosophie birgt vielmehr jene Gegenkräfte, welche uns helfen können, die interplanetarisch-hausgemachte Krise zu überwinden und zugleich den Tieren jenen Platz in der Theologie zuzugestehen, den ihnen die Bibel zugewiesen hat. Im Folgenden soll daher der Schöpfungstheologe und der Anthropologe Nikolaus zu Wort kommen.

---

Rom bestattet werden wollte, es aber veranlasste, sein Herz in der Hospitalkirche zu Kues beizusetzen. Vgl. ebd., S. 313.

[567] Vgl. dazu den Übersichtsartikel von Hoye, W.J., Nikolaus von Kues als Theologe, in: Theologische Revue, Nr.4, Münster, 1996, Sp.273ff.; Jaspers, K., Nikolaus Cusanus, München 1964, S. 212ff.; Hoffmann, E., liefert folgende Einordnung: „Cusanus lebte im Herbst des Mittelalters und kann kulturgeschichtlich und geistesgeschichtlich nur aus dieser Epoche verstanden werden; aber rein problemgeschichtlich betrachtet, war dieser Herbst reifer als die auf ihn folgenden Zeiten des üppigen Frühlings der Renaissance und des satten Sommers der Aufklärung. Vielleicht mußte es erst wieder Herbst werden, bis philosophisch eine Problemlage entstehen konnte, in der prinzipielle Positionen des Cusaners sich erneuerten." In: Hirschberger, J., Geschichte der Philosophie, Bd.1, a.a.O., S. 584; vgl. auch Flasch, K., Nikolaus von Kues. Geschichte einer Entwicklung. Vorlesungen zur Einführung in seine Philosophie, Frankfurt a.M., 2001.

[568] So Duhem, P., in: Hoye, W.J., a.a.O., Sp. 280.

[569] Vgl. Meyer-Abich, K.M., Praktische Naturphilosophie, a.a.O., S. 111; Meyer-Abich schließt sich Flasch an, der bemerkt, dass „bei allem Interesse an der Natur [...] die Metaphysik des Cusanus nicht primär kosmologisch orientiert" ist. Vgl. Flasch, K., Die Metaphysik des Einen bei Nikolaus von Kues, in: Brill, Studien zur Problemgeschichte der antiken und mittelalterlichen Philosophie 7, Leiden, 1973, xvi. Meyer-Abich erkennt eine relative Beiläufigkeit kosmologischer Überlegungen in der Naturphilosophie des Cusaners. Vgl. ders., Praktische Naturphilosophie, a.a.O., S. 111. Hier wird folglich seine im „Interplanetarier-Kapitel" aufgenommene Spur wieder aufgenommen.

# 1. „Deine Sicht gibt das Wesensein, weil sie deine Wesenheit ist"[570]

„Trachte ich, euch in menschlicher Weise zum Göttlichen zu führen, so muß dies auf dem Weg des Gleichnisses geschehen. Unter den menschlichen Werken aber fand ich kein Bild, das unserem Vorhaben besser entspräche als das des Alles-Sehenden. Ich meine ein solches Bild, das durch außerordentliche Kunst der Malerei so wirkt, als ob es alles ringsum überschaue."[571] So beginnt Nikolaus seine Schrift „De visione Dei" und beschreibt angesichts eines Gemäldes seines Zeitgenossen Rogier van der Weyden die Weise, wie sich Gott zur sichtbaren Welt verhält. Es zeigt offenbar ein Selbstbildnis des Malers, dessen Blick den Betrachter nicht aus den Augen lässt, auch wenn dieser sich bewegt. Das gilt auch, wenn etwa zwei Staunende vor dem Bild von links und rechts aufeinander zugehen, d.h. der Blick folgt beiden zugleich. So sagt Nikolaus:

> „Und während er so darauf achtet, wie jener Blick keinen verläßt, wird er dessen inne, daß derselbe so bedacht um jeden beliebigen einzelnen Sorge trägt, als ob er sich nur den einen angelegen sein ließe, der jeweils erfährt, daß er angeschaut wird, und keinen anderen, und dies so sehr, daß von dem jeweils einen, den der Blick ansieht, nicht begriffen werden könnte, er kümmere sich um einen anderen. Und so wird der Betrachtende auch einsehen, daß der Blick der geringsten Kreatur gleich wie der größten, ja wie dem ganzen Weltall, aufmerksamste Sorge widmet.
> Von solch sinnlich erfahrbarer Erscheinung ausgehend möchte ich euch [...] in einer Art Andachts-Übung zum verborgenen Gespräch mit Gott erheben."[572]

Für Meyer-Abich ist damit die Grundantwort des kopernikanischen Weltbildes gegeben: „Gott ist mit jedem Ding und Lebewesen ganz. Er hat allen das Sein gerade so mitgeteilt, wie sie es aufnehmen können", und er fragt rhetorisch: „Kann es ein freiheitlicheres Denken in einer offenen Welt geben?"[573] Nikolaus möchte aufzeigen, dass es nicht beim bloßen Angesehenwerden bleibt und Gott nicht eine Welt schafft, die ihm gegenüber etwas anderes ist, sondern dass er sich darin selber bildet. Kurt Flasch erinnert daran, dass dieser

---

[570] Nikolaus von Kues, VD XII, in: ders., Die Philosophisch-Theologischen Schriften. 3 Bde., hg. von L. Gabriel, übers. von D. u. W. Dupré, Wien 1989 (2. Nachdruck der 1964 erschienenen 1. Auflage; im Folgenden abgekürzt mit: Schriften; die Zitation der Textstellen erfolgt nach den Seitenzahlen in den einzelnen Bänden), Bd. III, S. 143.

[571] Ebd., S. 95; Michel Foucauld beschreitet übrigens einen sehr ähnlichen Weg – allerdings und selbstverständlich nicht, um zu einer theologischen Aussage zu finden – und geht von dem gleichen Phänomen aus. Bei ihm ist es „der Maler" in einem berühmten Velasques-Gemälde, der die Betrachter nicht „aus den Augen lässt". Vgl., Foucauld, M., Die Ordnung der Dinge, Frankfurt a.M. 1974, S. 31ff.

[572] Nikolaus von Kues, ebd., S. 99.

[573] Meyer-Abich, K.M., a.a.O., S. 112.

Gedanke, Gottes Erschaffen sei zugleich sein eigenes Erschaffenwerden, von Johannes Scotus Eriugena (ca. 810-877) stammt. Beim Cusaner bedeutet er, dass „die absolute Einheit alles in sich enthält, alles in sich erkennt, alles in sich erschafft, also sich selbst schafft."[574]

Spätestens hier kann das Phänomen auftauchen, das Klaus Michael Meyer-Abich „Pantheismus-Furcht" und Heike Baranzke „Pantheismus-Allergie" nennt[575], beiden aber wenig Angst macht. Vielmehr kann die cusanische Philosophie dazu beitragen, den Pantheismus „endlich aus seiner religiösen Verdrängung hervorzuholen" und das bisher „in einer schmerzlichen Weise" ungeklärte Verhältnis Gottes zur Welt neu zu bestimmen.[576] „Dazu gehört freilich das Zugeständnis, daß die christliche Theologie hinsichtlich des Verhältnisses von Natur und Gott bisher ein Thema vermieden und dementsprechend auf das Eingehen Gottes in die Welt abwehrend reagiert hat."[577]

„Ego sum, quia tu me respicis" – so beantwortet Nikolaus die Frage nach der Weise des selbsterschaffenden Schauens Gottes: „Soweit Du mit mir bist, soweit bin ich. Und da Dein Sehen Dein Sein ist, bin ich also, weil Du mich anblickst."[578] Nichts und niemand ist davon ausgeschlossen: Gottes Sicht ist der Grund alles Sichtbaren.

> „Deine Schau nämlich verleiht das Sein, weil sie Deine Seinsheit ist.[...] Wenn Dein Sehen Dein Schaffen ist, und Du nichts siehst, daß Dir gegenüber ein Anderes ist, [...] wie schaffst Du Dinge, die Dir gegenüber etwas Anderes sind? Du scheinst Dich selbst zu erschaffen, so wie Du Dich selbst siehst."[579]

Zwei Grundgedanken der Schöpfungslehre des Cusaners, die das immerwiederkehrende Thema in seinen Schriften darstellt, lassen sich erkennen:
1. Alle Dinge verdanken ihr (So-)Sein dem göttlichen Blick;
2. Gott ver-wirklicht sich in seiner Schöpfung.[580]

---

[574] Flasch, K., a.a.O., S. 284.

[575] Vgl. Meyer-Abich, a.a.O., S. 29; dort der Verweis auf Baranzke, H. und ihre Arbeiten zur ökologischen Theologie,z.B.: Die leere Arche, Von der Schöpfungs- und Geschöpfvergessenheit ökologischer Theologie, in: Ingensiep, W., Hoppe-Sailer, R., (Hgg.), Zur Kulturgeschichte der Natur, Ostfildern (edition tertium) 1996, S. 231ff. Zudem auf Jamme, Ch., Pantheismus II. Philosophisch, in: Theologische Realenzyklopädie (TRE), Bd. XXV, 1995, S. 630ff. Hier wird zwischen etwa 20 verschiedenen Verständnissen von Pantheismus unterschieden.

[576] Vgl. Meyer-Abich, K.M., a.a.O., S. 112.

[577] Ebd., S. 113.

[578] Nikolaus von Kues, VD IV, Schriften, Bd. III., S. 105.

[579] Ebd., S. 143ff.

[580] Vgl. Meyer-Abich, K.M., a.a.O., S. 113.

Schon hier wird deutlich, dass es kaum einen größeren Kontrast geben kann als zwischen dem cartesischen „Cogito, ergo sum" und dem cusanischen „Ego sum, quia tu me respicis".

Arthur Hübscher berichtet in diesem Zusammenhang von einer Begegnung zwischen Schopenhauer und Goethe: Als jener erklärte, „daß die Sinnenwelt unsere Vorstellung sei, und das Licht nicht wäre, wenn wir es nicht sähen, blickte Goethe ihn groß mit seinen Jupiteraugen an und sagte: Nein, *Sie* wären nicht, wenn das Licht *Sie* nicht sähe."[581]

## 2. „Genauso würde auch ein Löwe, wenn er Dir ein Gesicht zuschriebe, es für nichts anderes als ein löwenartiges [...] halten."[582]

Das Bild des Spiegels durchzieht die Schrift über die Gottes-Schau und wird zu einem Gleichnis der Erfahrung Gottes:

> „Wohl trittst Du, mein Gott, mir entgegen als wärest Du erste formbare Materie, weil Du die Form eines jeden Dich Betrachtenden annimmst; dann bringst Du mich jedoch dahin, zu sehen, daß nicht der Dich Betrachtende Dir die Form gibt, sondern in Dir sich selber schaut, weil er von Dir das erhalten hat, was er ist.
> Und so verschenkst Du, was Du vom Betrachter zu erhalten scheinst; so als seist Du ein lebender Spiegel der Ewigkeit, d.h. die Gestalt der Gestalten.
> Blickt jemand in diesen Spiegel, so sieht er seine Gestalt in der Gestalt der Gestalten, die der Spiegel ist. Und er glaubt, die Gestalt, die er im Spiegel sieht, sei die Darstellung seiner eigenen Gestalt. So nämlich verhält es sich bei einem Spiegel aus poliertem Metall.
> Doch das Gegenteil davon ist wahr. Was er in jenem Spiegel der Ewigkeit sieht, ist nicht Darstellung, sondern die Wahrheit, deren Darstellung er, der Sehende, selbst ist.
> Also ist die Darstellung in Dir, mein Gott, die Wahrheit, und das Urbild von allem und allem einzelnen, das ist oder sein kann."[583]

Im Rahmen seiner Anthropologie heißt das folglich für den Menschen, der „nicht anders als nur menschlich urteilen" kann, dass, wenn er Gott ein Gesicht zuspricht, er es nicht „außerhalb der menschlichen Eigengestalt" finden kann, da „sein Urteil innerhalb der menschlichen Natur verschränkt ist."[584] Das Gebun-

---

581 Hübscher, A., Arthur Schopenhauer. Ein Lebensbild, in: Schriften zur Erkenntnislehre. Sämtliche Werke Bd. I, Wiesbaden 1948, S. 29f. Dieser Hinweis findet sich bei Meyer-Abich, K.M., a.a.O., S. 113.
582 Nikolaus von Kues, VD VI, Schriften, Bd. III., S. 115.
583 Ebd., S. 161.
584 Ebd., S. 115.

densein an diese Verschränkung ist unüberwindlich – und allen Lebewesen zu eigen:

> „Genauso würde auch ein Löwe, wenn er Dir ein Gesicht zuschriebe, es für nichts anders als ein löwenartiges, ein Rind für das eines Rindes und ein Adler für das eines Adlers halten."[585]

Durch den gestaltenden Ideen-Blick Gottes sind wir, was wir sind – und dies im Konzert mit allem, was ist und lebt. So spiegelt sich eins im anderen: Die Welt in Gott und Gott in der Welt. Was sich „im Spiegel des göttlichen Zusammenfalls der Gegensätze" – so Eugen Biser – zeigt, „ist gewiß nicht jene unaufhörlich gebärende und verzehrende Welt, die eigentlich zu erwarten wäre, die jedoch erst Nietzsche und er nur in der Abkehr vom Gottesglauben zu denken wagte."[586]Es ist aber auch nicht mehr die klar geordnete und hierarchisch gestufte Welt des Mittelalters. Daran gemessen ist es sogar eine „unerhört andere, buchstäblich in ihre eigene Unendlichkeit ausbrechende Welt [...]; eine unablässig in sich kreisende, allenthalben belebte und doch durch und durch stumme Welt."[587] Der letzte Sinn dieser Welt entzieht sich dem Forschen und Denken des Menschen, da sein Fassungsvermögen immer begrenzt bleibt[588].

Für Eugen Biser wird deutlich, dass das Weltbild des Cusaners im Denken „bereits weithin neuzeitlich" ist, jedoch noch nichts von „dem Pascalschen Grauen vor den schweigenden Räumen" hat; in ihrer „privativen Unendlichkeit" bleibt die cusanische Welt, wenn nicht harmonisch so doch human.[589]

## 3. „Gott ist die Einfaltung von allem..."

„...insofern, als alles in ihm ist; er ist die Ausfaltung von allem insofern, als er in allem ist."[590] Dies klingt wie ein Kommentar zu paulinischer Theologie: „Es gibt verschiedene Kräfte, die wirken, aber nur den einen Gott: Er bewirkt alles in allen." (1 Kor 12,6); „ein Gott und Vater aller, der über allem und durch alles und in allem ist." (Eph 4,6)[591] Hatten wir gesehen, wie Nikolaus durch die Metapher des Ideenblickes Gottes Verhältnis zur Welt zu erklären versucht, geht es nun um

---

[585] Ebd.
[586] Vgl., Biser, E., a.a.O., S. 325.
[587] Vgl. ebd.
[588] Vgl. Nikolaus von Kues, DI I,III.
[589] Vgl. Biser, E., a.a.O., S. 325.
[590] Nikolaus von Kues, DI II,III,107.
[591] Vgl. auch Apg 17,28: „Denn in ihm (Gott) leben wir, bewegen wir uns und sind wir."

ein weiteres erkenntnistheoretisches Modell: Dies geschieht mithilfe der Begriffe
Aus- und Einfaltung („explicatio" und „complicatio").

Als eine Art „Prozeß-Pantheismus" bezeichnet Meyer-Abich diesen Gedanken[592], in dem sich Gott so zur Welt entfaltet wie die Ewigkeit zur Ruhe oder die
Ruhe zur Bewegung. Eingefaltet ist alles in Gott, ausgefaltet ist er in allem.[593]In
Bezug auf die Dinge und Geschöpfe heißt das, dass ihnen eine gemeinsame, erste
und allgemeine Natur innewohnt.[594] Im Ganzen der Natur ist es die Weltseele
(„anima mundi")[595], die für den Cusaner nichts anderes ist als der Schöpfer-Gott
des Christentums![596]

> „Platon hat die Welt als Lebewesen bezeichnet. Faßt man dessen Seele als Gott – jedoch
> ohne dass er in ihr aufgeht –, so wird vieles von dem Gesagten klar."[597]

Die Entfaltung der Welt nun ist so gedacht, dass die Weltseele die Ideen als die
Urbilder der Dinge in sich trägt, „[w]ie ein Künstler eine Statue aus einem Stein
herausmeißeln will und dabei die Form der Statue wie eine Idee in sich trägt, um
dann [...] die Form der Statue in Gestalt der Idee und in Abbildung derselben zu
erzeugen."[598]

Sehr anschaulich wird das Gedachte am Beispiel des Nußbaumes, das Nikolaus ebenfalls im Kapitel über die Gottes-Schau entfaltet:[599] Zunächst beschreibt
er einen prachtvollen Baum und erklärt dann, dass dieser in seinem Samen nicht
so enthalten ist, wie man ihn ausgewachsen sehen kann, sondern „der Kraft
nach"[600], die im Samen liegt und aus diesem den Baum wachsen lässt. Diese
Kraft stammt zunächst aus demjenigen Baum, der diesen Samen gebildet hat. Die
Frage nach dem Ursprung aller Kraft ist damit allerdings noch nicht beantwortet.

---

[592] Meyer-Abich, K.M., a.a.O., S. 121.

[593] Vgl. Nikolaus von Kues, ebd.

[594] Vgl. ders., DC II,IV,90.

[595] Vgl. ders., DI II,IX,141ff. Zum „großen" Thema „Weltseele" vgl. den kurzen Übersichtsartikel von Haas, A., in: LThK², Bd. 10, 1965 , Sp. 1039f. und die dortige Literaturangabe.

[596] Vgl. ders., IDM XIII,145, in: Werke, Bd. II.

[597] Ders., DI II,XII,166. In der Weltseele Gott wiederzuerkennen, ist für Meyer-Abich der
„Schlüssel zur neuzeitlich platonischen Ideenlehre des Cusaners". Die Einschränkung „a-
ber ohne daß er in ihr aufgeht" ist für ihn eine kirchenpolitisch ritualisierte Leerformel einen nötigen verbalen Distanzierung vom Pantheismus. Giordano Bruno, der in der Sache
mit Nikolaus deutlich übereinstimmt, hat auf diese Vorbehalte verzichtet und hat – allerdings in wesentlich reaktionäreren Zeiten – dafür mit seinem Leben bezahlen müssen. Vgl.
Meyer-Abich, a.a.O. S. 118f.

[598] Vgl. ders., DI II,X,151.

[599] Vgl., ders., VD VII, Schriften, Bd. III, S. 117ff.

[600] Ebd., S. 119.

Ist die gestaltende Kraft des Samens noch baumhaft, so kann die Urkraft noch nicht auf Bäume festgelegt sein. Sie ist vielmehr

> „der Ursprung, der jeder Samenkraft und jeder anderen Kraft das Sein verleiht. [...] So ist der Baum in Dir, mein Gott, Du selbst.
> In Dir ist er Wahrheit und das Urbild seiner selbst. Gleichermaßen ist auch der Samen des Baumes in Dir Wahrheit und Urbild seiner selbst, des Baumes und des Samens."[601]

Gott ist die „absolute Kraft" und die „Natur aller Naturen"[602]. Das Gedachte mündet in einen für Nikolaus typischen Dialog mit seinem Schöpfer:

> „Mein Gott, Du hast mich dahin geführt zu sehen, daß Dein absolutes Aussehen das natürliche Aussehen jeder Natur ist."[603]

Abgeschlossen wird dieser Lobpreis – und damit zeichnet der Kardinal den Weg seiner Anthropologie vor – von jener wunderbaren An-Rede Gottes an den Menschen:

> „Und wenn ich so im Schweigen der Betrachtung verstumme, antwortest Du mir, Herr, tief in meinem Herzen und sagst:
> Sei du dein und ich werde dein sein (sis tu tuus et ego ero tuus)."[604]

Dieser Synthese kommt visionäre Kraft zu, da sie Gott und Mensch zusammendenkt, ohne den Menschen einerseits aus der religiösen Bindung zu lösen, aber auch, ohne andererseits eine ihn beengende Religionsauffassung zugrunde zu legen. Dies bedeutet erstens: Im Prozess der uneingeschränkten Selbstannahme des Menschen erfolgt zugleich die Annahme Gottes; das eine geschieht nicht auf Kosten des anderen. Dagegen sieht auch noch das gegenwärtige Kirchen- und Religionsverständnis die Religionszugehörigkeit meist – auch im Blick auf aktuelle Verlautbarungen[605] – in Verbindung mit zugehörigen Maßnahmen der Selbst-

---

[601] Ebd., S. 121.

[602] Vgl. ebd.

[603] Ebd.

[604] Ebd., S. 121; spätestens hier ist die Nähe zur deutschen Mystik unübersehbar: Wenn Meister Eckhart von der „kraft in der sele" spricht ist damit „nichts anderes als das im konkret seienden Geschöpf anwesende esse virtuale, das archetypische Sein, wo noch ungeschieden alles Geschaffene (das Glühwürmchen wie die Mücke und der Mensch) als Gott in Gott ruht. Diese Seinsweise ist die 'edle', d.h. letztlich authentische Seinsweise, derer sich der Mensch in der Gnade zu versichern hat." Vgl. Haas, A., Meister Eckhard (ca. 1260-1328), in: Ruhbach, G., Sudbrack, J.(Hgg.) Grosse Mystiker, Leben und Wirken, München 1984, S. 165. Vgl. dazu auch die Literatursichtung von Hoye zu diesem Thema, in: Hoye, W.J., Theologische Revue Nr.4, a.a.O., Sp.278ff.

[605] Vgl. u.a. Kongregation für die Glaubenslehre, Erwägungen zu den Entwürfen einer rechtlichen Anerkennung der Lebensgemeinschaften zwischen homosexuellen Personen, in:

einschränkung. Zweitens bildet zur anderen Seite hin der cusanische Ansatz ein Korrektiv: Die Annahme eines dem Menschen unendlich überlegenen Gottes stellt im Gegensatz zu Vertretern moderner Emanzipationsbewegungen keine Selbstbeschränkung dar und geht nicht zwangläufig mit einem Freiheitsverlust einher. Nikolaus lässt vielmehr – über die gegenwärtige Emanzipationstheorie positiv hinausgreifend – den Menschen auf die Aufforderung Gottes antworten:

> „Du machst die Freiheit notwendig, da Du nicht mein sein kannst, wenn ich nicht mein bin"[606].

## 4. „... alle Löwen leonisieren ..."[607]

Mit diesem zugegebenermaßen etwas kryptischen Wort finden wir uns mitten in einem weiteren Themenkomplex: Für Nikolaus war nämlich der Vervollkommnungsgedanke der jeweiligen Natur so wichtig, dass er ihn gleich an den Anfang seines philosophischen Hauptwerkes setzt:

> „Gott hat, wie wir uns überzeugen konnten, allen Wesen eine natürliche Sehnsucht nach der gemäß den Bedingungen ihrer Natur vollkommensten Daseinsweise eingegeben. Darauf ist ihr Tun gerichtet. Sie haben die dazu geeigneten Werkzeuge."[608]

Die Natur eines Lebewesens ist demnach die bestmögliche Weise, in der es wirklich sein kann. Jedes Geschöpf ist als solches – in den Grenzen seiner Natur – vollkommen und „[e]s will kein anderes Geschöpf sein, als ob dieses vollkommener wäre, sondern es bevorzugt das Wesen, das es vom Größten her besitzt,

---

Verlautbarungen des Apostolischen Stuhls, 3.6.2003. Die Tatsache, dass homosexuell fühlende Menschen fast immer in einem mühsamen und schmerzhaften Prozess zu einer Annahme ihrer selbst gefunden haben, scheint dem Autor entweder nicht vorstellbar oder für eine Bewertung völlig irrelevant zu sein; denn was wahr ist, hat für den Glaubenshüter mit menschlichen Erfahrungen nichts zu tun: Was „Sünde" ist, meint Ratzinger unabhängig vom je eigenen und unverwechselbaren Lebensweg festlegen zu können.

Das Lehramt hat sich offenbar weit von dem entfernt, was Johannes Paul II. in seiner Antrittsenzyklika von 1979 noch als wegweisend erklärt hat: Der Weg der Kirche ist der Mensch! Vgl. Verlautbarungen des Apostolischen Stuhls, Enzyklika Redemptor Hominis, 1979.

[606] Stüttgen, A., Ende des Humanismus – Anfang der Religion, a.a.O., S. 188.

[607] Nikolaus von Kues, DDG, in: Schriften, Bd. II, S. 437; so übersetzt Meyer-Abich origineller und näher am Urtext das Wort „omnes leones leonizare" ; vgl. ders., a.a.O., S. 128.

[608] Nikolaus von Kues, DI I,I,2.

wie ein göttliches Geschenk und wünscht, dieses in unvergänglicher Weise zu vervollkommnen und zu erhalten.“[609] Und auch für den Menschen gilt:

„Der Mensch strebt nämlich nicht nach einer anderen Natur, sondern nur nach Vollendung in der seinen.“[610]

Und – so als wüsste der Cusaner um die „Interplanetarier-Diskussion“:

„Unvergleichbar sind also jene Bewohner anderer Sterne, welcher Art auch immer sie sein mögen, gegenüber den Bewohnern dieser Erde“.[611] [!, R.H.]

Für Meyer-Abich ist der Grundgedanke der cusanischen Bewegungslehre, „alle Wirklichkeit als actus oder actualitas von der Handlung her zu denken, nämlich alles Sein als ein Gebildetwerden oder Hervorgehen aus – Aristotelisch gesprochen – der Verbindung von Potenz und Akt. Alle Potenz ist durch den Akt verschränkt bzw. entfaltet [...]. Dieses Werden geht von der Einheit aus. Sie wird nach den Attributen ihrer Kraft oder ihres Könnens [...] benannt und ist eine einende Einheit [...], indem sie sich aus der Ruhe zur Bewegung entfaltet, in die Andersheit vordringt und allem seinen Bestand gibt [...]. Die Dinge sind dann aber nicht, was sie geworden sind, sondern sie sind es werdend.“[612]

Von hierher nun wird endlich deutlich, was Nikolaus mit „leonisierenden Löwen“ ausdrücken will: Er geht in seiner Betonung der wesentlichen Bewegtheit allen Seins so weit, dass alle Substantive und sogar Namen in Verben zu verwandeln sind. So schreibt er an einen befreundeten Kardinal:

„Was aber in dir, Julian, das Julian-Sein ist [est iulianizare], das ist bei allen Menschen das Mensch-Sein [humanizare], bei allen Lebewesen das Lebewesen-Sein [animalizare]“[613].

Und an anderer Stelle:

„Wenn wir sagen, daß es geistige und verständige Bewegung gibt, so als ob der Geist-Hauch die aus dem Munde Gottes ausgehauchte Kraft sei, durch die jene selbig-machende Bewegung, welche die Gotteskraft ist und so die Teilhabenden zum Selben bewegt und leitet, unaufhörlich gespendet wird.
Wenn wir sehen, daß alle Löwen, die waren und jetzt sind, löwenhaft sind (leonizare videmus), dann erfassen wir die Sphäre oder Region oder den Himmel, der diese eigengestalti-

---

[609] Ders. DI II,II,104.
[610] Ders. DI II,XII,169.
[611] Ders. DI II,XII,170.
[612] Meyer-Abich, K.M., a.a.O., S. 127.
[613] Nikolaus von Kues, DC II,III,89.

ge Kraft ständig umfaßt und sie anderen gegenüber eigengestaltig macht und unterscheidet."[614]

Nikolaus vertieft mit diesem Bild seinen schöpfungstheologischen Kerngedanken, worin sich Gott in seinen Geschöpfen entfaltet. Der Unterschied zu einem mechanistischen Gottesbild, in dem Gott zur höchsten Vernunft stilisiert wird und der Mensch folglich – aufgrund seines Vernunftbesitzes – „ebenbildlich" zu werden vermag, kann nicht größer sein. Die cusanische Theologie steht eher in der Nähe der johanneischen Mystik, in der Gott „die Liebe" ist (vgl. 1 Joh 4,8). Durch die allem Lebendigen innewohnende Liebe Gottes ist jedes Geschöpf das, was es ist. Ein in die Wolken projiziertes göttliches Wesen, das sich in fast unüberwindlicher Distanz zur Welt verhält und sich nur durch menschliche Vernunft bewegen und verstehen lässt, ist von diesem Ansatz her nicht denkbar und wird überdies später mit Recht dem Projektionsverdacht zum Opfer fallen[615].

## 5. „Ja auch dich selbst kannst du nur in ihm finden."[616]

Der Gedanke, der Mensch könne sich grenzenlos Gott annähern, ist nicht nur Descartes und den in seiner Tradition stehenden Denkern zu eigen; auch in der Anthropologie des Cusaners kommt dem Menschen allein dieses Privileg zu. Sehen Erstere darin die Möglichkeit, ja den Auftrag, zu kleinen „leibnizschen Göttern" zu avancieren, leitet Nikolaus daraus das Postulat ab, in Gott aufzugehen.

> „Er, der uns gemacht hat, weiß allein, was wir sind, wie und wozu. Wünschst du etwas über uns zu wissen, so erfrage das in unserem Grunde und in unserer Ursache, nicht in uns. Dort wirst du alles finden, wenn du den Einen suchst. Ja auch dich selbst kannst du nur in ihm finden."[617]

Meyer-Abich wird nicht müde zu betonen, dass diese kontemplative Annäherung des Menschen an Gott in der Weise der Gottes-Schau zu einer völlig anderen Lebenspraxis führt als jener aktionistische Weg des Gottes-Tuns.[618] Letztere „Spiritualität" ist die des modernen Menschen geworden, der schließlich durch den Verlust jeder Bindung zum „Interplanetarier" mutieren musste. Es ist dies

---

[614] Ders., DDG, in: Schriften, Bd. II, S. 437.
[615] Vgl. dazu die Auseinandersetzung mit Feuerbach in: Müller, K., Gottes Dasein denken, a.a.O., Der erste argumentative Atheismus, S. 14ff.
[616] Ders., DI II,XIII,180.
[617] Ebd.
[618] Vgl. etwa: Meyer-Abich, K.M., a.a.O., S. 139.

der Weg, wie wir gesehen haben[619], der Assimilation an das Gottesbild in der Verbindung von Allmacht und Allwissenheit im weltverändernden Willen.

Auch für Nikolaus ist Gott ein Künstler, dem der Mensch nacheifern kann – allerdings auf jenem anderen Weg:

> „Stelle dir also die absolute, für sich bestehende Schöpfungskunst so vor, daß die Kunst der Künstler ist und die Meisterschaft der Meister. Diese Kunst enthält in ihrem Wesen notwendig die Allmacht, so daß ihr nichts widerstehen kann, die Weisheit, so daß sie weiß, was sie tun soll, und die Verknüpfung der Allmacht mit der Weisheit, so daß das, was sie will, geschieht. [...]
> Durch Bewegung aber bringen alle Künstler hervor, was sie wollen. Deswegen bringt die Kraft der Schöpfungskunst, welche die absolute und unendliche Kunst oder Gott, der Hochgelobte, ist, alles in dem Geist oder Willen hervor, in dem die Weisheit des Sohnes und die Allmacht des Vaters ist, so daß ihr Werk das der einen ungeteilten Dreieinigkeit ist. [...]
> So hat jeder Geist, auch der unsrige, obgleich er niedriger erschaffen ist als alle anderen, von Gott, daß er in der Weise, in der er kann, vollkommenes und lebendiges Bild der unendlichen Kunst ist. Darum ist er dreifaltig und einer und hat Macht, Weisheit und beider Verknüpfung in solcher Weise wie das vollkommene Bild der Kunst, so nämlich, daß er, einmal angeregt, sich immer mehr und mehr dem Urbild gleichgestalten kann. [...]
> Und es fallen Meister und Meisterschaft zusammen, im Wesen als dem lebendigen Bild der unendlichen Kunst, das sich, wenn es angeregt ist, der göttlichen Wirklichkeit immer ohne Ende gleichgestaltiger machen kann, wiewohl die genaue Übereinstimmung mit der unendlichen Kunst stets unerreichbar bleibt."[620]

Die unvergleichliche Würde und somit die „Sonderstellung" des Menschen fallen beim Cusaner somit mit seiner absoluten Begrenztheit in eins. Immer wieder mündet das cusanische Denken über den Menschen in ein Gebet:

> „Du hast mir, Herr, das Sein gegeben [...] Diese Kraft, die ich von Dir erhalten habe und in der ich ein lebendiges Abbild der Kraft Deiner Allmacht besitze, ist der freie Wille, durch den ich die Aufnahmefähigkeit für Deine Gnade vergrößern oder verringern kann."[621]

So wie Nikolaus die menschliche Freiheit empfunden hat, gehört sie zur Grundausstattung des Menschen, der, nicht infantil geblieben, ausschließlich seine Bedürfnisbefriedigung im Sinn hat, sondern als Erwachsener verantwortungsbewusst in der Schöpfung lebt.

Wie wir im „Ethogramm der Interplanetarier"[622] festgestellt haben, ist der neuzeitliche Mensch wesentlich anders mit seiner Freiheit umgegangen: Der Gedanke, unser freier Wille sei ein lebendiges Abbild von Gottes Allmacht, ist in

---

[619] Vgl. o. Kap. III.4, „Kepler und Newton".
[620] Nikolaus von Kues, IDM XIII,147ff.
[621] Ders., VD IV, Schriften, Bd. III, S. 105.
[622] Vgl. o. Kap. III.2, „Ein kurzes Ethogramm der Interplanetarier".

Hybris umgeschlagen, sei es gegenüber unserer natürlichen Mitwelt und letztlich gegenüber Gott. Verbunden mit der vermeintlichen Allmacht der Technik und der sich absolut verstehenden Allwissenheit der Wissenschaft, war dies das bisherige Schicksal der Moderne.[623] Ein Schlüssel zum tieferen Verständnis der „bescheidenen Anthropologie" des Cusaners ist dessen Christologie, die uns nun näher beschäftigen soll.

## 6. „Wir kennen ja keine engere Verbindung als die der Kindschaft."[624]

Mit vielen Belegen, besonders aus Predigten des Kardinals, arbeitet Wolfgang Lentzen-Deis die These aus:

> „Der Glaube an Christus und der Glaube Christi fallen [...] ineins."[625]

Die cusanische Theologie führt zum „Christus in uns". Erst wenn man eine solche Glaubensschau erlangt hat, vollzieht sich eine „doppelte Einkehr" ins eigene Innere und man gelangt zur „Erfahrung seiner selbst eines Symbols der ewigen Einfaltung aller Symbole."[626] Der Gläubige lässt dann sowohl die in ihm erfahrbare Welt als auch sich selbst los.

Daraus ergibt sich der anthropologische Ansatz, der es Nikolaus erlaubt, auf die Frage, wie Christus inhaltlich zu verkünden sei, zu antworten:

> „Ich antworte, daß wir ihn durch die Tür der Menschlichkeit verkündigen müssen."[627]

Lentzen-Deis, der die Bedeutung des Cusaners für die Religionspädagogik im Blick hat, sagt: „Die cusanischen Handreichungen übersteigen die gängigen, heutigen, religionspädagogischen Wege der auf 'objektive' Erkenntnis ausgerichteten Deszendenz- oder Aszendenzchristologie. Sie wollen den Adressaten 'nach innen', zum Christus im Menschen führen."[628]

---

[623] Vgl. Meyer-Abich, K.M., a.a.O., S. 140.

[624] Nikolaus von Kues, VD XVIII, Schriften, Bd. III, 179.

[625] Lentzen-Deis, W., Den Glauben Christi teilen. Theologie und Verkündigung bei Nikolaus von Kues, Stuttgart 1991, S. 76.

[626] Ebd., S. 157.

[627] Vgl. ebd.: Sermo CCLXXX, Nr.8.

[628] Ebd.

Dies beschreibt Nikolaus 1444 in einer Weihnachtspredigt als die „geistliche Geburt" Jesu in den Herzen der Menschen – im Unterschied zur „ewigen Geburt" in der trinitarischen Gottheit und zu „zeitlichen Geburt" des Gottmenschen in Nazareth. Da Christus in uns ist, besteht schließlich eine Verschränkung von Welt-, Selbst- und Gotteserfahrung. Cusanus scheut sich demzufolge nicht vor der Aussage: „Der Mensch ist Gott."[629] Doch ist sowohl der Weg hierhin – nämlich im Rahmen der Christologie – als auch die daraus ableitbaren Konsequenzen – eben in die Kontemplation – von grundsätzlich anderer Natur als etwa bei Leibniz.[630]

Folglich ist die Gottessohnschaft Jesu nicht *exklusiv*, sondern *exemplarisch* zu verstehen:

> „Weil Du, mein Gott, die verstehbare Wahrheit bist, kann die geschaffene Vernunft mit Dir vereint werden.
> So sehe ich, [...] daß ein Mensch, der Dich, den empfänglichen Gott aufnimmt, in eine Verbindung eingeht, die wegen ihrer Innigkeit den Namen Kindschaft erlangen kann. Wir kennen ja keine engere Verbindung als die der Kindschaft.[...]
> In diesem höchsten Sohn ist die Kindschaft wie die Kunst im Meister oder das Licht in der Sonne. In den anderen aber ist sie wie die Kunst in den Schülern oder das Licht in den Sternen."[631]

Für Nikolaus steht fest, dass Jesus dem göttlichen Vorbild zwar näher kommt als alle anderen Menschen, sich von ihnen jedoch nur so unterscheidet wie der Meister von den Schülern. Und in seinem Verhältnis zu Gott ist er zwar dessen vollkommenstes Abbild, das mit einer „sehr vollkommenen Truhe"[632] vergleichbar ist. In diesem Bild der Truhe liegt keine Abwertung; es geht vielmehr um eine Aufwertung des Menschen zum wirklichen Bild Gottes, wie es die Bibel ausdrückt.

Die Gottessohnschaft Jesu war – anders als der Cusaner „ursprünglich etwas gewaltsam erklärt hatte"[633] – der Weg, auf dem der Mensch folgen kann und soll, und eben nicht das Privileg eines einzelnen. So schreibt auch Joseph Ratzinger:

---

[629] Ebd.
[630] Auch führt diese Kontemplation, die wie übrigens jede „echte" die andere Seite der Aktion darstellt, nicht in eine Privatisierung. Für Nikolaus steht fest, dass je mehr die Seele nach außen zum anderen geht, um so tiefer in die Selbsterfahrung vordringt. Vgl. Lentzen-Deis, W., a.a.O., S. 147.
[631] Nikolaus von Kues, VD XVIII, Schriften, Bd. III, S. 179.
[632] Vgl. ebd. S. 187.
[633] Hinweis bei Meyer-Abich, a.a.O., S. 133; vgl. Nikolaus von Kues, DI III,III,197ff.

„Die Gottessohnschaft Jesu beruht nach dem kirchlichen Glauben nicht darauf, daß Jesus keinen menschlichen Vater hatte; die Lehre vom Gottsein Jesu würde nicht angetastet, wenn Jesus aus einer normalen menschlichen Ehe hervorgegangen wäre.
Denn die Gottessohnschaft, von der der Glaube spricht, ist kein biologisches, sondern ein ontologisches Faktum; kein Vorgang in der Zeit, sondern in Gottes Ewigkeit: Gott ist immer Vater, Sohn und Geist; die Empfängnis Jesu bedeutet nicht, daß ein neuer Gott-Sohn entsteht, sondern daß Gott als Sohn in dem Menschen Jesus das Geschöpf Mensch an sich zieht, so daß er selber Mensch 'ist'."[634]

Ob der heutige Kardinal mit dieser großartigen Übersetzung des Gedankengutes jenes anderen Kardinals aus Kues heute noch übereinstimmen würde, ist zu bezweifeln![635]

## 7. „In seiner Vernunft kommt die Vollendung der schaffbaren Natur zur Ruhe."[636]

Gemeint ist hiermit nicht die Vernunft des Menschen, sondern diejenige Jesu Christi; zwar gelangt die Menschheit zu sich selbst, indem sie ihre Verstandeskraft entfaltet, aber die Welt hat ein Ziel, das über das Tun des Menschen hinausgeht. Damit ist der Ort des Menschen im Gesamt der Schöpfung bestimmt, der im Folgenden näher beschrieben wird.

Im einem Lobpreis auf die Weisheit ruft Nikolaus zunächst aus:

„Wie herrlich hat sie den Menschen, das Band des Universums und selbst eine Welt im Kleinen, auf die höchste Stufe der wahrnehmbaren Natur und auf die unterste Stufe der Geistnatur gestellt und hat in ihm als einem Vermittler die niederen zeitlichen Dinge und die höheren ewigen vereinigt."[637]

Der Mensch als Mikrokosmos spiegelt auf seine Weise die Vollkommenheit der Welt wider und ist zugleich ganz in sie eingebunden.

---

[634] Ratzinger, J., Einführung in das Christentum, München 1971, S. 199f; vgl. auch: Kaiser, A., Möglichkeiten und Grenzen einer Christologie „von unten". Der christologische Neuansatz „von unten" bei Piet Schoonenberg und dessen Weiterführung mit Blick auf Nikolaus von Kues, in: Buchreihe der Cusanus-Gesellschaft, Bd. 11, Münster 1992.

[635] In der Tat betont Ratzinger gut 10 Jahre später: „Stärker, als es hier geschehen ist, würde ich angesichts der fundamentalen Bedeutung des 'Ist' heute die Unersetzlichkeit und Erstrangigkeit des Ontologischen und damit der Metaphysik als Grundlage jedweder Geschichte betonen." In: Ratzinger, J., Theologische Prinzipienlehre. Bausteine zur Fundamentaltheologie, München 1982, Anm. S. 199.

[636] Nikolaus von Kues, VD XXV, Schriften, Bd. III, S. 217.

[637] Ders., VS XXII,95.

„Wir erfahren in uns selbst, die wir mit den übrigen Lebewesen die sinnliche Wahrnehmung gemeinsam haben, daß wir darüber hinaus einen Geist besitzen, der um Ordnung
weiß und sie preist. Damit wissen wir um unsere Fähigkeit, die Ordnerin aller Dinge, die
unsterbliche Weisheit zu erfassen, und wissen um unsere Verbindung mit Gott und den
Geistwesen. Wie wir nämlich in jenem Teil, der uns mit den anderen Lebewesen verbindet,
die Natur der Lebewesen besitzten, so haben wir in jenem Teil, der uns mit der Geistnatur
verbindet, teil an der Geistnatur. Darum löscht die Sterblichkeit unseres Organismus, wie
wir wissen, nicht unseren mit den ewigen Geistern verbundenen Geist aus."[638]

Diese Verbundenheit des Menschen mit dem Geistigen entfaltet Nikolaus im
Rahmen seiner Erkenntnislehre, die eine Dreiteilung aufweist:

„Der Mensch besteht ohne Zweifel aus Sinnesvermögen, Vernunft und Verstand, der als
das Mittlere beide verbindet."[639]

Für ihn ist der Mensch wie ein Kosmograph, „dem eine Stadt mit den fünf Toren
der Sinne eigen ist."[640] Durch die „Tore der Sinne" treten die Boten der ganzen
Welt ein und geben Kunde von der gesamten Lage der Welt. Rational verarbeitet
der Mensch dann diese Eindrücke und legt diese „wohlgeordnet und im Verhältnis abgemessen auf einer Karte nieder und wendet sich ihr zu."[641]

Der Neurobiologe Antonio Damasio schreibt ca. 550 Jahre später(!): „In ra-
scher Folge haben genau dieselben Hirngebiete mehrere ganz verschiedene Kar-
ten mit Hilfe je anderer sensorischer Inputdaten konstruiert, die der Organismus
zusammengetragen hatte."[642] Hierin unterscheidet der Mensch sich nicht grundsätzlich vom Tier; „der kluge Hans" wurde deshalb in einer Hommage gewürdigt,
weil seine „Sinnestore" so weit geöffnet sein können, dass die sich anschließen-
den rationalen Leistungen beachtlich sind.[643] Das Spezifische des menschlichen
Geistes ist es, dass dieser sich die Welt – anders als das kluge Pferd etwa – durch
Begriffe zu eigen macht. Diese sind ihm also nicht vorgegeben oder angeboren;
vielmehr handelt es sich hier um eine eigene geistig-menschliche schöpferische
Tätigkeit.

Der erkenntnistheoretische Wert der sinnlichen Wahrnehmung wird später
der existentiellen Angst des René Descartes vor Täuschungen zum Opfer fallen –

---

[638] Ebd.
[639] Ders., DI III,VI,215.
[640] Ders., DPL VIII, in: Schriften, Bd. II, S. 707.
[641] Ebd. S. 709.
[642] Damasio, A., Ich fühle also bin ich, a.a.O., S. 34.
[643] Vgl. o. Kap. V.1.8, „Eine Hommage an den ‚klugen Hans'. Was uns die Denkwege der
Tiere deutlich machen".

mit den bekannten fatalen Konsequenzen. Der Mensch wird zu einem „Kosmo-graph" mit verschlossenen „Toren der Sinne"[644].

Kommen wir zurück zur „sinnenfreudigen Anthropologie" des Cusaners, in dessen Konzept der Mensch geistbegabt ist; der Geist ist darin „die lebendige Abbildung der ewigen und unendlichen Weisheit. Aber in unseren Geistern gleicht jenes Leben anfangs einem Schlafenden, bis es durch das Staunen, das aus dem Sinnenfälligen entsteht, angeregt wird, daß es sich bewegt. Dann findet er durch die Bewegung seines vernunfthaften Lebens in sich abgeschrieben, was er sucht."[645]

Und im Unterschied zu den Tieren: „Wir machen bei den Tieren die Erfah-rung eines unterscheidenden Hin- und Herlaufens, ohne das ihre Natur nicht gut bestehen könnte. Weil ihr Hin- und Herlaufen der Form, nämlich der Vernunft oder des Geistes entbehrt, daher ist es ungeordnet; es fehlt ihm nämlich Urteil und Einsicht."[646] Geistige Fähigkeit heißt also, die vorgegebene Vernünftigkeit zu erfassen und zugleich eine eigene Welt hervorzubringen. Dafür gilt der schon in der Scholastik gültige Satz, „daß nichts in der Vernunft sein kann, das nicht vor-her im Sinn gewesen ist."[647] Im Grunde handelt es sich um ein ständiges Voran-schreiten in der Verarbeitung des sinnlich Wahrgenommenen; dies heißt in der Konsequenz, dass der Mensch lediglich in der Lage ist, die Wahrheit der Welt nur annäherungsweise zu erkennen.

Zum weiteren Verständnis ist der auch in der Scholastik[648] übliche Unter-schied von Geist (intellectus) und Verstand (ratio) wichtig; denn

„[d]ie Vernunft streitet also die Einfaltung der Gegensätze ab, und behauptet, daß Gegen-sätze sich nicht berühren können. Ebenso streitet der Sinn ab, daß viele Sinnendinge in der

---

[644]  Von der Gefährdung einer christlichen Existenz, die sich aus lauter Angst hinter „ver-schlossenen Türen" verbunkert, weiß auch die Bibel und setzt dieser die pfingstliche Sin-nenfreude des Auferstandenen entgegen; vgl. Joh 20,15ff.

[645]  Nikolaus von Kues, IDM V,85.

[646]  Ders., IDM V,83. In der Diskussion zwischen F.de Waal und M. Tomasello (Vgl. o. Kap. V.3.5, „Neue Begriffe..." und Kap. V.3.6, „...und neue Tatsachen".) würde der Kusaner al-so auf der Seite des Letzteren stehen.

[647]  Ders., IDM II,65; zum Thema „Nikolaus und die Scholastik" vgl., Elpert, J.B., Identität und Differenz, Lizentiatsarbeit, Rom 1994, S. 11ff.

[648]  Die Scholastik unterscheidet ebenfalls den Intellectus, der sich in der unmittelbaren We-senserkenntnis in der Einsicht der Erkenntnisprinzipien einer geistigen Schau nähert, und die Ratio als das Vermögen diskursiven Denkens, das für den menschlichen, abstrahieren-den Verstand kennzeichnend ist; im Deutschen wird für Intellectus oft Verstand, für Ratio Vernunft eingesetzt; dem Wortsinn nach entspräche Vernunft (von „vernehmen") eher dem Intellectus. Vgl. dazu Lotz, J.B., Verstand und Vernunft bei Thomas von Aquin, Kant und Hegel, Wissenschaft und Weltbild, Sept./Dez.-Heft 1962, S. 193ff.

Einheit des Allgemeinbegriffs zusammengefaßt werden. Der Gesichtssinn z. B. kann von der Natur eines Sinnendinges nicht behaupten, es sei klingend oder süß.
Das ist also die Wurzel aller Feststellungen der Vernunft: das Zusammenfallen der Gegensätze ist unerreichbar."[649]

Nur der Vernunft ist die Fähigkeit zu eigen, sich selbst auf das absolut Eine, den absoluten Urgrund hin zu transzendieren, d.h. sie bezieht sich auf die absolute Identität, während die ratio im Bereich der Differenz bleibt:

> „Der Geist aber, der sich zu größeren Höhen erhebt, sieht ein, daß der Mensch, auch wenn der Sinn sich in allem dem Verstand unterordnete und den ihm natürlichen Leidenschaften sich nicht hingäbe, dennoch nicht aus sich zum Ziel der geistigen und ewigen Neigungen zu gelangen vermöchte."[650]

## 8. „... daß die ungeheure Verschiedenheit der Dinge das Abbild des einen Gottes ist..."[651]

Wenn, wie wir schon gesehen haben, Nikolaus in der Weise des „Prozeß-Pantheismus" von Gott spricht, dieser also in allen Geschöpfen „widerstrahlt", heißt das zunächst einmal für den Menschen, dass dieser über den Weg der Wahrnehmung der Vielheit aller Abbilder zum Unbegreiflichen gelangen kann. Für die Wahrheit gilt, das weiß auch der Kardinal, dass sie im Bild keineswegs so gesehen werden kann, wie sie ist; denn jedes Bild fällt deshalb, weil es eben Bild und nur Bild ist, gegenüber der Wahrheit seines Urbildes ab.

Aber derjenige, der einsieht, dass das Bild das Abbild des Urbildes ist, kann sich, indem er das Abbild überspringt, auf unbegreifliche Weise der unbegreiflichen Wahrheit zuwenden. Wenn jemand alle Geschöpfe als Abbild des einen Schöpfers begreift, sieht er auch im Blick auf sich selbst, „daß, wie das Sein des Abbildes keine Vollkommenheit aus sich hat, alle seine Vollkommenheit von dem stammt, dessen Abbild er ist"; denn „das Urbild ist Maß und Wesenssinn des Abbildes."[652] So gilt für Gott, dass er in allen Geschöpfen widerstrahlt, ebenso wie die Wahrheit im Abbild. Und jeder, „der erkennt, daß die ungeheure Ver-

[649] Nikolaus von Kues, DC I,1,76; Das große Thema des Cusaners, der „Zusammenfall der Gegensätze" kann im Rahmen dieser Untersuchungen nicht näher ausgeführt werden; vgl. die oben genannte Lizentiatsarbeit und die dort genannte Literatur.
[650] Ders., DI, III,VI,217.
[651] Ders., ADI, in: Schriften I, S. 543.
[652] Vgl. ebd.

schiedenheit der Dinge das Abbild des einen Gottes ist, wird, wenn er alle Vielfalt aller Abbilder verläßt, unbegreiflich zum Unbegreiflichen gelangen."[653]

Nikolaus macht eindringlich deutlich, dass das Gesamt der Welt als Abbild gedacht werden muss, und jede Art von Ontologie, die etwa lediglich eine Lehre von der Gesamtheit der Seienden und nicht zugleich die Lehre von deren Bezogensein auf das absolute Urbild ist, wird als verfehlt abgewiesen.[654] Denn wer das einzelne Seiende aus diesem Verhältnis herauslöst, wird sich weder der Wahrheit als solcher, noch derjenigen des Seienden selbst nähern. In der Konsequenz heißt das dann : Wir werden jedem Geschöpf nur dann gerecht, wenn wir es in seiner Bezogenheit auf den Schöpfer sehen. An dieser Stelle ist jede Unterscheidung von Mensch und Tier (und Pflanze, Landschaft ...) fehl am Platz.

Innerhalb der Reich-Gottes-Theologie des Matthäusevangeliums wird dieser Gedanke narrativ entfaltet: Für Jesus sind demnach das Senfkorn, die Vögel des Himmels, die Lilien des Feldes wie auch der Kaufmann und die zehn Jungfrauen angemessene Bilder für das Reich Gottes![655]

## 9. „Ich habe den Ort gefunden, an dem man Dich unverhüllt zu finden vermag."[656]

„Er ist umgeben von dem Zusammenfall der Gegensätze. Dieser ist die Mauer des Paradieses, in dem Du wohnst."[657]

Das Paradiesesmotiv, das selbstverständlich keine geographischen Aussagen treffen will verbindet also so unterschiedliche Denker wie Nikolaus von Kues, Friedrich Nietzsche und Antonio Damasio. Eugen Biser fühlt sich darüber hinaus Kleist erinnert, der (in seiner Studie über das Marionettentheater) den Weg des Menschen so beschreibt: „Doch das Paradies ist verriegelt und der Cherub hinter uns; wir müssen die Reise um die Welt machen, und sehen, ob es vielleicht

---

[653] Ebd.

[654] Vgl. Jacobi, K., Ontologie aus dem Geist „belehrten Nichtwissens", in: ders. (Hg.), Nikolaus von Kues, Einführung in sein philosophisches Denken, Freiburg-München 1979, S. 30.

[655] Vgl. etwa Mt 13, 24.31.45, 25,1.

[656] Nikolaus von Kues, VD IX, Schriften, Bd. III, S. 133.

[657] Ebd. Zur Paradiesesmetapher vgl. auch: Kunzler, M., Die Herrlichkeit Gottes hinter der Paradiesesmauer, In: ThGl 86, 1996, S. 552ff.; Yamaki, K., Die „Manducatio" von der „Ratio" zur Intuition in „De Visione Dei", in: Haubst, R. (Hg.), Das Sehen Gottes nach Nikolaus von Kues, Trier 1989 , S. 276ff.; Haubst, R., Die erkenntnistheoretische und mystische Bedeutung der „Mauer der Koinzidenz", in: ders., a.a.O., S. 167ff.

von hinten irgendwo wieder offen ist."[658] Eigentlich geht es – so Biser – auch dem Cusaner um eine solche „Reise um die Welt [...]; wie umgekehrt seine Unendlichkeitsspekulation entscheidend zur Entschlüsselung der Kleistschen Metapher verhilft."[659]

Das Bild der Mauer in der Symbolsprache des Cusaners schlüsselt K. Yamaki so auf: Diese umgibt das Paradies, und für Gott gilt, dass er im Paradies jenseits der Mauer, und zwar ganz weit jenseits, wohnt. Der Zweck der Mauer liegt darin, dass sie alles, was gesagt oder gedacht werden kann, von Gott abtrennt. Somit muss sich an der Mauer jede Einsicht, wenn sie Gott sehen will, „im Finstern ansiedeln"[660]; denn kein Erfindergeist kann die Mauer mit eigener Kraft ersteigen. Dennoch gibt es eine Pforte und somit einen Eingang zum Paradies; diese Tür ist im Rückgriff auf Joh 10,9 der menschgewordene Gottessohn.[661]

> „Sein Tor bewacht höchster Verstandesgeist. Überwindet man ihn nicht, so öffnet sich nicht der Eingang.
> Jenseits des Zusammenfalls der Gegensätze vermag man Dich zu sehen; diesseits aber nicht. Wenn also in Deinem Blick, o Herr, die Unmöglichkeit die Notwendigkeit ist, dann gibt es nichts, das Dein Blick nicht sähe."[662]

Diese Stelle nimmt also nicht nur Kleist vorweg, sie ist zugleich zutiefst der mystischen Tradition verpflichtet: „Mit unverhohlener, fast modern anmutender Entdeckerfreude kommt Cusanus hier [...] auf sein intellektuelles Urerlebnis zu sprechen. Im Prinzip der docta ignorantia, der einsichtig gewordenen Unwissenheit, ist seiner Überzeugung nach der Schlüssel zum Inbegriff des wahrhaft Wirklichen und wirklich Wahren gefunden, der Eintritt in das Spekulative." Und Biser erinnert an Hegel, für den sich der Verstand weigert, gerade dort einzutreten.[663]

Wie wir gesehen haben, ist es Nikolaus Anliegen, „auf unbegriffliche Weise an das Unbegreifliche" zu rühren und „die Welt des Mehr und Minder mitsamt der ganzen darauf bezogenen Begriffenheit hinter sich" zu bringen.[664] Das vom Bewusstsein geleitete Denken erlangt seinen Objekten gegenüber ein neue Freiheit, die an der göttlichen Indifferenz selbst bemessen ist. Anstatt auf den mühsamen und zugleich vergeblichen Weg der Abstraktion findet es den Zugang zu

---

[658] Vgl. Biser, E., Nikolaus von Kues als Denker der unendlichen Einheit, a.a.O., S. 318f.
[659] Ebd., S. 319.
[660] Vgl. Yamaki, K., a.a.O., ebd.
[661] Vgl. ebd.; s. dort die Verweise auf den Originaltext.
[662] Nikolaus von Kues, VD IX, Schriften, Bd. III, S. 133.
[663] Biser, E., a.a.O., S. 318.
[664] Vgl. ebd.

den Dingen „im freien Spiel mit sich selbst, sofern es nur bis an seine äußerste Grenze geht."[665]

Zudem haben wir gesehen, dass alles Sehen Gottes in einem vorgängigen Gesehensein durch ihn gründet, und dieses mystische Moment geht schwerlich mit dem Eindruck einer auf das Äußerste gerichteten Anstrengung zusammen. Dennoch ist es für das Gesamtverständnis wichtig: Nur wer den cusanischen Denkweg als die spekulative Entfaltung eines mystischen Ausgangserlebnisses begreift, versteht ihn in seiner Radikalität damit als Ganzen. Und schließlich kann er sich vom Autor selbst bestätigt sehen, der sich auf den Höhepunkten dieses Weges, wie der Umschlag der Spekulation in die Meditation immer wieder zeigt, „gerade nicht als Sieger, sondern als ein Gesegneter fühlt."[666] In der Einsicht, dass das Höchste nur geleistet werden kann, weil es zuvor schon gegeben war und dass das Eigenste zuinnerst ein An-geeignetes ist, tritt Nikolaus in die Reihe der Denker, die ihre entscheidenden Einsichten weniger der intellektuellen Anstrengung als vielmehr einer „Erleuchtung von oben" verdanken.

## 10. Theologische Erträge oder: „Wir machen bei Tieren die Erfahrung eines unterscheidenden Hin- und Herlaufens, ohne das ihre Natur nicht gut bestehen könnte."[667]

Wenn Nikolaus von Kues sich als „Jäger der Weisheit" versteht, dann befindet er sich damit inmitten jener Denktradition, von der auch das biblische Buch der Weisheit geprägt ist:

> „Du hast mit allem Erbarmen, weil du alles vermagst, und siehst über die Sünden der Menschen hinweg, damit sie sich bekehren.
> Du liebst alles, was ist, und verabscheust nichts von allem, was du gemacht hast; denn hättest du etwas gehaßt, so hättest du es nicht geschaffen.
> Wie könnte etwas ohne deinen Willen Bestand haben, oder wie könnte etwas erhalten bleiben, das nicht von dir ins Dasein gerufen wäre?
> Du schonst alles, weil es dein Eigentum ist, Herr, du Freund des Lebens.
> Denn in allem ist dein unvergänglicher Geist." (Weish 11,23-12,1)

Bei den cusanischen Streifzügen durch die Welt wird alles zum Bild für den, der „dem geringsten Geschöpf die gleiche eifrige Sorge widmet wie dem größten und

---

[665] Ebd.
[666] Ebd., S. 320.
[667] Nikolaus von Kues, IDM V,83.

dem ganzen Gesamt.""[668] Somit ist die selbstverständliche Gegenwart der Tiere in seinen Entwürfen zutiefst der biblischen Tradition verpflichtet. Ebenso selbstverständlich wie ihr je eigener Gottesbezug – ein Löwe sieht eben Gott mit löwenartigem Gesicht![669] – ist die göttliche Gegenwart in ihnen – so ist der Baum, der Adler, die Kuh ... „in Dir, mein Gott, Du selbst.""[670]; denn: „Gott ist die Einfaltung von allem insofern, als alles in ihm ist; er ist die Ausfaltung von allem insofern, als er in allem ist.""[671]

Wer sich dann in der Tradition des Cusaners ebenfalls auf die Jagd nach der Weisheit machen möchte, für den gilt der Leitsatz: „Mein Gott, Du hast mich dahin geführt zu sehen, dass Dein absolutes Aussehen das natürliche Aussehen jeder Natur ist""[672]. Der Cusaner steht noch ganz in der Tradition, die Natur neben der Bibel als das andere Buch der Offenbarung zu verstehen und darin zu lesen.

Für den Menschen gilt dann zunächst einmal und somit konstitutiv dasselbe: „Ja auch dich selbst kannst du nur in ihm finden.""[673] Dennoch kommt auch in der cusanischen Theologie dem Menschen eine Sonderstellung zu: „Der Mensch ist Gott""[674]. Zwar teilt der Mensch mit den Tieren die Fähigkeit, die sinnliche Wahrnehmung der Welt wie ein Kosmograph rational zu verarbeiten. Grundsätzlich aber unterscheidet er sich von seinen Mitgeschöpfen dadurch, dass er allein sich durch Begriffe die Welt zu eigen machen kann und sie auf den Schöpfer hin zu transzendieren vermag. Dazu ist ihm der Verstand gegeben, der Sinnliches und Geistiges verknüpft. Der Weg des Menschen ist somit ein Weg der Gott-Werdung, der kontemplativ zu beschreiten ist und zugleich der der eigenen Mensch-Werdung: „Sei du dein, dann werde ich dein sein!""[675]

Nikolaus von Kues geht somit von einem Erfahrungsverständnis aus, das nicht nur die Gegenstände der sinnlichen Wahrnehmung betrifft – und dies gegenüber einer späteren empiristischen Einschränkung –, sondern auch das Denken selbst, das noch nicht im descartschen Sinn auf rationalistische Weise von der Erfahrung quasi selbstherrlich gelöst ist. Gebunden ist diese Anthropologie an die Christologie, die das Christusgeschehen exemplarisch und nicht exklusiv versteht. Zugleich ist dieser Christus die Kulmination der gesamten Schöpfung:

---

[668] Ders., VD Praefatio, Schriften, Bd. III, S. 99.
[669] Vgl. ebd., S. 115.
[670] Ebd., S. 117.
[671] Ders., DI II,III,107.
[672] Ders., VD VII, Schriften, Bd. III, S. 121.
[673] Ders., DI II,XIII,180.
[674] Ders., Sermo CCLXXX, Nr.8; Zitiert nach Lentzen-Dies, a.a.O.
[675] Ders., VD VII, Schriften, Bd. III, S. 121.

„In seiner Vernunft kommt die Vollendung der schaffbaren Natur zur Ruhe."[676]
Hierin könnte die Menschheit eine erneute Kränkung erleiden; denn es ist eben
nicht die menschliche Vernunft, auf die alles zuläuft! Der Weg des Menschen ist
– ebenso wie der des Jesus von Nazareth – der der Kindschaft: „So sehe ich, [...]
daß ein Mensch, der Dich, den empfänglichen Gott aufnimmt, in eine Verbindung eingeht, die wegen ihrer Innigkeit den Namen Kindschaft erlangen kann.
Wir kennen ja keine engere Verbindung als die der Kindschaft."[677]

Im Blick auf die Paradieses-Metapher wäre schließlich das Folgende mit Nikolaus zu diskutieren: Wenn „das Tor" vom höchsten Verstandesgeist bewacht
wird, erst in seiner Überwindung sich der Zugang (wieder) öffnet und die Tiere
eben jene Geschöpfe sind, denen diese Vernunft nicht zu eigen ist, dann müsste
ihr Ort – von uns aus gesehen – tatsächlich jenseits der Mauer sein. Im Gesamt
der cusanischen Weisheit hätte vermutlich der Gedanke seinen Platz: Die Tiere
erinnern uns an jene Gott-Unmittelbarkeit, die wir verloren haben!

---

[676] Ders., VD XXV, Schriften, Bd. III, S. 217. Dies scheint eine deutliche Anspielung auf Gen
1,1-2,4a zu sein: Die Schöpfung kulminiert im Tag der Ruhe, nicht in der Erschaffung des
Menschen.
[677] Ebd., S. 179.

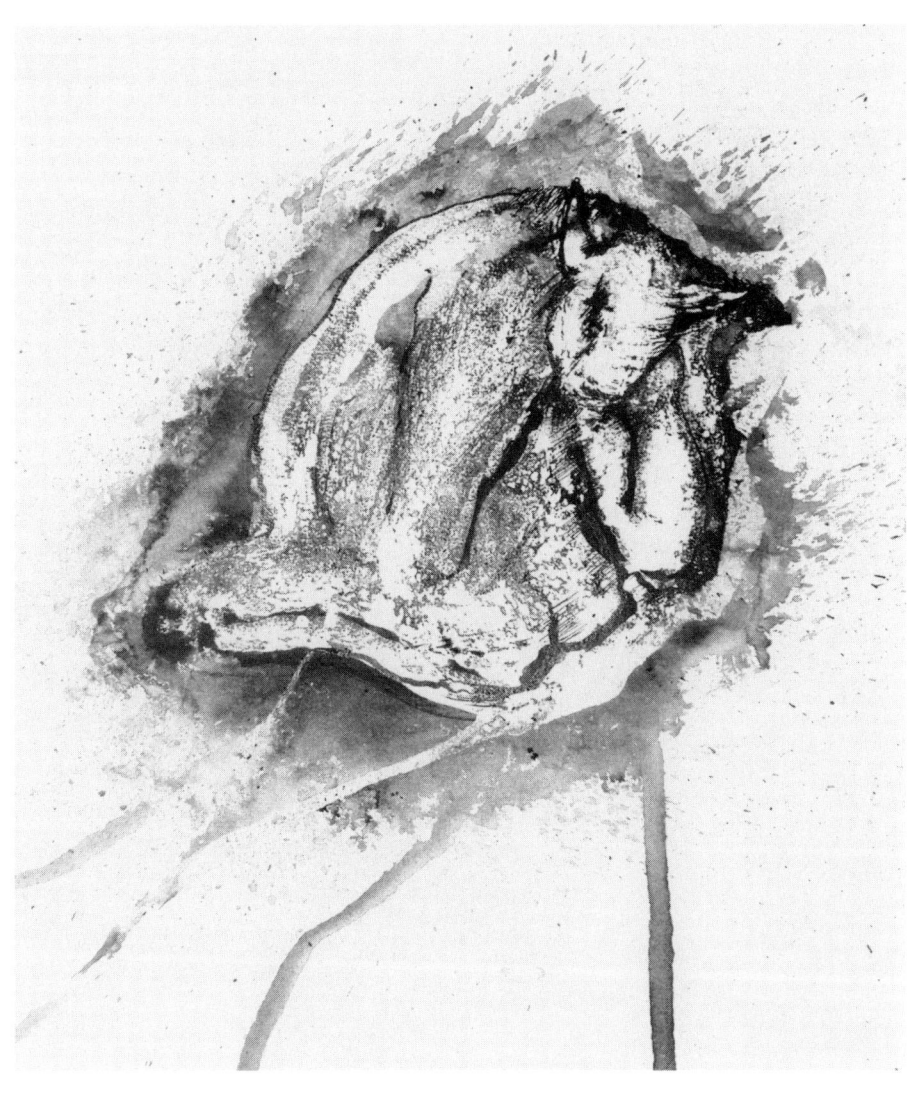

# VII. Mensch-Tier-Verhältnisbestimmungen: Ethisch, partnerschaftlich, mystisch

**O, ihr Tiere!**

Euer Schicksal dreht sich
wie der Sekundenzeiger
mit kleinen Schritten
in der Menschheit
unerlösten Stunde

*Nelly Sachs*[678]

„Am Ausgang des Paradieses" habe der Humanismus ein neues Feld entdeckt – „in den Containern der Viehtransporte, hinter den Gittern der zoologischen Versuchsstationen" – diagnostiziert Ulrich Raulff in der „Süddeutschen Zeitung".[679] Abgestanden wirke auf einmal der „technoide Futurismus" , der uns gestern noch einreden wollte, die Zukunft des Menschen liege eben dort: In der kühlen Gesellschaft der Replikanten und Cyborgs. In der Rückkehr der Tiere in das Denken der Menschen, im intellektuellen „Aufstand im Namen der Tierheit" melde sich eine uralte, wenn nicht die älteste Frage des Menschen: „Wann immer der *western man* eine Antwort auf die Frage der Sphinx suchte, wandte er sich an Bruder Tier: Wer bist du, und wer bin ich?"[680]

Dies gilt, wie wir gesehen haben, auch für den biblischen Menschen; das Tier hat vor allem in der ersttestamentlichen und somit in der sie begründenden jüdisch-christlichen Anthropologie seinen unverwechselbaren und unverzichtbaren Platz. Wie in einem Brennglas leuchtet dies in der Bileam-Geschichte (Num 22,21-34) auf: Der Mensch „auf dem Rücken der Tiere"; das Tier als realer Träger göttlicher Willensäußerungen und somit das so nahe und doch ganz andere

---

[678] Zitiert nach Hamm, P., a.a.O., S. 14.

[679] Raulff, U., Treblinka der Tiere. Die Unterscheidungen der Philosophie als Lizenz zum Töten? in: Süddeutsche Zeitung Nr. 248, Oktober 2002, S. 13.

[680] Ebd.; der Autor zieht einen Bogen von Aristoteles, Descartes und Heidegger bis zu Derrida, Agamben und Coetzee. Zugleich weist er auf verschiedene Ausstellungen hin: In der Städtischen Galerie Karlsruhe: Herausforderung Tier. Von Beuys bis Kabakov, in Baden-Baden: Das Tier in mir, in Dresden: Mensch und Tier. Zudem auf Artikelreihen in „Frame" und „Brigitte" hin, die den neuen/alten Trend markieren.

Gegenüber des Menschen.[681] Zudem klingt in der Frage „Warum schlägst du mich?", die der Eselin in den Mund gelegt wird, die Tierethikdiskussion an. So soll im Folgenden diesen drei Facetten des Tier-Mensch-Verhältnisses nachgegangen werden: Ethisch, partnerschaftlich, mystisch.

## 1. Von der Plausibilität und Begrenztheit des tierethischen Diskurses[682]

Handelt es sich bei der Tierethik nur um ein Modethema, das in Westeuropa in gewohnter Weise mit zwanzigjähriger Verspätung aus den USA importiert und dann diskutiert wird – ein „akademischer Luxus übersättigter Erstwelt-Gesellschaften"[683] – fragt Heike Baranzke. Hartnäckig macht sie deutlich, dass angesichts des Tieres der Mensch selbst in Frage steht: Das Tier als anthropologische Herausforderung, „die – da 'wir' durch 'es' fremdgeworden sind – sich nicht mehr in Form von Teilbereichen den traditionellen geistesgeschichtlichen Ordnungsentwürfen eingliedern läßt."[684]

Nicht nur die Theologin beschäftigt sich mit der Philosophie Immanuel Kants; wie in vielen anderen Fragen, bestimmen sich auch viele Positionen zu Fragen der Tierethik über ihre teilweise zustimmende und teilweise ablehnende Stellungnahme zu seinem Konzept.

### 1.1 Vom Zwiespalt im Konzept Immanuel Kants

Weil für Kant feststeht, dass der menschliche Geist der Natur ihre Gesetze vorschreibt, liefert sein Denkansatz – so Albert Stüttgen[685] – gewissermaßen eine erkenntnistheoretische Begründung für den absoluten Herrschaftsanspruch des Menschen und zugleich das gute Gewissen, im Umgang mit der Natur gegen keinerlei sittliche Norm verstoßen zu können. Konsequent knüpft Kant an die

---

[681] Vgl. o. Kap. IV.2, „Ansätze für eine biblische Zoologie".

[682] Auch erreicht diese Arbeit sehr schnell ihre Grenzen, wollte sie den momentanen Diskussionsstand und seine Genese wiedergeben. Es sei erlaubt, an dieser Stelle auf die von Ludwig Siep und Norbert Sachser betreute Dissertation von Norbert Jömann zu verweisen: Das Wohlergehen der Tiere – Versuch eines Brückenschlags zwischen angewandter Ethik und Verhaltensbiologie.

[683] Baranzke, H., Das Tier – ohne Würde und Heil, a.a.O., S. 150.

[684] Ebd.

[685] Vgl. Stüttgen, A., Transzendenz erfahren, a.a.O., S. 125ff.

cartesische Auffassung von Erkenntnis an, in deren Folge der Mensch bekanntlich als Herr und Meister der Natur auftritt. Die damit grundgelegte Attitüde der „Interplanetarischen Eroberer"[686] erhält durch Kants Philosophie eine vermeintlich stabile Legitimation; denn seine Welterkenntnis geht davon aus, dass die sichtbare, für den Menschen erkennbare Natur „nichts weiter ist als ein Konstrukt nach Maßgabe menschlicher Verstandeskategorien."[687] Vor diesem Hintergrund ist seine Ethik konsequent. So schreibt er:

> „Die Wesen, deren Dasein zwar nicht auf unserm Willen, sondern der Natur beruht, haben
> dennoch, wenn sie vernunftlose Wesen sind, nur einen relativen Wert, als Mittel, und hei-
> ßen daher Sachen, dagegen vernünftige Wesen Personen genannt werden, weil ihre Natur
> sie schon als Zwecke an sich selbst, d.i. als etwas, das nicht bloß als Mittel gebraucht wer-
> den darf, auszeichnet, mithin so fern alle Willkür einschränkt (und ein Gegenstand der
> Achtung ist)."[688]

Dieser Text markiert deutlich das Konzept der moralisch autonomen und pflichtschuldigen Person, das für Kants Ethik maßgeblich ist. Die besondere Hochschätzung dieser Person geht mit der folgenreichen Abgrenzung zu den Sachen einher.

Bernd Gräfrath, der die „Kantische Zwiespältigkeit" ausmacht, attestiert Kant eine „übergroße Liebe zur Einfachheit"[689], die für die exklusive Aufnahme von Personen in den „moralischen Club" verantwortlich ist. Weil der Begriff der Pflicht für ihn von eminenter Bedeutung ist, verbindet er den Begriff der Person mit der Fähigkeit, sich selbst als ein solcher Träger moralischer Pflichten zu sehen. Wer den Pflichten unterstehen kann, kann auch grundlegende Rechte für sich in Anspruch nehmen. Dabei übersieht Kant, dass es eben auch Wesen gibt, denen man in sinnvoller Weise bestimmte Rechte zuschreiben könnte und auch sollte – ohne dass sie die Vorraussetzung erfüllen, selber Pflichten übernehmen zu können.

Gräfrath vermutet, dass Kants Blindheit für diese Möglichkeit durch den Einfluss christlicher Seelenlehren oder den des römischen Rechts zu erklären ist. Damit ist natürlich nicht über die Akzeptabilität der gesamten Kantischen Theo-

---

[686] Vgl. o. Kap. III.2, „Ein kurzes Ethogramm der Interplanetarier".
[687] Stüttgen, A., a.a.O., ebd.
[688] Kant, I., Grundlegung zur Metaphysik der Sitten (1785). In: ders., Kritik der praktischen Vernunft und Grundlegung zur Metaphysik der Sitten, hg. von W. Weischedel, Frankfurt a.M. 1982, S. 65f.; zitiert in: Gräfrath, B., Zwischen Sachen und Personen, Über die Entdeckung des Tieres in der Moralphilosophie der Gegenwart, in: Münch, P., (Hg.), Tiere und Menschen. Geschichte und Aktualität eines prekären Verhältnisses, Paderborn 1998, S. 385.
[689] Ebd.

rie entschieden; aber auch er selbst scheint zu sehen, dass seine eigenen Intuitionen in eine andere Richtung gehen. In der „Tugendlehre" seiner „Metaphysik der Sitten" betont er, dass Menschen nicht beliebig mit Tieren umgehen dürfen; allerdings muss er „verschiedene Klimmzüge"[690] unternehmen, um diese Aufforderung mit seinem System in Einklang zu bringen:

> „In Ansehung des Schönen obgleich Leblosen in der Natur ist ein Hang zum bloßen Zerstören (spiritus destructionis) der Pflicht des Menschen gegen sich selbst zuwider; weil es dasjenige Gefühl im Menschen schwächt oder vertilgt, was zwar nicht für sich allein schon moralisch ist, aber doch diejenige Stimmung der Sinnlichkeit, welche die Moralität sehr befördert, wenigstens dazu vorbereitet, nämlich etwas auch ohne Absicht auf Nutzen zu lieben [...]
> In Ansehung des lebenden, obgleich vernunftlosen Teils der Geschöpfe ist die Pflicht der Enthaltung von gewaltsamer [...] Behandlung der Tiere der Pflicht des Menschen gegen sich selbst weit inniglicher entgegengesetzt, weil dadurch das Mitgefühl an ihrem Leiden im Menschen abgestumpft und dadurch eine der Moralität, im Verhältnis zu anderen Menschen, sehr dienliche natürliche Anlage geschwächt und nach und nach ausgetilgt wird. [...]
> Selbst die Dankbarkeit für lange geleistete Dienste eines alten Pferdes oder Hundes (gleich ob sie Hausgenossen waren) gehört indirekt zur Pflicht des Menschen, nämlich in Ansehung dieser Tiere, direkt aber betrachtet ist sie immer nur Pflicht des Menschen gegen sich selbst."[691]

Somit wird das Tier quasi zum Übungsobjekt für moralisches Verhalten des Menschen.

Zählt bei Thomas Hobbes[692] (in seinem Leviathan von 1651) in seiner Theorie eines hypothetischen Gesellschaftsvertrages nur der zweckrationale Egoismus der direkt beteiligten Pflicht- und Rechtsträger, geht Kant immerhin über die bloß menschlichen Interessen hinaus. Die Tiere werden bei ihm nicht nur insofern berücksichtigt als sie den Besitz eines Rechtsträgers darstellen, er spricht sogar von der Pflicht der Dankbarkeit für geleistete Dienste von Haustieren. „Dies suggeriert, daß doch kooperative, vertragsähnliche Beziehungen zwischen Menschen und Tieren bestehen können, in denen Tiere legitime Ansprüche erwerben – auch wenn sie diese nicht selbst zur Sprache bringen können. Dennoch schreckt Kant davor zurück, konsequenterweise von Rechten der Tiere oder von Pflichten gegenüber Tieren zu sprechen."[693]Auch wenn diese Konstruktion womöglich der einzige Weg ist, den ihm sein System offen lässt – sein alternativer Vorschlag, diese Pflichten als Pflichten des Menschen gegen sich selbst darzustel-

---

[690] Vgl. ebd. S. 386.
[691] Kant, I., Die Metaphysik der Sitten (1797), hg. v. W. Weischedel, Frankfurt a.M., 1982, S. 107ff.
[692] Zur Position T. Hobbes vgl. Narveson, J., Animal Rights. In: The Canadien Journal of Philosophy 7, 1977, S. 161ff.
[693] Gräfrath, B., a.a.O., S. 387.

len, scheint Bernd Gräfrath wenig überzeugend. Somit sind dann die Hilfsannahmen Kants kaum tragfähig: „Ist es etwa tatsächlich so klar, daß Menschen, die Tiere quälen, auch Menschen quälen werden? Vielleicht wirken solche Handlungen auch kathartisch und sind so aus der Interessenlage menschlicher Personen sogar begrüßenswert."[694]

Aus einer anderen Argumentationsfigur heraus kritisiert Heike Baranzke den Königsberger Philosophen: Sie plädiert dafür, den Begriff der „kreatürlichen Würde"[695] in die Tierethikdebatte einzubringen; denn die Rede von der „Würde der Tiere" falle schon lange nicht mehr unter die Kategorie poetischer oder metaphorischer Redeweise. Vielmehr partizipiert eine solche Rede an den geprägten Ausdrucksformen theologischer und philosophischer Tradition – und hat somit die Chance, verstanden zu werden.

Einerseits verweist diese Begrifflichkeit theologisch auf die Dignität der Geschöpfe durch ihre Herkunft vom Schöpfergott. Andererseits spielt sie auf den geschuldeten Respekt vor der universalen Menschenwürde an, die wiederum in der Tradition der unverlierbaren gottebenbildlichen Würde steht und ihre „philosophisch stringenteste Ausformulierung bisher in der Ethik Kants erfahren hat."[696] Hier nun tut sich auch für Baranzke ein nicht zu überwindendes Problem auf: Die Rede von der „geschöpflichen Würde" setzt eine „Seinsordnung als Wertordnung voraus, die nicht auf die *Zuerkenntnis*, sondern auf die *Anerkenntnis* eines objektiv vorgegebenen Wertes zielt."[697] Hinzukommt die Relativierung der „absolutistischen Menschenwürde der Neuzeit [...], indem auf das vorneuzeitliche theozentrische Weltbild rekurriert wird."[698]

Aus mehreren Gründen ist deshalb die Rede von der tierlichen Würde mit der Kantischen Begründung der menschlichen Würde unvereinbar: Nach Kant gibt es keine ablesbare Wertordnung als Seinsordnung mehr. Gegenüber einem Gott und seiner Schöpfung hat der Mensch folglich keine Pflichten mehr. Die Tiere verfügen über keinen Selbstzweck und somit über keinen eigenen inhärenten und absoluten Wert, den die sittliche Person auch nicht *anerkennen* kann. Höchstens

---

[694] Ebd., S. 387.
[695] Vgl. dazu Baranzke, H., Würde der Kreatur? Die Idee der Würde im Horizont der Bioethik, Würzburg 2002.
[696] Baranzke, H., Das Tier – ohne Würde, Heil und Recht, a.a.O., S. 151f.
[697] Ebd., S. 152.
[698] Ebd.

kann sie dem Tier einen relativen Wert *zuerkennen*. Folglich haben unsere Mitge-schöpfe keine Würde, sondern lediglich einen Preis![699]

Die Rede von der Würde der Kreatur verweist damit auf ein grundlegendes Dilemma: Da ist einerseits die gestiegene Sensibilität für den Umgang mit nicht-menschlichen Lebewesen, die nach rechtlicher, ethischer und theologischer Be-rücksichtigung verlangt. Andererseits wird deutlich, dass aufgrund der philoso-phischen, rechtsgeschichtlichen und theologischen Tradition ein großer Mangel an „konzeptionellen Instrumentarien und begrifflichen Kategorien"[700] herrscht.

Wie ist also eine Daseinsberechtigung der Tiere als vom Menschen unabhän-gige und zu würdigenden Lebewesen zu begründen? Kann es ein Weg sein, man-gels terminologischer und konzeptioneller Alternativen die „klassischen subjekt-philosophischen Prädikate"[701] wie etwa „Person" und „Autonomie" in Anwen-dung zu bringen – so wie es etwa der gleich zu besprechende Peter Singer tut? Für Heike Baranzke ist der Weg unangemessen, erfahren diese Begriffe gerade dadurch, dass an ihrer „Autoritätsaura partizipiert werden soll [...] die gefährliche Erosion ihrer Bedeutung sogar in bezug auf den Menschen."[702]

## 1.2 Rassismus – Chauvinismus – Speziesismus

Für Peter Singer ist das kantische Konzept zur Begründung von personalen Rechten weder für Menschen noch für Tiere akzeptabel.[703] Der umstrittene Phi-losoph sieht sich in der Tradition des Utilitarismus, dessen Ethik kurz skizziert werden soll[704].

Bei der Entscheidung zwischen verschiedenen Handlungsoptionen gebietet der Utilitarismus schlicht und einfach, diejenige zu wählen, die das „größte Glück der größten Zahl" hervorbringt. Diese Formel ist bei Francis Hutcheson zu fin-den und wurde von Jeremy Bentham zur Grundlage seiner praktischen Philoso-

---

[699] Vgl. Baranzke, H., a.a.O., S. 152. Schon 1978 bezeichnete es Konrad Lorenz als „schwere Geisteskrankheit der heutigen Menschheit", dass sie – nach Horst Stern – „den Preis von allem und den Wert von nichts kennt". In: Lorenz, K., Denkwege, a.a.O., S. 146.

[700] Ebd.

[701] Ebd.

[702] Ebd.

[703] Vgl. dazu die Kritik an Tom Regan in: Singer, P., Animal Liberation or Animal Rights? in: The Monist 70, 1987, S. 3-14. Jürgen Moltmann schließt sich übrigens den Forderungen Singers nach Tierrechten an; vgl. ders., Der Weg Jesu Christi, München 1989, S. 332f.

[704] Vgl. dazu das Kapitel „Utilitaristische Simplizität" von Gräfrath, B., Zwischen Sachen und Personen, a.a.O., S. 388ff.,

phie gemacht.[705] Obwohl bei ihm das Glück einfachhin „hedonistisch kalküli-siert"[706] wird, liegt ein großer Vorzug dieser Theorie darin, die Leidensfähigkeit der Tiere problemlos moralisch berücksichtigen zu können. Wenn Menschen ihren moralischen Status auch ihrer Fähigkeit zur Empfindung verdanken, dann muss Tieren zumindest prinzipiell derselbe Status zugesprochen werden. Ben-thams klassische Frage lautet: „The question is not, Can they reason? nor Can they talk? but Can they suffer?"[707] – und hat zweifellos in seiner Unhintergeh-barkeit den Status der Tiere gehoben. Gleichzeitig verwischt der Utilitarismus die Grenze zwischen leidensfähigen Wesen und autonomen Personen und wird da-mit den von Heike Baranzke einsichtig vorgetragenen Einwänden nicht gerecht.

Diese Verwischung ist sicherlich mitverantwortlich für den Aufruhr, den Pe-ter Singers Thesen immer wieder hervorrufen. Sätze wie: „So scheint es, daß etwa die Tötung eines Schimpansen schlimmer ist als die Tötung eines menschlichen Wesens, welches aufgrund einer angeborenen geistigen Behinderung keine Per-son ist und nie sein kann"[708] geraten zusätzlich durch die Unkenntnis von Singers Position in ein völlig falsches Licht. Ihm geht es nämlich keineswegs darum, nun auch geistig behinderte Menschen für Experimente zu verwenden, sondern im Gegenteil darum, dass zumindest höheren Tieren nichts zugemutet wird, was wir auch geistig behinderten Menschen nicht antun würden.[709] Singer will sich klar vom klassischen Utilitarismus Benthamscher Prägung distanzieren und entwickelt dazu einen „Präferenz-Utilitarismus". Dieser „beurteilt Handlungen nicht nach ihrer Tendenz zur Maximierung von Lust und Minimierung von Leid, sondern nach dem Grad, in dem sie mit den Präferenzen der von den Handlungen oder ihren Konsequenzen betroffenen Wesen übereinstimmt."[710]

Diese Variante des Utilitarismus soll den Vorteil mit sich bringen, plausibler zu erklären, warum das Töten einer Person schlimmer ist als das Töten anderer (leidensfähiger) Lebewesen. Deshalb bestimmt Singer Personen wesentlich über ihre Zukunftsorientiertheit, welche wiederum Wesen voraussetzt, die auch über allgemeinere Fähigkeiten verfügen: „Selbstbewußtsein, Selbstkontrolle, Sinn für

---

[705] Vgl. dazu ebd., S. 388.

[706] Ebd.; vgl. dazu die vom Verhaltensbiologen M. Cabanac vorgeschlagene These, in der Evolution sei „Pleasure" als die Währung anzusehen, in der sich ein Verhalten auszahlt; vgl. o. Kap. V.2.5, „Auf ‚epikureischem Minenfeld'".

[707] Bentham, J., An Introduction to the Principles of Legislation, a.a.O.; vgl. o. die Einleitung zum Kapitel V.2, „Emotionen bei Tieren".

[708] Singer, P., Praktische Ethik, Stuttgart 1994, S. 156.

[709] Vgl. ebd., S. 109. Diese Kritik ungerechtfertigter Tierquälerei bildet den Hauptpunkt von Singers Ethik. Sein Buch Animal Liberation. Die Befreiung der Tiere (deutsche Erstausga-be: Reinbek 1996) ist quasi das Manifest der neuen Tierschutzbewegung geworden.

[710] Singer, P., Praktische Ethik, a.a.O., S. 128.

Zukunft, Sinn für Vergangenheit, die Fähigkeit, mit anderen Beziehungen zu knüpfen, sich um andere zu kümmern, Kommunikation und Neugier."[711] Was als Einwand gegen den Utilitarismus insgesamt ins Feld geführt wird, gilt auch für die Singersche Variante: Auf seiner Grundlage können keine prinzipiellen Garantien für persönliche Grundrechte gegeben werden. So sagt Singer selbst: „Auch für den Präferenz-Utilitarismus ist das dem getöteten Wesen zugefügte Unrecht nur *ein* zu beachtender Faktor, und die Präferenz des Opfers könnte manchmal durch die Präferenzen von anderen aufgewogen werden."[712] In seiner Formulierung, dass beide Varianten des Utilitarismus „wahrscheinlich auch die Respektierung der Autonomie befürworten"[713] würden, klingt dieses „wahrscheinlich" in seiner Argumentation verräterisch.[714]

Was nun die Bewertung des Speziesismus-Arguments betrifft, ist der Einschätzung Gräfraths nur zum Teil zuzustimmen. Für ihn besteht Singers wesentliche Leistung in der deutlichen Kritik des „Speziesismus", der wie die mehr oder weniger überholten Spielarten des Rassismus und Chauvinismus moralisch irrelevante Eigenschaften als ethische Abgrenzungsmerkmale missbraucht und deshalb abzulehnen ist. „Der Personbegriff muß ebenso wie der Begriff des ‚Wesens mit moralischem Status' unabhängig von Spezieszugehörigkeiten bestimmt werden, so daß nicht prinzipiell nur Angehörige einer bestimmten Spezies Personstatus oder einen allgemeineren moralischen Status erlangen können."[715] Auch wenn Singer durch seinen Ansatz die Benthamsche Betonung der moralischen Relevanz der Leidfähigkeit stark gemacht hat, ist seine Ethik insgesamt nicht in der Lage, einen „adäquaten Personbegriff"[716] zu entwickeln.

Dies gelingt m.E. auch Derrida nicht, der diesen Anspruch zwar nicht erhebt, aber ebenfalls auf die Benthamsche Frage rekurriert. Zuzustimmen ist ihm darin, dass er – ähnlich wie Heike Baranzke – das Tier als anthropologische Herausforderung sieht. Angesichts des nie da gewesenen Ausmaßes der „Unterwerfung des Tieres" ist auch „das Sein" betroffen: „Das Sein dessen, was sich Mensch oder

---

[711] Ebd., S. 118.

[712] Ebd., S. 130.

[713] Ebd., S. 136.

[714] Vgl. Gräfrath, B., a.a.O., S. 390. An dieser Undeutlichkeit macht sich Kritik von verschiedenen Seiten fest. Jean-Claude Wolf ist Singers Position zu „personenfreundlich"; in: Wolf, J.-C., Warum moralisch sein gegenüber Tieren? In: Zeitschrift für philosophische Forschung 46, 1992, S. 436.
Tom Regan klagt hingegen noch stärkere Rechte für die Tiere ein. Vgl. Regan, T., The Case for Animal Rights, London/Melbourne/Henley 1983, S. 243.

[715] Gräfrath, B., a.a.O., S. 391.

[716] Ebd.

Dasein nennt [...] Das Tier geht uns an, es beobachtet uns, und vor ihm sind wir nackt. Und vielleicht beginnt dort das Denken"[717].

Derrida formuliert zwei Thesen: Im Rahmen der ersten macht er deutlich, dass das „historisch beispiellose Verhältnis zum Tier oder zu den Tieren" absolut „neuartig" sei und somit eine „neuartige Prüfung, eine Bewährungsprobe" der Mitleidsfähigkeit des Menschen darstelle.[718]Hier geht er der Benthamschen Frage nach und macht sie gleichsam noch einmal fragwürdig:

> „Sobald man fragt: 'Can they suffer?', verändert sich der Sinn und verändert sich der Zeichencharakter des Wortes 'können' (can). Das Wort 'können' schwankt. [...]
> 'Können sie nicht können?' Was hat es mit diesen Unvermögen auf sich? Mit der Verletzlichkeit, derer man kraft dieses Unvermögens innewird? Worin besteht dieses Nicht-Können im Herzen des Könnens?"[719]

Seine erste Hypothese kulminiert in der Feststellung, es sei ein „Krieg um das Mitleid" entbrannt, der in eine „kritische Phase" eingetreten sei, und dieser Krieg müsse „gedacht" werden.[720]

An dieser Stelle bricht er ab und entfaltet seine zweite Hypothese: „Sie betrifft oder entfaltet eine andere Logik der Grenze."[721] Er spricht von der „transgressalen Erfahrung einer Limitrophie", einer Grenze also zwischen Mensch und Tier, „von der man die Schnauze voll hat" und die nicht zur Debatte stehe; diese Hypothese entfaltet er in ellenlanger Ironie, ohne dass klar wird, was er letztlich sagen will.[722] Seine Erörterungen münden in einer Attestierung, die Menschheit leugne nicht nur die Tierheit, „sondern auch die engagierte, bindende, fortgesetzte, organisierte Beteiligung an einem wahren Krieg der Arten."[723]

Der Wert von Derridas Diskussionsbeitrag liegt sicherlich in der Macht der Provokation. Er bleibt m.E. aber zu sehr in sprachlicher Ästhetik verhaftet, als dass er wirklich inhaltlich weiterführt.[724] Weiterführend scheint hingegen die von

---

[717] Vgl. Derrida, J., Das Tier, welch ein Wort, in: Stiftung Deutsches Hygienemuseum (Hg.), Mensch und Tier. Eine paradoxe Beziehung, a.a.O., S. 190ff. Für Marco Stahlhut ist Derrida ein „Wortspielvirtuose", der sich vor allem durch die These bekannt gemacht hat, die Wirklichkeit sei nichts anderes als ein Spiel textueller Zeichen: „Il n'y a pas dehors du texte." Vgl. Stahlhut, M., Auf den Spuren von St. Jaques, DIE ZEIT Nr. 40, 25.9.2003, S. 53.

[718] Vgl. Derrida, J., a.a.O., S. 191.196.

[719] Ebd. S. 199.

[720] Vgl. ebd. S. 199f.

[721] Ebd., S. 202.

[722] Vgl. ebd. S. 203ff.

[723] Ebd. S. 208.

[724] Klaus Müller hat sich ausführlicher mit Derrida und anderen „Postmodernen" und ihrem Beitrag zur Subjektdebatte beschäftigt. Er kommt zu dem Schluss, dass der Franzose eine Reflexionstheorie von Subjektivität und Selbstbewusstsein vertritt, deren Unhaltbarkeit be-

Christoph Türcke durchgeführte genauere Analyse des Personenbegriffs und dem damit verbundenen Speziesismusvorwurf: „Der Speziesismus hat Grauenhaftes angerichtet. Aber er hat ein unhintertreibliches Wahrheitsmoment. Recht verstanden, ist er der humane Fürsprecher der Tierwelt"[725], was nun zu zeigen ist.

## 1.3 Es ist schon so eine Sache mit der Person …

Für Peter Singer steht fest, dass es in ethischen Entscheidungen auf die Individuen ankomme, nicht auf ihre Rasse oder Spezies.

> „Manche Angehörigen anderer Gattungen sind Personen; manche Angehörigen unserer eigenen Spezies sind es nicht. Keine objektive Beurteilung kann den Standpunkt unterstützen, daß es immer schlimmer ist, Mitglieder unserer eigenen Spezies, die keine Personen sind, zu töten, als Mitglieder anderer Spezies, die es sind."[726]

Eines vergisst Peter Singer in seinen Erwägungen und Fallbeispielen, so Christoph Türcke, nämlich, dass es ein Wesensmerkmal der Ethik ist, über sich selbst hinauszuweisen:

> „Ihr primäres 'Interesse' ist eine Welt, in der sie sich erübrigt.
> Ihr 'Interesse' an optimaler Abwägung ist schon ein sekundäres – solange sich das primäre nicht erfüllen läßt. In Worten Adornos: 'Frei wäre erst, wer keinen Alternativen sich beugen müßte, und im Bestehenden ist es eine Spur von Freiheit, ihnen sich zu verweigern.'"[727]

In Singers Konzept ist für eine solche Selbstbesinnung und -kritik kein Platz. „Die Welt ist ein Abwägungszusammenhang – sonst nichts."[728] Spätestens dort, wo er dann von der „Leidvermeidung" auf die „Glückserzeugung" übergeht, wird es prekär. Wir tun „offenbar etwas Schlechtes, wenn wir wissentlich ein unglückliches Wesen in die Welt setzen; und wenn das so ist, dann ist es schwierig zu erklären, warum wir nicht etwas Gutes tun, wenn wir wissentlich ein glückliches Wesen in die Welt setzen."[729]

---

reits bei Fichte diagnostiziert ist und die auch später von Dieter Henrich ausgearbeitet wurde. Vgl. Müller, K., Das etwas andere Subjekt, a.a.O., S. 141. Vgl. auch o. Kap. V.4.2, „Zum Problem des Selbstbewusstseins".

[725] Türcke, C., Philosophiekolumne. Mensch und Tier. in: Bohrer, K.H., Scheel, K. (Hgg.), Merkur. Deutsche Zeitschrift für europäisches Denken, Heft 7, Berlin, Juli 2003, S. 618.

[726] Zitiert ebd., S. 616, leider ohne exakte Quellenangabe.

[727] Ebd., S. 617.

[728] Ebd.

[729] Ebd., leider wieder ohne Quellenangabe.

Als ob hier Symmetrie waltete, so Türcke, wir am Glück unserer Kinder genauso mitwirken könnten wie an ihrem Unglück, oder wir ein Wesen, das „keinen Begriff hat von sich selbst als einem lebenden Wesen mit einer Zukunft"[730], wie folgt behandeln könnten:

> „Vielleicht tut man ihm daher kein persönliches Unrecht, wenn man es tötet, obwohl man die Glücksmenge im Universum verringert. Aber dieses Unrecht, wenn es denn eines ist, kann dadurch ausgeglichen werden, daß man ähnliche Wesen in die Welt setzt, die ein ebenso glückliches Leben haben werden."[731]

Nicht nur die Begrifflichkeit führt eher in eine Verwirrung denn in eine Aufhellung; auch der Sache nach entbehrt diese Denkfigur Singers jeden Realitätsbezugs. Vom „Glück der Tiere" war bereits die Rede[732], und wir haben in der Durchsicht der ethologischen Daten gesehen, dass zwischen der „motivation copy" eines Tieres und der (spezifisch menschlichen) Haltung der Hoffnung – zwischen „pleasure" (Freude oder Wohlbefinden...?[733]) als der Währung, in der sich ein Verhalten bezahlt macht, und eben der Erfahrung des Glücks eine nicht unerhebliche Distanz besteht. Evolutionsbiologisch war es wohl der Faktor Zeit und der immer bewusster werdende Umgang mit dieser neuen, durchaus ambivalenten Begabung (Vergangenheitsbewältigung und planende Vorausschau), der den Menschen mehr und mehr aus dem „Leben im Augenblick" gelöst hat. Darüber hinaus führte dies zu seiner existentiellen – ontologischen – Veränderung:

> „Spezifisch menschliches Glück tritt aus der Selbstgenügsamkeit heraus. Es bedeutet immer Ungenügen. Dennoch: Wer von seiner utopischen Dimension gekostet hat, kann, wie beim Kosten vom Baum der Erkenntnis, nicht mehr zurück, ist auf immer verdorben fürs bloß tierische Behagen: weit darüber hinaus und weit dahinter zurück, ohne daß beide Seiten sich, wie Plus und Minus, ausgleichen."[734]

Menschliches Glück und tierliches Wohlbefinden („pleasure") sind inkommensurabel. Und dabei verbietet sich, wie beim allzu Kommensurablen (etwa verschiedenen Foltermethoden) jedes Abwägen. Für Türcke ist Singers Vorstellung vom Glücksmengenvergleich deshalb so haarsträubend, weil sie die utopische Dimension am menschlichen Glück einebnet und die grundsätzlich paradoxe Beziehung von Mensch und Tier verkennt.[735] Die Befunde der Verhaltensbiologie zeigen, dass die Differenz zwischen beiden in dem Maß verschwindet, wie sich auch bei

---

[730] Ebd.
[731] Ebd.
[732] Vgl. o. Kap. V.2.9, „Vom Glück der Tiere".
[733] Vgl. o. Kap. V.2.5, „Auf ‚epikureischem Minenfeld'".
[734] Türcke, C., a.a.O., S. 618.
[735] Vgl. ebd.

Tieren schon ansatzweise findet, was man klassisch Person nennt (Selbstbewusst-sein, Sich-in-andere-Hineinversetzen, ...) – sie tut sich aber zwischen dem Ansatz und dem, was beim Homo sapiens daraus geworden ist, erneut auf:

> „Personen im vollen Sinn des Wortes sind erst diejenigen, die über den Naturzwang hinaus zu fühlen und denken vermögen und zur Vorstellung, zum Vorgeschmack, Vorschein eines befriedeten Daseins fähig sind.
> Aber eben diese Wesen sind auch fähiger als alle anderen zur Naturverwüstung. In Sophokles' Worten: 'Nichts ist ungeheurer als der Mensch'."[736]

Das Vermögen zu Hoffen, die utopische Dimension des Glücks also, ist in einem langen und komplizierten Vorgang in die „Normalausstattung der Spezies Mensch"[737] eingegangen. Es gibt in der Menschheit selbst etwas, wohinter alle ihre Individuen zurückbleiben aber zugleich teilhaben: Die „Träume der Menschheit", in denen es darum geht, in dieser Welt mit Anderem und Anderen heimisch zu werden; sie sind ebenso konstitutiv wie das spezifisch menschliche Zerstörungspotential.

> „Wer, wenn nicht die Wesen, die sich vorzustellen vermögen, daß 'der Wolf beim Lamm' wohnt, 'der Panther beim Böcklein' liegt, 'Kalb und Löwe zusammen weiden' (Jes 11), könnte den Widerstreit in der Natur, die Feindschaft unter den Lebewesen mildern?"[738]

## 2. „Du lehrst mich meine Brüder im stillen Busch, in Luft und Wasser kennen"[739]

Dieses Zitat aus Goethes Faust markiert eine über die Ethik hinausreichende Sicht auf die Tiere und nimmt eine weitere, durch die biblische Mensch-Tier-Verhältnisbestimmung gelegte Spur auf: Was geschieht mit dem Menschen angesichts seiner „Brüder und Schwestern im stillen Busch ..."? Wie ist eine Übertragbarkeit von Gen 2,19 („...und führte sie dem Menschen zu ...") und dem darin formulierten „impliziten Herrschaftsauftrag" in eine heute verständliche Anthropologie möglich?[740] Oder, um auch hier im Bild der Bileamgeschichte zu bleiben:

---

736 Ebd.
737 Ebd.
738 Ebd.
739 Goethe, J.W., Faust, zitiert in: Eurich, C., Die Kraft der Friedfertigkeit, München 2000, S. 79.
740 Vgl. o. Kap. IV.2.1, „... und führte sie dem Menschen zu ..." (Gen 2,19).

Was ist *das* in seiner Eselin, das den „verblendeten Seher" anspricht, trägt und verändert?

Die „Beweislage" wird dünner; zu intensiv hat sich die westliche Anthropologie bemüht, in der Ab-Wendung vom Tier, in der Überwindung des „Tierischen" im Menschen ihre Denkgebäude zu errichten. Dennoch lassen sich Spuren ausmachen, die einerseits einen gehbaren Weg zur Eigenwertigkeit des Tieres aufzuzeigen und andererseits aus der anthropozentrischen Enge des „Interplanetariertums" herauszuführen vermögen.

## 2.1 Vom metaphysischen Mitleid[741]

„Tat-twam asi" („dies bist Du"): Dieses, die hinduistische Weltsicht markierende Wort, war nicht nur für Bernhard Renschs Sicht auf die Tiere[742] maßgeblich, es spielt auch in Arthur Schopenhauers Programm eine Rolle. Seine Moralphilosophie nimmt durch die starke Bezugnahme auf asiatische Traditionen eine Außenseiterrolle im europäischen Denken ein.

Für ihn ist das Leben „eine mißliche Sache"[743] und ein „Geschäft [...], dessen Ertrag bei weitem nicht die Kosten deckt."[744] Dies betrifft nicht nur den Menschen, sondern eben auch die Tiere. Weil für Schopenhauers Ethik das Leiden grundlegend ist, finden bei ihm die Tiere eine viel stärkere Berücksichtigung als bei Kant. Dennoch knüpft seine Ethik an dessen „Metaphysik der Sitten" an:

> „Also bloß zur Uebung soll man mit Thieren Mitleid haben, und sie sind gleichsam das pathologische Phantom zur Uebung des Mitleids mit Menschen. Ich finde, mit dem ganzen nicht-islamisierten [...] Asien, solche Sätze empörend und abscheulich. Zugleich zeigt sich abermals, wie gänzlich diese philosophische Moral, die [...] nur eine verkleidete theologische ist, eigentlich von der biblischen abhängt. Weil nämlich die christliche Religion die Thiere nicht berücksichtigt; so sind diese sofort auch in der philosophischen Moral vogelfrei, sind bloße 'Sachen', bloße *Mittel* zu beliebigen Zwecken, als etwa zu Vivisektionen [...] – Pfui! über eine solche Parias-, Tschandalas- und Mletschas-Moral, – die das ewige Wesen

---

[741] „Im Eingedenken fremden Leids. Zu einer Basiskategorie christlicher Gottesrede" ist ein Aufsatz von Johann Baptist Metz' überschrieben. In seiner Betonung eines „emphatischen Monotheismus" macht er deutlich, dass der Weg des Mitleids nicht wie bei Schopenhauer in den Buddhismus oder Hinduismus führen muss, sondern ein Paradigma der großen monotheistischen Religionen darstellt. In seiner Rede vom „Universalismus des Leidens in der Welt" werden die Tiere allerdings nicht erwähnt. Vgl. Metz, J.B., Im Eingedenken fremden Leids, in: ders., Reikerstorfer, J., Werbick, J., Gottesrede, Münster 1996, S. 3ff.

[742] Vgl. o. Kap. V.1.3, „Lernen und Erinnern".

[743] Schopenhauer, A., Gespräche, hg. v. A. Hübscher, Stuttgart-Bad Cannstatt 1971, S. 22.

[744] Ders., Die Welt als Wille und Vorstellung (1819/1844), hg. v. A. Hübscher, zweiter Band, erster Teilband, Zürich 1977, S. 413.

verkennt, welches in Allem, die das Sonnenlicht sehn, mit unergründlicher Bedeutsamkeit hervorleuchtet. Aber jene Moral kennt und berücksichtigt allein die eigene werthe Species, deren Merkmal *Vernunft* ihr die Bedingung ist, unter welcher ein Wesen Gegenstand moralischer Berücksichtigungen seyn kann.“[745]

Schopenhauer sieht im Mitleid die Triebfeder jeder Ethik, deren Fundament ein metaphysisches ist,[746] und seine Bezugnahme auf asiatische Sichtweisen[747] ist deshalb nicht verwunderlich. Über die von ihm hoch geschätzte Weltsicht des Buddhismus schreibt er:

> „Der gute Charakter [...] lebt in einer seinem Wesen homogenen Außenwelt; die Andern sind ihm kein Nicht-Ich, sondern 'Ich noch ein Mal'. Daher ist sein ursprüngliches Verhältnis zu Jedem ein befreundetes: er fühlt sich allen Wesen im Innern verwandt, nimmt unmittelbar Theil an ihrem Wohl und Wehe, und setzt mit Zuversicht die selbe Theilnahme bei ihnen voraus.“[748]

Im Blick auf den Buddhismus wird deutlich, dass die Bedeutung des Tieres vor dem Hintergrund der Lehre von der Wiedergeburt zu sehen ist. Für den Buddhisten ist allein die Möglichkeit der Wiedergeburt als Tier handlungsleitend, könnte ja in der Erscheinung eines Tieres ihm ein Angehöriger begegnen. Außerdem stellt die Wiedergeburt als Tier die mildere Alternative zur Hölle dar, oder sie ist als Zwischenstufe bei der Rückkehr aus eben dieser in eine menschliche Existenz zu sehen. Darin schwingt eine insgesamt negative Bewertung der Existenzform der Tiere im Vergleich zum Menschen mit, worin diese die intellektuell und moralisch minderwertigeren Lebewesen sind. In einer idealen Welt dürften demnach keine Tiere mehr vorkommen, weil sie zu den schlechten, von Natur aus unangenehmen Existenzformen zählen.[749]

Wie fundamental sich diese Einschätzung von der Tier-Friedens-Vision des Jesaja unterscheidet, war Schopenhauer anscheinend nicht bekannt. War es ein Mangel an Bibelkenntnis oder war er doch zu sehr „Kind seiner Zeit“, dass er im Christentum die Legitimationsinstanz für die Versachlichung der Tiere sah?

Will man, wie Schopenhauer, nicht hinter die Einsichten der Kantischen Philosophie zurückfallen, ist eine solche metaphysische Konstruktion natürlich problematisch. Dies sieht er selbst, wenn er etwa betont, „keine transzendente,

---

[745] Ders., Preisschrift über die Grundlage der Moral (1840). In: ders., Die beiden Grundprobleme der Ethik, hg. v. A. Hübscher, Zürcher Ausgabe der Werke Arthur Schopenhauers, Bd. VI, Zürich 1977, S. 202.

[746] Vgl. Gräfrath, B., a.a.O., S. 392.

[747] Vgl. dazu Schmidthausen, L., Maithrimurthi, M., Tier und Mensch im Buddhismus, in: Münch, P., Tiere und Menschen, a.a.O., S. 179ff.

[748] Schopenhauer, A., Preisschrift, a.a.O., S. 312.

[749] Vgl. Schmidthausen, L., Maithrimurthi, M., a.a.O.

sondern eine immanente Philosophie zu vertreten, die sich auf das stützt, was sich in der Erfahrung nachweisen lässt."[750] Mit den Stichworten „Metaphysik", „Transzendenz", „Immanenz" und „Erfahrung" befinden wir uns wieder inmitten des Kapitels der Denkgeschichte, das auch den Titel „Transzendenzverlust" trägt.[751]

Tatsächlich hat Kant, an dem auch Schopenhauer sich abarbeiten musste, die Widersprüchlichkeit aufgedeckt, in die jede Metaphysik hineingerät, die auf dem Feld der Religion zu rational beweisbaren Ergebnissen kommen will. Indem er solche Metaphysik destruierte, hat er der Religion allerdings neue Möglichkeiten eröffnet. Es war, wie er selbst bekannte, seine Intention, das Wissen aufzuheben, um dem Glauben Platz zu machen.[752] Dies war für ihn freilich der Glaube an die praktische Vernunft, also die wirkende Kraft moralischer Ursachen, d.h. die Sinnerfüllung menschlichen Lebens im moralischen Handeln.

Eine über das „empirisch" Erkennbare und Nachweisbare hinausgehende und somit transzendente Natur- und Lebenswirklichkeit kommt für eine solche Philosophie nicht mehr in Betracht, da sie einer möglichen Erfahrung unzugänglich erscheint. Transzendente Erkenntnis ist, wie Kant meint, „ein glänzender, aber trüglicher Schein".[753] „Transzendenz bedeutet fortan [...] : die Schranken jeglicher Erfahrung überschreitend. Demgegenüber bedeutet in dem von Kant eingeführten Sprachgebrauch 'immanent' : in den Grenzen möglicher Erfahrung verbleibend."[754]

Mit seinen Formulierungen: „die Andern sind ihm kein Nicht-Ich, sondern ein 'Ich noch ein Mal'" und „er fühlt sich allen Wesen im Innern verwandt" weist Schopenhauer somit auf einen für Kant u.a. unangemessenen, weil unvernünftigen Weg. Es ist dies der für eine tragfähige Religion unerlässliche Weg über die Erfahrung. In bezug auf das anfängliche und wohl auch ursprüngliche Verhältnis der Menschen zur Religion sagt Ronald D. Laing: „Die Menschen haben zuerst nicht an Gott 'geglaubt' – sie haben seine 'Präsenz' erfahren."[755]

---

[750] Gräfrath, B., a.a.O., S. 392.
[751] Vgl. o. Kap. III.7, „Kein Wunder, wenn unter diesen Umständen die Natur abstirbt, ...".
[752] Vgl. dazu Stüttgen, A., Ende des Humanismus. Anfang der Religion?, a.a.O., S. 136.
[753] Zitiert bei Stüttgen, A., Transzendenz erfahren, a.a.O., S. 126.
[754] Ebd.
[755] Laing, R.,D., Phänomenologie der Erfahrung, Frankfurt a.M., 1975, S. 129.

## 2.2 Erfahrungen des ganz Anderen und doch so Verwandten

> „Ich muß es immer wieder sagen: Ich habe keine Lehre. Ich zeige nur etwas. Ich zeige Wirklichkeit, ich zeige etwas an der Wirklichkeit, was nicht oder zu wenig gesehen worden ist. Ich nehme ihn, der mir zuhört, an der Hand und führe ihn zum Fenster. Ich stoße das Fenster auf und zeige hinaus. Ich habe keine Lehre, aber ich führe ein Gespräch."[756]

In dieser Weise markiert Martin Buber seinen Ansatz, der nicht nur methodologisch an den „Weisheitsjäger" Nikolaus von Kues erinnert. In verschiedener Hinsicht lassen sich Verbindungslinien zwischen den durch fünf Jahrhundert getrennte und sie somit verbindende Denker erkennen.

„Ich betrachte einen Baum" – so beginnt eines der ersten Kapitel in „Ich und Du"[757] und bringt die schöpfungstheologischen Erwägungen des Kardinals aus Kues angesichts des Nußbaumes in Erinnerung.[758] Phänomenologisch geschult versteht es Buber, ebenfalls im Blick auf einen Baum, das in seinem Werk maßgebliche dialogische Prinzip verständlich zu machen:

> „Ich kann ihn als Bild aufnehmen: starrender Pfeiler im Anprall des Lichts, oder das spritzende Gegrün von der Sanftmut des blauen Grundsilbers durchflossen. Ich kann ihn als Bewegung verspüren: das flutende Geäder am haftenden und strebenden Kern, Saugen der Wurzeln, Atmen der Blätter, unendlicher Verkehr mit Erde und Luft – und das dunkle Wachsen selber."[759]

Er fährt fort, in welcher Weise derselbe Baum wahrgenommen werden kann: So kann ich ihn botanisch korrekt einer Gattung zuordnen, mit physikalischen Parametern „seine Diesmaligkeit und Geformtheit so stark überwinden, daß ich ihn nur noch als Ausdruck eines Gesetzes erkenne"[760] oder ihn nach forstwirtschaftlicher Manier „zur Zahl, zum reinen Zahlenverhältnis verflüchtigen und verewigen."[761]

In diesen Betrachtungsweisen bleibt der Baum „mein Gegenstand und hat seinen Platz und seine Frist, seine Art und Beschaffenheit."[762] Anders als der Cusaner beschreibt der Religionsphilosoph nun seine Hermeneutik:

> „Es kann aber auch geschehen, aus Willen und Gnade in einem, daß ich, den Baum betrachtend, in die Beziehung zu ihm eingefaßt werde, und nun ist er kein Es mehr."[763]

---

[756] Buber, M., Das Dialogische Prinzip, Heidelberg 1997, Einbandrückseite.
[757] Ebd., S. 10ff.
[758] Vgl. o. Kap. VI.3, „Gott ist die Einfaltung von allem...".
[759] Buber, M., a.a.O., S. 10.
[760] Ebd.
[761] Ebd.
[762] Ebd.

Und so, als wolle er sofort allen Vorwürfen der Irrationalität jeglichen Wind aus dem Segeln nehmen, fügt er hinzu:

> „Dazu tut nicht not, daß ich auf irgendeine der Weisen meiner Betrachtung verzichte. Es gibt nichts, wovon ich absehen müßte, um zu sehen, und keine Wissen, das ich zu vergessen hätte.
> Vielmehr ist alles, Bild und Bewegung, Gattung und Exemplar, Gesetz und Zahl, mit darin, ununterscheidbar vereinigt.
> Alles, was dem Baum zugehört, ist mit darin, seine Form und seine Mechanik, seine Farben und seine Chemie, seine Unterredung mit den Elementen und seine Unterredung mit den Gestirnen, und alles in seiner Ganzheit."[764]

Wenn Buber an anderer Stelle sein „Credo" formuliert: „Alles wirkliche Leben ist Begegnung"[765] und: „Der Mensch wird am Du zum Ich"[766] – so macht er hier deutlich, dass dies mit keinem anthropozentrisch verengten Exklusivitätsanspruch verbunden ist. So gilt auch für den Baum:

> „Kein Eindruck ist der Baum, kein Spiel meiner Vorstellung, kein Stimmungswert, sondern er leibt mir gegenüber und hat mit mir zu schaffen, wie ich mit ihm – nur anders.
> Man suche den Sinn der Beziehung nicht zu entkräften: Beziehung ist Gegenseitigkeit."[767]

Für Buber ist es selbstverständlich, dass es zum Zustandekommen einer Beziehung nicht des dezidiert menschlichen Bewusstseins bedarf, und geht mit der Anfrage von potentiellen Kritikern in folgender Weise um:

> „So hätte er denn ein Bewußtsein, der Baum, dem unsern ähnlich?
> Ich erfahre es nicht. Aber wollt ihr wieder, weil es euch an euch geglückt scheint, das unzerlegbare zerlegen? Mir begegnet keine Seele des Baums und keine Dryade, sondern er selbst."[768]

Damit eine echte Begegnung des Menschen mit dem Baum und auch, wie wir noch sehen werden, mit dem Tier zustande kommt, geht es nicht darum, das Gegenüber zunächst ver-menschlichen zu müssen. Im Geschöpf als solchem begegnet uns ein Du. Es kommt zu einer Begegnung, die einer rationalistischen Verkürzung dessen entgegenwirken kann, was In-Beziehung-Sein meint und ausmacht.

Dezidiert menschlich ist für Buber eine andere Qualität, und deren Eigenart macht er, der jüdische Philosoph, überraschenderweise an Jesus fest:

---

[763] Ebd.
[764] Ebd., S. 11f.
[765] Ebd., S. 15.
[766] Ebd., S. 32.
[767] Ebd., S. 12.
[768] Ebd.

„Das Gefühl Jesu zum Besessenen ist ein andres als das Gefühl zum Lieblingsjünger; aber die Liebe ist eine. Gefühle werden 'gehabt'; die Liebe geschieht. Gefühle wohnen im Menschen; aber der Mensch wohnt in seiner Liebe. Das ist keine Metapher, sondern die Wirklichkeit: die Liebe haftet dem Ich nicht an, so daß sie das Du nur zum 'Inhalt', zum Gegenstand hätte, sie ist *zwischen* Ich und Du.[...]
Liebe ist ein welthaftes Wirken. Wer in ihr steht, in ihr schaut, dem lösen sich Menschen aus ihrer Verflochtenheit ins Getriebe; Gute und Böse, Kluge und Törichte, Schöne und Häßliche, einer um den andern wird ihm wirklich und zum Du, das ist, losgemacht, herausgetreten, einzig und gegenüber wesend. [...]
Liebe ist Verantwortung eines Ich für ein Du: hierin besteht, die in keinerlei Gefühl bestehen kann, die Gleichheit aller Liebenden."[769]

Daraus leitet er ab:

„Beziehung ist Gegenseitigkeit. Mein Du wirkt an mir, wie ich an ihm wirke."[770]

Wie wir in der Auseinandersetzung mit Nikolaus von Kues gesehen haben, liegt der schwerwiegende Irrtum des Rationalismus darin, Gott zur „höchsten Vernunft" zu stilisieren, anstatt jeder theologischen Rede die biblische Offenbarung zugrunde zu legen, wonach der Schöpfer der Welt als „die Liebe" identifiziert wird.[771] Damit erlangen alle Erfahrungen, in denen dieses Geheimnis aufleuchtet, Offenbarungscharakter. So fährt Martin Buber innerhalb seiner „christologischen Erwägungen" fort und stellt in guter jesuanischer Manier althergebrachte (hier: pädagogische) Dogmen auf den Kopf: „Wie werden wir von Kindern, wie von Tieren erzogen!"[772]

Diese Art von Pädagogik ist ein immer wieder vorkommendes Thema; denn Kindern und Tieren ist es zueigen, „das schicksalhafte Eswerden alles geeinzelten Du"[773] immer wieder zu unterbrechen. Mit dem „Erschlaffen" der Beziehungskraft nämlich wird jedes „Du" zu einem „Es", das nun in die Gegenstandswelt eingeordnet wird und so das Leben „erleichtert."[774]

„Nur Es kann geordnet werden. Erst indem die Dinge aus unsrem Du zu unsrem Es werden, werden sie koordinierbar. Das Du kennt kein Koordinatensystem [...] Geordnete Welt ist nicht die Weltordnung."[775]

---

[769]  Ebd., S. 18f.

[770]  Ebd., S. 19f.

[771]  Vgl. o. Kap. VI.4, „Alle Löwen leonisieren ...".

[772]  Ebd., S. 20.

[773]  Ebd., S. 99; spätestens hier wird die Nähe zur Poesie Rilkes deutlich; vgl. die achte Dueniser Elegie, o., Kap. II.3, „Das Tier als 'Ausbruchsstelle des Daseins'".

[774]  Vgl. Schmidt, H., (Hg.), Philosophisches Wörterbuch, Buber, Stuttgart 1978, S. 83.

[775]  Ebd., S. 34; auch hier eine (bewusste?) Anspielung auf die achte Elegie: „ ... Wir ordnens. Es zerfällt...".

Martin Buber erzählt[776] – das ist die Größe seines Werkes und zugleich seine Grenze. Und immer wieder sind es Begegnungen mit Tieren, in denen die „Duwelt" für einen Moment die alles und alle umgebende „Eswelt" überstrahlt. So beschreibt er, wie er sich immer wieder dem Blick einer Hauskatze stellt. Denn:

> „Das domestizierte Tier hat nicht etwa von uns, wie wir uns zuweilen einbilden, die Gabe des wahrhaft 'sprechenden' Blicks empfangen, sondern nur – um den Preis der elementaren Unbefangenheit – die Befähigung, ihn uns Untieren zuzuwenden."[777]
> „Die Augen des Tiers haben das Vermögen einer großen Sprache. Selbständig, ohne einer Mitwirkung von Lauten und Gebärden zu bedürfen, am wortmächtigsten, wenn sie ganz in ihrem Blick ruhen, sprechen sie das Geheimnis in seiner naturhaften Einriegelung, das ist in der Bangigkeit des Werdens aus. Diesen Stand des Geheimnisses kennt nur das Tier, nur es kann ihn uns eröffnen."[778]

Mit der gleichen Selbstverständlichkeit, in der sich die Tiere in der Theologie des Nikolaus von Kues tummeln, haben sie in der Religionsphilosophie Martin Bubers ihren Platz. Doch im Unterschied zu Ersterem sieht Buber die Tiere nicht nur in ihrer selbstverständlichen Beziehung zu ihrem Schöpfer, sondern auch in ihrer Relevanz für den Menschen: Sie sprechen uns an; diese Sprache des Tieres – als „Stammeln der Natur unter dem ersten Griff des Geistes" – erreicht, so wie in der eingangs beschriebenen Begegnung, den Menschen, der als das „kosmische Wagnis"[779] definiert wird. „Aber kein Reden wird je wiederholen, was das Stammeln mitzuteilen weiß"[780]

Das Tier stellt Fragen, seine Augen stellen den in den Blick Genommenen existentiell infrage:

> „Diese Katze begann ihren Blick unbestreitbar damit, mich mit dem unter dem Anhauch meines Blicks aufglimmenden zu fragen: 'Kann das sein, daß du mich meinst? Willst du wirklich nicht bloß, daß ich dir Späße vormache? Gehe ich dich an? Bin ich dir da? Bin ich da? Was ist das da von dir her? Was ist das da um mich her? Was ist das an mir Was ist das?!'"[781]

---

[776] So sind mit seinem Namen die kraftvollen Erzählungen aus der Welt des Chassidismus untrennbar verbunden. Vgl. u.a. Buber, M., Der Weg des Menschen nach der chassidischen Lehre, Gütersloh 2001.

[777] Buber, M., Das dialogische Prinzip, a.a.O., S. 98; vgl. hierzu Fridolin Stiers bewegende Tagebucheintragung nach dem Sterben seiner Katze: „Ach, mein Herr und mein Gott! Im Leiden und Sterben meiner Katze begegne ich dir. Es ist etwas in mir, das sich weigert, dich aus der Haftung für das Weh der Kreatur zu entlassen, dich in erhabenen Begriffen in eine unendliche Ferne des Andersseins hinauszudenken." In: Stier, F., Vielleicht ist irgendwo Tag. Aufzeichnungen, Freiburg/Heidelberg 1981, S. 9.

[778] Buber, M., a.a.O., S. 98.

[779] Ebd.

[780] Ebd.

[781] Ebd., S. 99.

Für Otto Bollnow gehört diese Begegnung zu jenen, die den Menschen mit der Härte eines Unbedingtheitsanspruches erschüttern; es ist eine „ihn im Innersten treffende und betroffen machende Wirklichkeit, die [...] als solche erst einmal so ist, wie sie ist, und die nicht danach fragt, ob diese dem Menschen angenehm oder unangenehm ist.“[782]

Dort allerdings, wo Kind und Tier sich begegnen, haben Begegnungen einen anderen Charakter, der sich jeder intellektuellen Einordnung entzieht und ein erhellendes Licht auf die Vorbildfunktion wirft, die die Kinder in der Predigt Jesu erlangen (vgl. Mk 9,36 // Mt 18,3f.); und sie werden darin zum Prototypus derjenigen, die umkehren.

Im Prozess des Erwachsenwerdens kommt es dann irgendwann zu dem kommt, was Buber die „Rückbiegung“[783] nennt. Was in dieser „Grundbewegung“ geschieht, macht Buber an einer längeren Erzählung deutlich. Es sei erlaubt, um der Einzigartigkeit und Kraft seiner Sprache Raum zu geben und weil die Macht des Narrativen in gewisser Weise der Wissenschaft überlegen ist[784], diese Geschichte hier in Gänze wiederzugeben:

> „Elfjährig, auf dem Gut meiner Großeltern den Sommer verbringend, pflegte ich mich, sooft ich es unbeobachtet tun konnte, in den Stall zu schleichen und meinem Liebling, einem breiten Apfelschimmel, den Nacken zu krauen. Das war für mich nicht ein beiläufiges Vergnügen, sondern eine große, zwar freundliche, aber doch auch tief erregende Begebenheit. Wenn ich es jetzt, von der sehr frisch gebliebenen Erinnerung meiner Hand aus, deuten soll, muß ich sagen: was ich an dem Tier erfuhr, war das Andere, die ungeheure Anderheit des Anderen, die aber nicht fremd blieb, wie die von Ochs und Widder, die mich vielmehr ihr nahen, sie berühren ließ.
>
> Wenn ich über die mächtige, zuweilen verwunderlich glattgekämmte, zu andern Malen ebenso erstaunlich wilde Mähne strich und das Lebendige unter meiner Hand leben spürte, war es, als grenzte mir an die Haut das Element der Vitalität selber, etwas, das nicht ich, gar nicht ich war, gar nicht ichvertraut, eben handgreiflich das Andere, nicht ein anderes bloß, wirklich das andere selber, und mich doch heranließ, sich mir anvertraute, sich elementar mit mir auf Du und Du stellte.
>
> Der Schimmel hob, auch wenn ich nicht damit begonnen hatte ihm Hafer in die Krippe zu schütten, sehr gelind den massigen Kopf, an dem sich die Ohren noch besonders regten,

---

[782] Bollnow, O., Begegnung und Bildung, in: Guardini, R., Bollnow, O.,(Hgg.), Begegnung und Bildung, Würzburg 1956, S. 32.

[783] Buber, M., a.a.O., S. 171.

[784] So wird auch Johann Baptist Metz nicht müde, von der Kraft des Narrativen zu sprechen. Im kirchenamtlichen Dokument „Unsere Hoffnung“ bindet er dies an das Wesen der Kirche: Sie ist „pilgerndes Gottesvolk, das sich dadurch identifiziert und ausweist, daß es seine Geschichte als Heilsgeschichte Gottes mit den Menschen erzählt, daß es diese Geschichte im Gottesdienst immer wieder feiert und aus ihr zu leben sucht.“ In: Gemeinsame Synode der Bistümer in der Bundesrepublik Deutschland, Beschlüsse der Vollversammlung, Freiburg 1976, S. 99

dann schnob er leise, wie ein Verschworener seinem Mitverschworenen ein nur diesem vernehmbar werden sollendes Signal gibt, und ich war bestätigt.

Einmal aber – ich weiß nicht, was den Knaben anwandelte, jedenfalls war es kindlich genug – fiel mir über dem Streicheln ein, was für einen Spaß es mir doch mache, und ich fühlte plötzlich meine Hand.

Das Spiel ging weiter wie sonst, aber etwas hatte sich geändert, es war nicht mehr Das.

Und als ich tags darauf, nach einer reichen Futtergabe, meinem Freund den Nacken kraute, hob er den Kopf nicht.

Schon wenige Jahre später, wenn ich an den Vorfall zurückdachte, meinte ich nicht mehr, das Tier habe meinen Abfall gemerkt; damals aber schien ich mir verurteilt."[785]

Wesentlich für den hier erzählten Prozess der „Rückbiegung" ist die Tatsache, das darin der/das Andere lediglich zum eigenen Erlebnis verkommt, nur noch als „eine Meinheit"[786] besteht.

> „Da wird dann Zwiesprache zum Schein, der geheimnishafte Verkehr [...] wird nur noch gespielt, und in der Ablehnung des gegenüberlebenden Wirklichen beginnt sich die Essenz aller Wirklichkeit zu zersetzen."[787]

Was Buber hier am Beispiel des Elfjährigen deutlich macht, lässt sich auf den ontogenetischen wie phylogenetischen Prozess des Erwachsen – bzw. Menschwerdens insgesamt übertragen. Dies kann verdeutlicht werden, indem wir noch einmal den „Interplanetarier" bemühen, der sich in der Abwendung von der eigenen Geschöpflichkeit und der der natürlichen Mitwelt zu definieren versucht; dieser steht für den Menschen, wie er sich in den Industrienationen gebärdet ebenso wie für den einzelnen, der immer noch konsumistisch um sich und seine Bedürfnisse kreist.

In Bubers Konzept geschieht Erwachsenwerden im Sich-Einlassen auf den „geheimnishaften Verkehr" mit der Wirklichkeit, die sich genau dann verschließt, wenn wir sie rationalistisch verkürzen und zur „Es-Welt" degradieren. Der Dialog erstirbt und die Erinnerung an die Kindheit, das „innere Kind" ist nichts anderes als wehmütige Retrospektive. Buber versteht diese Lebensphase und Seinsweise als Dreh- und Angelpunkt für echtes Menschsein: Das Kind wie das Tier erinnern an die primäre Verortung in einer Wirklichkeit, die sich den Machenschaften und Einordnungen immer entzieht.

Der Weg der „natürlichen Theologie", der bis in die Renaissance hinein selbstverständlich begehbar war und beschritten wurde, leuchtet hier wieder auf; dieser führt dazu, sich von der Natur und ihrer unergründlichen Geheimnishaftigkeit auf dem Weg der Gott- und Sinnsuche leiten zu lassen. Der gegenteilige „rückbiegende" Weg verdankt sich einer anderen Methode: Es gilt, von einem

---

[785] Buber, M., a.a.O., S. 171ff.
[786] Ebd., S. 173.
[787] Ebd.

Begriff, von Gott her die Welt zu deuten; diese ist dann letztlich so, wie sie sich der Mensch ausdenkt und der Schöpfer wird zu einem Gegenstand unter anderen, dessen Einzigartigkeit nur noch formelhaft proklamiert wird. Am Ende ist das unergründliche Geheimnis Gottes, das im Modus des Reflektierens und Meditierens nur noch unverstehbarer wird, lediglich ein Rätsel, das durch genügende Anstrengung des Denkens und unabhängig von jeder Wahrnehmung zu lösen ist.

## 2.3 Hinweis auf den ganz Anderen

Für Buber ist Gott „das ewige Du"[788], und das Leben des Menschen ereignet sich wesentlich in seiner „Zwiesprache"[789] mit Gott. Dieser ist für unseren Religionsphilosophen das „ganz andere"; „aber er ist auch das ganz Selbe: das ganz Gegenwärtige. Gewiß ist er das Mysterium tremendum, das erscheint und niederwirft; aber er ist auch das Geheimnis des Selbstverständlichen, das mir näher ist als mein Ich."[790]

Die Kunst besteht folglich darin, die alltäglichen und dem Menschen entgegenkommenden Ereignisse nicht zum „Es" erstarren zu lassen, sondern sie als Botschaften des ewigen Du zu erleben. Ganz von der biblischen Theologie geprägt warnt Martin Buber davor, Gott zum Objekt des Glaubens degenerieren zu lassen.[791] Die Erinnerung an das cusanische „Sei du dein, dann werde ich dein sein"[792] wird hier wach und bereitet dem, was in der Mystik eine entscheidende Rolle spielt, einen gehbaren Weg.

Josef Sudbrack weist auf eine verblüffende Nähe zu Teilhard de Chardins Gedanken von der „mystischen Synthese"[793] hin. Diese beruht auf der Erkenntnis, dass in der Liebe – in der Weise wie Buber sie als Beziehung beschreibt – die „dichteste und, auch ontologisch gesehen, die erste, alles weitere begründende Wirklichkeit zu suchen ist; es ist keine Subjektivität, die alles Objektive aufzehrt, sondern die Begegnung, die Beziehung von Subjekt zu Subjekt."[794]

---

[788] Schmidt, H., a.a.O., S. 83.

[789] Ebd.

[790] Friedmann, M., Begegnung auf dem schmalen Grad. Martin Buber – ein Leben, Münster 1999, S. 421.

[791] Vgl. Schmidt, H., a.a.O., ebd.

[792] Vgl. o. Kap. VI.3, „Gott ist die Einfaltung von allem...".

[793] Sudbrack, J., Die vergessene Mystik, Würzburg 1988, S. 83.

[794] Ebd.; Hier liegt der Grund, warum Teilhard in den östlichen Religionen keine Antwort auf sein mystisches Suchen finden konnte. So schreibt er an seinen Freund Henri de Lubac: „Meine höchsten Hoffnungen, die weder der Pantheismus des Orients noch der des Okzidents befriedigen konnte, erfüllt der Glaube an Jesus.[...] Wir werden voranschreiten, indem wir uns vereinen: Das ist das Gesetz des Lebens." vgl. ebd., S. 84.

Die Alternative: „Einheit durch Auflösung" oder „Einheit durch (Liebes-) Beziehung" stellt die Grundfrage an jede Philosophie und Mystik; beiden geht es um die Einheit des Ganzen.[795] Für Buber und Teilhard ist Einheit nicht von einer Überwindung der Verschiedenheit her zu konzipieren, sondern im Gegenteil von der Begegnung her; Teilhard würde sagen: „von der Liebe, die vereint, indem sie personalisiert."[796]

Für Sudbrack sind damit die „drei Paradigmen von Erfahrung"[797] berührt, die sich in den Dokumenten der Mystik aufweisen lassen: Dies sind Naturmystik, in der der Mensch sich „aufgelöst und eingebettet im kosmischen Rhythmus des Stirb und Werde erfährt; Selbstmystik, die gegenstandslos in der Unendlichkeit des Selbst ruht; Gottesmystik, die gipfelt in der Hingabe an das transzendente Absolute."[798] Wenn den Tieren innerhalb dieser Denkmuster eine Schlüsselrolle zukommt, führte dies zu einem Paradigmenwechsel bezüglich unserer Mitgeschöpfe, dessen Konturen nun beschrieben werden sollen.

## 3. Dass die Eselin den Engel sieht!

Diese Begegnung aus Num 22, 21-35 gilt es nun, näher zu beleuchten: Welche Aussage über das Wesen des Tieres soll damit gemacht werden? Was bedeutet es innerhalb der biblischen Symbolwelt, eines Engels ansichtig zu werden?

Grundsätzlich legt das Erste Testament Wert auf die Botenfunktion, nicht auf die „Natur" dieser Boten JHWHs.[799] Von daher ist es legitim, den Engel auch als „Symbolwort für die Mobilisierung der eigenen Kräfte"[800] zu verstehen, und im aktuellen Engel-Boom eine Sehnsucht nach Befreiung von banalen und einengenden Lebensverhältnissen auszumachen. Dann kann es wohltuend sein, auf einen Engel verwiesen zu werden, der „der Sehnsucht Flügel verleiht", „an die Hand nimmt" oder „an die Melodie des Herzens erinnert"[801]; auch „Engel der Zärtlichkeit, des Aufbruchs und der Ausgelassenheit"[802] können den suchenden Menschen inspirieren.

---

[795] Vgl. ebd., S. 83.
[796] Ebd., S. 85.
[797] Ebd.
[798] Ebd., S. 86.
[799] Vgl. Vorgrimler, H., Der Engel Gottes und die Engel im Alten Testament, in: Vorgrimler, H., Bernauer, U., Sternberg, T., Engel. Erfahrungen göttlicher Nähe, Freiburg 2001, S. 76.
[800] Ebd., S. 7.
[801] Vgl. Blum, M., Purk, E., Einen Engel für dich, Stuttgart 2002.
[802] Vgl., Grün, A., 50 Engel für das Jahr, Freiburg 1999.

Dennoch passt eine Literatur dieser Couleur eher in eine Bibliothek für „interplanetarische" Spiritualität als in eine für biblisch-fundierte; denn die hier markierte Ausrichtung passt zur geistlichen Verortung des „Homo interplanetaris praedator" – eben in himmlische Sphären[803].

Durch die einseitige Betonung der Nähe des Menschen zu den Engeln wird einmal mehr das in der biblischen Anthropologie grundgelegte Gleichgewicht aus den Angeln gehoben; denn dort hat der Mensch seinen Platz genau in der Mitte zwischen Tier und Engel.[804] Erinnern die Mitgeschöpfe an die ursprüngliche Beheimatung im „Hier und Jetzt", konfrontieren Letztere mit der Wirkmächtigkeit und Kraft des „ganz Anderen". Eingespannt und gehalten zwischen diesen Polen hat der Mensch seiner Rolle als Ebenbild Gottes[805] gerecht zu werden. Der Engel in Num 22 will den verblendeten Seher Bileam wohl kaum an die „Melodie seines Herzens" erinnern; näher als jede esoterisch verschmierende und verharmlosende Interpretation der Boten Gottes steht die Dichtung Rainer Maria Rilkes der biblischen Deutung. So zeichnet er in der ersten Dueniser Elegie folgendes, der ersttestamentlichen Intention hoch angemessenes Bild:

> „Wer, wenn ich schriee, hörte mich denn aus der Engel
> Ordnungen? und gesetzt selbst, es nähme
> einer mich plötzlich ans Herz: ich verginge von seinem
> stärkeren Dasein. Denn das Schöne ist nichts
> als des Schrecklichen Anfang , den wir noch grade ertragen,
> und wir bewundern es so, weil es gelassen verschmäht,
> uns zu zerstören. Ein jeder Engel ist schrecklich.
> Und so verhalt ich mich denn und verschlucke den Lockruf
> dunkelen Schluchzens. Ach, wen vermögen
> wir denn zu brauchen? Engel nicht, Menschen nicht,
> und die findigen Tiere merken es schon,
> daß wir nicht sehr verläßlich zu Haus sind
> in der gedeuteten Welt ..."[806]

---

[803] Vgl. dazu die fundierten Ausführungen Matthew Fox zu einer Spiritualität, die den Mensch herausfordert, nicht länger zu „einer Gottheit auf(zu)schauen" als vielmehr sich nach „ihr um(zu)schauen" – und zwar in der natürlichen Mitwelt! Vgl. Fox, M., Schöpfungsspiritualität. Heilung und Befreiung für die Erste Welt, Stuttgart 1993, S. 59ff.

[804] Vgl. o. Kap. IV.2, „Ansätze für eine biblische Zoologie".

[805] Vgl. dazu die Ausführungen zum Menschen als „Statue Gottes" ebd.

[806] Rilke, R.M., Die erste Elegie, a.a.O., S. 7f. Rilke hat die Elegien, ihre Botschaft und die ihnen sich ausdrückende „Stellung zu Dasein [...] in Widerspruch zum Christlichen gebracht". Vgl. Guardini, R., Rainer Maria Rilkes Deutung des Daseins, a.a.O., S. 18.
Die tatsächliche Nähe seiner Dichtung zur biblischen Botschaft wäre einer intensiven Bearbeitung würdig. M.E. birgt seine Poesie ungeahnte Kräfte zur Betonung elementarer und (ideen- und theologiegeschichtlich bedingt) zugeschütteter Tiefenschichten innerhalb der biblischen Botschaft.

## 3.1 Zur Naturmystik

Jane Goodall, die aufgrund ihrer langjährigen intensiven Arbeit mit Schimpansen alles andere als eine romantisierende Sicht der Natur und „ihrer" Tiere erlangt hat, beschreibt in ihrer Autobiographie folgendes Ereignis: Es ist im Mai 1981, nach dem Tod ihres Mannes Derek, als sie nach Gombe zurückkehrt. Eigentlich will sie diesmal die Schimpansen nicht beobachten, sondern nur ihre Gesellschaft genießen. Nach einem Gewitter sitzt sie an einem vertrauten Ort unter einer Palme im Regen. Sie sieht eine junge Schimpansenmutter, die sich vorn über gebeugt hat, um ihr Kind zu schützen, ein junges Männchen, das sich im Nest dicht an sie drückt und ein weiteres, das mit gebeugtem Rücken auf einem Ast kauert. „Ich verlor jedes Zeitgefühl. Die Schimpansen und ich bildeten eine stille, klaglose Einheit."[807] So erzählt Jane Goodall, die in dieser Situation eine sehr intensive, alles durchdringende spirituelle Erfahrung gemacht hat:

> „Mein Ich war nicht mehr da; die Schimpansen und ich, Erde, Bäume und der Himmel schienen miteinander zu verschmelzen und eins zu werden mit der geistigen Kraft des Lebens."[808]

Die Naturwissenschaftlerin, die sonst so nüchtern beobachtet und akribisch genau beschreibt, wagt eine Aussage, die sonst nur bei großen Mystikern zu finden ist. Erst der Chor der lautrufenden Schimpansen holt sie ins Alltagsbewusstsein zurück. Wenig später versucht Jane Goodall für sich zu klären, was sich ereignet hat, und sie kommt zu dem Schluss, dass es viele Fenster gibt, um die Welt zu erkennen und um einen Sinn zu finden. Die westliche Wissenschaft habe ihr eines geöffnet, um in sorgfältigen Aufzeichnungen und kritischen Analysen die Welt der Schimpansen und ihr komplexes Sozialverhalten ein wenig zu erhellen. Aber es gäbe noch ein anderes Fenster, das sich den Heiligen, den Mystikern und den Begründern der großen Weltreligionen geöffnet habe.

> „An jenem Nachmittag war es gewesen, als hätte eine unsichtbare Hand einen Vorhang beiseite gezogen, so dass ich für den Bruchteil eines Augenblicks durch ein solches Fenster schauen konnte ..."[809]

So wendet er sich z.B. auch scharf gegen christologische Engführungen: „Sie verwöhnen sich am Menschlichen und erfrieren später an der herben Hochluft der Ewigkeit. Sie irren zwischen Christus, den Marien und den Heiligen umher: sie verlieren sich unter Gestalten und Stimmen ... Sie bescheiden sich und müßten unbescheiden sein, um Gott zu haben." In: Holthusen, H.E., Rainer Maria Rilke. Mit Selbstzeugnissen und Bilddokumenten, Hamburg 1992, S. 61.
[807] Goodall, J., Grund zur Hoffnung, München 2001, S. 223.
[808] Ebd.

Jane Goodall beschreibt das grundsätzliche und eben nicht auflösbare Paradoxon von Sich-Verlieren und Selbst-Werdung in ein und derselben Erfahrung.[810]

„Wenn diese 'Ek-stase' auf Gott hin dem Menschen zur 'Einheits'-Erfahrung wird, beginnt dieser zu ahnen, daß Gott nicht nur das Du ist, dem er in Liebe begegnet, sondern auch der Grund, der die Einheitserfahrung trägt,"[811] so formuliert Josef Sudbrack und weist darauf hin, dass jedes eindimensionale Sprechen von Gott und damit von Erfahrungen seiner Gegenwart – nur „gegenüberstehendes Du" oder nur „Meer der Seinseinheit" – der göttlichen Wirklichkeit in keinster Weise gerecht wird.[812]

> „Gott, dem das Geschöpf immer und unüberholbar gegenübersteht, ist zugleich die schöpferische Kraft, die diese Erfahrung von Gottes Du erst möglich macht, oder in der christlichen Sprache vom dreieinigen Gott: Der eine Gott ist zugleich der, der mich als Schöpfer übersteigt und mir in Christus sein ewiges Wort, das Mensch wurde, zuspricht, wie auch der Geist, der alles durchlebt und zum göttlichen Du hin öffnet."[813]

Die natur-mystische Erfahrung, wie sie Jane Goodall beschreibt, ermutigt Exerzitienmeister und geistliche Lehrer jedweder religiösen und konfessionellen Prägung,[814] die Natur als „Lehrmeisterin" ernst zu nehmen und sich ihrer besonderen Pädagogik anzuvertrauen.

Franz Jalics – in der großen jesuitischen Exerzitientradition stehend – tituliert die natürliche Mitwelt als solche und empfiehlt sie den Übenden, um den Weg in die Wahrnehmung zu finden[815]; denn, „man muß kein großer geistlicher Meister sein, um zu wissen, daß der Weg zu Gott sich durch die Wahrnehmung öffnet und nicht durch das diskursive Denken. Gott ist da, aber wir nehmen ihn nicht wahr."[816] Und welche Rolle spielen die Tiere darin? Sind sie interessante Accessoires innerhalb einer zur inneren Ruhe führenden naturalen Choreographie?

---

[809] Ebd., S. 225.

[810] Vgl. Mt 10,39: „Wer das Leben gewinnen will, wird es verlieren; wer aber das Leben um meinetwillen verliert, wird es gewinnen."

[811] Sudbrack, J., Christliche Mystik – Vorüberlegungen, in: Ruhbach, G., Sudbrack, J., Grosse Mystiker, a.a.O., S. 10.

[812] Vgl., ebd.

[813] Ebd.

[814] Vgl. z.B. innerhalb der reformierten Theologie: Künkel, K., Meditation im Spannungsfeld von Erfahrung und Theologie, hg. v. Loccumer Arbeitskreis für Meditation e.V. 1997; innerhalb des Zen-Buddhismus: Thich Nhat Hanh, Einssein, München, Zürich 1994.

[815] Vgl. Jalics, F., Kontemplative Exerzitien. Eine Einführung in die kontemplative Lebenshaltung und in das Jesusgebet, Würzburg 1999, S. 31ff.

[816] Ebd., S. 35.

Die Erfahrung Jane Goodalls, die wie kaum jemand anderes die hellen und dunklen Seiten der Schimpansen erlebt hat[817], zeigt den Weg zu einer anderen Bewertung der Tiere innerhalb der Naturmystik; eine Weise, die dazu führt, sich die große „Lehrmeisterin Natur" nicht länger in ästhetischer Betrachtung „vom Leibe zu halten."

In den Tieren – wir erinnern uns an Martin Buber – begegnet uns das ganz andere und doch noch so vertraute Du. Dem Menschen als dem „Neinsagen-können" und „Protestanten gegen alle bloße Wirklichkeit" – so Max Scheler[818] – kommt das Tier konfrontativ entgegen als dasjenige Verwandte, „das immer 'Ja' zum Wirklichsein sagt – auch da noch, wo es verabscheut und flieht."[819]

Innerhalb des Konzepts des Anthropologen lebt das Tier immer ganz („voll") „in die konkrete Wirklichkeit seiner jeweiligen Gegenwart hinein", während der Mensch „seine eigene Herzensleere als eine 'unendliche Leere' des Raumes und der Zeit" anblicken muss.[820]

Die Tiere ver-körpern – je nach Gattung und evolutionsbiologischer Nähe zum Menschen anders und mehr oder weniger intensiv – jene Kraft des Ja, die dessen existentielle Infragestellung (noch) nicht kennt.

## 3.2 Zur Selbstmystik

Wir haben gesehen, dass für Nikolaus von Kues der Mensch wie ein „Kosmo-graph" aus „Sinnlichkeit und Geist" besteht, dessen Verstand beides verbindet – wo hingegen die Tiere letzteres entbehren.[821]

Der Mensch ist wie eine Stadt mit den fünf Toren der Sinne, der immer wieder jene Tore schließen muss, um mit den Sinneseindrücken „vernünftig" umzu-gehen, was für den Cusaner noch mit einem „Überstieg" zu Gott hin identisch ist. Der von ihm aufgezeigte Weg der kontemplativen Gott-Werdung des Men-

---

[817] Vgl. dazu die Kapitel „Die Wurzeln des Bösen" und „Vorformen des Krieges" in ihrer Autobiographie „Grund zur Hoffnung", a.a.O.

[818] Scheler, M., Die Stellung des Menschen im Kosmos, Bonn 1995, S. 55.

[819] Ebd.

[820] Vgl., ebd. S. 46; Von den „berechtigten Schwierigkeiten mit dem Jasagen", die den gläubi-gen Menschen ausmacht, spricht Jürgen Werbick und von einer Theologie, die „Gründe nennt" und einer „Glaubens-Praxis", die den „Widerstand gegen Zynismus und Resignati-on" auf sich nimmt; vgl. Werbick, J., Was das Beten der Theologie zu denken gibt oder: Ein Versuch über die Schwierigkeit, ja zu sagen, in: Metz, J.B., Reikersdorfer, J., Werbick, J., Gottesrede, a.a.O., S. 94

[821] Vgl. o. Kap. VI.7, „In seiner Vernunft kommt die Vollendung der schaffbaren Natur zur Ruhe".

schen geht von jenem Zuspruch Gottes zum Menschen aus: „Sei du dein, dann werde ich dein sein."[822]

Dieser Satz könnte auch aus der Feder eines anderen Mannes stammen, der ebenso wie Nikolaus eine neuplatonische Dialektik entwickelt, die sowohl die Immanenz als auch die Transzendenz Gottes in subtiler Weise aufrechterhält: Meister Eckart (ca. 1260-1328)[823] Dieser ist kein Mystiker, der die Erfahrungskenntnis von Gott im Sinne spektakulärer seelischer Ereignisse und „senkrecht einfallender Theophanien" verstanden hat.[824] Seine Einheitserfahrung mit Gott stellt kein isoliertes Ereignis im Sinne der älteren Kontemplationsmystik dar, sondern „die während Seinsgegenwart Gottes am Grund der menschlichen Existenz".[825]

Nikolaus knüpft mit seinen Gedanken an die Vorgaben Eckarts an, für den diese Einheit unvordenklicher als alle denkbaren seelischen Erschütterungen ist, in denen sie wahrgenommen werden könnte. Folglich lässt er nur ein „denkendes Umkreisen Gottes gelten, das sich aber nie mit einem gedachten Gott zufrieden gibt, dessen unvordenkliche Gegenwärtigkeit als eine seinsspendende Überfülle von geschenktem Leben in den Blick rückt."[826]

Da das Sein aber nur in Gott gegeben ist, d.h. in Gott als dem Ursprung von allem Geschaffenen, ist der Weg der Geschöpfe zu Gott eine „mystische Rückkehr."[827] Eckart erklärt dies in seiner Lehre vom doppelten Sein alles Geschaffenen:

> „Jedes Geschöpf hat ein zweifaches Sein. Das eine ist in seinen ursprünglichen Ursachen, jedenfalls im Wort Gottes, und das ist ein festes und beständiges Sein. Deswegen ist auch das Wissen von vergänglichen Dingen selbst unvergänglich, fest und beständig. Denn das Wissen erfaßt ein Ding in seinen Ursachen.
> Das andere (Sein) ist das Sein, das die Dinge in der äußeren Wirklichkeit, in der ihnen eigentümlichen Form haben.
> Das erste ist das Sein in der Kraft (ihrer Ursache), das zweite ist das durch die (eigene) Form bestimmte Sein, und das ist meist unstet und veränderlich."[828]

Dem „Sein in der Kraft" steht also das „durch die eigene Form bestimmte Sein" gegenüber; das „esse virtuale oder causale" dem „esse formale".[829] Ist das Sein

---

[822]  Vgl. Nikolaus von Kues, VD VII, Schriften, Bd. III, S. 121.
[823]  Zu Untersuchungen der Nähe des Cusaners zu Meister Eckart vgl. die Übersicht von
       W. Hoye in: Theologische Revue Nr. 4 1996, a.a.O., S. 278.
[824]  Vgl., Haas, A., Meister Eckart, in: Ruhbach, G., Sudbrack, J., Grosse Mystiker, a.a.O.,
       S. 161.
[825]  Ebd.
[826]  Ebd.
[827]  Ebd., S. 164.
[828]  Zitiert bei Haas, A., ebd., S. 164f.

durch Beständigkeit gekennzeichnet, ist das Seiende durch seine Nichtigkeit geprägt. Für Meister Eckart, der damit in einer langen antiken und mittelalterlichen Tradition steht, kann das Seiende sein wahres und wirkliches Sein nur in Gott und nicht in sich selbst haben. Diesen „modus nobilior oder eminentior"[830] gilt es zurückzugewinnen und darin den von Gott geplanten Urbildcharakter; denn dieser allein verleiht dem Abbild seine (allerdings flüchtige) Seinsform.

Die „kraft in der sele", von der der Mystiker öfter spricht, ist nichts anderes als „das im konkret seienden Geschöpf anwesende esse virtuale, das archetypische Sein, wo noch ungeschieden alles Geschaffene (das Glühwürmchen wie die Mücke und der Mensch) als Gott in Gott ruht."[831] Wer so denkt – Meister Eckart prägt auch in dieser Hinsicht das Denken des Cusaners vor – kann keine Anthropologie „mit dem Rücken zum Tier" verfassen wie es für die Neuzeit typisch werden wird.

So wie der biblische Mensch, nimmt innerhalb einer mystisch bestimmten Denkform der Mensch im Kontext seiner theologischen Standortbestimmung selbstverständlich die Tiere mit in den Blick; erinnern sie ihn doch an die Notwendigkeit, die sinnliche Wahrnehmung als Anfang jeden vernünftigen Denkens und Glaubens immer neu zu schulen.[832] Ihre „Verwurzelung im Hier und Jetzt" bildet das heilsame Korrektiv zu allen vermeintlich frommen und ausgedachten Weltfluchttendenzen des Menschen, die gerade zum Verlust der Unmittelbarkeit Gottes führen.

Nicht nur im Rahmen kontemplativer Lebenserschließung und -gestaltung, sondern auch in bestimmten Therapieformen wird die Seinsweise der Tiere (neu) ernstgenommen; betonen sie doch die Notwendigkeit der „Achtsamkeit"[833] und profitieren von jener Kraft, die (nicht nur) „höhere" Säuger wie Pferd, Hund und Delfin für den Menschen selbstverständlich aufbringen. Am deutlichsten wird diese Potenz, wenn sie dazu führt, autistische Kinder, also solche, die nicht zur Kontaktaufnahme fähig sind, aus der Isolation zu bewegen[834].

---

[829] Vgl. ebd. S. 165.

[830] Ebd.

[831] Ebd.

[832] Vgl. o. Kap. V.1.8, „Eine Hommage an den ‚klugen Hans': Was uns die Denkwege der Tiere deutlich machen".

[833] Vgl. Tafferner, A., Bilder vom Menschsein – Bilder des Helfens. Ein theologisch-anthropologischer Beitrag zum Verhältnis von Spiritualität und Sozialer Arbeit, in: Lewkowicz, M., Lob-Hüdepohl, A., Spiritualität in der sozialen Arbeit, a.a.O., S. 87ff.; darin weiterer Literatur: etwa Delbrel, M., Missionaires sans bateaux, Mesnil Saint-Loup 1989.

[834] Vgl. etwa die Schriften des Begründers der Arche-Gemeinschaften: Vanhier, J., Einfach Mensch sein. Wege zu erfülltem Leben, Freiburg, Basel, Wien 2001; oder Blanke, K., Das

## 3.3 Zur Gottesmystik

Die Gefahr, Frömmigkeit zur egoistischen Selbstbespiegelung verkommen zu lassen, ist Meister Eckart wahrscheinlich aus eigener seelsorglicher Erfahrung bekannt. Der Mystik – nicht nur des deutschen „Lebemeisters"[835] – geht es letztlich um Gott um Gottes willen: „Gott selbst ist in seinem Wesen die Überwindung aller menschlichen Ansichten, Bilder und Begriffe."[836] In konsequenter Fortführung und Anwendung des biblischen Bilderverbotes geht es um die Aufgabe aller Anschauungen, damit Gott in seiner fundamentalen Andersheit nicht eingeschränkt und „nutzbar" gemacht werde; dabei wird die Gottessuche in keinster Weise diskreditiert oder abgelehnt. In diesem Rahmen taucht bei Eckart immer wieder das Wort von der „Abgeschiedenheit" auf:

> „Wenn ich predige, pflege ich zu sprechen von Abgeschiedenheit und daß der Mensch ledig werden soll seiner selbst und aller Dinge. Zum zweiten, daß man wieder eingebildet werden soll in das einfaltige Gut, das Gott ist. Zum dritten, daß man des großen Adels gedenken soll, den Gott in die Seele gelegt hat, auf daß der Mensch damit auf wunderbare Weise zu Gott kommt. zum vierten von der Lauterkeit göttlicher Natur – welcher Glanz in göttlicher Natur sei, das ist unaussprechlich. Gott ist ein Wort, ein unausgesprochenes Wort."[837]

„Abgeschiedenheit" führt wiederum mitten in die Paradoxie des mystischen Glaubensweges, dessen Ziel es ist, „daz wir gots ledic werden."[838] Es geht um das völlige Gestorbensein gegenüber allem Hinderlichen auf diesem Weg, das eigentliche „Durchgebrochensein" in die „Weiselosigkeit", „Ledigkeit", „geistige Armut" und Gelassenheit.[839] Ziel all dieser Bemühungen und asketischen Bemühungen ist „daz bloze wesen gotes" [...], das sich selbst durch „Weiselosigkeit", „Warumlosigkeit" und „Abgeschiedenheit" definiert.[840]

Alois M. Haas ordnet den spekulativen Hintergrund der „Abgeschiedenheit" der aristotelischen Vorstellung von der „tabula rasa" (der leeren Tafel) oder dem farblosen und deshalb farbempfänglichen Auge zu.[841] Nur wenn der Mensch

---

Tier als Medium in der Sozialen Arbeit. Eine Analyse ausgewählter Fallbeispiele, Diplomarbeit, am 16.1.03 vorgelegt der KFH-Münster, Schwab, H.-R. (Erstprüfer).

835 Meister Eckart weist immer wieder darauf hin, dass es im christlichen Leben nicht der „Lesemeister", sondern vielmehr der „Lebemeister" bedarf. Vgl. Haas, A.M., a.a.O., S. 161.

836 Bangert, M., Mystik als Lebensform. Horizonte christlicher Spiritualität, Münster 2003, S. 55.

837 Zitiert in Haas, A., Meister Eckart, a.a.O., S. 162.

838 Vgl. ebd., S. 163.

839 Vgl. ebd., S. 162.

840 Vgl. ebd., S. 162f.

841 Vgl., ebd., S. 163.

ganz und gar leer wird und in eine unbegrenzten Offenheit findet, können die göttlichen Gnadenströme fließen: „laere sin aller creature ist gotes vol sin, und vol sin aller creature ist gotes laere sin."[842]

Der Verzicht, den die Haltung der „Abgeschiedenheit" nach sich zieht, ist demnach total und hat weitreichende Konsequenzen für ein religiöses Leben. Denn nicht nur Details innerhalb eines Lebensentwurfes und einzelne Frömmigkeitsübungen sind frag-würdig, sondern „selbst und gerade die fromme Zuwendung zu Gott muß in ihrem subjektiv-egoistischen Charakter durchschaut und demontiert werden: Wir müssen Gott bitten, [...] daß man Gott um Gottes willen lasse."[843]

In der eckartschen Umschreibung dessen, was „Gott" ist, sind manche cusanischen Denkfiguren deutlich vorgezeichnet[844]: Im Sinne der „negatio negationis" kann letztlich nur etwas Positives in der Aussage über Gott gemeint sein; alles in der eckartschen Theologie zielt auf die nicht beschreibbare Größe Gottes. Dieser ist „der zur Erschaffung der Welt drängende", nach außen gewendete „reiche Gott der Seinsfreudigkeit" und nicht der in sich selbst ruhende a-pathische Gott, der „als der Eine kategorial nicht umschrieben werden kann."[845]

Der Begriff „Gottheit" taucht in diesem Zusammenhang immer wieder bei Eckart auf und markiert Gott „unter dem Aspekt seiner Einheit"; während „Gott" Gott „unter dem Aspekt der dreifaltigen Selbstentäußerung nach außen" ist.[846] Für den Menschen heißt dies, dass seine Hineinnahme in die göttliche Abgeschiedenheit und Gottheit ihren Ermöglichungsgrund in jener göttlichen Selbstergießung in die Schöpfung hat.

Hier schließt ein weiteres Schlüsselwort Meister Eckarts an, das an den Cusaner erinnert und von Dietmar Mieth als „Spiegelontologie" bezeichnet wird.[847] Denn in ihrem negativen Aspekt ist die Abgeschiedenheit des Menschen nichts anderes als die „existentielle Wahrnehmung der Nichtigkeit und Seinslosigkeit, des bloßen Bildcharakters der menschlichen Existenz [...], während Abgeschiedenheit nach ihrer positiven Seite die letztliche gnadenhafte Einheit des Geschöpfs in und mit Gott meint."[848]

---

[842] Ebd.

[843] Ebd.

[844] Vgl. etwa den Grundgedanken in der Schöpfungslehre des Cusaners, wonach Gott „sich selbst in der Schöpfung verwirklicht"; vgl. o. Kap. VI.1, „Deine Schau nämlich verleiht das Sein, weil sie Deine Seinsheit ist".

[845] Vgl. Haas, A., a.a.O.

[846] Vgl. ebd.

[847] Zitiert ebd., S. 164; vgl. auch o. Kap. VI.2, „Genauso würde auch ein Löwe, wenn er Dir ein Gesicht zuschriebe, es für nichts anderes als ein löwenartiges [...] halten."

[848] Ebd.

„Ego sum, quia tu me respicis" wird Nikolaus von Kues formulieren; Meister Eckart sagt mit anderen Worten, dass alle Geschöpfe von sich her kein eigenes Sein haben, denn ihr Sein „swebet an der gegenwerticheit gotes."[849] Und es ist allein der Mensch, der diese doppelte Erfahrung – der Nichtigkeit einerseits und der Seinsgnade andererseits – in seinem Leben „ratifizieren" muß.[850] Auf verschiedene Weise kann er die grundsätzliche Wehrlosigkeit und Offenheit, die die Abgeschiedenheit mit sich bringt, erleben. Aber gerade das Leid ist nach Eckart „das schnellste Tier", das den Menschen in die Abgeschiedenheit verfügt, „und sie ist daher notwendig."[851] Das Leiden ist aber keineswegs als mutwilliges Quälen zu verstehen, denn Gott lässt den Menschen in seiner Not niemals allein:

> „Zum dritten sage ich: Daß Gott mit uns im Leiden ist, heißt, daß er selbst mit uns leidet. Fürwahr, wer die Wahrheit erkennt, der weiß, daß ich wahr spreche. Gott leidet mit den Menschen, ja, er leidet auf seine Weise eher und ungleich mehr, als der da leidet, der um seinetwillen leidet.
> Nun sage ich: Will denn Gott selbst leiden, so soll ich gar billigerweise auch leiden. Noch bleibt der siebte Trostgrund in dem Worte, daß Gott mit uns ist im Leiden und mit uns mitleidet; daß uns Gottes Eigenart kräftig zu trösten vermag. [...]
> Alles, was der gute Mensch um Gottes willen leidet, das leidet er in Gott, und Gott ist mit ihm leidend in seinem Leiden."[852]

Michael Bangert sieht eine Ähnlichkeit im Verständnis des Leids bei Simone Weil, für die ebenfalls keine Tendenz zur Apathie oder Fatalismus auszumachen ist. Für sie ist es das „Unglück", das den „Königsweg zur Gottesnähe" darstellt.[853]

Gibt es im Werk der großen Denker Meister Eckart, Nikolaus von Kues und Simone Weil keine Hinweise auf die Tiere im Zusammenhang der Theodizee, sind sie *dem* biblischen Buch zu diesem Thema allgegenwärtig; in dem Buch also – darauf verweist Klaus Müller – das schon für Kant eine „authentische Theodizee" repräsentiere. Denn in ihm werde die „anthropozentrische Perspektive aufgesprengt [...], indem die Schöpfung mit ihren Rätseln nicht mehr seitens menschlicher Vernunft, sondern durch ihren Urheber selbst eine Auslegung erfahre."[854]

Wie wir gesehen haben[855], spielen in eben jenem biblischen Buch Jiob die Tiere eine entscheidende Rolle; und dies diametral verschieden zu ihrer Bedeu-

---

[849] Ebd.
[850] Vgl. ebd.
[851] Vgl. ebd.
[852] Zitiert bei Bangert, M., a.a.O., S. 56f.
[853] Vgl., Weil, S., Das Unglück und die Gottesliebe, München 1953.
[854] Vgl. Müller, K., Gottes Dasein denken, a.a.O., S. 97.
[855] Vgl. o. Kap. IV.2.2, „Doch frag nur die Tiere, sie lehren es dich ..." (Ijob 12,7).

tung etwa in Schopenhauers Konzept vom metaphysischen Mitleid: Es ist nicht das Leid der Tiere, das den Menschen berühren und bewegen soll, vielmehr ist es der Blick auf die Vielgestaltigkeit und Andersartigkeit des tierlichen Lebens, das den leidenden und um seinen Glauben ringenden Ijob zur Einsicht bringt. Er lernt, dass die Schöpfungsordnung nicht allein auf menschliche Bedürfnisse zugeschnitten ist, und innerhalb dieses Lernprozesses weicht seine Angst vor einer neuen Weite und Perspektive:

> „Vom Hörensagen nur hatte ich von dir vernommen; jetzt aber hat mein Auge dich geschaut.“ (Ijob 42,5)

Jesus wird diese Tradition israelitischer Weisheit aufnehmen und von den Vögeln des Himmels und Lilien des Feldes reden, um Vertrauen in die Schöpfungsordnung und die Fürsorge Gottes zu vermitteln.

## 4. Die Seele („anima/animus“) und das Tier („animal“)[856]

Was ist *das*, das auch dem leidenden Menschen im Blick auf die Tiere auf-geht? Für Karl Rahner ist der Mensch „Geist in Welt“[857], und diese Wesensbestimmung wird an einem Text von Thomas von Aquin herausgearbeitet; hat diesen die Tatsache der menschlichen Leib-Seele-Einheit außerordentlich beschäftigt. Rahner legt den Gedanken aus, dass der menschliche Geist, der Intellekt, sich nur leiblich vollziehen kann, dass also menschliche Erkenntnis nur möglich ist „in der Zuwendung zu den Phantasmata, wie Thomas sagt (S.th.I.qu.84,a.7), also in der sinnlichen Wahrnehmung.“[858] Der „Selbstbezug des Geistes“ ist immer an die körperliche, sinnliche Wahrnehmung gebunden und kann sich nur darin „verwirklichen“ – und genau darin lässt sich das Wesen des Menschen fassen. Dies erinnert an die Ausführungen des Cusaners.[859]

---

[856] Anima/animus ist auch ein Begriff, der in der Tiefenpsychologie von C.G. Jung verwendet wird, und ist zu unterscheiden sowohl vom ontologischen Begriff Anima der Dogmatik als auch vom psychologischen Begriff „Seele“ in der trichotomistischen Aufgliederung „Seele-Leib-Geist“ der neuen Schulpsychologie. Vgl. Jung, C.G., Die Beziehungen zwischen dem Ich und dem Unbewußten, Zürich 1935; Goldbrunner, J., Individuation, München 1957.

[857] Rahner, K., Geist in Welt. Zur Metaphysik der endlichen Erkenntnis bei Thomas von Aquin, in: ders.: Sämtliche Werke, hg. von der Karl Rahner-Stiftung unter der Leitung von K. Lehmann u.a., Bd. 2, bearb. von A. Raffelt, Düsseldorf/Freiburg 1995, S. 3-300.

[858] Vgl. Schneider, T., Zeichen der Nähe Gottes, Mainz 1982, S. 25.

[859] Vgl. ebd. und o. Kap. VI.7, „In seiner Vernunft kommt die Vollendung der schaffbaren Natur zur Ruhe“.

Die Seele ist nach Thomas die „einzige Form des Leibes" oder in der von A-
ristoteles übernommenen Begrifflichkeit: „Anima est unica forma corporis".[860]
Gegen jeden Dualismus geht es Thomas um die Einheit von Materie und Geist
im Menschen, also um die Wiedergewinnung des biblischen Menschenbildes, das
den Adam, „den Mann aus Erde, den von der Adamah genommenen Ackerling
und Erdling sieht, als eine Ganzheit, eine Einheit aus Ackerboden und Lebens-
odem."[861]

Wie wir im Blick auf die „ambivalente Renaissance" gesehen haben, war dieses biblische Bild im Laufe der Jahrhundert übermalt und durch dualistische
Züge bis zur Unkenntlichkeit entstellt worden: Zwei getrennte, selbständige Seiende schienen im Menschen auf eine unzureichende Weise zusammengefügt.
Und ausgerechnet mit griechisch-aristotelischer Begrifflichkeit gewinnt der heilige Thomas – übrigens auch im Blick auf die Tiere, wie wir im Epilog sehen werden – die ursprüngliche Sicht der Einheit wieder:

> „Es gibt im Menschen [...] nur ein Wirklichkeitsprinzip (das meint der Begriff forma!), nur
> die Geistseele, und diese vollzieht sich in dem Möglichkeitsprinzip, der materia so, daß der
> eine und ganze Mensch konstituiert wird."[862]

Für Theodor Schneider ist auf dem Hintergrund dieser Anthropologie der Leib
des Menschen „Realsymbol" und spielt als solcher in seiner Sakramententheologie eine grundlegende Rolle: „Realsymbol Leib will sagen: Unsere Leiblichkeit ist
ein realisierendes Zeichen."[863] Dieses unterscheidet sich wesentlich von Zeichen,
die lediglich informieren; der Leib ist ein Zeichen, das unmittelbar das verkör-
pert, realisiert und vollzieht, worauf er aufmerksam macht: Er ist „Zeichen,
Sichtbarkeit der Person [...]. In ihm verwirklicht sich die Person, der Leib ist
verwirklichendes Zeichen für diesen Menschen, sein Ich, sein Verhalten, sein
Denken und Handeln, seinen Selbstvollzug."[864] Dieses unterscheidet sich vom
„informierenden Zeichen, das auf etwas anderes von ihm Abliegendes, Getrenn-
tes aufmerksam macht (z.B. ein Verkehrszeichen, das auf einer mehr oder weniger willkürlichen Übereinkunft beruht)."[865]

Ob die sakramentalen Feiern in unseren Kirchen nicht heute eher auf einen
„abliegenden und getrennten Gott" denn auf das alles durchdringende schöpferische Geheimnis des liebenden Gottes verweisen, müsste in einer eigenen Unter-

---

[860] Vgl. Schneider, T., a.a.O., ebd.
[861] Ebd.
[862] Ebd.
[863] Ebd. S. 24.
[864] Ebd., S. 24f.
[865] Ebd.

suchung geklärt werden. Auf dem Hintergrund unserer Erkenntnisse über das Wesen des Tieres können wir sagen, dass auch unter Berücksichtigung der ethymologischen Erkenntnisse[866] ebenso wie dem Leib dem „animal" der Charakter des Real-Symboles zugesprochen werden kann, erinnert es doch den Menschen an seine wesentliche, einheitliche und nicht gespaltene Persönlichkeit als „anima/animus". Laut Auskunft der Bibel ist dem „Adam" das Tier offenbar als leibhaftige Erinnerung an die Seite gestellt worden – so als hätten die Autoren geahnt, dass die Leib – und Schöpfungsvergessenheit des Menschen, der so sein will „wie Gott" (vgl. Gen 3,5), zur Gefahr für ihn selbst und die ihm anvertraute Mitwelt werden könnte.

„Ihr Glücklichen, die ihr das Glück nicht kennt" formuliert Reiner Kunze in einer Ode an seine Koi.[867] Das Leben der Tiere – *vor* jeder Fragwürdigkeit des Lebens – trägt die Signatur jener Unmittelbarkeit, den Seinsgrund berührend, der in der Weise des Denkens nie erreicht wird. Erst eine Zusammenschau der *drei* Facetten des Mensch-Tier-Verhältnisses, der ethischen, partnerschaftlichen und mystischen Komponente vermag den verhängnisvollen Irrtum über das Wesen unserer Mitgeschöpfe zu widerlegen – und den Menschen zugleich zu einer angemessenen Spiritualität zu ermutigen, von der Mystiker aller Religionen sprechen:

> „Suche dein Glück und deine Freude nicht in dem, was du in deinem Beten von Gott zu hören oder zu spüren glaubst, sondern vielmehr in dem, was du weder empfinden noch wahrnehmen kannst [...].
> Gott bleibt immer verborgen und nur schwer zu finden.
> Selbst wenn du meinst, ihn gefunden, erfahren oder erspürt zu haben, höre nicht auf, dem zu dienen, der im Verborgenen wohnt.
> Je weniger du begreifst, desto näher wirst du Gott kommen!"[868]

---

[866] Erst seit dem 16. Jh. wird das Wort „animalisch" mit „fremd" identifiziert; ursprünglich gehört animal „Tier" zu animus „Atem, Seele"; vgl. Kluge, Ethymologisches Wörterbuch der deutschen Sprache, Berlin, New York 2002, S. 45. Im LThK findet sich bezeichnender Weise unter dem Stichwort „Anima (Animus)" kein Verweis auf das „Animal"; vgl. Goldbrunner, J., Anima (Animus), in: LThK², Bd.1, 1957, Sp. 563.

[867] In: Kunze, R., Der Kuß der Koi. Prosa und Fotos, Frankfurt 2002. (Koi sind besondere asiatische Prachtkarpfen.)

[868] Johannes vom Kreuz, Geistlicher Gesang, zitiert in: Im Herzen der Städte. Lebensbuch der monastischen Gemeinschaften von Jerusalem, Freiburg, Basel, Wien 2000, S. 28.

# VIII. Epilog: Die Vertreibung aus dem Paradies und die Not-Wendigkeit der Religion

Franz von Stuck, Das verlorene Paradies (1897)[869]

Das Tier – verdunkelt – im Schatten des Engels fällt dem Betrachter womöglich nicht sofort ins Auge. Das helle Licht umstrahlt die Vertriebenen und weist ihnen den Weg in die Welt, ihren neuen zugewiesenen und bedrohlichen Lebensraum jenseits von Eden. Da ist das eine Leuchten, das aus dem Garten kommt und das andere, das die beiden mutmachend erwartet. Der Engel steht nun zwischen den einst so vertraut miteinander Lebenden und markiert die nicht mehr zu überschreitende Grenze. Ob ihm dabei das Tier „den Rücken stärkt" oder ob es in seinem schützenden Schatten verharrt ist nicht genau zu erkennen.

[869] Das Bild ist dem Ausstellungskatalog: Mensch und Tier. Eine paradoxe Beziehung, a.a.O., S. 120 entnommen. Im Werkkatalog des Künstlers finden sich leider keine genaueren Aussagen zu diesem Gemälde, es findet sich lediglich der Hinweis, von Stuck habe wenige religiöse Motive als Grundlagen für sein Oeuvre gewählt. Vgl. Voss, H., Franz von Stuck 1863-1928. Werkkatalog der Gemälde. München 1973.

Haben wir im bisherigen Verlauf versucht, die Existenzweise jener Geschöpfe, die gebliebene sind in der Unmittelbarkeit ihres Schöpfers, näherhin zu bedenken, geht es nun – ansatzweise[870] – um die Bezogenheit auf den Schöpfer derer, die dem Garten ent- und in der Natur erwachsen sind, also die Unsere.

Hierbei leitet uns weniger ein paläoanthropologisches[871], denn ein ontologisches Interesse; genauer geht es um eine Präzisierung der Frage nach dem Zusammenhang von Menschwerdung und Religion: Inwiefern können die gesammelten Daten aus der Heilsgeschichte einerseits und der Verhaltensbiologie andererseits hilfreich sein für ein Verständnis des frühen (ursprünglichen) Menschen und seines In-der-Welt-Seins, das sich wesentlich von dem der Tiere unterscheidet und somit ein neues Verhältnis zum Schöpfer mit sich bringt?

## 1. Über die „cognitio experimentalis"[872]

Noch einmal der heilige Thomas – zu guter Letzt – in der Summa unter der Rubrik „Ob Adam im Unschuldsstande über die Tiere herrschte":

> „Die Menschen bedurften im Unschuldsstande der Tiere nicht für die leiblichen Bedürfnisse, weder zur Bekleidung, weil sie nackt waren und sich nicht schämten [...]; noch zur Nahrung, weil sie sich von den Bäumen des Paradieses nährten, noch auch zur Fortbewegung wegen ihrer Körperstärke.
> Sie bedurften ihrer aber, um sich ein Erfahrungswissen über ihre Naturen anzueignen. Das wurde dadurch angedeutet, daß Gott die Tiere zu ihm hinführte, damit er ihnen Namen gebe, die ihre Natur bezeichnen."[873]

Der Kirchenlehrer bestätigt somit nicht nur die von der biblischen Theologie her maßgeblichen menschlich-tierlichen Verhältnisbestimmungen, er nimmt zugleich

---

870 Die Frage nach der Relevanz und Entstehung der Religion im Laufe der Menschheitsgeschichte bedürfte einer längeren Abhandlung, die den Rahmen dieser Dissertation bei weitem überschreitet. Die verhaltensbiologischen Erkenntnisse in ihrer Bedeutung für die Bewusstseinsdebatte werfen allerdings ein so erhellendes Licht in diese Debatte, dass seine Konturen zumindest skizziert werden müssen.
Auch die Neurobiologie wendet sich intensiver dem Thema zu; vgl. etwa: Newberg, A., D'Aquili, E., Rause, V., Der gedachte Gott. Wie Glaube im Gehirn entsteht, München 2003.

871 Vgl. hierzu die aktuelleren Aufsätze: Wong, K., Wer waren die ersten Hominiden? in: Spektrum der Wissenschaft, September 2003, S. 47ff; oder Bahnsen, U., Es werde Mensch, in: DIE ZEIT Nr. 25, 12. Juni 2003, S. 46.

872 Dieses Thomaszitat findet sich in: Agamben, G., Das Offene. Der Mensch und das Tier, Frankfurt a.M. 2003, S. 32.

873 Ebd.

die kulturhistorischen Erkenntnisse vorweg, die den Menschen als Im-Blick-auf-die-Tiere menschwerdend verstehen.[874] Zugleich sind die Daten aus der Bewusstseinsdebatte hier mühelos anschließbar, wonach das menschliche Bewusstsein eben nicht „vom Himmel fiel" – also phylogenetisch seine Ursprünge im Tierlichen hat – aber zugleich den Menschen radikal vom Tier trennt. Und nicht zuletzt leuchtet Martin Bubers Konzept, in dem das „Ich" des Menschen auch am „Du" des Tieres zum „Ich" wird, hier auf.

„Das Paradies stellt Eden wieder zur Diskussion"[875] formuliert Giorgio Agamben und kommt im Rahmen einer detaillierten Gegenwartsanalyse des Mensch-Tier-Verhältnisses auf Thomas´ „cognitio experimentalis" zu sprechen: Die Differenz zwischen Mensch und Tier „erlösche" mehr und mehr und beide Begriffe fallen zusammen. Damit verschwinde zugleich die notwendige Differenz zwischen dem Sein und dem Nichts, dem Zulässigen und Unzulässigen und letztlich auch zwischen dem Göttlichen und dem Dämonischen.

Der italienische Philosoph legt eine ausführliche Heidegger-Rezeption vor[876] und spannt zugleich einen Bogen zu J.M. Coetzee[877], wenn er die Konzentrationslager als „rücksichtslosen und monströsen Versuch der Unterscheidung zwi-

---

[874] Vgl. Grasskamp, W., Am Anfang war das Tier. Höhlenmalerei oder zur Deutungsgeschichte einer Differenz, in: Mensch und Tier. Eine paradoxe Beziehung, a.a.O., S. 13ff. Vgl. außerdem o. die Einleitung zu Kap. III, „Vom Homo sapiens zum ‚Homo praedator interplanetaris'".

[875] Agamben, G., a.a.O., S. 31 Der Autor kennzeichnet die westliche Kultur als eine, in der der Mensch immer als Trennung und Vereinigung eines Körpers und einer Seele gedacht worden ist, eines natürlichen oder tierlichen/tierischen und eines übernatürlichen göttlichen Elementes. Dagegen stellt er die These: „Wir müssen hingegen lernen, den Menschen als Ergebnis der Entkoppelung dieser zwei Elemente zu denken und nicht das metaphysische Geheimnis der Vereinigung, sondern das praktische und politische der Trennung zu erforschen." Vgl. ebd. S. 26.

[876] Vgl. bes. ebd. S. 57ff. Heideggers Überlegung zur Mensch-Tier-Differenz sind äußerst uneindeutig und teilweise widersprüchlich. Außerdem begibt er sich m.E. ins Abseits, wenn er sich auf haarsträubende Experimente an Bienen, denen beim Fressen der Hinterleib abgetrennt wird, beruft, die sein Schüler Uexküll protokolliert hat. Die Beobachtung, dass das Tier zunächst aufgrund neuronaler Prozesse weitersaugt, führt Heidegger zu der klamüserisch anmutenden Formulierung:
„Sie ist [...] einfach von dem Futter hingenommen. Diese Hingenommenheit ist nur möglich, wo triebhaftes Hin-zu vorliegt. Diese Hingenommenheit in dieser Getriebenheit schließt aber zugleich die Möglichkeit einer Feststellung des Vorhandenseins aus. Gerade die Hingenommenheit vom Futter verwehrt dem Tier, sich dem Futter gegenüberzustellen." Vgl. ebd. S. 61.

[877] Vgl. das Einführungskapitel; Agamben parallelisiert allerdings anders als Coetzee die Konzentrationslager der Nazis nicht mit den Schlachthöfen der Industrienationen.

schen dem Humanen und Inhumanen" bezeichnet, der die „Möglichkeit zur Unterscheidung selbst in seinen Vernichtungssog gezogen hat."[878]

Das kognitive Experiment, von dem Thomas spricht, stellt ein „Experiment de hominis natura" dar, betrifft es doch letztlich die Natur des Menschen, „genauer aber: die Herstellung und Definition dieser Natur."[879] Animalisches und humanes Leben kommen eben nicht zur Deckung; sonst sind Tier und Mensch nicht denkbar – „und vielleicht auch nicht das Göttliche" – und deswegen „impliziert das Erreichen des Posthistorischen notwendigerweise die Reaktualisierung der prähistorischen Schwelle, an welcher jene Grenze gezogen worden war."[880]

## 2. Ein Fenster in die Vergangenheit

> „Louis Leakey hatte mich zu den Schimpansen nach Gombe geschickt in der Hoffnung, ein besseres Verständnis ihres Verhaltens würde uns ein Fenster in die Vergangenheit öffnen."[881]

Es sind nicht nur die bahnbrechenden Beobachtungen Jane Goodalls an „ihren" Schimpansen, sondern die Vielzahl der verhaltensbiologischen Erkenntnisse zum Denken, Fühlen und Handeln der Tiere, die differenziertere Aussagen über das „Innenleben" der frühen Hominiden plausibel machen – und das Bild eines düster dreinblickenden ersten Menschen zu revidieren vermag, der angsterfüllt und voller Sorge um die nächste Beute durch die Savanne streift. Denn das ganze Repertoire der Emotionen, das durch das intensiver werdende Licht der Erkenntnis ins Bewusstsein rückt, bedarf nicht nur der Verarbeitung, sondern führt zu einer neuen Weise des eigenen (Er-)Lebens wie des Miteinanders.

Auf dem Hintergrund der im V. Kapitel skizzierten Ergebnisse ließe sich – beim „Blick durchs Fenster" – ein buntes und facettenreiches Bild malen, in dessen Komposition folgende Farb- und Strukturelemente – in fast abgründiger Ambivalenz – das Design bestimmen : Wenn tatsächlich „pleasure the common currency" ist, also die Freude die Währung ist, in der sich ein Verhalten bezahlt macht[882], und wenn wir folglich die Phänomene Treue, Zärtlichkeit und Liebe im Tierreich erkennen können[883], dann erscheint in hellen Farben ein Wesen, das

---

[878] Agamben, G., a.a.O., S. 32.

[879] Vgl. ebd.

[880] Ebd., S. 31.

[881] Goodall, J., Grund zur Hoffnung, a.a.O., S. 153.

[882] Vgl. o. Kap. V.2.5, „Auf ‚epikureischem Minenfeld'".

[883] Vgl. o. Kap. V.2.8, „Die Rolle der Hormone"; zudem: Goodall, J., Grund zur Hoffnung, a.a.O., S. 181 ff.

sich dessen mehr und mehr bewusst wird, was sein Leben lebenswert macht: Die Freude am verlässlichen Zusammenleben mit Partnerin und Partner, das Glück im Angesicht der Nachkommen, das Staunen über Licht und Schatten, die Vielfalt der Lebensformen und der Geschmack der Nahrung etc.; Zuneigung, Vertrauen und emotionale Sicherheit machen das Leben in Gemeinschaft aus. Das immer komplexer werdende Bewusstsein steigert die eigene „Rollensicherheit" und die Fähigkeit, mit den eigenen Gefühlen „umzugehen", sie in Zeichen und Rituale zu übersetzen, sich in andere hineinzufühlen, deren Erwartungen wahrzunehmen und womöglich zu erfüllen; das, was in einem Sozialverband wesentlich fürs Überleben ist, nämlich eine verlässliche und umfassende Kommunikation, erfährt dadurch einen Qualitätssprung.

Dass nun auch der Einsatz dunklerer Farben angemessen ist, liegt auf der Hand; wir hatten gesehen, dass der Mensch sich offenbar auch dadurch vom Tier unterscheidet, dass allein *seine* Sprache nicht mehr fälschungssicher ist.[884] Grautöne, die das Aufkommen von Misstrauen und Unsicherheit markieren, kommen ins Bild. Phänomene, die sich anfanghaft im Tierreich ausmachen lassen wie das Andere- und Sich-im-anderen-Täuschen, ein Hintergangen- und Betrogenwerden, „ein falsches Spiel Spielen" und die Einsicht, sich auf den anderen eben nicht mehr verlassen zu können, verändern das Zusammenleben radikal. Hinzukommt die Notwendigkeit, die in solchen und ähnlichen Erfahrungen verletzten Gefühlen zu verarbeiten und zugleich Strategien zu entwickeln, die das empfindsame und überlebensnotwendige Sozialsystem zu erhalten. Die Angst vor Zukünftigem und in konkret Erlebtem, das Gefühl des radikal Verwiesenseins und schließlich das Sterben der Lieben und der Ausblick auf den eigenen Tod machen die schwarze Farbe zu einem unumgänglichen Grundton auf unserer Palette.

Dieser markiert das, was Helmut Pleßner die „exzentrische Personalität des Menschen" nennt, die sich von der „zentrischen Positionsform" des Tieres unterscheidet[885]:

„Der Mensch „erlebt die Bindung im absoluten Hier und Jetzt, die Totalkonvergenz des Umfeldes und des eigenen Leibes gegen das Zentrum seiner Position und darum nicht mehr von ihr gebunden. [...]
Ist das Leben des Tiers zentrisch, so ist das Leben des Menschen, ohne die Zentrierung durchbrechen zu können, zugleich aus ihr heraus.
Exzentrizität ist die für den Menschen charakteristische Form seiner frontalen Gestelltheit gegen das Umfeld."[886]

---

884 Vgl. o. Kap. V.3.3, „Kommunikation und Handicap".
885 Vgl. Pleßner, H., Die Stufen des Organischen und der Mensch. Einleitung in die philosophische Anthropologie, Berlin 1965, S. 288ff.
886 Ebd. S. 291f.

Pleßner stellt sich die Frage, wie der Mensch dieser (neuen) Lebenssituation gerecht wird und führt „das anthropologische Grundgesetz der natürlichen Künst-
lichkeit" ein, worin Homo sapiens „von Natur, aus Gründen seiner Existenzform
künstlich" ist; „als exzentrisches Wesen [...] konstitutiv heimatlos, muß er zu
'etwas werden' und sich das Gleichgewicht - schaffen."[887] Diese Personalität wird
dem Menschen dann zum „Quellpunkt der Sittlichkeit und konkreten Moral."[888]

Da jede Moral und Ethik niemals für eine dauerhafte Stabilität sorgen können, sondern wesentlich hintergehbar bleiben, bedarf es auch nach Pleßner die
Hilfe der „außernatürlichen Dinge."[889]

## 3. Transkulturelle Universalie

Als solche kennzeichnet der Kulturanthropologe T. Bargatzky die Religion, die
einen konstitutiven Teil der menschlichen Natur darstellt.[890] Und nachdem E.O.
Wilson schon 1978 die Religion als „die größte Herausforderung für die Soziobiologie"[891] gekennzeichnet hat, nimmt sich auch diese Disziplin mehr und mehr
des Themas an[892]. Sie versteht sich als „Wissenschaft von der biologischen Angepasstheit des tierischen und menschlichen Sozialverhaltens"[893] und untersucht
nicht nur die Angepasstheit und Selektion physiologischer Merkmale; sie über-
trägt darüber hinaus die Methoden der klassischen Evolutionstheorie auf Verhaltensweisen und ihren Nutzen für die Fitnessmaximierung.

Auf ein zentrales Problem dieses Unterfangens hat B. Gladigow 1983 hinge-
wiesen:

> „Aus einer fast grenzenlosen Unschärfe der Begriffe, dem unreflektierten Wechsel zwi-
> schen metaphorischer Verwendung und verbum proprium, einer beliebigen Aufwertung
> von Worten der Objektsprache zu Begriffen der Metasprache, resultieren seit einigen Jah-
> ren Aussagen von Biologen über 'Religion', Aussagen, deren Konsequenzen weit in das
> Feld der historischen Religionswissenschaft hineinreichen. Viele Thesen der Evolutions-
> biologen, die ohne Not mit solchen Begriffsverschiebungen arbeiten, scheinen zudem

---

[887] Ebd. S. 310.
[888] Ebd. S. 317.
[889] Ebd. S. 310.
[890] Vgl. Bargatzky, T., Menschliche Natur und Kulturkritik. Anmerkungen zur Universalität
der Religion, in: Universitas, 55, 2000, S. 273.
[891] Vgl. Wilson, E.O., On Human Nature, Cambridge, Mass. 1978, S. 169ff.
[892] Auch der Verhaltensbiologe Donald Broom hat eine Arbeit angekündigt: The evolution of
morality and religions, Cambridge University Press, September 2003. Diese kann hier nicht
angemessen gewürdigt werden.
[893] Vgl. Voland, E., Grundriß der Soziobiologie, Stuttgart 2000, S. 1.

durch das Bestreben charakterisiert, 'Religion' (letzten Endes im abendländisch-christlichen Verständnis) nicht nur kulturgeschichtlich möglichst weit an den Anfang zu rücken, sondern nun auch stammesgeschichtlich zu bestimmen. Manche Argumente laufen augenscheinlich auf einen 'biologischen Gottesbeweis', zumindest aber 'Religionsbeweis' hinaus."[894]

Es ist ein Verdienst Caspar Sölings, für eine Begriffsklärung zu sorgen. Mit seiner Arbeit „Der Gottesinstinkt" will er „erste Bausteine für ein umfassendes Theoriegebäude bieten."[895] U. a. kommt er zu dem Ergebnis, dass jede Religion sich aus vier Verhaltensweisen konstituiert, die universal verbreitet sind: „Gotteserfahrung (Mystik), Ethiken, Mythen und Rituale bilden die vier tragenden Säulen jeder Religion, auch wenn einzelne Inhalte, Akzente und Ausführungen in jeder konkreten Religion unterschiedlich sind."[896] Er arbeitet heraus, dass diesen Säulen verschiedene angeborene Datenverarbeitungsmechanismen zugrunde liegen: Beruhen die Rituale auf dem „Handicap-Prinzip"[897], ist die Grundlage der Mythen der menschliche „Sprachinstinkt", die der Ethik die Sozialkompetenz des Menschen, und schließlich sind „intuitive Ontologien" die Grundlage mystischer Erfahrungen.[898]

Darüber hinaus wird die Frage diskutiert, in welcher Weise die einzelnen, den religiösen Verhaltensweisen zugrundeliegenden „Module" zueinander in Beziehung stehen und ob es sich um Angepasstheiten oder andere evolutionäre Kategorien (diese sind „Exaption, Epiphänomen oder Spandrel"[899]) handelt. Stellen für Söling die Ethik, die Mythen und die Rituale Ausdifferenzierungen bestehen-

---

[894] Gladigow, B., Religion im Rahmen der theoretischen Biologie, in: ders., Kippenberg, H.G., (Hgg.), Neue Ansätze in der Religionswissenschaft, München 1983, S. 97.

[895] Vgl. Söling, C., Der Gottesinstinkt. Bausteine für eine Evolutionäre Religionstheorie, Dissertation, Giessen 2002, S. 6.

[896] Ebd., S. 167; vgl. auch Huizinga, J., Homo ludens, Reinbek bei Hamburg, 1987, S. 13: „Durch den Mythos sucht der frühe Mensch das Irdische zu erklären, und durch ihn gründet er die Dinge im Göttlichen. In jeder dieser launenhaften Phantasien, mit denen der Mythos das Vorhandenen bekleidet, spricht ein erfindungsreicher Geist am Rande von Scherz und Ernst. Und schließlich betrachte man den Kult: Die frühe Gemeinschaft vollzieht ihre heiligen Handlungen, die ihr dazu dienen, das Heil der Welt zu verbürgen, ihre Weihen, ihre Opfer und ihre Mysterien, in reinem Spielen im wahrste Sinne des Wortes."

[897] Vgl. auch o. Kap. V.3.3, „Kommunikation und Handicap"; auch Caspar Söling setzt sich mit den Arbeiten Zahavis auseinander; vgl. ebd. S. 123ff.

[898] Vgl. ebd. S. 167f.

[899] Zur Unterscheidung vgl. ebd. S. 7ff.: Ist die Angepasstheit ein funktionales Merkmal, das eine Selektionsgeschichte hinter sich hat, ist das Epiphänomen das funktionslose Nebenprodukt einer Angepasstheit und der Spandrel ein ursprünglich funktionsloses Nebenprodukt, das irgendwann eine Funktion erhält.

der Angepasstheiten dar, handelt es sich bei der Mystik um eine „Exaption."[900] Diese wird verstanden als eine Angepasstheit, die für eine weitere funktionale Nutzung „kooptiert" wird; so wie Federn ursprünglich der Temperaturregulation von Vögeln dienten und erst später auch zum Fliegen weiterentwickelt wurden.

Die Mystik fällt also in dieser Kategorisierung aus dem Rahmen; denn ihre Grundlagen sind die „intuitiven Ontologien", die als ursprünglichere Angepasstheiten dazu dienen, die Wirklichkeit zu klassifizieren. Und bei „übernatürlichen Erfahrungen" kommt es zu einer Vermischung unterschiedlicher Klassifizierungen:

> „Die oft unklaren äußeren Umstände (z.B. Zwielicht, Sonnenuntergang, man denke aber auch an die dunkle, mit Imaginationen aufgeladene Atmosphäre gotischer Kathedralen) überfordern die Fähigkeit der Menschen, ein Ereignis oder einen Gegenstand eindeutig einzuordnen."[901]

Söling schließt sich kommentarlos P. Boyer an, der diese mangelnde Eindeutigkeit als „religiös" gekennzeichnet hat.[902] In seiner Wertung, diese intuitiven Ontologien dienten nicht allein zur Orientierung im „Reich der Wirklichkeit", sondern sie verhelfen auch zu schnellen und passenden Reaktionen gegenüber den Gegenständen, auf die sich beziehen, folgt Söling G. Gigerenzer, der zu dem Schluss kommt, „sie dienen also der Heuristik und der Entscheidungsfindung des Individuums."[903]

In Caspar Sölings These spielt das Phänomen der „Kontingenzbewältigung" eine Schlüsselrolle: Es gibt Situationen, in denen Menschen keine eindeutigen ontologischen Kategorisierungen mehr vornehmen können, weil „Licht-, Geräusch oder andere Umweltverhältnisse es verhindern"; durch die mangelnde Eindeutigkeit kann es dann zu Irritationen kommen, also zu einer Vermischung von Kategorien und Ontologien, von bekannten Erfahrungen und unbekannten Vorstellungen.[904] „Diese Vermischungen werden von Menschen als religiöse oder

---

[900] Vgl. ebd., S. 168. Das Unternehmen, die mystische Begabung des Menschen in einem klaren System unterzubringen, erinnert an das Unterfangen eines Germanisten, die poetische Begabung eines Rainer Maria Rilke mit dessen Fähigkeit, das Versmaß einhalten zu können, auf eine Stufe zu stellen.

[901] Ebd., S. 167; den Leser und die Leserin mag es ebenso wie den Verfasser wundern, was hier die gotischen Kathedralen zu suchen haben, sind gotische Kathedralen doch gerade ein großartiges Manifest des ehrfürchtigen Glaubens an den bergenden und nicht fassbaren Gott.

[902] Vgl. ebd. Dass sich der Theologe Söling so kritiklos einer Definition der Religion ex negativo anschließt ist m.E. mehr als befremdlich.

[903] Vgl. ebd.

[904] Vgl. ebd., S. 137.

übernatürliche Erfahrungen kategorisiert. Sie beinhalten das, was Theologen und Religionswissenschaftler als Kontingenzerfahrung beschreiben."[905]

Wenn Söling dahin kommt, Religiosität zentral als Strategie zu verstehen, die der Bewältigung von Angst dient, bestätigt er das, was wir eingangs in diesem Epilog als Grund für die schwarze Farbe im Gemälde des frühen Menschen ausgemacht haben. Es ist der soziobiologischen Studie zuzustimmen, wenn sie Religion als Bewältigungsstrategie des Homo sapiens versteht, der sich – anders als die Tiere – in fast unüberbrückbarer, auch angstauslösender Distanz zur Lebenswelt und sich selbst erfährt. Von daher hat sie diese nicht zu unterschätzende kontingenzbewältigende Funktion. Wird sie aber nur noch funktionalistisch gesehen, ist sie nicht mehr das Ursprüngliche, aus dem der Mensch geistig-seelisch lebt. Leicht verkommt Religion dann zu einer ausgedachten raffinierten Strategie – deren Inhalt letztlich gleichgültig und deren Hauptsache die Überwindung von Angst ist – und das den Menschen zutiefst bewegende und prägende Mysterium wird zu spitzfindig Ausgedachtem.

Gegen eine soziobiologische Deutung der Religion drängen sich m.E. elementare Einwände auf, vor allem der, dass sie gezwungen sind, den Sinn der Religion rein funktional zu fassen; haben doch alle Hochreligionen wie z.B. das Judentum, Christentum und auch der Buddhismus sich selbst als massive Kritik allen funktionalen Denkens über Gott verstanden. Ein entsprechender Einwand könnte leicht auch im Blick auf die in den Religionen eingebettete Moral formuliert werden. Eine funktionale Deutung dieser „Universalie" als Optimierungsphänomen ließe sich allenfalls auf eine utilitaristische Ethik mit ihrer Präferenzlogik[906] beziehen, aber keinesfalls auf jene Moral, die in den Hochreligionen integriert ist und die sich – wie das christliche Gebot der Nächsten- und Feindesliebe – gegen jede utilitaristische Auslegung sperrt[907].

In das Porträt des mystisch begabten Menschen gehören wesentlich auch die anderen Farben, die seine unauslotbaren Tiefenschichten, koloriert durch Staunen, Lebensfreude, Be-Geisterung und die Erfahrung des Verdankt-Seins, ins Bild bringen. Somit bedarf die hier nur kurz skizzierte Analyse dringend einer Ergänzung, wonach Religion nicht nur bedrohlichen, sondern in ihrem Wesen auch lebensbejahenden Erfahrungen entspringt.

---

[905] Ebd.

[906] Vgl. o. Kap. VII.1.2, „Rassismus – Chauvinismus – Speziesismus", darin die Auseinandersetzung mit utilitaristischen Modellen.

[907] Weder der barmherzige Samariter noch seine Gene hatten etwas davon, sich des unter die Räuber Gefallenen anzunehmen; denn rein genetisch sind Samariter und Juden denkbar verschieden. Soziobiologisch gesehen wäre es klüger gewesen, den verletzten Juden liegen zu lassen – wie es die anderen „genetisch verwandten" Vorbeigehenden getan haben.

## 4. Weniger erdacht als ertanzt

Der englische Anthropologe Robert R. Marett kommt aufgrund seiner Untersuchungen an Naturvölkern in Afrika, Amerika und im Pazifik zu dem Schluss,
dass die Religion dort „weniger erdacht als ertanzt" wurde.[908] H. Sundén, der den
Rollenbegriff im religionspsychologischen Zusammenhang bearbeitet, kommt
ebenfalls zu dem Schluss:

> „Man kann geradezu sagen, daß die älteste Religion eine getanzte Religion gewesen ist."[909]

Sundén stellt fest, dass weder Begriff, noch Gehalt von „Rolle" und „Rollenan-
eignung" bisher im religionspsychologischen Zusammenhang verwendet worden
sind. Er nimmt sie auf, da sie von großer Bedeutung für das Verständnis und die
Beschreibung religiöser Erlebnisse überhaupt sein dürften. Rollen gehören zur
kulturellen Ausrüstung des Menschen und können „Referenzrahmen für Wahrnehmungen sein."[910] Der Mensch hat sie von seiner natürlichen Lebenswelt ü-
bernommen und die Übernahme einer Rolle beinhaltet 1. eine „Handlungsbereit-
schaft" und 2. eine „Wahrnehmungsbereitschaft".[911] Die daraus resultierenden
Mythen und Rituale versehen ein Individuum mit einem „kulturellen Speicher
von Anpassungsreaktionen."[912]

Dieser Ansatz scheint besonders als Ergänzung zum soziobiologischen geeig-
net, da er ganzheitlicher vorgeht: Der Mensch übernimmt im Kontakt mit der
natürlichen Mitwelt und den dort lebenden Tieren (deutlich wird dies in verschiedenen Kulturen am Gebrauch tierlicher Produkte wie Federn und Knochen,
sowie an der Imitation bestimmter Bewegungsweisen) seine Rollen. Diese stellen
ihm ein Repertoire zur Verfügung, um den gemachten Erfahrungen in ihrer Ambivalenz Ausdruck zu verleihen; eine Vielzahl von Gefühlen können übersetzt
werden in Bewegungen, Formen und Farben. Über das, was Otto das „Mysterium tremendum et fascinosum"[913] nennt, hat der frühe Mensch nicht zunächst
reflektiert, sondern erschreckende und beglückende Erfahrungen in Rituale um-
gesetzt; später wird er nach-gedacht haben. Die daraus erwachsenen Mythen,

---

[908] Vgl. Reich, K.H., Religionspsychologie: Entstehung und Entwicklung einer Mensch-
'Gott'-Beziehung, in: Daecke, S.M., Schnackenberg, J., Gottesglaube – ein Selektionsvorteil?, a.a.O., S. 84.

[909] Sundén, H., Die Religion und die Rollen, Berlin 1966, S. 11.

[910] Ebd., S. 10.

[911] Vgl. ebd., S. 14.

[912] Ebd., S. 12.

[913] Vgl. Otto, R., Das Heilige. Über das Irrationale in der Idee des Göttlichen und sein Verhältnis zum Rationalen, München 1987, S. 6.

Ethiken und Rituale versehen die Individuen mit einem „kulturellen Speicher von Anpassungsreaktionen."[914]

Auch für Walter Burkert steht fest, dass es in der Religion nicht primär um Ideen geht, sondern um Rituale, die sich einer „symbolischen Revolution" vor 120 000 Jahren verdanken.[915]

## 5. Die „Erlösung des Selbstbewusstseins"

Klaus Müller sieht die Religion als „Versöhnung des basalen Antagonismus menschlicher Selbstbeschreibung."[916] Die mit dem Aufkommen des Bewusstseins unmittelbar verbundene Zerrissenheit des Menschen bedarf einer Vermittlung, die eine „eigenartige Form" annehmen muss, will sie der Disparatheit der Selbstbeschreibungsperspektiven gerecht werden.[917] Müller rekurriert auf Dieter Henrichs Verständnis eines „wirklich bewußt geführten Lebens", in dem der Religion die schlechthinnige Vermittlerrolle zukommt:

> „Man kann schon in diesem Zusammenhang, so elementar er ist, und so sehr in ihm von allen praktischen, emotionalen und von allen Weltgründen zur Religion abstrahiert ist, in einem nur auf Verständigung und Deutung bezogenen Sinn von einer 'Erlösung' des Selbstbewußtseins sprechen, – von seiner Befreiung nämlich zur Eindeutigkeit der Selbstorientierung, zu einem wohlbestimmten Ort in einem verstandenen Ganzen und in das Ende der Unruhe, die aus der Verwirrung und dem Dunkel kommt, das die natürliche Welt beherrscht."[918]

Was an diesem, nur im Ansatz skizzierten, Religionsverständnis überzeugt und die funktionalistischen soziobiologischen Entwürfe bei weitem übertrifft, ist, dass hier keine Aufspaltung erfolgt. Es wird nicht simplifizierend ein Nacheinander konstatiert: Hier die bedrohliche Welt und dort eine kontingenzbewältigende Strategie; vielmehr wird an der letztlich nicht auseinanderfallenden Einheit von unmittelbarer Erfahrung und *darin* sich zeigendem Sinn festgehalten.

---

[914] Vgl. Sundén, H., a.a.O., S. 12.

[915] Vgl. Burkert, W., Wozu braucht der Mensch Religion?, in: Daecke, S.M., Schnackenberg, J., Gottesglaube, a.a.O., S. 108.

[916] Vgl. Müller, K., Konstrukt „Religion". Religionsphilosophischer Vorschlag zur Behebung eines religionstheologischen Defizits, in: Quitterer, J., Schwibach, A., (Hgg.), Der Aufgang der Wahrheit. Die Konstruktion der Wirklichkeit, Zagreb 2001, S. 37.

[917] Vgl. ebd.

[918] Henrich, D., Das Selbstbewußtsein und seine Selbstdeutungen. Über Wurzeln der Religionen im bewußten Leben, in: Fluchtlinien. Philosophische Essays, Frankfurt a.M. 1982, S. 116.

Die ursprüngliche mystische Welt- und Lebenserfahrung ist immer mehr als nur eine „intuitive Ontologie", die einen neuen Anpassungswert erhält. Im Gegenteil scheint überall dort, wo eine zutiefst dem menschlichen Verstand entzogene und nur zu erfahrene Wahrheit eine systemhafte Strategie gefasst wird, das Wesen des Menschen verkürzt zu werden.

Nur eine an die ursprünglichen fundamentalen Erfahrungen immer wieder (zurück)-bindende Religion befähigt den Menschen dazu, das Ineinander von Frage und Antwort, von Bedrohung und Beheimatung, die wesentliche Ambivalenz und Paradoxie eines gelebten Lebens also, auszuhalten und zu gestalten.

## 6. Gegen den verhängnisvollen Irrtum

Dem Irrtum über die Geschöpfe folgt – laut Auskunft des Thomas von Aquin – ein Irrtum über Gott, der konsequenterweise den Geist des Menschen von seinem Schöpfer fortführt.[919] Dem folgenreichen Irrtum über die Tiere in der westlichen Welt sind wir in dieser Arbeit nachgegangen: Die „Apotheose der Industriegesellschaften"[920] verdankt sich der an Wahnsinn grenzenden Logik, wonach 1. das Universum sich auf Vernunft gründet; 2. Gott ein Gott der Vernunft ist und 3. dass ausschließlich der Mensch durch die Benutzung seines Verstandes die Gesetze begreifen kann, nach denen das Universum funktioniert, Gottes leuchtendes Ebenbild ist und 4. die Tiere gleichzeitig zu seelenlosen Automaten deklassiert werden .

In einer neuen und fruchtbaren Allianz von biblisch orientierter Theologie und Verhaltensbiologie konnte – im weiteren Verlauf dieser Untersuchung – diesem Irrtum ein anderes Tierbild entgegengesetzt werden. Und nicht nur auf dem Weg der Bewusstwerdung, also der „cognitio experimentalis", und der „Rollenfindung" in der „neuen Welt jenseits von Eden" standen die Tiere Pate für den Menschen.

Was die fundamentale Bedeutung des Tieres für den Menschen ausmacht, fasst der Literaturnobelpreisträger Elias Canetti zusammen:

---

[919] Vgl. o. Kap. I, „Einführung".
[920] Vgl. o. Kap. II, „Vom Homo sapiens zum ‚Homo interplanetaris praedator'".

„Das Gedeihen der Welt hängt davon ab, dass man mehr Tiere am Leben erhält. Aber die, die man nicht zu praktischen Zwecken braucht, sind die wichtigsten. Jede Tierart, die stirbt, macht es weniger wahrscheinlich, dass wir leben. Nur angesichts ihrer Gestalten und Stimmen können wir Menschen bleiben. Unsere Verwandlungen nutzen sich ab, wenn ihr Ursprung erlischt."[921]

---

[921] Canetti, E., Die Fliegenpein; in: ZDF-nachtstudio (Hg.), Mensch und Tier. Geschichte einer heiklen Beziehung, Frankfurt a.M. 2001, S. 19.

# Literaturverzeichnis

## 1. Nikolaus von Kues

Für die einzelnen Schriften des Cusaners werden folgende Abkürzungen verwendet:
ADI = Apologia doctae ignorantiae
DC = De coniecturis
DDG = Dialogus de Genesi
DI = De docta ignorantia
DPL = De dato patris luminum
IDM = Idiota de mente
VD = De visione dei
VS = De venatione sapientiae

Die Zitation der Schriften erfolgt nach folgenden Ausgaben:
Nikolaus von Kues, Philosophisch-theologische Werke. Lateinisch – deutsch. Mit einer Einleitung von K. Bormann. 4 Bde., Hamburg 2002; darin: DI (Bd. I); DC (Bd. II); IDM (Bd. II); VS (Bd. IV). – Zitation nach Kapiteln und Abschnitten
Nikolaus von Kues, Die Philosophisch-Theologischen Schriften. 3 Bde., hg. von L. Gabriel, übers. von D. u. W. Dupré, Wien 1989 (2. Nachdruck der 1964 erschienenen 1. Auflage); darin: ADI (Bd. I); DDG (Bd. II); DPL (Bd II); VD (Bd. III) – Zitation nach Seitenzahlen

## 2. Weitere Fachliteratur

Agamben, G., Das Offene. Der Mensch und das Tier, Frankfurt a.M. 2003
Albertz, R., Religionsgeschichte Israels, Göttingen 1992
Alcock, J., Das Verhalten der Tiere aus evolutionsbiologischer Sicht, Stuttgart, New York 1996
Altner, G., (Hg.), Ökologische Theologie. Perspektiven zur Orientierung, Stuttgart 1989
Amery, C., Das Ende der Vorsehung. Die gnadenlosen Folgen des Christentums, Einbek 1972
Arzt, V., Birmelin, I., Haben Tiere ein Bewußtsein?, München 1993
Assmann, J., Moses – der Ägypter, München 1998
Bahnen, A., Die Kultur fiel nicht vom Himmel, in: DIE ZEIT, Sachbuch Naturwissenschaft, Oktober 2002
Bahnsen, U., Es werde Mensch, in: DIE ZEIT Nr. 25, 12. Juni 2003
Bangert, M., Mystik als Lebensform. Horizonte christlicher Spiritualität, Münster 2003
Baranzke, H., Das Tier – ohne Würde, Heil und Recht?, in: Loth, W. (Hg.), Jahrbuch des Kulturwissenschaftlichen Institutes im Wissenschaftszentrum NRW 1995, Essen 1996
– Die leere Arche, Von der Schöpfungs- und Geschöpfvergessenheit ökologischer Theologie, in: Ingensiep, W., Hoppe-Sailer, R. (Hgg.), Zur Kulturgeschichte der Natur, Ostfildern 1996
– Würde der Kreatur? Die Idee der Würde im Horizont der Bioethik, Würzburg 2002
Bargatzky, T., Menschliche Natur und Kulturkritik. Anmerkungen zur Universalität der Religion, in: Universitas 55 (2000)

Barrett, L., Henzi, P., The utility of grooming in baboon troops, in: Noe, R., Van Hooff, J., Hammerstein, P. (Hgg.), Economics in Nature, Cambridge 2001

Bartelmus, R., Die Tierwelt in der Bibel I, in: Janowski, B., Neumann-Gorsolke, U., Gleßmer, U. (Hgg.), Gefährten und Feinde des Menschen. Das Tier in der Lebenswelt des alten Israel, Neukirchen-Vluyn 1993

Barth, K., Dogmatik im Grundriß im Anschluß an das apostolische Glaubensbekenntnis, München 1947

− Kirchliche Dogmatik, Bd. III/ 2, Zürich 1959

Bayle, P., Historisches und kritisches Wörterbuch, nach der neuesten Auflage von 1740 ins Deutsche übersetzt, hg. v. J.Ch. Gottsched, 4. Bd., Leipzig 1744

Berner, U., Religion und Natur. Zur Debatte über die historischen Wurzeln der ökologischen Krise, in: Kessler, H., (Hg.), Ökologisches Weltethos im Dialog der Kulturen und Religionen, Darmstadt 1996

Bernhart, J., Die unbeweinte Kreatur, München 1987

Bieri, P., Was macht Bewußtsein zu einem Rätsel?, in: Metzinger, T., (Hg.), Bewußtsein. Beiträge aus der Gegenwartsphilosphie, Paderborn 1995

Biser, E., Nikolaus von Kues als Denker der unendlichen Einheit, in: Theologische Quartalschrift, Tübingen 1966

Blanke, K., Das Tier als Medium in der Sozialen Arbeit. Eine Analyse ausgewählter Fallbeispiele, Diplomarbeit, am 16.1.03 vorgelegt der KFH-Münster, Schwab, H.-R. (Erstprüfer)

Blum, M., Purk, E., Einen Engel für dich, Stuttgart 2002

Boas, G., The happy Beast in French Thought of the Seventeenth Century, New York 1966

Böcker, H.J., „Du sollst dem Ochsen, der da drischt, das Maul nicht verbinden". Überlegungen zur Wertung der Natur im Alten Testament, in: Janowski, B., Neumann-Gorsolke, U., Gleßmer, U. (Hgg.), Gefährten und Feinde des Menschen. Das Tier in der Lebenswelt des alten Israel, Neukirchen-Vluyn 1993

Bodendorfer, G., Biblisches Denken in Paaren, Zur Beziehung zwischen Mensch und Tier in rabbinischen Texten, in: Janowski, B., Riede, P. (Hgg.), Die Zukunft der Tiere, Theologische, ethische und naturwissenschaftliche Perspektiven, Stuttgart 1999

Bollnow, O., Begegnung und Bildung, in: Guardini, R., Bollnow, O. (Hgg.), Begegnung und Bildung, Würzburg 1956

Brehm, A.E., Brehms Tierleben, Gütersloh 1973

Broom, D., The evolution of morality and religions, Cambridge 2003

− Welfare, Stress and the Evolution of Feelings, in: Advances In The Study Of Behavior, Vol.27, Cambridge, 1998

Broom, D., Johnson, K. G., Stress and Animal Welfare, Chapman & Hall, London, 1993

Bshary, R., The cleaner fish market, in: Noe, R, Van Hooff, J., Hammerstein, P. (Hgg.), Economics in Nature, Cambridge 2001

Buber, M., Das Dialogische Prinzip, Heidelberg 1997

− Der Weg des Menschen nach der chassidischen Lehre, Gütersloh 2001

Burckhardt, J, Die Kultur der Renaissance in Italien, Leipzig 1913

Burkert, W., Wozu braucht der Mensch Religion?, in: Daecke, S.M., Schnackenberg, J., Gottesglaube, Gütersloh 2000

Cabanac, M., Pleasure: the Common Currency, J. theor. Biol. (1992) 155

Call, J., Tomasello, M., Use of social information in the problem solving of orangutans (pongo pygmaeus) and human children (homo sapiens), in: Journal of comparative Psychology, 1995, Vol. 109, No.3

Canetti, E., Die Fliegenpein; in: ZDF-nachtstudio (Hg.), Mensch und Tier. Geschichte einer heiklen Beziehung, Frankfurt a.M. 2001

Cavalieri, P., Singer, P. (Hgg.), The Great Ape Project: Equality Beyond Humanity, London: Fourth Estate 1993 (Deutsch: Menschenrechte für die großen Menschenaffen. Das Great Ape Projekt, München 1994)

Coetzee, J.M., Das Leben der Tiere, Frankfurt a.M. 2000

Courth, F., Gott Mensch Welt. Was sagt christlicher Schöpfungsglaube? Leitfaden zur Schöpfungslehre, St. Ottilien 1996

Cüper, F., Ethik als Verhaltenstrategie des Menschen, Münster 1996 (Staatsarbeit)

Cyrulnik, B., Matignon, K.L., Fougea, F. (Hgg.), Tiere und Menschen. Die Geschichte einer besonderen Beziehung, München 2003

Damasio, A.R., Ich fühle, also bin ich, Die Entschlüsselung des Bewusstseins, München 2002

Darwin, Ch., Die Abstammung des Menschen, Wiesbaden 1966

– The Expression of the Emotions in Man and Animals, Reprint von 1872, Chicago/London 1965 (Deutsch: Der Ausdruck der Gemüthsbewegungen bei dem Menschen und den Thieren. Stuttgart 1872)

Dawkins, M., Die Entdeckung des tierischen Bewußtseins, Heidelberg 1994

Dawkins, R., Das egoistische Gen, New York, 1987

de Montaigne, M., Gesammelte Schriften, hgg. v. O. Flake u. W. Weigang, München/Berlin 1915, Bd. III

de Waal, F., Der Affe und der Sushimeister, München 2002

– Der gute Affe, München, Wien 1997

– Wilde Diplomaten, München, Wien 1991

Delbrel, M., Missionaires sans bateaux, Mesnil Saint-Loup 1989

Delp, A., Brief an Luise Oestreicher vom 17.11.1944, in: ders., Gesammelte Schriften, hg. von R. Bleistein, Bd. IV: Aus dem Gefängnis, Frankfurt a.M. 1985

Derrida, J., Das Tier, welch ein Wort, in: Stiftung Deutsches Hygienemuseum (Hg.), Mensch und Tier. Eine paradoxe Beziehung, Begleitbuch zur gleichnamigen Ausstellung, Deutsches Hygiene-Museum, Dresden, Hatje Cantz Verlag, 2003

Descartes, R., Die Prinzipien der Philosophie, 1644, übers. u. erläutert von Buchenau, A., Hamburg 1955

– Discours de la Méthode, 1637, übers. u. hg. von A. Buchenau, Leipzig 1911

– Meditationes de prima philosophia – Meditationen über die erste Philosophie (1641), hg. von E. Chr. Schröder, Hamburg 1956

Deselaers, P., Sehnsucht nach dem lebendigen Gott, Das Buch Hiob, in: Bibelauslegung für die Praxis, Stuttgart 1983

Dewey, J., Evolution and Ethics. Reprinted in: Nitecki, M.H. u. D.V. (Hgg.), Evolutionary Ethics, New York 1993 (1898)

Die Bibel – Einheitsübersetzung, Aschaffenburg

Dierauer, U., Das Verhältnis von Mensch und Tier im griechisch-römischen Denken, in: Münch, P. (Hg.), Tiere und Menschen. Geschichte und Aktualität eines prekären Verhältnisses, Paderborn 1998

Dilthey, W., Weltanschauung und Analyse des Menschen seit Renaissance und Reformation. Schriften, Bd.2, hg. v. G. Misch, Stuttgart 1957

Dogmatische Konstitution über die göttliche Offenbarung „Dei Verbum", in: Rahner, K., Vorgrimler, H., Kleines Konzilskompendium, Freiburg 1982

Drewermann, E., Der tödliche Fortschritt. Von der Zerstörung der Erde und des Menschen im Erbe des Christentums, Regensburg 1983

– Über die Unsterblichkeit der Tiere, Olten 1992

Du Bois-Reymond, E., Vorträge über Philosophie und Gesellschaft, Hamburg 1974

Dücker, G. u.a., Analyse des Lernverhaltens eintragemotivierter Mäuse (Stamm NMRI) bei manipulativen Problemlöseaufgaben, in: Dohle, W., u.a. (Hgg.), Zoologische Beiträge, Berlin 1996

– Die Tierpsychologie von Bernhard Rensch, in: Hagencord, R. (Hg.), Bernhard Rensch: Biologe und Philosoph, Münster 1997

Dürr, H.-P., Meyer-Abich, K.M., Mutschler, H.-D., Pannenberg, W., Wuketits, F. (Hgg.), Gott, der Mensch und die Wissenschaft, Augsburg 1997

Edelman, G., The Remembered Present, New York 1989

Eibl-Eibesfeldt, I., Grundriß der vergleichenden Verhaltensforschung. Ethologie, München 1967

Eichrodt, W., Theologie des Alten Testamentes, Stuttgart 1968

Elpert, J.B., Identität und Differenz, Lizentiatsarbeit, Rom 1994

Eurich, C., Die Kraft der Friedfertigkeit, München 2000

Feiner, J., Löhrer, M. (Hgg.), Mysterium Salutis. Grundriß heilsgeschichtlicher Dogmatik, Bd. II. Die Heilsgeschichte vor Christus, Einsiedeln, Zürich, Köln, 1967

Flasch, K., Die Metaphysik des Einen bei Nikolaus von Kues, in: Brill, Studien zur Problemgeschichte der antiken und mittelalterlichen Philosophie 7, Leiden, 1973

– Nikolaus von Kues. Geschichte einer Entwicklung. Vorlesungen zur Einführung in seine Philosophie, Frankfurt a.M., 2001.

Fossey, D., Gorillas im Nebel, München 1989

Foucauld, M., Die Ordnung der Dinge, Frankfurt a.M. 1974

Fox, M., Schöpfungsspiritualität. Heilung und Befreiung für die Erste Welt, Stuttgart 1993

Fraser, D., Duncan, I. J. H., 'Pleasures', 'Pains' and Animal Welfare: Toward a Natural History of Affect, Animal Welfare 1998, 7, Universities Federation for Animal Welfare, Canada

Frettlöh, M.L., Döhling, J.D. (Hgg.), Die Welt als Ort Gottes – Gott als Ort der Welt, Gütersloh 2001

Freud, S., Die Zukunft einer Illusion (1927), in: Mitscherlich, A. u.a. (Hgg.), Freud Studienausgabe Bd. IX, Frankfurt a.M., 1974

– Totem und Tabu, Frankfurt 1968

Friedmann, M., Begegnung auf dem schmalen Grad. Martin Buber – ein Leben, Münster 1999

Gadamer, H.G., Theorie, Technik, Praxis: Die Aufgabe einer neuen Anthropologie, in: Neue Anthropologie, hg. von H.-G. Gadamer und P. Vogler, Bd. 1, Stuttgart 1972

Gaita, R., Der Hund des Philosophen, Hamburg 2003

Ganoczy, A., Schöpfungslehre, Düsseldorf 1987

Gemeinsame Synode der Bistümer in der Bundesrepublik Deutschland, Beschlüsse der Vollversammlung, Freiburg 1976

Gladigow, B., Religion im Rahmen der theoretischen Biologie, in: ders., Kippenberg, H.G. (Hgg.), Neue Ansätze in der Religionswissenschaft, München 1983

Goethe, J.W., Faust. Der Tragödie erster und zweiter Teil, Stuttgart 1966

– Geschichte der Farbenlehre, in: Trunz, E. (Hg.), Goethes Werke, München 1981, Bd. XIV.

Goldbrunner, J., Art. Anima (Animus), in: LThK², Bd. 1, 1957

– Individuation, München 1957

Goldstein, K., Der Aufbau des Organismus, Haag, Nijdhof, 1934

Goodall, J., Grund zur Hoffnung, München 2001

– Wilde Schimpansen, Verhaltensforschung am Gombe-Strom, Reinbek, 1991

Gräb, W. (Hg.), Urknall oder Schöpfung? Zum Dialog von Naturwissenschaft und Theologie, Gütersloh 1995

Gräfrath, B., Zwischen Sachen und Personen, Über die Entdeckung des Tieres in der Moralphilosophie der Gegenwart, in: Münch, P. (Hg.), Tiere und Menschen. Geschichte und Aktualität eines prekären Verhältnisses, Paderborn 1998

Grasskamp, W., Am Anfang war das Tier, Höhlenmalerei oder zur Deutungsgeschichte einer Differenz, in: Stiftung Deutsches Hygienemuseum (Hg.), Mensch und Tier. Eine paradoxe Beziehung, Begleitbuch zur gleichnamigen Ausstellung, Deutsches Hygiene-Museum, Dresden, Hatje Cantz Verlag, 2003

Gräßler, I., Biblische Tierschutzethik aus neutestamentlicher Sicht, in: Janowski, B., Riede, P. (Hgg.), Die Zukunft der Tiere, Theologische, ethische und naturwissenschaftliche Perspektiven, Stuttgart 1999

Grefe, C., Wie man in Deutschland Natur erlebt, in: DIE ZEIT Nr.43, 16.10.03, S.36ff

Griffin, D.R., Wie Tiere denken, München 1985

Guardini, R., Rainer Maria Rilkes Deutung des Daseins. Eine Interpretation der Dueniser Elegien, Mainz, Paderborn 1996

Hamm, P., Peter Hamms poetische Arche Noah. Das Tier in der Dichtung der Welt, Gütersloh o.J.

Haas, A., Art. Weltseele, in: LThK², Bd. 10, 1965

– Meister Eckhard, in: Ruhbach, G., Sudbrack, J.(Hgg.) Grosse Mystiker, Leben und Wirken, München 1984

Hägele, P., Ist der Kosmos für den Menschen gemacht? Überlegungen zum Anthropischen Prinzip, in: Beckers, E., u.a. (Hgg), Pluralismus und Ethos der Wissenschaft, Gießen, 1999

Hagencord, R. (Hg.), Bernhard Rensch: Biologe und Philosoph, Münster 1997

Hamilton, W.D., The evolution of social behavior, in: Journal of Theoretical Biology 7, 1964

Hammerstein, P., Games and markets: economic behaviour in humans and other animals, in: Noe, R., Van Hooff, J., ders. (Hgg.), Economics in Nature, Cambridge 2001

Hare, B., Call, J., Agnetta, B., Tomssello, M., Chimpanzees know what conspectifics do and do not, in: Animal Behavoir, 2000

Hastings, H., Man and Beast in French Thought of the Eighteenth Century, Paris 1936

Hattrup, D., Theologie der Erde, Paderborn 1994

Haubst, R., Die erkenntnistheoretische und mystische Bedeutung der „Mauer der Koinzidenz", in: Haubst, R. (Hg.), Das Sehen Gottes nach Nikolaus von Kues, Trier 1989

Haydn, J., Die Schöpfung, EMI classics (1996)

Heidegger, M., Die Zeit des Weltbildes, in: Holzwege (GA5), Frankfurt a.M., 1977

– Sein und Zeit, Tübingen 1993

– Vom Wesen des Grundes, Frankfurt a.M., 1955

Heinrich, A., Soziobiologie als kulturrevolutionäres Programm, Regensburg, 2001

Hennings, J. Ch., Geschichte von den Seelen der Menschen und Thiere, Halle 1774

Henrich, D., Das Selbstbewußtsein und seine Selbstdeutungen. Über Wurzeln der Religionen im bewußten Leben, in: Fluchtlinien. Philosophische Essays, Frankfurt a.M. 1982

– Selbstbewusstsein. Kritische Einleitung in eine Theorie, in: Bubner, R., Cramer, K., Wiehl, R. (Hgg.), Hermeneutik und Dialektik, Tübingen 1970

Henry, M.-L., Das Tier im religiösen Bewußtsein des alttestamentlichen Menschen, in: Janowski, B., Neumann-Gorsolke, U., Gleßmer, U. (Hgg.), Gefährten und Feinde des Menschen. Das Tier in der Lebenswelt des alten Israel, Neukirchen-Vluyn 1993

Hirschberger, J., Geschichte der Philosophie, Bd.1, Altertum und Mittelalter, Freiburg 1991

Höffe, O., Moral als Preis der Moderne, Frankfurt a.M., 1993

Hölldobler, B., Wilson, E.O., Ameisen. Die Entdeckung einer faszinierenden Welt, Basel 1995

Holthusen, H.E., Rainer Maria Rilke. Mit Selbstzeugnissen und Bilddokumenten, Hamburg 1992

Holtkötter, M., Wie Affen denken, Solingen 1997

Horeis, H., Das gefiederte Sprachwunder, in: DIE ZEIT Nr. 46, 11.11.99, S. 38

Hoye, W.J., Nikolaus von Kues als Theologe, in: Theologische Revue, Nr.4, Münster, 1996

Hübscher, A., Arthur Schopenhauer. Ein Lebensbild, in: Schriften zur Erkenntnislehre. Sämtliche Werke Bd. I, Wiesbaden 1948

Huizinga, J., Homo ludens, Reinbek bei Hamburg, 1987

Hüllewig-Johnen, J. (Hg.), Der Blaue Reiter, Avantgarde und Volkskunst, Sammlung Hertha Koenig, Kunsthalle Bielefeld, 2003

Husserl, E., Die Krisis der europäischen Wissenschaften, Werke Bd.6, hg. v. W. Biemel, Den Haag 1954

Huxley, T.H., Evolution and Ethics (The Romanes Lecture, 1893) in: ders., Huxley, J., Evolution and Ethics 1893-1943, NewYork 1969

Im Herzen der Städte. Lebensbuch der monastischen Gemeinschaften von Jerusalem, Freiburg, Basel, Wien 2000

Immelmann, K., Scherer, K.R., Vogel, Ch., Schmook, P. (Hgg.), Psychobiologie. Grundlagen des Verhaltens, Stuttgart 1988

Jacobi, K., Ontologie aus dem Geist „belehrten Nichtwissens", in: ders.(Hg.), Nikolaus von Kues, Einführung in sein philosophisches Denken, Freiburg-München 1979

Jäger, W. (Hg.), Aristotelis De animalium motione er de animalium incessu, Lipsiae: Teubner, 1913

– Das Sakrament des Augenblicks, in: Lewkowicz, M., Lob-Hüdepohl, A., (Hgg.), Spiritualität der sozialen Arbeit, Freiburg, 2003

Jalics, F., Kontemplative Exerzitien. Eine Einführung in die kontemplative Lebenshaltung und in das Jesusgebet, Würzburg 1999

Jamme, Ch., Pantheismus II. Philosophisch, in: Theologische Realenzyklopädie (TRE), Bd. XXV, 1995

Janowski, B., Neumann-Gorsolke, U., Gleßmer, U. (Hgg.), Gefährten und Feinde des Menschen. Das Tier in der Lebenswelt des alten Israel, Neukirchen-Vluyn 1993

Janowski, B., Riede, P. (Hgg.), Die Zukunft der Tiere, Theologische, ethische und naturwissenschaftliche Perspektiven, Stuttgart 1999

Jaspers, K., Nikolaus Cusanus, München 1964

Johannes Paul II., Enzyklika „Redemptor Hominis", Verlautbarungen des Apostolischen Stuhls, 1979.

Jung, C.G., Die Beziehungen zwischen dem Ich und dem Unbewußten, Zürich 1935

Jüngel, E., Gott als Geheimnis der Welt, Tübingen 1977

Junker, C., Zur immer tieferen Erschließung des Menschenmöglichen – Ethik und Soziobiologie im Dialog, Münster, 1998

Kaeser, E., Der Zugang zum artfremden Subjekt. Tiersubjektivität als philosophisches und ethologisches Problem, in: Philosophia naturalis 1/2003

Kaiser, A., Möglichkeiten und Grenzen einer Christologie „von unten". Der christologische Neuansatz „von unten" bei Piet Schoonenberg und dessen Weiterführung mit Blick auf Nikolaus von Kues, in: Buchreihe der Cusanus-Gesellschaft, Bd. 11, Münster 1992

Kaiser, O., Der Gott des Alten Testaments: Wesen und Wirken. Theologie des Alten Testaments 2, Göttingen 1998

Kaiser, S., Sachser, N., Social stress during pregnancy and lactation affects in guinea pigsf the male offsprings' endocrine status and infantilizes their behaviour. Psychoneuroendocrinology 26: 503-519

Kant, I., Die Metaphysik der Sitten (1797), hg. v. W. Weischedel, Frankfurt a.M., 1982

– Grundlegung zur Metaphysik der Sitten (1785). In: ders., Kritik der praktischen Vernunft und Grundlegung zur Metaphysik der Sitten, hg. V. W. Weischedel, Frankfurt a.M. 1982

Kasper, W., Jesus der Christus, Mainz 1984

Katechismus der Katholischen Kirche, München 2003

Katholischer Erwachsenen-Katechismus, Das Glaubensbekenntnis der Kirche, hg. von der Deutschen Bischofkonferenz, Bonn 1985

Katholischer Erwachsenen-Katechismus, Zweiter Band, Leben aus dem Glauben, hg. von der Deutschen Bischofskonferenz, Bonn 1995

Keel, O. (Hg.), Monotheismus im alten Israel und in seiner Umwelt, Freiburg CH 1980

- Allgegenwärtige Tiere. Einige Weisen ihrer Wahrnehmung in der hebräischen Bibel, in: Janowski, B., Neumann-Gorsolke, U., Gleßmer, U. (Hgg.), Gefährten und Feinde des Menschen. Das Tier in der Lebenswelt des alten Israel, Neukirchen-Vluyn 1993

- Die Welt der altorientalischen Bildsymbolik, Neukirchen-Vluyn 1972

- Jahwes Entgegnung an Ijob (FRLANT 121), Göttingen 1978

- Schöpfung. Biblische Theologien im Kontext altorientalischer Religionen., Göttingen 2002

Kepler, J., Das Weltgeheimnis. Mysterium Cosmographicum, übers. und eingeleitet von Caspar, M., München 1936

Kessler, H. (Hg.), Ökologisches Weltethos im Dialog der Kulturen und Religionen, Darmstadt 1996

- Das Stöhnen der Natur. Plädoyer für eine Schöpfungsspiritualität und Schöpfungsethik, Düsseldorf 1990

- Umwelt, Markt, Ethik und Religion. Wege zu einem globalen Umweltethos, in: Kirche und Schule, Münster 1997, Nr. 104, 23. Jahrgang

Kluge, Ethymologisches Wörterbuch der deutschen Sprache, Berlin, New York 2002

Knierim, U., Rapporteur, Group Report: Good Welfare, in: Coping with challenge: welfare in animals including humans. Dahlem Workshop Report 87. Broom, D.M. (ed), Dahlem University Press, Berlin, 2001

Kongregation für die Glaubenslehre, Erwägungen zu den Entwürfen einer rechtlichen Anerkennung der Lebensgemeinschaften zwischen homosexuellen Personen, in: Verlautbarungen des Apostolischen Stuhls, 3.6.2003.

König, Kardinal Franz, Der Glaube der Menschen, Wien 1985

Korff, W., Beck, L., Mikat, P. (Hgg.), Lexikon der Bioethik, Gütersloh 2000

Krause, B., Die Farben des verlorenen Paradieses. Marc Chagall – Romanbiographie, Freiburg 2002.

Kummer, H., Exploring primate social cognition: some critical remarks, in: Behaviour 112 (1-2),E.J.Brill, Leiden 1990

- Goodall, J., Conditions of innovative behaviour in primates, in: Weiskrantz, L. (Hg.), Animal intelligence, London 1985

- Social Knowledge in Free-ranging Primates, in: Animal Mind – Human Mind, hg. v. D. R. Griffin, Berlin 1982

- Zur Stammesgeschichte des Wissens vom Du, Münster 1997, Vorlesungsmitschrift des Autors

Künkel, K., Meditation im Spannungsfeld von Erfahrung und Theologie, hg. v. Loccumer Arbeitskreis für Meditation e.V. 1997; innerhalb des Zen-Buddhismus: Thich Nhat Hanh, Einssein, München, Zürich 1994

Kunze, R., Der Kuß der Koi. Prosa und Fotos, Frankfurt 2002

Kunzler, M., Die Herrlichkeit Gottes hinter der Paradiesesmauer, In: ThGl 86, 1996

L'Osservatore Romano, 1.11.1996, Wochenausgabe in deutscher Sprache, Nr.44, S.2 (ohne Autorenangabe)

Laing, R.D., Phänomenologie der Erfahrung, Frankfurt a.M., 1975

Laland, K.N., Kumm, J., Feldmann, M.W., Gene-Culture Coevolutionary Theory. A Test Case, Current Anthropology 36/1, 1995

Leibniz, G.W., Die Theodizee von der Güte Gottes, der Freiheit des Menschen und dem Ursprung des Übels (1710), hg. v. H. Herring, Darmstadt 1985
–    G.W., Vernunftprinzipien der Natur und der Gnade. Monadologie (1714), hg. v. H. Herring, Hamburg 1982
Lentzen-Deis, W., Den Glauben Christi teilen. Theologie und Verkündigung bei Nikolaus von Kues, Stuttgart 1991
Lieckfeld, C.-P., Tierliebe – ein Menschending. Warum wir lieben, was sich nicht wehren kann. in: Stiftung Deutsches Hygienemuseum (Hg.), Mensch und Tier. Eine paradoxe Beziehung, Begleitbuch zur gleichnamigen Ausstellung, Deutsches Hygiene-Museum, Dresden, Hatje Cantz Verlag, 2003
Lohfink, N., Im Schatten deiner Flügel, Freiburg 2000
Löning, K., Zenger, E., Als Anfang schuf Gott. Biblische Schöpfungstheologien, Düsseldorf 1997
Lorenz, K., Das sogenannte Böse, Zur Naturgeschichte der Aggression, München 1976
–    Denkwege. Ein Lesebuch. Herausgegeben von Beatrice Lorenz, München 1992
–    Die Rückseite des Spiegels, München 1997
–    Er redete mit dem Vieh, den Vögeln und Fischen, Wien 1974
Lotz, J.B., Verstand und Vernunft bei Thomas von Aquin, Kant und Hegel, Wissenschaft und Weltbild, Sept./Dez.-Heft 1962
Lüke, U., „Als Anfang schuf Gott...“ Bio-Theologie, Paderborn, München, Wien, Zürich, 1997
–    Mensch – Natur – Gott: Naturwissenschaftliche Beiträge und theologische Erträge, Münster 2002
Lumsden, Ch., Wilson, E.O., Das Feuer des Prometheus, München 1984
Lutterbach, H., „Tiere – in allem gehorsam wie Mönche ...“ Die Vorstellung vom kosmischen Frieden im Christentum. In: SAECULUM. Jahrbuch für Universalgeschichte, 51. Jahrgang, Freiburg, München 2000
Maehle, A.H., Kritik und Verteidigung des Tierversuchs, Stuttgart 1992
Manemann, J. (Hg.), Jahrbuch Politische Theologie, Bd. 4: Monotheismus, Münster 2002
Markl, H., Pflicht zur Widernatürlichkeit, in: Der Spiegel Nr.48, 1995
Mayr, E., Cause and effect in biology, Science 134, 1961
–    Das ist Biologie. Die Wissenschaft des Lebens, Berlin 1998
McFarland, D. (Hg.), The Oxford Companion to Animal Behaviour, Oxford und New York: Oxford University Press, 1987
–    Animal Behaviour: Psychology, Ethology and Evolution. Longman Scientific & Technical: Harlow, UK, 1985
McFarland, D., Sibly, R.M., The behavioral final common path, Philos. Trans. R. Soc. Lond. 270 (1975), Biol.
Metz, J. B., Reikerstorfer, J., Werbick, J. (Hgg.), Gottesrede, Münster 1996
Metz, J. B., Im Eingedenken fremden Leids. Zu einer Basiskategorie christlicher Gottesrede, in: Metz, J.B., Reikerstorfer, J., Werbick, J. (Hgg.), Gottesrede, Münster 1996
Metzinger, T., (Hg.), Bewußtsein. Beiträge aus der Gegenwartsphilosophie, Paderborn 1995
Meyer-Abich, K.M., Aufstand für die Natur – Von der Umwelt zur Mitwelt, München 1990.
–    Naturordnung und Menschenrecht. Philosophische Grundlagen für einen Rechtsfrieden zwischen Mensch und Natur, in: Evers, T.(Hg.), Schöpfung als Rechtssubjekt?, Hofgeismar 1990, S.17-31
–    Praktische Naturphilosophie. Erinnerung an einen vergessenen Traum, München 1997
–    Wege zum Frieden mit der Natur – Praktische Naturphilosophie für die Umweltpolitik, München 1984

- Wissenschaft für die Zukunft – Holistisches Denken in ökologischer und gesellschaftlicher Verantwortung, München 1988

Miersch, M., Intelligenztest für Bestien, in: DIE ZEIT, Nr.47, 13.11.03, S.33

Mill, J.S., Drei Essays über Religion (1874), hg. v. D. Birnbacher, Stuttgart 1984

Moltmann, J., Der Weg Jesu Christi, München 1989, S. 332f.

Müller, B., Das Glück der Tiere, Einspruch gegen die Evolutionstheorie, Berlin, 2000

Müller, K., Das etwas andere Subjekt. Der blinde Fleck der Postmoderne. In: ZKTh 120 (1998)

- Gottes Dasein denken, Regensburg 2001

- Konstrukt „Religion". Religionsphilosophischer Vorschlag zur Behebung eines religionstheologischen Defizits, in: Quitterer, J., Schwibach, A. (Hgg.), Der Aufgang der Wahrheit. Die Konstruktion der Wirklichkeit, Zagreb 2001

Münch, P., Die Differenz von Mensch und Tier, in: ders. (Hg.), Tiere und Menschen. Geschichte und Aktualität eines prekären Verhältnisses, Paderborn 1998

Nagel, T., „Wie fühlt es sich an, eine Fledermaus zu sein?", übersetzt von Gebauer, M., in: Letzte Fragen, Bodenheim b. Mainz, 1996

Narr, D. u. R., Menschenfreund und Tierfreund im 18.Jahrhundert, in: Studium Generale 20, 1967

Narveson, J., Animal Rights. In: The Canadien Journal of Philosophy 7, 1977

Nature, Bd. 424, 2003, S.420 (ohne Autorenangabe)

Neisser, U., Kognition und Wirklichkeit. Prinzipien und Implikationen der kognitiven Psychologie, Stuttgart 1979

Neubacher, E., Stipp, H.-J., Irrgang, B., Sciurie, H., Art. Tier, in: LThk³, Bd. 10., hg. v. W. Kasper, Freiburg, Basel, Rom, Wien 2001, S.30ff.

Neuner-Roos, Der Glaube der Kirche in den Urkunden der Lehrverkündigung, Regensburg 1971

Newberg, A., D'Aquili, E., Rause, V., Der gedachte Gott. Wie Glaube im Gehirn entsteht, München 2003

Newton, I., Mathematische Prinzipien der Naturlehre (1686), hg. von J. Wolfers, Berlin 1872

Nietzsche, F., Unzeitgemässe Betrachtungen, Frankfurt, Leipzig 1981

- Zur Genealogie der Moral, in: Colli, G., Montinari, M.(Hgg.), Friedrich Nietzsche: Sämtliche Werke, München 1980, Bd. V.

Noe, R., Van Hooff, J., Hammerstein, P. (Hgg.), Economics in Nature, Cambridge 2001

Noth, M., Das vierte Buch Mose. Numeri (ATD 7), Göttingen 1982

Orians, G.H, Natural selection und ecological theory, Animal Naturalist 96, 1962

Otto, R., Das Heilige. Über das Irrationale in der Idee des Göttlichen und sein Verhältnis zum Rationalen, München 1987

Pascal, B., Über die Religion, hg. v. E. Wasmuth, Heidelberg 1946

Pearce, J.M., Introduction to animal cognition, London 1987

Pleßner, H., Die Stufen des Organischen und der Mensch, Berlin/Leipzig 1928

- Die Stufen des Organischen und der Mensch. Einleitung in die philosophische Anthropologie, Berlin 1965

Povinelli, D.J., The self: Elevated in consciousness and extendet in time. In: Moore, C., Lemmon, K. (Hgg.), The self in time: Developmental perspectives (pp. 75-95). Mahwah, NJ, US: Lawrence Erlbaum Associates, 2001

Precht, R.D., Haben Tiere Rechte? Über die Ordnung der Schöpfung und die Unordnung der Moral, in: DIE ZEIT Nr. 18, 26.4.96, S.44

Preuß, H.D., Theologie des Alten Testamentes, Bd.1, Stuttgart 1991

Rahner, K., Art. Paradies, III. Theologisch, in: LThK², Bd. 8, 1963

- Gebete des Lebens, Freiburg 1984
- Geist in Welt. Zur Metaphysik der endlichen Erkenntnis bei Thomas von Aquin, in: ders.: Sämtliche Werke, hg. von der Karl Rahner-Stiftung unter der Leitung von K. Lehmann u.a., Bd. 2, bearb. von A. Raffelt, Düsseldorf/Freiburg 1995, S. 3-300

Rappel, S., „Macht euch die Erde untertan". Die ökologische Krise als Folge des Christentums?, Paderborn 1996

Rasa, A., Die perfekte Familie, Stuttgart 1984

Ratzinger, J., Einführung in das Christentum, München 1971
- Im Anfang schuf Gott: vier Münchener Fastenpredigten über Schöpfung und Fall; Konsequenzen des Schöpfungsglaubens, Einsiedeln 1996
- Theologische Prinzipienlehre. Bausteine zur Fundamentaltheologie, München 1982

Raulff, U., Treblinka der Tiere. Die Unterscheidungen der Philosophie als Lizenz zum Töten? in: Süddeutsche Zeitung Nr. 248, Oktober 2002, S.13.
- Weisheit kommt auf weichen Pfoten, in: Süddeutsche Zeitung Nr. 276, 1.12.03, Literaturbeilage Sachbuch, S.3

Regan, T., The Case for Animal Rights, London/Melbourne/Henley 1983

Reich, K.H., Religionspsychologie: Entstehung und Entwicklung einer Mensch-'Gott'-Beziehung, in: Daecke, S.M., Schnackenberg, J., Gottesglaube – ein Selektionsvorteil?, Gütersloh 2000

Rensch, B., Altevogt, R., Visuelles Lernvermögen eines indischen Elefanten, in: Tierpsychologie 10, Heft 1, 1953
- Neuere Probleme der Abstammungslehre, Stuttgart 1972

Richter, H.E., Der Gotteskomplex, Reinbek 1979

Riede, P., „Doch frag die Tiere, sie werden dich lehren", in: Janowski, B., Riede, P. (Hgg.), Die Zukunft der Tiere, Theologische, ethische und naturwissenschaftliche Perspektiven, Stuttgart 1999
- Im Spiegel der Tiere. Studien zum Verhältnis von Mensch und Tier im alten Israel, Göttingen 2002

Riedl, R., Die Strategie der Genesis, München 1989

Riedl, R.., Kreuzer, F. (Hgg.), Evolution und Menschenbild, Hamburg 1983

Rilke, R.M., Die Gedichte, Wien 1987
- Dueniser Elegien. Die Sonette an Orpheus, Zürich 1991

Rock, I., Wahrnehmung. Vom visuellen Reiz zum Sehen und Erkennen, Heidelberg, Berlin, 1998

Rombach, H.: Leben des Geistes, Freiburg 1978

Roth, G. Fühlen, Denken, Handeln. Wie das Gehirn unser Verhalten steuert, Frankfurt a.M. 2001

Rothschuh, K.E., René Descartes und die Theorie der Lebenserscheinungen, in: Sudhoffs Archiv 50, 1966

Ruhbach, G., Sudbrack, J. (Hgg.) Grosse Mystiker, Leben und Wirken, München 1984

Sachser, N., Faszination Verhaltensbiologie. Forschungsansätze, Ergebnisse, Perspektiven. In: biologenheute, Mitteilungen des Verbandes Deutscher Biologen und biowissenschaftlicher Fachgesellschaften e.V., 4/2002
- Of Domestic and Wild Guinea Pigs: Studies in Sociophysiology, Domestication, and Social Evolution, Naturwissenschaften, Review Articles 85, Springer-Verlag, 1998
- Sozialphysiologische Untersuchungen an Hausmeerschweinchen. Gruppenstrukturen, soziale Situation und Endokrinum, Wohlergehen. Berlin 1994
- What is Important to Achieve Good Welfare in Animals?, in: Broom, D.M. (Hg.), Dahlem Workshop Report 87, 2001

Schäfer, L., Art. Natur, in: Lexikon der Bioethik, Bd.2, Gütersloh 1998

– Das Bacon Projekt. Von der Erkenntnis, Nutzung und Schonung der Natur, Frankfurt a.M.,1993

Schaller, G., Der letzte Panda, Reinbek 1995

Scheffczyk, L. (Hg.), Evolution, Probleme und neue Aspekte ihrer Theorie, München 1991

Scheler, M., Die Stellung des Menschen im Kosmos, Bonn 1995

Schels, W., Schwabenthan, S., Die Seele der Tiere. Gesichter, Gefühle, Geschichten, München 2000

Schiller, F., Etwas über die erste Menschengesellschaft nach dem Leitfaden der Mosaischen Urkunde (1790), in: Fricke, G., Göpfert, H., Friedrich Schiller, Sämtliche Werke, München 1988

Schiwy, G., Abschied vom allmächtigen Gott, München 1995

Schlee, T.D., Kämper, D. (Hgg.), Olivier Messiaen, Köln 1998

Schmidt, H. (Hg.), Philosophisches Wörterbuch, Stuttgart 1978

Schmidthausen, L., Maithrimurthi, M., Tier und Mensch im Buddhismus, in: Münch, P. (Hg.), Tiere und Menschen. Geschichte und Aktualität eines prekären Verhältnisses, Paderborn 1998

Schmitz-Kahmen, F., Geschöpfe Gottes unter der Obhut des Menschen. Die Wertung der Tiere im Alten Testament, Neukirchen-Vluyn 1997

Schneider, T., Zeichen der Nähe Gottes, Mainz 1982

Schockenhoff, E., Ethik des Lebens. Ein theologischer Grundriß, Mainz 2000

Schopenhauer, A., Die Welt als Wille und Vorstellung (1819/1844), hg. v. A. Hübscher, zweiter Band, erster Teilband, Zürich 1977

– Gespräche, hg. v. A. Hübscher, Stuttgart-Bad Cannstatt 1971

– Preisschrift über die Grundlage der Moral (1840). In: ders., Die beiden Grundprobleme der Ethik, hg. v. A. Hübscher, Zürcher Ausgabe der Werke Arthur Schopenhauers, Bd. VI, Zürich 1977

Schreiner, K., Das verlorene Paradies – Der Sündenfall in Deutungen der Neuzeit, in: van Dülmen, R. (Hg.), Erfindung des Menschen. Schöpfungsträume und Körperbilder 1500-2000, Wien 1998

Schroer, S., „Die Eselin sah den Engel JHWHs". Eine biblische Theologie der Tiere – für Menschen, in: Sölle, D. (Hg.), Für Gerechtigkeit streiten. FS für Luise Schottroff, Gütersloh 1994

Schütt, H.P. (Hg.), Die Vernunft der Tiere, Frankfurt a.M. 1990

Seebass, H., Art. נֶבֶשׁ, in: ThWAT V (1986)

Serres, M., Le contrat naturel, Paris 1990

Siep, L., Praktische Naturphilosophie als Grundlegung der Ethik. In: Ingensiep, H.W., Eusterschulte, A., Philosophie der Natürlichen Mitwelt. Grundlagen – Probleme – Perspektiven. Festschrift für Klaus Michael Meyer-Abich, Würzburg 2002

Simon, K.P., Biodiversität. Die Rettung liegt in unserer Hand, in: GEO Nr.7, Juli 1999, S.16ff

Singer, P., Alle Tiere sind gleich. In: Krebs, A. (Hg.): Naturethik. Grundtexte der gegenwärtigen tier- und ökoethischen Diskussion, Frankfurt 1997

– Animal Liberation or Animal Rights? in: The Monist 70, 1987

– Praktische Ethik, Stuttgart 1994

Skinner, B.F., About Behaviourism, Jonathan Cape, London, 1974

– Reflections on Behaviourism and Society, Prentice Hall, Englewood Cliffs, NJ, 1978

Söling, C., Das Gehirn-Seele-Problem. Theologische Anthropologie und Neurobiologie, Paderborn 1995

– Der Gottesinstinkt. Bausteine für eine Evolutionäre Religionstheorie, Dissertation, Giessen 2002

Stahlhut, M., Auf den Spuren von St. Jaques, DIE ZEIT Nr. 40, 25.9.2003, S.53

Steiner, G., Grammatik der Schöpfung, München 2001

Steins, G., Bibelauslegung – heute, Antrittsvorlesung, Universität Osnabrück, 23.1.03, Manuskript

Steitz, E., Die Evolution des Menschen, Stuttgart 1993

Stier, F., Vielleicht ist irgendwo Tag. Aufzeichnungen, Freiburg, Heidelberg 1981

Stüttgen, A., Ende des Humanismus – Anfang der Religion?, Mainz 1979

– Transzendenz erfahren, in: Scheidewege, Im Verlag der Max-Himmelheber-Stiftung, Jahrgang 24, 1994/95

– Verfügbare Wissenschaft oder unverfügbare Wahrheit, in: Hauskeller, Ch. u. M. (Hgg.), „...was die Welt im Innersten zusammenhält" 34 Wege zur Philosophie, Hamburg 1996

Sudbrack, J., Christliche Mystik – Vorüberlegungen, in: Ruhbach, G., Sudbrack, J. (Hgg.), Grosse Mystiker, Leben und Wirken, München 1984

– Die vergessene Mystik, Würzburg 1988

Sundén, H., Die Religion und die Rollen, Berlin 1966

Tafferner, A., Bilder vom Menschsein – Bilder des Helfens. Ein theologisch-anthropologischer Beitrag zum Verhältnis von Spiritualität und Sozialer Arbeit, in: Lewkowicz, M., Lob-Hüdepohl, A. (Hgg.), Spiritualität der sozialen Arbeit, Freiburg, 2003

Taylor, Ch., Sources of the Self. The Making of the Modern Identity, Camebridge, 1989

Thern, T., Descartes im Licht der französischen Aufklärung. Studien zum Descartes-Bild Frankreichs im 18. Jahrhundert, Heidelberg 2003

Toletti, A., L'isola degli scrittori, Torino 1964

Tomasello, M., Die kulturelle Entwicklung des menschlichen Denkens, Frankfurt a.M., 2002

Türcke, C., Philosophiekolumne. Mensch und Tier. in: Bohrer, K.H., Scheel, K. (Hgg.), Merkur. Deutsche Zeitschrift für europäisches Denken, Heft 7, Berlin, Juli 2003, S.618

van Dülmen, R. (Hg.), Erfindung des Menschen. Schöpfungsträume und Körperbilder 1500-2000, Wien 1998

Vanhier, J., Einfach Mensch sein. Wege zu erfülltem Leben, Freiburg, Basel, Wien 2001

Vogel, Ch., Die biologische Evolution menschlicher Kulturfähigkeit, in: Markl, H. (Hg.), Natur und Geschichte, München 1983

Voland, E., Grundriß der Soziobiologie, Stuttgart 2000

Vollmer, G., Evolutionäre Erkenntnistheorie, Stuttgart 1994

von Bertalanffy, L., Modern Theories of Development: An Introduction to Theoretical Biology, New York 1962

von Holst, D., Auswirkungen sozialer Kontakte bei Säugetieren, Biologie in unserer Zeit, 24. Jahrgang, Nr.4, Weinheim, 1994

– Physiologie sozialer Interaktionen – Sozialkontakte und ihre Auswirkungen auf Verhalten sowie Fertilität und Vitalität von Tupajas, Physiologie aktuell, Bd.3, Stuttgart, New York, 1987, S.189-208

von Rad, G., Das theologische Problem des alttestamentlichen Schöpfungsglaubens, in: ders., Gesammelte Studien zum Alten Testament (ThB 8), München 1961

– Theologie des Alten Testamentes, München 1982

Vorgrimler, H., Der Engel Gottes und die Engel im Alten Testament, in: Vorgrimler, H., Bernauer, U., Sternberg, T., Engel. Erfahrungen göttlicher Nähe, Freiburg 2001

Voss, H., Franz von Stuck 1863-1928. Werkkatalog der Gemälde. München 1973

Wehner, R., Gehring, W., Zoologie, Stuttgart 1990

Weil, S., Das Unglück und die Gottesliebe, München 1953

Weiss, P., „Cellular dynamics", Review of Modern Physics 31 (1919)

Werbick, J., Was das Beten der Theologie zu denken gibt oder: Ein Versuch über die Schwierigkeit, ja zu sagen, in: Metz, J. B., Reikerstorfer, ders. (Hgg.), Gottesrede, Münster 1996

Westermann, C., Mensch, Tier und Pflanze in der Bibel, in: Janowski, B., Neumann-Gorsolke, U., Gleßmer, U. (Hgg.), Gefährten und Feinde des Menschen. Das Tier in der Lebenswelt des alten Israel, Neukirchen-Vluyn 1993

White, L., Die historischen Ursachen unserer ökologischen Krise, in: Lohmann, M. (Hg.), Gefährdete Zukunft, München 1973

Wickler, W. u. Seibt, U., Das Prinzip Eigennutz, München 1991; ders., Die Biologie der zehn Gebote, München 1991.

– Die Irrlehre vom moral-analogen Verhalten der Tiere, Universitas 44 (1989)

Wilder, T., Einakter und Dreiminutenspiele, Fischer Taschenbücher 1988

Williams, G.C., Adaption and Natural Selection, Princeton, NJ, 1966

Wilson, E.O., Biologie als Schicksal, Frankfurt 1980

– Der gegenwärtige Stand der biologischen Vielfalt, in: Ders. (Hg.), Ende der biologischen Vielfalt?, Heidelberg, Berlin, NewYork, 1992

– On Human Nature, Cambridge, Mass. 1978

Winterhager, E., Das Sich-Haben des Subjekts, in: Schmidt, G., Wolandt, G. (Hgg.), Die Aktualität der Transzendentalphilosophie, Bonn 1977

– Selbstbewußtsein: eine Theorie zwischen Kant und Hegel, Bonn 1979

Wissenschaftlicher Rat der Dudenredaktion (Hg.), Duden Bd. 5, Mannheim, Wien, Zürich, 1990

Wolf, G., Das Gehirn. Wege zum Begreifen, München 1992

Wolf, J.-C., Warum moralisch sein gegenüber Tieren?, in: Zeitschrift für philosophische Forschung 46, 1992

Wong, K., Wer waren die ersten Hominiden? in: Spektrum der Wissenschaft, September 2003

Wybrow, C., The Bible, Baconianism and Mastery over Nature. The Old Testament and ist Modern Misreading, New York 1991

Wynne-Edwards, V.C., Animals Dispersion in Relation to Social Behaviour, Edinburgh 1962

Yamaki, K., Die „Manducatio" von der „Ratio" zur Intuition in „De Visione Dei", in: Haubst, R. (Hg.), Das Sehen Gottes nach Nikolaus von Kues, Trier 1989

Yerkes, R.M. und A.W. Yerkes, The great apes, New Haven, 1929

Zahavi, A. u. A., Signale der Verständigung. Das Handicap-Prinzip, Frankfurt 1998

Zimmerli, W., Grundriß der alttestamentliche Theologie, Stuttgart 1972

# Personenregister

Axel Heinrich
# Soziobiologie als kulturrevolutionäres Programm

Reihe: ratio fidei, Band 6
280 Seiten, kartoniert
ISBN 978-3-7917-1761-6

Soziobiologische Theorien nehmen seit einigen Jahren einen selbstverständlichen Platz in den Medien und damit im öffentlichen Bewusstsein ein. In vorliegender Studie soll auf diese Entwicklung aufmerksam gemacht und das komplexe Phänomen „Soziobiologie" in der gesellschaftlichen Wirklichkeit dargestellt und analysiert werden.

Für die Theologie stellen die naturalistischen Selbstbeschreibungen des Menschen mit ihrem Anspruch, Metatheorie der Theologie zu sein, eine der größten gegenwärtigen Herausforderungen dar. Die argumentative Auseinandersetzung mit ihr gewinnt daher immer mehr an Dringlichkeit.

*„Die Bedeutung dieser Arbeit besteht darin, am Beispiel der Soziobiologie die ideologisierte Form naturwissenschaftlicher Erkenntnisse kritisch darzustellen. Da diese Art von ‚Naturwissenschaft' in den Medien zunehmend Platz erhält, ist sie darüber hinaus eine wichtige und erhellende Medienkritik aus christlicher Perspektive."*

(Theologische Revue)

**Verlag Friedrich Pustet** **www.pustet.de**

Klaus Müller/Norbert Sachser (Eds.)

# Theology meets Biology
## Anthropological Perspectives on
## Animals and Human Beings

200 Seiten, kartoniert
ISBN 978-3-7917-2099-9

Was unterscheidet Mensch und Tier? Reicht der Verweis
auf die vernunft- und geistbegabte Person, um diesen
Unterschied zu markieren? Was würde es bedeuten, wenn
sich überhaupt keine harten Fakten – weder Bewusstsein
noch Gefühl – benennen ließen, um den gewünschten
Unterschied auszubuchstabieren? Können Religion und
Religiosität als Markstein betrachtet werden, um den
Übergang von tierischer Natur zu menschlicher Kultur
zu bestimmen? Schließlich: Wie sind die Ergebnisse
dieser Fragen mit der Theologie des christlichen
Schöpfungsglaubens zu vermitteln?
Ein internationales Autorenteam von Biologen und
Theologen versucht, diese Fragen zu klären.

**Verlag Friedrich Pustet**   www.pustet.de